Vandalismus an Schulen

Ina Herrmann

Vandalismus an Schulen

Bedeutungsstrukturen maskierender Raumpraktiken

 Springer VS

Ina Herrmann
Universität Duisburg-Essen
Deutschland

Dissertation, Universität Duisburg-Essen, 2014

ISBN 978-3-531-19487-5   ISBN 978-3-531-19488-2 (eBook)
DOI 10.1007/978-3-531-19488-2

Die Deutsche Nationalbibliothek verzeichnet diese Publikation in der Deutschen Natio-
nalbibliografie; detaillierte bibliografische Daten sind im Internet über http://dnb.d-nb.de
abrufbar.

Springer VS
© Springer Fachmedien Wiesbaden 2014

Lektorat: Stefanie Laux, Stefanie Loyal

Gedruckt auf säurefreiem und chlorfrei gebleichtem Papier

Springer VS ist eine Marke von Springer DE. Springer DE ist Teil der Fachverlagsgruppe
Springer Science+Business Media
www.springer-vs.de

Danksagung: „. . .auf den Schultern von Riesen"

Bernhard von Chartres sagte, wir seien gleichsam Zwerge,
die auf den Schultern von Riesen sitzen, um mehr und
Entfernteres als diese sehen zu können – freilich nicht dank
eigener scharfer Sehkraft oder Körpergröße, sondern weil
die Größe der Riesen uns emporhebt
(Johannes von Salisbury: Metalogicon 3,4,46–50)

Die vorliegende Arbeit versteht sich – und wurde konzipiert – als eine „Spurenlese". Um Spuren (auf-)finden, sichern, sichten und analysieren zu können, müssen diese sich zuvor verschiedentlich manifestiert bzw. visualisiert haben. Im Folgenden danke ich all jenen Menschen, die nicht nur, aber vor allem auch in Bezug auf diese Arbeit und die damit verbundenen bzw. dieser vorausgegangenen Einstellungen und Erfahrungen, ebensolche Spuren überdeutlich und erfreulicherweise bei mir hinterlassen haben:

Mein besonderer und herzlicher Dank gilt Frau Prof. Dr. Jeanette Böhme als Erstgutachterin dieser Arbeit. Ihr danke ich vor allem für das Vertrauen und die geleisteten „Vorschusslorbeeren", die permanente und konstruktive Unterstützung, die „Dynamiken" und die unzähligen kritischen Diskussionen, die intensiven und spannenden Rekonstruktionssitzungen und die sehr hilfreichen Anmerkungen in jedem Stadium der Promotionszeit. Mein Dank gilt zudem Frau Prof. Dr. Merle Hummrich als Zweitgutachterin der Dissertation für die Bereitschaft, diese zu begutachten und die daraus resultierende Begleitung des Prozesses, die Unterstützung, die vielen inhaltlichen, formalen und außerfachlichen Diskussionen sowie die kritischen Reflexionen während der vergangenen Jahre. Zudem danke ich Herrn Prof. Dr. Werner Nienhüser für die „zufällige Grundsteinlegung", unzählige kritisch-konstruktive (kritisch-rationale!) Anmerkungen und Diskussionen, viele heitere, bisweilen wohltuend zynische Worte und oft guten Zuspruch, kurz: eine hervorragende Promotions-Begleitung als Komplementär einer intensiven und gleichsam hervorragenden Promotions-Betreuung!

Neben den Gutachterinnen und dem Promotionsbegleiter hinaus waren viele weitere Personen an dem Prozess des Rekonstruierens der Spuren sowie der konzeptionellen Bearbeitung der Dissertation in Form etlicher Rekonstruktionssitzungen und theoretisch-inhaltlicher Diskussionen beteiligt. Hier danke ich vor allem Herrn Prof. Dr. Andreas Wernet und Katharina Kunze für die Möglichkeit der Teilnahme an den in Hannover stattgefundenen Forschungswerkstätten. Auch Viktoria Flasche gilt besonderer Dank für die fortwährende, oftmals spontane Diskussions-, Reflexions- und Rekonstruktionsbereitschaft.

Eine Dissertationsschrift hat sich – zur Erlangung des Doktorgrades ihrer Verfasserin – einer Öffentlichkeit manifest zu präsentieren. Diese (typographische) Manifestation verdanke ich maßgeblich Frau Stefanie Laux vom Springer VS Verlag für Sozialwissenschaften, die nicht nur in der Funktion der ersten Ansprechpartnerin und Cheflektorin, sondern über die letzten Jahre hinweg als interessierte und motivierende Beraterin sowie als überaus wertschätzendes Gegenüber fungierte. Darüber hinaus danke ich vor allem Frau Stefanie Loyal, ebenfalls vom Springer VS Verlag für Sozialwissenschaften, für die sehr gute, unkomplizierte und ausnehmend angenehme Zusammenarbeit im Rahmen der Manuskriptbearbeitung und Druckvorbereitung.

Die Besonderheit (bild-)rekonstruktiver Verfahren liegt – wie der Name bereits preisgibt – maßgeblich in der Qualität der einzelnen, im vorliegenden Fall jedoch ebenso in der Quantität der Mengen an zu analysierenden Bildern und Bildformaten. Hier möchte ich mich insbesondere bei Buket Balkan bedanken, die nicht nur viele der Fotos und Bilder beigesteuert, sondern auch unermüdliche Arbeit im Rahmen der Formatierung der Arbeit geleistet hat.

Des Weiteren gilt mein Dank der Schulleiterin und dem Schulleiter der innerhalb dieser Dissertation rekonstruierten Schulen, da beide auf unkompliziertem und zügigem Wege Kooperationen ermöglichten und im Wortsinne „Türen öffneten".

Danken möchte ich natürlich auch all jenen, die nicht (unmittelbar) in der akademischen Peripherie verortet sind und den Schreibprozess dennoch über eine lange Zeit hinweg mittelbar beeinflusst und mitgestaltet haben. Einzelnen ist jedoch aus verschiedenen Gründen namentlich Dank auszusprechen: Meinem Mann Olaf Maria Meier für die umfassende und unermüdliche Unterstützung, die nicht nur in Form der mehrfachen Redigierung der Arbeit, vielmehr im Sinne eines ruhenden Pols und einer stützenden Säule zum Ausdruck kam und stets kommt. Auch danke ich meiner Familie – vor allem meiner Mutter, meiner Oma, Marianne und Gerd – für den guten Zuspruch, die nötige Bodenhaftung und die permanente Unterstützung in ausnahmslos allen Lebenslagen und -situationen. Nicht zuletzt gilt mein Dank einer Reihe von Freundinnen und Freunden, auf deren Durchhaltevermögen, starke Nerven und die Fähigkeit überdauernder Gelassenheit ich stets setzen konnte und kann. Gemeint sind an dieser Stelle vor allem Stephanie Gebauer, Nadine Wiedmaier, Sabrina Broszeit, Beate Täsch, Verena Ronge, Belinda Tasche, Marie-Claire Goebbels, Svenja Dubielzig und Dominik Schwister.

Schlussendlich danke ich natürlich vielen Denkern und Theoretikern – jenen Riesen der „Geistesgeschichte", auf deren beeindruckende, instruktive und inspirierende niedergeschriebenen Gedanken, Ideen und Ausführungen ich mich stützen und von denen ich lernen konnte: Theodor W. Adorno, Sir Karl Popper, Ulrich Oevermann, Max Imdahl, Hans Albert, Michel Foucault, Gilles Deleuze und Félix Guattari, Paul K. Feyerabend.

Inhaltsverzeichnis

1 Spurenlesen: Eine Ein- und Anleitung 1

2 Spurensuche: Vandalismus – Versuch einer multi-perspektivischen
Begriffsfassung 5
2.1 Zerstörungswut – Vandalismus – Ikonoklasmus: Kulturhistorischer
Bezug und etymologische Einordnung 5
2.2 Straftat – Ästhetik – Aufklärung: Triadische Ausdeutung eines
universellen Begriffs 10
2.2.1 Vandalismus als Strafdelikt: Intentionale Sachbeschädigung
oder destruktive Auseinandersetzung? 10
2.2.2 Vandalismus als Kunstform: Urbaner Straßenmythos oder
Urbanität als künstlerischer Ausdruck? 18
2.2.3 Vandalismus als Protest: Demokratie der Straße oder Anarchie
der Akteure? 25
2.2.4 „(Kunst) Macht Kaputt Was Euch (Kunst) Kaputt Macht!":
Aufhebung analytischer und subjektiv-ästhetischer Grenzen
zugunsten komplexer Gefüge 31
2.3 Stand der Forschung und evozierte Fragestellung 37

3 Spurenkunde: Raumtheoretischer Bezugsrahmen 47
3.1 Der Spatial Turn und die Materialität des Raums 47
3.2 „... als ob sie ihn zerstören könnte": Raumpraktiken und
Raumgesten 51
3.3 Ansatz einer Qualitativen Mehrebenenanalyse 58

4 Spurensicherung: Explikation der Fallauswahl und Darstellung der
Forschungsmethoden 61
4.1 Fallauswahl 61
4.2 Methodologie und Methoden 64

4.2.1   Rekonstruktives Verfahren: Objektive Hermeneutik (Ulrich
         Oevermann)   66
4.2.2   Bildrekonstruktives Verfahren: Ikonik (Max Imdahl)   70
4.2.3   Bildhermeneutisches Verfahren: Figurative Hermeneutik
         (Michael R. Müller)   73

5 Spurenanalyse: Fallspezifische Begründungen manifestierter
Raumaneignungen   77
5.1   Allgemeines   77
5.2   Schule S$_1$ 78
       5.2.1   Außen: Entworfener Raum   78
       5.2.2   Außen: Topographischer Raum   91
       5.2.3   Außen: Raumpraktiken   100
       5.2.4   Innen: Topographischer Raum   108
       5.2.5   Innen: Raumpraktiken   114
       5.2.6   Fallporträt S$_1$: „Wer auch immer ihr seid" oder Praktiken
                der Mündigkeit in panoptischen Räumen   128
5.3   Schule S$_2$ 133
       5.3.1   Entworfener Raum: Kontrastlinien   134
       5.3.2   Topographischer Raum: Demarkationslinien   153
       5.3.3   Raumpraktiken: Verlaufslinien   170
       5.3.4   Topographischer Raum: (Ver-)Ordnungslinien   182
       5.3.5   Raumpraktiken: Gender lines   190
       5.3.6   Fallporträt S$_2$: „Die Stelle find ich schön" oder
                Deterritorialisierungen in antinomischen Räumen   201

6 Spurenvergleich: Bedeutungsstrukturen maskierender Praktiken 207
6.1   Fallkontrastierungen: Differente Bedeutungsstrukturen identischer
       Spuren   207
6.2   Vandalistische Spuren als Resultate von Transformations- und
       Maskierungspraktiken   209
6.3   Maskierungen des Raums: Stilmasken und Aneignungen   215
6.4   Maskierungen des Interaktionsraums: Bühnen und Fassaden   217
6.5   Plädoyer für einen erziehungswissenschaftlichen Vandalismusbegriff 219
6.6   Fazit und Ausblick   223

Anhang   227

Literatur   257

Abbildungsverzeichnis

Abb. 2.1 Abgebrochenes Waschbecken und besprühtes Kraftfahrzeug 11
Abb. 2.2 Graffiti an einem Schulgebäude 11
Abb. 2.3 Hauswandgraffiti (Lissabon) und „Tags" (Essen) 19
Abb. 2.4 Industriegebäude mit Graffiti (Helsinki) und „Pochoirs"
(Lissabon) 19
Abb. 2.5 Schulbank-Graffiti in einem Unterrichtsfachraum (Chemie) 20
Abb. 2.6 Bild des Künstlers BLU in Berlin 23
Abb. 2.7 Demonstrationsankündigung und „Anarchie"-Symbol auf
einem Stromkasten (Essen) 26
Abb. 2.8 Banksy-Graffiti auf der Sperrmauer zwischen Israel und
dem Westjordanland 27
Abb. 2.9 Sardische Murales: Anprangerung schlechter
Arbeitsbedingungen von Bergleuten 28
Abb. 2.10 Splasher-Graffiti in New York 29
Abb. 2.11 Vandalistische Praktiken im Spannungsfeld von Kunst,
Delinquenz und Opposition 32
Abb. 2.12 Zusammenhang von Raum, Raumpraktik und Gebrauchsspur 35
Abb. 2.13 Schulische Forschungsinteressen im Spannungsfeld von
Subjekt und Struktur 42
Abb. 2.14 Forschungsinteressen im Spannungsfeld von Subjekten
und Strukturen 44

Abb. 3.1 Ausprägungen raumbezogener Handlungen 52
Abb. 3.2 Raumtheoretische Grundannahmen 53
Abb. 3.3 Zusammenhang von Raumordnungen und Raumhandlungen 55
Abb. 3.4 Qualitative Mehrebenenanalyse 59

Abb. 5.1   Offizielles Schullogo 79
Abb. 5.2   Äußere Rahmung und innere Muster der Ausdrucksgestalt 80
Abb. 5.3   Ausdrucksgestalt und Schachbrett 81
Abb. 5.4   Ausdrucksgestalt und Kreuzworträtsel 82
Abb. 5.5   Schematische Darstellung des Logos sowie der alternativen
           Gestaltung 83
Abb. 5.6   Schullogo, Kirchenfenster und karierte Gardine 85
Abb. 5.7   Schullogo im Gesamtkontext 86
Abb. 5.8   Blick von außen auf die Fenster des Kölner Doms 87
Abb. 5.9   Darstellung der Schulgebäude sowie der näheren Umgebung 91
Abb. 5.10 Darstellung der Architektur sowie der eingezeichneten Feldlinien 92
Abb. 5.11 Stadt Chandigarh/Indien (Ausschnitt) und Schulgebäude 93
Abb. 5.12 Stadt Chandigarh/Indien und Schulareal mit jeweiligen
           Siedlungsstrukturen 93
Abb. 5.13 Schullogo (Raumentwurf) und Schulbauten (Topographischer
           Raum) 94
Abb. 5.14 Darstellung und Bezeichnung der einzelnen Schulgebäude 95
Abb. 5.15 Front- und Seitenansichten des schulischen Hauptgebäudes
           sowie Abbildung des Dessauer Bauhauses 96
Abb. 5.16 Schematische Darstellung der durch die Architektur präferierten
           Blickrichtungen 96
Abb. 5.17 Hauptgebäude (A) und Kennzeichnung des Schulgartens sowie
           Einblick in diesen 97
Abb. 5.18 Grundriss des Zisterziensernonnenklosters Brenkhausen 98
Abb. 5.19 Nebengebäude (B) 99
Abb. 5.20 Außenwand des Schulgebäudes mit Graffito 101
Abb. 5.21 Ausdrucksgestalt und Nummerierung der einzelnen Elemente 101
Abb. 5.22 Ausdrucksgestalt, schematische Abbildung der Anatomie des
           Herzens und Herzsymbol 102
Abb. 5.23 Ausdrucksgestalt, Kirchenfenster mit Jesusabbild 104
Abb. 5.24 Eingezeichnete Feldlinien der Architektur 106
Abb. 5.25 Feldlinien des Graffitos ohne und unter Berücksichtigung der
           Architektur 107
Abb. 5.26 Photographische Darstellung des Umkleideraums aus
           entgegengesetzten Perspektiven 109
Abb. 5.27 Einzelbank innerhalb des Umkleideraums 110
Abb. 5.28 Skizzierter Grundriss und Darstellung der Blickrichtung bei
           Platzierung der Körper im Raum 111

Abb. 5.29   Skizzierter Grundriss und Darstellung der Blickrichtung bei
            Kleidungswechsel im Raum... 112
Abb. 5.30   Einzelbank mit Haken.. 113
Abb. 5.31   Manifestierte Territorialisierungspraktik („das ist unser Platz!").. 114
Abb. 5.32   Wand innerhalb des Umkleideraums.................................. 115
Abb. 5.33   „Tags" an einer Hauswand und Graffiti in einem Umkleideraum. 116
Abb. 5.34   Ausdrucksgestalt S_1I.. 118
Abb. 5.35   Ausdrucksgestalt S_1II und Sequenz I................................. 121
Abb. 5.36   Ausdrucksgestalt S_1II (Sequenz II)..................................... 123
Abb. 5.37   Ausdrucksgestalt S_1III... 124
Abb. 5.38   Offizielles Logo der Schule und Darstellung desselben auf
            der Homepage... 134
Abb. 5.39   Hauptkomponente des Schullogos...................................... 135
Abb. 5.40   Manifest- und latent-geschlossene Rahmung des Schullogos....... 136
Abb. 5.41   Varianten der Rahmung sowie latente Schließung des Schullogos. 136
Abb. 5.42   Vollständiges Schullogo und extrahierte Elemente................... 137
Abb. 5.43   Latente Schließung und szenische Choreographie des ersten
            Elements (Durchbruch).. 137
Abb. 5.44   Rahmenform und zweites Element (Zusatz)......................... 138
Abb. 5.45   Rahmenform und szenische Choreographie des zweiten Objekts.. 138
Abb. 5.46   Inneres Muster des Schullogos 139
Abb. 5.47   Übersicht der Rahmen-, Muster- und Inhaltsanalyse............... 141
Abb. 5.48   Ausdrucksgestalt mit typographischen Elementen................... 142
Abb. 5.49   Ausdrucksgestalt und eingezeichnete Feldlinien...................... 142
Abb. 5.50   Schullogo auf der offiziellen Homepage............................... 143
Abb. 5.51   Ausdrucksgestalt und eingezeichnete Feldlinien...................... 143
Abb. 5.52   Schullogo, Tuschezeichnung und chinesisches Schriftzeichen für
            „miàn" (dt.: Gesicht).. 144
Abb. 5.53   Ausdrucksgestalt, Fachwerk-/Reetdachhaus.......................... 147
Abb. 5.54   Mehrfamilienhaus, Schloss Borbeck und Schulbau der
            1970er-Jahre.. 147
Abb. 5.55   Zusatzelemente der Ausdrucksgestalt.................................. 148
Abb. 5.56   Ausdrucksgestalt, Schaukelpferd und Karusselpferd................ 149
Abb. 5.57   Ausdrucksgestalt und gezeichnete Spielzeug-/Aufziehmaus........ 149
Abb. 5.58   Ausdrucksgestalt, Wetterfahne und Schornstein 151
Abb. 5.59   Schullogo mit manifester und latenter Rahmung sowie
            Kennzeichnung des „Aufstiegs"... 152
Abb. 5.60   Ausdrucksgestalt... 152
Abb. 5.61   Darstellung der Schulgebäude sowie des mittelbaren Umfelds..... 153

Abb. 5.62   Darstellung der schulischen Umgebung mit eingezeichneten
             Feldlinien.. 154
Abb. 5.63   Kontrastierung landwirtschaftlicher Felder mit dem
             schulischen Umfeld.. 155
Abb. 5.64   Kennzeichnung der Demarkationslinie zwischen Agrarwirtschaft
             und Urbanität.. 156
Abb. 5.65   Schullogo und Siedlungsstruktur....................................... 157
Abb. 5.66   Schulgebäudekomplexe und Umgebungsbebauung mit
             Feldlinien... 158
Abb. 5.67   Darstellung des Schulgebäudekomplexes und Bezeichnung der
             Einzelgebäude.. 159
Abb. 5.68   Hauptgebäude und straßenseitiger Eingang............................ 160
Abb. 5.69   Verortung der Steintafel mit Schulnamen............................. 160
Abb. 5.70   Schullogo und Hauptgebäude.. 162
Abb. 5.71   Rückseitige Darstellung des Hauptgebäudes........................... 163
Abb. 5.72   Eingang auf der Rückseite des Gebäudes.............................. 164
Abb. 5.73   „Header" der Homepage.. 164
Abb. 5.74   Nebengebäude PE1 und PE2.. 165
Abb. 5.75   Verwaltungsgebäude und Container der Universität
             Duisburg-Essen.. 166
Abb. 5.76   Feldlinien des Nebengebäudes PE1..................................... 167
Abb. 5.77   Siedlungsstruktur und Demarkationslinien............................ 168
Abb. 5.78   Makro- und mesoanalytisches Raum-Kontinuum.................... 169
Abb. 5.79   Zuordnung der Graffiti im Gebäudekomplex........................... 170
Abb. 5.80   Graffiti (Sequenz I) an Pavillon PE1: „Straße, See, Leuchtturm"... 172
Abb. 5.81   Graffiti (Sequenz II) an Pavillon PE1: „Hof, Kirche, Berge"......... 172
Abb. 5.82   Graffiti (Sequenz III) an Pavillon PE1: „Feld, Dorf, Zaun".......... 172
Abb. 5.83   Feldlinien der Architektur (Sequenz I)................................ 173
Abb. 5.84   Feldlinien der Architektur (Sequenz II)............................... 173
Abb. 5.85   Feldlinien der Architektur (Sequenz III).............................. 173
Abb. 5.86   Feldlinien der Architektur und der Graffiti (Sequenz I)............. 174
Abb. 5.87   Feldlinien der Architektur und der Graffiti (Sequenz II)............ 174
Abb. 5.88   Feldlinien der Architektur und der Graffiti (Sequenz III).......... 174
Abb. 5.89   Straße (Ausdrucksgestalt) und Landstraße............................ 176
Abb. 5.90   Ausdrucksgestalt, Sonnenuntergang und -aufgang.................... 176
Abb. 5.91   Ausdrucksgestalt und Leuchtturm...................................... 176
Abb. 5.92   Ausdrucksgestalt S_2I: Graffiti an der Seite des Pavillons PE1....... 179
Abb. 5.93   Graffiti an der Rückseite des Pavillons PE2.......................... 180
Abb. 5.94   Schulgebäude und schulhofseitiger Zugang zu den Toiletten....... 183

Abb. 5.95 Skizzierter Grundriss des Hybridraums „Schülerinnentoilette".... 184
Abb. 5.96 Vorraum (V) der Mädchentoilette..................................... 185
Abb. 5.97 Wand- bzw. Oberflächengestaltung der Schülerinnentoilette....... 186
Abb. 5.98 Abgebröckelter Putz an der Außenwand/TK3........................ 187
Abb. 5.99 Grundriss der Schülerinnentoilette und Raumpraktiken............ 188
Abb. 5.100 Toilettenvorraum und Toilettenraum................................. 189
Abb. 5.101 Grundriss der Schülertoilette und Raumpraktiken................... 189
Abb. 5.102 Vorraum und Durchgang zum Toilettenraum mit legitimierten
           Gebrauchsspuren.. 190
Abb. 5.103 Legitimierte Gebrauchsspuren im Toilettenraum.................... 193
Abb. 5.104 Platzierung der Ausdrucksgestalt S_2I im Toilettenraum............ 195
Abb. 5.105 Ausdruckgestalt S_2II....................................... 198
Abb. 5.106 Vorraum der Schülertoilette... 200

Abb. 6.1   Ausdifferenzierung vandalistischer Spuren........................... 210
Abb. 6.2   Rubinsche Vase... 214
Abb. 6.3   Raumtheoretisches Modell................................ 220
Abb. 6.4   Exemplarische Modifizierung des Raummodells.................... 223

Tabellenverzeichnis

Tab. 2.1 Übersicht Kriminalstatistik des Bundesministeriums des Innern
(2009–2011).. 13

Tab. 2.2 Übersicht Kriminalitätsentwicklung des Landeskriminalamtes
NRW (2009–2011)... 13

Tab. 2.3 Bundesweite Aufklärungsquoten von Sachbeschädigungen
(2009–2011).. 15

Tab. 2.4 Landesweite Aufklärungsquoten von Sachbeschädigungen
(2009–2011).. 15

Tab. 2.5 Forschungsperspektiven und theoretische Fundierungen im
Überblick.. 43

Tab. 4.1 Ausdifferenzierung und Zuordnung der Fälle........................ 63

Tab. 4.2 Systematische Zuordnung von Ausdrucksgestalt, Text und
Forschungsmethode.. 66

Tab. 4.3 Kontrastierung der zugrunde gelegten Forschungsmethoden..... 76

Spurenlesen: Eine Ein- und Anleitung 1

> *Das Spurenlesen ist ein Können und in diesem Sinne auch*
> *eine Kunst*
> *(Krämer 2007, S. 20)*

Gebrauchs- und Nutzungsspuren an und in Architekturen können in äußerst differenter Weise betrachtet – „gelesen" – werden, münden jedoch oftmals in der allgemeinen Annahme, darin Aussagen über Menschen bzw. deren Verhalten in Bezug auf eine spezifische Architektur oder – in diesem Fall – den spezifischen materialen Schulraum, finden zu können. Der Architekturphotograph Wilfried Dechau verweist in seinem Buch „Architektur abbilden" (1995) wie folgt auf die allgemeine Analysemöglichkeit derartiger „Spuren": „Die Nutzungsspuren können von der Anwesenheit des Menschen Zeugnis ablegen, häufig zeigen sie die Komplexität der Inbesitznahme von Räumen sogar unmißverständlicher und umfassender als der Nutzer selbst" (Dechau 1995, S. 134). Bei diesen Spuren kann es sich um „bewußt ausgesuchte und positionierte Einrichtungsgegenstände" ebenso handeln wie um „zufällig Liegengelassenes, Hingelegtes, Abgelegtes, Hingehängtes, Hergerichtetes, Drapiertes, Geschmücktes, Dekoriertes, Vernachlässigtes, Überfülltes, Ungenutztes" (ebd., S. 134). Diese unvollständige Liste menschlicher Spuren zeigt bereits, auf welche verschiedenen Arten und Weisen Räume ge- und benutzt werden und deutet gleichermaßen die Möglichkeit einer Analyse an, die gerade nicht den Akteur, sondern den von diesem gebrauchten, d. h. hergerichteten, geschmückten, dekorierten, vernachlässigten, ungenutzten, kurz: im positiven oder negativen Sinne be-, und erlebten Raum fokussiert, um daraus wiederum Rückschlüsse auf, wie Dechau angibt, „Inbesitznahme[n]" (ebd., S. 134) zuzulassen. Der sich einer Architektur, eines Raumes bemächtigende Mensch kommt also möglicherweise durch gerade diese Aktivität zum Vorschein; er wird trotz oder gerade aufgrund seiner Abwe-

I. Herrmann, *Vandalismus an Schulen*,
DOI 10.1007/978-3-531-19488-2_1, © Springer Fachmedien Wiesbaden 2014

senheit durch die hinterlassenen Spuren sicht- und aufspürbar. Mit Oevermann lässt sich eine derartige Perspektive auf räumliche Spuren von akteursbedingten Inbesitznahmen ebenfalls methodisch kontrolliert verorten: „Ausdrucksgestalten sind dem objektiven Hermeneuten Spuren, Überreste oder Protokolle, die eine Lebenspraxis hinterlassen hat. Sie reichen vom Kunstwerk über das Dokument und Monument als kulturellen Objektivationen hin bis zu den ungeplant hinterlassenen Spuren von Praxis [. . . IH]" (Oevermann 2001a, S. 34; Hervorh. i. Orig.). Eben jene Fokussierung auf Spuren eignet sich für die Analyse menschlicher Raumaktivitäten im Allgemeinen und für diejenige vandalistischer Taten im Besonderen.

Im Rahmen dieser Arbeit werden derartige – hier ließe sich sagen „illegitime" – Gebrauchsspuren schulischer Lebenspraxen fallorientiert dargestellt und im Rahmen einer Mehrebenenanalyse rekonstruiert, um deren erziehungswissenschaftliche Bedeutung in eben jener konsequent akteursunabhängigen bzw. akteursfernen Perspektive erfassen zu können. Die vorangegangenen Bezeichnungen der „Akteursunabhängigkeit" oder „Akteursferne" sind dabei als deutliche Abgrenzungen zu denjenigen Forschungsarbeiten zu verstehen, welche sich beispielsweise mittels Interviews, Photographien oder Beobachtungen unmittelbar mit den jeweiligen Akteuren, ihren Deutungs- und Handlungsmustern auseinandersetzen. Dem entgegen wird der Fokus der vorliegenden Arbeit auf im alltäglichen Sprachgebrauch als „Vandalismus" bezeichnete Praktiken – resp. deren sichtbares Resultat – eingestellt, worunter all jene Veränderungen materialer Schulräume gefasst werden, die – zunächst – als illegitim bzw. unangemessen auszuweisen sind. Es besteht somit zum einen eine durchaus diskussionswürdige und kritisch zu reflektierende Positionierung hinsichtlich des Heranziehens geltender Regelungen und Normen, welche wiederum von den differenten Abstraktionsniveaus des gewählten Untersuchungsgegenstands – und somit den schulischen Institutionen bzw. Organisationen – abhängig sind. Zum anderen werden, darauf wurde bereits verwiesen, sowohl die materialen Architekturen als auch die Raumpraktiken in den Mittelpunkt der Analysen gerückt, sodass nunmehr drei voneinander trennbare Domänen zu berücksichtigen sind:

1. der vom jeweiligen Architekten theoretisch geplante Raum,
2. der von der jeweiligen Schule institutionell besetzte Raum und
3. der von den Akteuren praktisch eroberte Raum.

Dabei schafft „der vom Architekten entworfene Raum [. . . IH] nur die Voraussetzungen für ein sich Einnisten" (Dechau 1995, S. 134) und wird in dieser Arbeit keine weitere Berücksichtigung finden. Das auf den Entwurf bzw. den Bau von Räumen folgende „Einnisten" muss hier weiter ausdifferenziert werden, da es mehrere Missverständnisse in sich birgt. So können beispielsweise Fragen danach gestellt werden, wann und aus welchen Gründen spezifische Gebäude zu Schulgebäuden (um-)konzipiert werden, welche historischen Ver- und Vorläufe mit heutigen Schulgebäuden verknüpft sind, inwieweit städteplanerische Überlegungen Einfluss geübt haben und wer die Verantwortungsträger für das „Einnisten" waren. Auch diese – durchaus interessanten – Fragestellungen bleiben weitestgehend unberücksichtigt und werden nur im Rahmen des jeweiligen Fallporträts skizziert. Ex negativo interessiert im Rahmen dieser Arbeit die (Be-)Nutzung von Räumen und entsprechend die Analyse selbiger. Nutzung und Gebrauch meinen hier keineswegs die Einbeziehung des schulischen Raums als „dritten Erzieher" (Schäfer und Schäfer 2009, S. 235) oder die Möglichkeit von Schülern[1], sich kreativ mit Wänden und Mobiliar auseinander zu setzen (bspw. im Kunstunterricht), sondern die illegitime Modifikation des existierenden Raums durch Schüler in Form von Praktiken wie Beschriftungen, Graffiti oder Zerstörungen, welche alltagssprachlich als „Vandalismus" bezeichnet werden. Allgemeines, d. h. übergeordnetes Ziel dieser Arbeit ist somit die Etablierung eines erziehungswissenschaftlichen Vandalismusbegriffs und demnach einer Begrifflichkeit, die sich unabhängig von alltagssprachlichen Kontextualisierungen und Verständigungen auf die Spezifik pädagogischer Institutionen resp. Organisationen bezieht und die damit einhergehenden Strukturen und Besonderheiten hinsichtlich dort vorzufindender Raumspuren berücksichtigt.

Die Arbeit versteht sich entsprechend der vorhergehenden Ausführungen im Wortsinne als ein Spurenlesen: Auf die Spurensuche (Kap. 2), unter welche sowohl die Begriffsfassung als auch die Aufarbeitung des Forschungsstands zu subsumieren sind, folgt zunächst die Spurenkunde (Kap. 3) und somit die (raum-)theoretische Rahmung, welche die Begriffe Raum, Interaktionsraum und Raumpraktiken fundiert. Die anschließende Spurensicherung (Kap. 4) liefert die für eine Spurenanalyse (Kap. 5) notwendigen forschungsmethodischen Grundlagen und notwendigen Werkzeuge. Abschließend werden die analysierten Spuren kontrastierend verglichen und entlang ihrer gemeinsamen Strukturmerkmale theoretisiert (Spurenvergleich, Kap. 6).

---

[1] Im Folgenden wird aus Gründen der Vereinfachung und Übersichtlichkeit bei Einbezug beider Geschlechter ausnahmslos die maskuline Form gewählt.

Spurensuche: Vandalismus – Versuch einer multi-perspektivischen Begriffsfassung

2

Spuren sind der Einbruch eines fremden Jenseitigen in das wohl vertraute Diesseits.
(Krämer 2007, S. 16)

2.1 Zerstörungswut – Vandalismus – Ikonoklasmus: Kulturhistorischer Bezug und etymologische Einordnung

Allgemein als „Zerstörungswut" oder „Zerstörungslust" bezeichnet, lässt sich Vandalismus auf vielfältige Weise und je nach zugrunde gelegter theoretischer Verortung vollkommen unterschiedlich definieren. Eine einheitliche Begriffsbestimmung anzuführen ist, das wird im Folgenden dargestellt werden, weder ohne Weiteres möglich noch zwingend notwendig, da je nach Untersuchungsgegenstand, Disziplin und Forschungsfrage selbstredend nur spezifische Definitionen hervorgebracht werden. Darüber hinaus steht Vandalismus als Begrifflichkeit stets in Zusammenhang mit weiteren, teilweise sehr allgemein gefassten und stetem Wandel unterliegenden Terminologien, wie z. B. Normen und Werten, politischen Systemen bzw. politischen Situationen, Eigentum, Legalität oder Bewusstsein, wodurch eine exakte Abgrenzung zusätzlich erschwert wird. Eine kulturhistorische Betrachtung des Vandalismusbegriffs verdeutlicht diese Problematiken ebenso eingehend wie der Versuch eines allgemeinen Verständnisses des „Phänomen[s] der Normen verletzenden Beschädigung oder Zerstörung fremden Eigentums" (Lorenz 2009, S. 12). Obwohl der heute gebräuchliche Begriff des Vandalismus historisch erst 1794 im Rahmen der Anprangerungen des Bischofs von Blois, Henri-Baptiste Grégoire, in Erscheinung tritt, existiert mit dem sogenannten „Ikonoklasmus" des

I. Herrmann, *Vandalismus an Schulen*,
DOI 10.1007/978-3-531-19488-2_2, © Springer Fachmedien Wiesbaden 2014

8./9. Jahrhunderts eine Bezeichnung für Tatvorgänge, die denen der heute als „Vandalieren" bezeichneten durchaus nicht unähnlich sind. So bedeutet das aus dem Altgriechischen abgeleitete „Ikonoklasmus" wörtlich „das Bild zerbrechen" (εἰκών, „Bild, Abbild" und κλᾶν, „zerbrechen", vgl. Helas 2011, S. 198), womit jedoch zunächst der Streit um „die Zulässigkeit von Bildern heiliger Personen und ihrer Verehrung" (Helas 2011, S. 198) gemeint war. Erst um das Jahr 730 n. Chr. wurden durch Kaiser Leon III. neben der Zerstörung von Ikonen, die sämtlich zu Götzenbildern erklärt wurden, auch die Verfolgung sog. „Ikonodulen", Bilderverehrern, angeordnet (vgl. ebd., S. 199). Mit dem Begriff „Bildersturm" wird zudem die Zerstörung von Heiligenbildern während der Reformation bezeichnet: „I.[konoklasmus, IH] als Begleiterscheinung des reformatorischen Prozesses trat in verschiedenen Formen auf: als tumultartiger Bildersturm, gezielter Bilderfrevel, aber auch als legalisierte Bildentfernung" (ebd., S. 200). Diese differenten Umgangsformen erklären sich darin, dass die entsprechenden Bilder oftmals „auf den materiellen Status nichtsymbolischer Objekte aus Holz oder Stein" (Gamboni 1998, S. 31) reduziert werden sollten; die Zerstörung der Bilder stellte somit lediglich den letzten Akt einer Abfolge von Herabwürdigungen und Profanisierungen zum Zwecke der Demonstration ihrer „Machtlosigkeit" (ebd.) dar. Henri-Baptiste Grégoire prangert in seinem „Rapport sur les destructions opérées par le vandalisme" neben der Verbrennung von Büchern und sinnlosem Morden ebenso die Zerstörung von Kunstwerken durch die Jakobiner an, wobei mit dem Wort vandalisme zum ersten Mal eine Begrifflichkeit für die sich rasant verbreitende Kunstzerstörung gebraucht wurde (vgl. Demandt 1997, S. 15). Grégoire selbst leitete den Begriff, der bereits 1789 in das Wörterbuch der Acadèmie francaise[1] aufgenommen wurde, von dem germanischen Stamm der Vandalen ab; eine Etymologie, die – aus heutiger Perspektive – keineswegs als angemessen bezeichnet werden kann. Dennoch galten die Stämme der Goten und Vandalen als Barbaren par excellence, wodurch die Zerstörung antiker Kultur seit der Renaissance einen Namen erhielt, der sich unverzüglich verbreitete und nie revidiert oder korrigiert wurde: „Trotz der historischen und moralischen Problematik ist der Ausdruck ‚Vandalismus' für die bedenkenlose Zerstörung von Wertsachen, ja schon für den erfolgreich ausgetobten Destruktionstrieb üblich und verständlich" (Demandt 1997, S. 19). Neben einer begrifflich-intendierten Diffusität zeichnet sich hier zudem eine Variationsbreite dessen ab, was im Einzelnen unter Vandalismus zu verstehen ist: Hatte Grégoire noch „den gesamten Terror, insbesondere die täglichen Massenhinrichtungen

---

[1] Bei der Französischen Akademie handelt es sich um eine Gelehrtenschule mit Sitz in Paris, die seit 1694 das als konservativ bezeichnete Dictionnaire de l'Académie herausgibt, ein normatives Wörterbuch mit dem Zweck der Pflege der französischen Sprache.

der Jakobiner im Zuge der Französischen Revolution, mit ‚Vandalisme' umschrieben" (Lorenz 2009, S. 14), betonten andere lediglich die „Zerstörung historischer Kulturgüter" (ebd., S. 15) oder differenzierten, wie beispielsweise Marx, zwischen einem „Vandalismus der verzweifelnden Verteidigung" und einem „Vandalismus des Triumphs" (Marx 1973, S. 358, zit. in: Lorenz 2009, S. 15). Somit wurden nunmehr – neben den jeweiligen zerstörten Gegenständen bzw. Kulturgütern – verschiedene Täter-Motivationen fokussiert. Die 1850 in Deutschland erschienene „Oekonomische Encyklopädie" bezieht sich wiederum nur auf die jeweils zerstörten Gegenstände und schreibt die Wortherkunft ebenfalls dem entsprechenden Verhalten der Vandalen zu: „‚Vandalismus, rohe Zerstörungswuth von Kunstwerken, weil die Vandalen, ein nordisches Volk, welches sehr roh war und verheerende Kriege führte [...IH] die Bilder zerstörte und Bauwerke vernichtete'" (Krünitz 1850, zit. in Lorenz 2009, S. 15 f.). Die dynamische Weiterentwicklung und Veränderung der Begrifflichkeit lässt sich in diversen Wörterbüchern, Enzyklopädien und weiteren Verschriftlichungen nachvollziehen. So wurde 1873 das für Vandalismus herangezogene, auf der Eindeutschung Campes fußende Synonym der „‚Kunststürmerei'" im Grimmschen Wörterbuch verschriftlicht, wohingegen das Reichsstrafgesetzbuch (1872) für Bagatellschäden im § 360 Ziffer 11 den Begriff des „groben Unfugs" anführt (Lorenz 2009, S. 16 ff.). Im 20. Jahrhundert lassen sich Begriffe wie „Mutwille", „Sachbeschädigung" oder „Unfug", im englischsprachigen Raum „Vandalism", „Rowdysm" oder „Hooliganism" finden, welche die bis dahin juristischen oder alltagssprachlichen Wortsinne ersetzen bzw. erweitern (Lorenz 2009, S. 18 f.). Der „Mutwille" wird zudem vor allem in pädagogischen Lexika wie z. B. dem „Encyklopädischen Handbuch der Pädagogik" motivational von der „Rohheit" in der Weise abgegrenzt, als „‚dem Mutwilligen' zugestanden [wird, IH], ohne ‚böse Absicht noch Gefühllosigkeit und Neigung zu Lümmelei' zu handeln" (Lorenz 2009, S. 20) und es sich bei „Rohheit" beispielsweise um die „‚Beschädigung des Schuleigentumes, Mißhandlung von Hunden und Katzen' und lebensgefährliche Körperverletzung" (ebd., S. 20) handelte.

Waren es in der Frühen Neuzeit „Spuren ‚groben Unfugs'", die neben o. a. Taten auch „Gewalt gegen die Natur" umfassten (ebd., S. 23 ff.), wurde in der Aufklärung verstärkt jenes „scheinbar sinnlose ‚Wüten'" fokussiert, welches als „‚mutwillig', ‚boshaft', und ‚frevelhaft'" bezeichnet und bei dem „ein logisches Motiv offenbar ausgeschlossen" werden kann (ebd., S. 32). Jedoch beziehen sich vandalistische Akte bzw. Akte groben Unfugs verstärkt auf Kunstwerke im öffentlichen Raum, denen zudem ein gewisses Maß an Bedeutsamkeit zugeschrieben wird, während „banale Alltagsgegenstände" (ebd., S. 39) kaum in den Fokus gerückt wurden, wodurch eine tendenziell kulturchauvinistische Sichtweise im Sinne einer Existenz von auf Kulturgüter bezogene starre Relevanzhierarchie zu unterstellen ist. Interessant ist zudem die Bezugnahme auf „frustrierte unfreie und dazu ungebildete männliche Erwachsene" (ebd., S. 41 f.), die sich „gegen alle Besitzenden und deren Herrschaftssymbole" auflehnen (ebd., S. 44) als Tätergruppe beschrieben wird, und nicht etwa, wie es in späterer Zeit der Fall sein wird, eine Fokussierung auf Kinder und Jugendliche aus prekären Sozialschichten stattfindet. Dieses ändert sich bereits in der Zeit Industrieller Revolution erheblich: Wiederum oder nach wie vor als „Unfug" bezeichnete Straftaten, wie beispielsweise „das Einwerfen von Laternen und Fenstern von Professoren" (ebd., S. 55) werden nahezu ausnahmslos männlichen Jugendlichen zugeschrieben und durch Wilhelm Buschs 1865 erschienenes Werk „Max und Moritz, eine Bubengeschichte in 7 Streichen" entsprechend thematisiert. In diesem werden diverse, als Streiche bezeichnete Taten zweier Heranwachsender wie z. B. Tierquälerei, Zerstörung einer Brücke oder das Sprengen eines Hauses geschildert (Busch 1865; vgl. Lorenz 2009, S. 56). Eine weitere Ausdifferenzierung sachbeschädigender Akte wurde um das Jahr 1920 vorgenommen, in dem generell detailliertere statistische Aufstellungen selbiger entstanden. So wurde zwischen „,bösem Mutwillen' bei national oder ökonomisch wertvollen Gegenständen und ,grobem Unfug' bei minderwertigen" Gebrauchsgegenständen (Lorenz 2009, S. 61) unterschieden, sodass wiederum eine deutliche Divergenz entlang der auf Gegenstände zu beziehenden Kriterien „gesellschaftlich relevant" und „ökonomisch hochwertig" sowie einer damit verbundenen Hierarchie kultureller Güter attestiert werden kann. Dieses wird vor allem auch durch den Umstand verstärkt, dass „Vandalismus gegen einfache Gebrauchsgegenstände keinerlei Debatten auslöste" und „zum entwicklungsspezifischen Jungendelikt naturalisiert und damit politisch bedeutungslos" wurde (ebd., S. 61). In der Weimarer Republik wurde eine derartige Täter-Fokussierung fortgesetzt und „gelangweilte und orientierungslose Jungen" mit einer „ ,Lust zur Zerstörung' aus Langeweile" (und nicht etwa aus politischen Motiven, wie gemutmaßt werden könnte) für verschiedene Schäden an Laternen, Straßenbahnen oder andere Sachbeschädigungen in die Verantwortung genommen (ebd., S. 71 f.). Nach der Machtübernahme der Nationalsozialisten im Jahr 1933 existierte erstmalig eine doppelte Bedeutung des Vandalismusbegriffs: Einerseits wurde regierungsseitig die durch Oppositionelle durchgeführte „Beschädigung öffentlicher Gegenstände als ,Sabotage' am ,Volkseigentum' " (ebd., S. 76) bezeichnet. Andererseits sind – aus einer historischen Perspektive heraus – gerade die von der NS-Regierung als „Bildersturm" vorgenommene „Gewalt gegen Sachen wie Kunstwerke, Bücher, Denkmäler und Gebäude" (ebd., S. 77) ebenfalls als vandalistische Praktiken zu bezeichnen.[2] Somit wird deutlich, dass sich die begriffliche Fassung

---

[2] Hier wurden sämtliche Kunstwerke, die dem Kunstverständnis und ästhetischen Idealen der Nationalsozialisten nicht entsprachen (darunter fielen beispielsweise Werke von Paul Klee,

von Vandalismus nicht an der jeweiligen Tat, sondern lediglich an den Tätern bzw. deren politischer Gesinnung orientierte. Kurz: Zum Vandalen wird (gemacht), wer nicht über die entsprechende (begriffliche, politische) Definitionsmacht verfügt. Strukturelle Ähnlichkeiten in Bezug auf vandalistische oder Sabotage-Praktiken zeigten sich auch in der Deutschen Demokratischen Republik (DDR): Hier wurde von „Rowdys" oder „Halbstarken" ausgeübte „Gewalt gegen Sachen als Mittel des Widerstandes gegen die Gleichschaltung" angesehen und somit ebenfalls zum Politikum im Sinne einer Staatsbeleidigung (Lorenz 2009, S. 83 ff.). Wie bereits während der Zeit des Nationalsozialismus wurde auch in der DDR die „verschärfte Strafverfolgung von Sachbeschädigungen und ähnlich minderschweren Delikten [...IH] gezielt zur Zerschlagung von unliebsamen Jugendgruppen eingesetzt" (ebd., S. 87). In diesem Zusammenhang bestand die Schwierigkeit vor allem darin, den „ständigen Spagat zwischen Bagatellisierung und politischer Kriminalisierung" (ebd., S. 92) zu bewältigen, um die eigene Ideologie gegenüber den Bürgern aufrecht erhalten und gleichzeitig strafrechtliche Konsequenzen rechtfertigen zu können.

Aus diesem kurzen historischen Abriss gehen bereits einige, sich oftmals widersprechende Charakteristika dessen hervor, was verschiedentlich unter dem Begriff des Vandalismus subsumiert wird:

- Die Zerstörung von Kunstgegenständen, Gebäuden oder anderen Wertsachen.
- Die Destruktion als Triebnachgabe und/oder als aus Langeweile resultierender bedenkenloser Aktion.
- Die politisch-intendierte Sabotage.
- Die entwicklungsspezifische Bagatellhandlung.
- Die Auflehnung gegen bestehende gesellschaftliche Herrschafts- und Machtsignien.

Deutlich wird vor allem, dass es sich nicht etwa um ein Phänomen der Gegenwart bzw. jüngerer Vergangenheit oder ein der Pubertät zuordenbares Übergangs- bzw. Widerstandsverhalten rebellischer Jugendlicher handelt, sondern Vandalismus allgemein als Akt der Destruktion mit differenten Akzentuierungen in einer

---

Käthe Kollwitz, Max Ernst oder Willi Baumeister) aus den Museen entfernt: „‚Reinigung von undeutscher Kunst' hieß das und klang noch harmlos im Vergleich zum Furor des nationalsozialistischen Bildersturms von 1937, der die Sammlungen ihrer Kunstwerke der Moderne beraubte. Im Juni 1937 wurden Tausende Bilder, Graphiken, Zeichnungen und Skulpturen für die Münchner Ausstellung ‚Entartete Kunst' beschlagnahmt, wenige Wochen später säuberte man die Museen systematisch von Werken sogenannter ‚Verfallskunst' " (Mönch 2010).

langen historischen Tradition bezeichnet werden kann. Über die kulturhistorisch-
begriffliche Einordnung hinaus interessieren somit gerade diese Akzentsetzungen
im Sinne verschiedener Perspektiven, welche im Folgenden exemplarisch aufgegriffen werden. Dabei wird der Fokus zunächst auf die juristisch-kriminologische
Perspektive sachbeschädigenden Verhaltens eingestellt, um daran anschließend
sowohl auf die ästhetisch-künstlerische als auch auf die politisch-aufklärerische
Perspektive zu rekurrieren. Hervorzuheben sind hierbei vor allem die sprachlichen
Diskrepanzen, die durch die Verwendung der Begriffe „Strafdelikt" (juristische
Perspektive), „Kunst" (ästhetische Perspektive) und „Widerstand" bzw. „Protest"
(politische Perspektive) entstehen.

2.2   Straftat – Ästhetik – Aufklärung: Triadische Ausdeutung eines universellen Begriffs

2.2.1 Vandalismus als Strafdelikt: Intentionale Sachbeschädigung oder destruktive Auseinandersetzung?

Über die historisch-etymologische Einordnung des Vandalismusbegriffs hinaus
ist es im Kontext dieser Arbeit zunächst erforderlich, sich diesem im juristisch-
kriminalistischen Sinne – nämlich als Strafdelikt geahndete Gewalthandlung gegen
Gebäude und Gegenstände – zu nähern. So wird Vandalismus im deutschen
Strafrecht allgemein als Sachbeschädigung verstanden, deren Versuch bereits strafrechtliche Konsequenzen haben kann: „1) Wer rechtswidrig eine fremde Sache
beschädigt oder zerstört, wird mit Freiheitsstrafe bis zu zwei Jahren oder mit Geldstrafe bestraft. 2) Ebenso wird bestraft, wer unbefugt das Erscheinungsbild einer
fremden Sache nicht nur unerheblich und nicht nur vorübergehend verändert. 3)
Der Versuch ist strafbar" (§ 303 StGB).
      Darüber hinaus werden neben gemeinschädlicher Sachbeschädigung wie z. B.
die Zerstörung oder Beschädigung von Denkmälern, Kunstgegenständen oder religiösen Symbolen (vgl. § 304 StGB) vor allem die Zerstörung von Gebäuden bzw.
Bauwerken (siehe Abb. 2.1 und 2.2) eigens aufgeführt: „(1) Wer rechtswidrig ein
Gebäude, ein Schiff, eine Brücke, einen Damm, eine gebaute Straße, eine Eisen-
bahn oder ein anderes Bauwerk, welche fremdes Eigentum sind, ganz oder teilweise
zerstört, wird mit Freiheitsstrafe bis zu fünf Jahren oder mit Geldstrafe bestraft"
(§ 305 StGB).

Abb. 2.1 Abgebrochenes Waschbecken und besprühtes Kraftfahrzeug. (© Ina Herrmann; © Buket Balkan)

Abb. 2.2 Graffiti an einem Schulgebäude. (© Viktoria Flasche)

Allen Handlungen gemein ist das gewaltvoll-aggressive Moment, welches jedoch keineswegs mit einer intentionalen Motivation resp. dem subjektiven Empfinden der Täter gleichzusetzen ist, Gewalt auszuüben, da „junge Menschen verschiedene Formen der zerstörerischen Auseinandersetzung mit der baulich-räumlichen Umwelt gar nicht als Gewalt erleben" (Kube und Schuster 1983, S. 1). Relevant ist an dieser Stelle die erneute Differenzierung zwischen strafrechtlich verfolgten Handlungen, also gegen bestehende (Straf-)Gesetze verstoßende Taten einerseits

und individueller Motivation im Sinne politischer Auflehnung, der Suche nach
einem „Ausweg aus trostloser Langeweile" (ebd., S. 2) oder, verallgemeinernd ausgedrückt, einem „Bewältigungsverhalten, das nach Handlungsfähigkeit um ‚jeden
Preis' – eben auch abseits der geltenden Norm – strebt" (Böhnisch 2010, S. 20)
andererseits. Anzumerken sei an dieser Stelle zudem die begriffliche Unschärfe im
kriminalistisch-juristischen Bereich: Werden vandalistische Taten in der kримino-
logischen Theorie oftmals als Gewalttaten bezeichnet („Vandalistische Straftaten als
besondere Form der Gewalt gegen Sachen sind im sozialen Kontext des Gewaltphä-
nomens in unserer Gesellschaft zu sehen", Kube und Schuster 1983, S. 3), handelt
es sich in den Statistiken allerdings um eine vollkommen andere Terminologie.
Hier werden unter Gewaltkriminalität Straftatbestände wie beispielsweise Mord
und Totschlag subsumiert, wohingegen sich gegen Gebäude oder Kraftfahrzeuge richtende Gewalttaten als Sachbeschädigungen bezeichnet werden. In welcher
Weise Gewalttaten oder Sachbeschädigungen wie beispielsweise die Destruktion
öffentlicher Gebäude und Anlagen auftreten und ab wann es sich überhaupt um
eine solche Destruktionshandlung handelt, muss entsprechend juristischer Verfahren im Einzelfall überprüft und richterlich entschieden werden. Im Folgenden
soll nunmehr auf die in sowohl den entsprechenden Statistiken als auch im Strafgesetzbuch verwandte Begrifflichkeit der „Sachbeschädigung" sowie der darunter
gefassten Einzeltaten Bezug genommen werden.

Unter Rückbezug auf die definitorische Festlegung von Vandalismus als Straftat
bzw. kriminelle Gewalttat erweist sich ein Blick in die Kriminalstatistiken der
Jahre 2009, 2010 und 2011[3] als unumgänglich. Die „Polizeiliche Kriminalstatistik"
sowie die „Kriminalitätsentwicklung in Nordrhein-Westfalen"[4] der entsprechenden Jahre geben neben Delikten wie Diebstahl, Betrug, Körperverletzung und Mord
selbstredend ebenfalls die angezeigten Fälle von Sachbeschädigung an Kraftfahrzeugen, auf Straßen, Wegen oder Plätzen an und differenzieren seit 2008 zudem die
„Sachbeschädigung durch Graffiti" (Bundesministerium des Innern (BMI) 2010, S.
4) bzw. „Graffitifälle" (Landeskriminalamt (LKA) NRW 2010, S. 17) als gesonderten
Posten aus (sog. erweiterter Deliktschlüssel).

---

[3] Im Folgenden werden zwar Zahlen aller drei Jahre zitiert und vereinzelte Trends beschrieben, im Wesentlichen wird sich jedoch auf das Jahr 2011 und das Vergleichsjahr 2010
fokussiert.

[4] Die Statistiken des Bundeslandes NRW werden hier aus zwei Gründen herangezogen: So-
wohl die beiden im Rahmen dieser Arbeit rekonstruierten Schulen (resp. die entsprechenden
Fälle, vgl. Abs. 4.1) als auch die Universität Duisburg-Essen, an welcher die vorliegende
Arbeit verortet ist, befinden sich in Nordrhein-Westfalen.

Tab. 2.1 Übersicht Kriminalstatistik des Bundesministeriums des Innern (2009–2011)

Polizeiliche Kriminalstatistik des Bundesministeriums des Innern 2010 (BMI 2010)

	2009	2010	2011
Erfasste Straftaten insgesamt	6.054.330	5.933.278	5.990.679
Aufgeklärte Fälle	3.368.879	3.322.320	3.276.153
Sachbeschädigung insgesamt	775.547	700.801	688.294
davon: Graffiti	139.850	125.751	115.623

Tab. 2.2 Übersicht Kriminalitätsentwicklung des Landeskriminalamtes NRW (2009–2011)

Kriminalitätsentwicklung des Landeskriminalamtes NRW 2010 (LKA NRW 2010)

	2009	2010	2011
Erfasste Straftaten insgesamt	1.458.438	1.442.801	1.511.469
Aufgeklärte Fälle	740.165	720.199	741.453
Sachbeschädigung insgesamt	173.921	160.368	156.240
Davon: Graffiti	28.056	26.358	22.470

Nach einem geringen Rückgang der erfassten Straftaten im Jahre 2010 um ca. 2 % (121.052 Taten, siehe Tab. 2.1 und 2.2), wurden bereits ein Jahr später wieder etwa 57.400 mehr Taten zur Anzeige gebracht, was jedoch lediglich einen Anstieg von ca. 1 % sowohl in Hinblick auf die direkten Vergleichsjahre 2010 und 2011 als auch auf die Entwicklung der Jahre 2009 bis 2011 bedeutet. Ein drastischeres Bild ergibt die Fokussierung der aufgeklärten Fälle: Wurden bereits im Jahre 2010 fast 47.000 Straftaten weniger zur Aufklärung gebracht, so reduziert sich die Zahl im darauffolgenden Jahr noch einmal um ca. 46.000 Taten. Berücksichtigt man nunmehr die Differenz der Jahre 2009 zu 2011, so ergibt sich folgendes Bild: Insgesamt wurden 63.651 (1,05 %) Straftaten weniger erfasst, d. h. bei den Polizeibehörden angezeigt. Dem gegenüber steht eine Differenz von 92.726 (ca. 2,8 %) nicht aufgeklärten Fällen. Zusammenfassend bedeutet dies, dass es bei weniger erfassten Straftaten unproportional weniger aufgeklärte Fälle gab, worauf später noch näher einzugehen sein wird. Fokussiert man die unter der Sammelbezeichnung „Sachbeschädigung" subsumierten Straftaten bezogen auf die Zeit, so wird eine stringente Abnahme (ca. 11 %) der erfassten Taten deutlich. Ebenso verhält es sich mit den zur Anzeige gebrachten Graffiti: Im Jahr 2009 wurden über 24.200 Fälle (etwa 17 %) von Graffiti mehr registriert als nur zwei Jahre später. Es wurden somit entweder insgesamt weniger Graffitischäden angezeigt oder „das Dunkelfeld – die der Polizei nicht bekannt gewordene Kriminalität" (BMI 2011, S. 3), hat sich vergrößert.

Bezogen auf die insgesamt fast sechs Millionen erfassten Straftaten im Bundesgebiet und etwa 1,4 Millionen allein in NRW (und damit ca. 24 % der bundesweit erhobenen Straftaten) stellen Sachbeschädigungen im Jahr 2011 mit ca. 688.000 Fällen (Bundesgebiet) bzw. ca. 156.000 Fällen (Land NRW) in den jeweiligen Statistiken einen Anteil von 11,4 % bzw. 10,3 % dar. Im Vergleich zum Jahr 2010 kann für 2011 damit bundesweit jedoch lediglich ein Rückgang der Straftaten im Bereich Sachbeschädigung um etwa 12.500 Fälle (1,8 %), für NRW immerhin um 2,6 %, also ca. 4.100 Fälle, verzeichnet werden. Der Anteil der Graffitischäden an denen aller Sachbeschädigungen liegt bundesweit mit etwa 17 % marginal höher als derjenige in NRW (14,4 %).[5] Bundesweit kann in Bezug auf durch Graffiti entstandene Sachbeschädigung ein Rückgang der Straftaten um etwa 8,1 % im Vergleich zum Vorjahr verzeichnet werden. Analog dazu haben die ebenfalls unter Sachbeschädigung gefassten Graffitischäden in NRW um fast 14,8 % abgenommen.

Neben den Erhebungen zu gemeldeten Straftaten und deren zeitlicher Zu- oder Abnahme sind vor allem die sog. „Aufklärungsquoten"[6] (BMI 2010, S. 60) insgesamt, im Besonderen jedoch in Bezug auf die hier zu fokussierenden Graffitischäden interessant.

Abgesehen von einer geringfügigen Zunahme der Quote an aufgeklärten Sachbeschädigungen, sind die prozentualen Anteile selbiger insgesamt gesunken (siehe Tab. 2.3). Dieses ist wiederum aus dem Grunde besonders hervorzuheben, als sich das Gesamtverhältnis von angezeigten zu aufgeklärten Straftaten zuungunsten der Aufklärung verändert hat. Für die Straftat des Sprayens von Graffiti bedeutet dieses: Zwar wurden insgesamt weniger Fälle zur Anzeige gebracht, von diesen konnten jedoch prozentual weniger aufgeklärt werden, was grundsätzlich mit einer Identifizierung und Überführung der Täter einhergeht. Anders verhält es sich in Nordrhein-Westfalen (siehe Tab. 2.4).

Beide Statistiken geben hinsichtlich der begangenen Strafdelikte sowohl für das Jahr 2010 als auch das Jahr 2011 eine Aufklärungsquote von durchschnittlich 24 % und damit eine der niedrigsten Quoten aller erfassten Strafdelikte an. Seltener aufgeklärt – hier exemplarisch betrachtet für das Jahr 2011 – werden bundesweit nur Fälle von Straßenkriminalität (ca. 18 %), Wohnungseinbruch, (ca. 16 %) und Fahrrad-

---

[5] Eine detaillierte(re) Aufschlüsselung nach „Sachbeschädigung durch Graffiti", „Gemeinschädliche Sachbeschädigung durch Graffiti" und „Sachbeschädigung durch Graffiti an Kfz" (BMI 2011, S. 56) wäre zwar möglich, da diese sich jedoch lediglich auf das gesamte Bundesgebiet, nicht jedoch auf das Land NRW bezieht und somit keine vergleichbaren Zahlen vorliegen, wird an dieser Stelle darauf verzichtet.

[6] Die Aufklärungsquote „kennzeichnet das prozentuale Verhältnis von aufgeklärten zu bekannt gewordenen Fällen" (BMI 2010, S. 60).

Tab. 2.3 Bundesweite Aufklärungsquoten von Sachbeschädigungen (2009–2011)

Aufklärungsquoten im Vergleich (Bund)

	2009 (%)	2010 (%)	2011 (%)
Aufgeklärte Fälle insgesamt	55,6	56,0	54,7
Sachbeschädigung insgesamt	25,0	25,5	25,2
davon: Graffiti	24,6	25,4	23,8

Tab. 2.4 Landesweite Aufklärungsquoten von Sachbeschädigungen (2009–2011)

Aufklärungsquoten im Vergleich (NRW)

	2009 (%)	2010 (%)	2011 (%)
Aufgeklärte Fälle insgesamt	50,8	49,9	49,1
Sachbeschädigung insgesamt	23,4	23,5	23,2
davon: Graffiti	19,0	20,7	20,1

diebstähle (10 %) sowie das Ausspähen und Abfangen von Daten (ca. 21 %; vgl. BMI 2011, S. 6), in NRW zusätzlich Diebstähle von und aus Kraftfahrzeugen (ca. 24 % bzw. 11 %; vgl. LKA NRW 2011, S. 15). Die höchsten Aufklärungsquoten (bezogen auf alle zur Anzeige gebrachten Sachbeschädigungen) liegen in NRW mit etwa 20 %, im gesamten Bundesgebiet bei etwa 24 % bei den Graffitifällen. Folglich kehrt sich der Trend sinkender Aufklärungsquoten hinsichtlich der Straftatbestände Graffiti allerdings um, da hier sinkende Anzeigen einer zwar nur geringfügig, jedoch steigenden Aufklärungsquote gegenüberstehen. Erklärungen für einen Anstieg der Aufklärungsquote sind an dieser Stelle hypothetischer Natur, da in den vorliegenden Statistiken keinerlei Auswertungen vorgenommen werden, sondern es sich um einen rein deskriptiven, statistischen Datensatz handelt. Die Tatsache einer leicht angestiegenen, jedoch nach wie vor geringen Aufklärungsquote von Sachbeschädigungen resp. Graffiti könnte an der hohen Anonymisierbarkeit derselben sowie den oftmals nachts vorgenommenen Taten liegen. Bestimmte Standorte – denkbar wären hier (Güter-)Bahnhöfe, U-Bahnstationen oder Unterführungen – werden zunehmend bekannter und können polizeilich entsprechend kontrolliert werden. Die vermehrte Installation von Kameras auf Schulhöfen oder anderen öffentlichen Plätzen könnte außerdem zu dem registrierten generellen Rückgang geführt haben. Darüber hinaus bezeichnet gerade das Phänomen der Gentrifizierung eben jene Legalisierung bzw. ex post-Umwidmung von vormals unter Sachbeschädigung subsumierten Graffiti – bzw. den jeweiligen Orten – zu urbaner Kunst (vgl. auch Abs. 1.2.2): Einst illegale Praktiken und Plätze werden somit zu öffentlichen Sprayer- oder Kunstbereichen deklariert und entsprechend nicht mehr statistisch erfasst. Letztlich wird jedoch bereits in den jeweiligen Polizeistatistiken auf diverse Einflussfaktoren wie beispielsweise ein modifiziertes Strafrecht, „polizeiliche Kontrollintensität, statistische Erfassung" sowie das „Anzeigeverhalten (BMI 2011, S. 3) hingewiesen, sodass eindeutige Erklärungen schlechterdings kaum möglich sind und hierin ein weiterer Grund herangezogen wird, von einer quasi-inhaltlichen Ausdifferenzierung von Vandalismus zu abstrahieren (vgl. auch Abs. 1.2.4).

Bezogen auf den Kreis der Täter resp. der Tatverdächtigen existieren – vor allem hinsichtlich der hier fokussierten Sachbeschädigungen – zunächst recht eindeutige statistische Daten. Tatverdächtig sind vor allem Jugendliche und junge Erwachsene unter 21 Jahren: Ihr Anteil bei den gesondert aufgeführten Graffitifällen der Polizei NRW liegt im Jahr 2010 bei 81 % und somit um 4,6 Prozentpunkte höher als im Jahr 2011 (75,4 %). Zum Vergleich: Die gleiche Gruppe Tatverdächtiger stellt bei Straftaten wie Wohnungseinbruch-, Laden- und Taschendiebstählen – ebenfalls bezogen auf die Jahre 2010 und 2011 – einen durchschnittlichen Anteil von etwa 32 bis 39 %, bezogen auf alle angezeigten Straftaten im Bundesland jedoch nur 25,3 % (LKA NRW 2011, S. 18). Somit kann an dieser Stelle zumindest eine schwache Hypothese über den Täterkreis formuliert werden, welcher jedoch vor dem Hintergrund der hier nachzugehenden Fragestellung kaum Relevanz zukommt: Erstens wird eine hochgradig heterogene Gruppe fokussiert, deren Graffiti zweitens keinerlei eindeutige räumliche Zuordnungen erhalten. Im Sinne einer Eingrenzung sowohl der infrage kommenden Räume als auch der jeweiligen Akteure, wird in einem nächsten Schritt vor allem der schulische Raum in den Blick genommen. Strafrechtliche Delikte im „schulischen Bereich" (Landeskriminalamt NRW 2011, S. 63) werden seit 2008 in NRW gesondert erfasst. Dabei umfasst der Bereich „die Tatörtlichkeit Schule (1. bis 13. Klasse), Fachhochschule/Hochschule und sonstige Bildungseinrichtung" (ebd., S. 63). Bezogen auf alle etwa 1,4 Millionen begangenen Straftaten wurden 28.328 Taten und damit 1,9 % im schulischen Bereich verübt, wovon wiederum über 23.400 Fälle – 82,8 % aller Straftaten im schulischen Bereich – auf die „Tatörtlichkeit Schule" entfielen (ebd., S. 63). Die Anzahl der Fälle hat im Vergleich zum Vorjahr um ca. 1.700 Taten (6,8 %) abgenommen. Beim Blick auf die jeweiligen einzelnen Deliktsbereiche fällt auf, dass es sich vor allem um Diebstähle in verschiedenen Varianten handelt (ca. 11.500 Fälle und somit durchschnittlich 47 % in beiden Jahren) und Sachbeschädigungen vergleichsweise selten vorkommen (im Durchschnitt beider betrachteter Jahre etwa 4.500 Fälle, also ca. 18,5 %).

Fasst man die Zahlen der herangezogenen Statistiken nunmehr überblicksartig zusammen, lassen sich vor allem Aussagen in Bezug auf quantitative Veränderungen im Bereich des Strafdelikts „Sachbeschädigung" vornehmen. So kann zwar insgesamt ein leichter Rückgang an Sachbeschädigungen bzw. im speziellen Fall des Graffiti-Sprayens verzeichnet werden, der jedoch mit einem allgemeinen Trend der Abnahme sämtlicher erfasster Straftaten einhergeht und somit zunächst nicht in den Aufmerksamkeitsfokus rückt. Problematisch sind hingegen die Zahlen der jeweils aufgeklärten Fälle in den fokussierten Bereichen Sachbeschädigung und Graffiti, welche für die bundesweiten Angaben lediglich als Quotierungen vorliegen und aus diesem Grund kaum Aussagekraft besitzen. Denn wie die Verhältnissetzung von insgesamt aufgeklärten Fällen und Aufklärungsquote zeigt, wurden im Jahr 2011 sowohl bundesweit als auch in NRW wesentlich weniger Straftaten aufgeklärt als noch im Vorjahr, was sich aufgrund der absoluten Zahlen jedoch kaum oder gar nicht negativ auf die Quoten auswirkt. Für die Statistik des Landes NRW bedeutet das konkret, dass 2011 zwar über 4.100 Fälle von Sachbeschädigung weniger angezeigt wurden als im Jahr 2010, die darauf bezogene Aufklärungsquote jedoch ebenfalls minimal von 23,5 auf 23,2 % sank (vgl. LKA NRW 2011, S. 13). In Kurzform bedeutet dieses also: Bei einem deutlichen Rückgang der sachbeschädigenden Straftaten konnten gleichzeitig weniger Taten aufgeklärt werden. Hier wäre eine weitere Analyse sicherlich interessant und lohnenswert, da sich differente Hypothesen ableiten ließen.

Qualitative Aussagen über motivationale oder intentionale Implikationen können – basierend auf den vorliegenden Daten – selbstverständlich ebenso wenig induziert werden wie mögliche Kausalzusammenhänge zwischen der Reduktion erfasster Fälle und Aufklärung selbiger, da diese im Rahmen der herangezogenen Statistiken nicht erhoben werden. Die bereits hergeleiteten differenten und sich teils widersprechenden Charakteristika (siehe Abs. 1.1.1) liefern jedoch erste Hinweise auf die Komplexität der Intentionen vandalistischer Praktiken. Dabei handelt es sich zum einen um die Interpretation von Vandalismus als Kunst oder Kunstform, zum anderen um deren politische Aussagekraft. Somit sind Kunstform und Straftat diametral verschieden, wohingegen die politische Geste als deren inhaltsbezogene (jedoch tendenziell analytische) Mitte dargestellt werden kann. Eine zweite Sichtweise auf die Verhältnissetzung von Straftat, Kunst und Politik stellt die Frage nach Legitimität nur marginal und fokussiert Ästhetik und Politik als voneinander getrennte, sich jedoch durchaus aufeinander beziehende „Spielarten" in der Weise, als „symbolisches Verhalten [. . . IH] als mittelbar politisches Verhalten erkennbar" wird (Hartle 2006, S. 11). Das wechselwirkende Verhältnis von Ästhetischem und Politischem vandalistischer Praktiken bzw. deren manifestierte Ergebnisse werden nachfolgend eingehender zu beleuchten sein. Dazu werden beide Perspektiven zunächst getrennt voneinander behandelt und erst abschließend – und unter Berücksichtigung der vorangegangenen strafrechtlichen Perspektive – kontrastiv gegenübergestellt.

2.2.2 Vandalismus als Kunstform: Urbaner Straßenmythos oder Urbanität als künstlerischer Ausdruck?

Im Sinne der ursprünglichen Begriffsfassung und der damit einhergehenden Bedeutung wird unter Vandalismus gerade nicht eine Kunst, Kunstrichtung oder
Kunstform, sondern das vollkommene Gegenteil verstanden: Die Zerstörung und
Vernichtung von Bildern, Bauwerken und Plastiken, das Verbrennen von Büchern
und weiteren literarischen Werken sowie das Verfolgen von „Ikonodulen" (Helas 2011, S. 199), den Verehrern jener als Ikonen ausgewiesenen und verbotenen
Abbildungen wird historisch als Vandalismus oder „Ikonoklasmus" (ebd., S. 200)
bezeichnet (siehe Abs. 2.1), wodurch wiederum beide Aspekte – der politische und
der ästhetische – betont werden und eindrücklich verdeutlicht wird, wie eng diese
durchaus differenten Motive oftmals miteinander verwoben sind. Dessen ungeachtet wird nunmehr zunächst auf Aktionen und (Ausdrucks-)Formen eingegangen,
denen trotz oder gerade aufgrund ihrer vandalistischen Charakteristika ästhetische
Bedeutungen zugeschrieben werden. So grenzen sich vereinzelte Künstler und Autoren deutlich von der Charakterisierung ihrer Arbeit als Vandalismus ab, räumen
jedoch gleichermaßen ein, dass eine derartige Sichtweise durchaus ihre Berechti-
gung haben könnte, da es sich um subjektiv-ästhetische Positionierungen handelt:
„Street art, Post Graf, Urban Art– call it what you like, in it's raw essence it's all
about leaving your mark. A trace of existence, to taunt or humour the public as
well as a liberating F*** You to the powers that deem our work vandalism. It's
not that it can't be viewed as vandalism, but in my mind, every sticker, every tag
seen on the street has artistic merit" (Hundertmark 2003, S. 6). Ein kritisches,
weil diffizil operationalisierbares, dennoch als tragfähig angesehenes Kriterium ist
– neben dem der Legitimität, auf das noch einzugehen sein wird – das der Öffent-
lichkeitswirkung. Die Fragen danach, wann welche Taten als „Vandalismus", wann
als „Kunst" angesehen werden und ob und wie darüber öffentlich geurteilt und
letztlich zu entscheiden ist, können hier als die relevanten vorausgesetzt werden.
Vor allem in Bezug auf Graffiti in Form von sog. „Tags" (Signaturkürzel einzelner
Sprayer, siehe Abb. 2.3), Pochoirs (Schablonengraffiti, siehe Abb. 2.4), Scratchings
(in den jeweiligen Untergrund mit spitzen Gegenständen gekratzte Symbole oder
Schriftzüge), aber auch hinsichtlich des Anbringens von Aufklebern oder sonstigen
(Um-)Gestaltungen des öffentlichen bzw. urbanen Raums (siehe Abb. 2.4), wird
immer wieder diskutiert, inwieweit es sich hierbei um eine spezifische Form von
Kunst handelt.

Zahlreiche – teilweise mit ausführlichen Kommentaren und Anmerkungen
der Autoren, Photographen oder Künstler versehene – Bildbände dokumentieren
die vielen Facetten öffentlicher, d. h. einer Masse zugänglicher, wahrnehmbarer

Abb. 2.3 Hauswandgraffiti (Lissabon) und „Tags" (Essen). (© Ina Herrmann)

Abb. 2.4 Industriegebäude mit Graffiti (Helsinki) und „Pochoirs" (Lissabon). (© Ina Herrmann)

(Straßen-)Kunst (vgl. z. B. Bianchi 1984; Banksy 2005; Krause und Heinicke 2006; Reinecke 2007; Naar 2007; Ganz 2008; Iosifidis 2009; Margwelaschwili 2010), wobei die Bezeichnungen „Street Art", „Urban Art" und „Graffiti" uneinheitlich verwendet werden. Für eine im Rahmen dieser Arbeit zu leistende Zuordnung ist es zunächst hinreichend, die verschiedenen Stilrichtungen der Street und Urban Art sowie der Straßenkunst als synonyme Begrifflichkeiten mitzuführen (vgl. Krause und Heinicke 2006, S. 8; Reinking 2008, S. 6), wohingegen Graffiti „schließlich nur noch ein Medium" (Reinking 2008, S. 6) darstellt, das vornehmlich politische Botschaften transportiert. Darüber hinaus werden jene Straßenkünste modifiziert und in andere, i.d. R institutionelle Räume hineingetragen: Toiletten- oder Klo-

Abb. 2.5 Schulbank-Graffiti in einem Unterrichtsfachraum (Chemie). (© Viktoria Flasche)

graffiti als „ein Teilbereich der Graffitiforschung" (Siegl 1993, S. 15) sowie sog.
„Schulbank-Graffiti" (Bracht 1982) lassen sich vor allem in Schulen, Universitäten
oder weiteren öffentlichen bzw. öffentlich zugänglichen Gebäuden finden (siehe
Abb. 2.5) und sind seit jeher fester Gestaltungsbestandteil jener Orte (vgl. Siegl
1993, S. 19 ff.). Hier wird jedoch tendenziell eher von einem „Kommunikationsphänomen" (Fischer 2009) oder einem „Indiz für den gestörten psychosozialen Prozeß
in schulischen Lerngruppen" (Bracht 1982, S. 69) als von Kunst im weiteren Sinne gesprochen, obwohl die Bezeichnung „Graffiti" grundlegend beibehalten wird
und sich wissenschaftliche Analysen, wie bspw. diejenige der Sprachwissenschaft-
lerin Katrin Fischer (2009) oder des Sozialpsychologen Udo Bracht (1978; 1982),
auf Charakteristika der aus den Subkulturen abgeleiteten Graffiti beziehen. Fischer
vermerkt dazu, dass „Graffiti [. . . IH] eine von Menschen hinterlassene graphische
Spur dar[stellen] – in diesem Falle die Spur der eigenen Existenz, schriftlich fixiert
durch das Anbringen des eigenen Namens, der Signatur, auf einem Trägermedium"
(Fischer 2009, S. 11).

Bezogen auf die Frage danach, wann Vandalismus Kunst „ist" – respektive als
solche wahrgenommen und bewertet wird – und vice versa, lässt sich mit Adorno
diesbezüglich konstatieren: „Zur Selbstverständlichkeit wurde, daß nichts, was die
Kunst betrifft, mehr selbstverständlich ist, weder in ihr noch in ihrem Verhältnis
zum Ganzen, nicht einmal ihr Existenzrecht" (Adorno 2003, S. 9), womit neben einer unwiderruflichen Autonomie vor allem die Annahme einhergeht, dass „der Ort
der Kunst ungewiß geworden" ist (ebd.). Art und Ort all dessen, was unter Kunst
subsumierbar ist, ändern sich, unterliegen absoluter (wenn auch widersprüchlicher
bzw. „erblindender") Freiheit und sind somit nicht einem spezifischen Raum, wie

beispielsweise einem Museum oder einer (Ausstellungs-)Zeit, unter- oder zuge-ordnet, wodurch eben jene Bereiche künstlerischer Aktivitäten ebenfalls als solche zu bezeichnen sind, die in und an urbanen Räumen und deren Bauten, Gegen-ständen und weiteren Elementen „ablesbar" sind. Das von dem Psychologen und Arbeitswissenschaftler Winfried Hacker als „auf Architektur gerichtetes proaktives Verhalten", bei dem der „Mensch als Gestalter von gebauter Umwelt in seiner Rolle als Architekt, Bauherr, Raumgestalter etc." (Richter 2008, S. 22) betrachtet und so-mit auf eine „Perspektive des bewussten, auf die Umsetzung von Gestaltungszielen ausgerichtete[s] Handeln" abgehoben wird (ebd.). Derartige Annahmen stellen die weitere Komponente für eine Betrachtungsweise von Vandalismus als Kunst dar. Anders ausgedrückt: „Der öffentliche Raum wird zur grenzenlosen Galerie, jeder kann aktiv werden, und noch der zufälligste Passant wird zum Zuschauer, zum Teil der Kunst" (Reinking 2008, S. 7). So haben sich einerseits das Verständnis von und die Zugeständnisse an künstlerische(n) Aktivitäten erweitert, andererseits braucht es den aktiv-gestaltenden Akteur, welcher eben jene Grenzen stets zu erweitern und zu verändern versucht, wodurch ein geschlossener Kreislauf der Kunst(-Szene) ent-steht. Die aktive (Um-)Gestaltung öffentlicher, d. h. über den bereits öffentlichen Raum des Museums hinausgehender Räume reicht von den unterschiedlichsten Formen der Graffiti über Plakatierungen hin zum Aufstellen oder Anbringen von Gegenständen, weist jedoch mit der Aufstellung verschiedener Denkmäler und Sta-tuen bereits eine lange historische Tradition auf (vgl. Hoppe-Sailer 1991, S. 115). „Die Denkmäler stehen zwischen den Überresten und den Quellen. Sie wollen aus der Zeit, aus den Vorgängen oder Geschäften, von denen sie Überreste sind, etwas bezeugen oder für die Erinnerung fixieren, und zwar in einer bestimmten Form der Auffassung des Geschehenen und seines Zusammenhangs, und darin sind sie den Quellen analog" (Droysen 1937, S. 50). Das künstlerische Element des Schaffens von Statuen und Denkmälern wird hier entsprechend um die Idee des Konservierens zeitgeschichtlicher Ereignisse oder der Abbildung relevanter histori-scher Persönlichkeiten erweitert. Wie auch im Rahmen anderer öffentlicher Kunst, muss an dieser Stelle auf die bereits erwähnte Differenzierung zwischen legitimer und illegitimer Vorgehensweise eingegangen werden: Stellen in Auftrag gegebe-ne gestaltete Wände oder Gebäude, Kunstinstallationen, Denkmäler und Plakate alltagssprachlich und -wahrnehmend „Urbane Kunst" oder „Kunst im öffentli-chen Raum" dar, werden bereits erwähnte illegitime Ausgestaltungen oftmals unter Vandalismus subsumiert und zudem strafrechtlich verfolgt (siehe Abs. 2.2.1). In diesem Sinne kann wiederum zwischen Kunst im öffentlichen Raum und Street Art differenziert werden: Das Aufstellen von Objekten und Denkmälern zum Zwecke einer Stadtverschönerung wird dabei ebenso im Bereich der Kunst im öffentlichen Raum verortet wie die Durchführung sozialer Projekte (vgl. Reinecke 2007, S. 151).

Galten früher die musealen Innenwände als Grenze zwischen Kunst und Nicht-Kunst im Sinne der Verdeutlichung einer Legitimierung künstlerischer Akte durch einen öffentlichen Träger, wie beispielsweise den Staat oder die Stadt, lösen sich derartige Barrieren zunehmend auf oder existieren erst gar nicht. In Abgrenzung zu innerhalb eines musealen Raums ausgestellten Arbeiten, bilden diejenigen im nicht-musealen, öffentlichen (Stadt-) Raum „eine unauflösliche Einheit mit dem Ort, für den sie konzipiert und an dem sie errichtet wurden" (Hoppe-Sailer 1991, S. 116). Kunst und Raum werden durch die Gestaltung des Akteurs miteinander verbunden und stellen eine parasitäre Verbindung dar: Das Kunstwerk braucht den Raum und kann nur an diesem sein, der Raum jedoch existierte in der Regel bereits vor Errichten der Arbeit und wird auch nach dessen Entfernung weiterhin existieren. Metaphorischer ausgedrückt: „Kunst und Stadtraum, kranke Kandidaten, wenn nicht Untote, brauchen ihrerseits lebensnotwendig Öffentlichkeit, aber nicht einander" (Hoffmann-Axthelm 1991, S. 42). Zwischen diesen beiden Zeitpunkten bzw. als fehlende Komponente der Trias „Kunst – Raum – Öffentlichkeit" liegt die „vandalistische" Praktik im Sinne einer räumlichen, öffentlichkeitswirksamen, aktiv-intendierten und oftmals zeitlich flüchtigen Veränderung. Der argentinische Street Art-Künstler BLU hat derartige Praktiken an materialen Architekturen zu Praktiken mit Architekturen entwickelt: Seine als „Mural Art" (Mauerkunst, siehe Abb. 2.6) bezeichneten Werke beziehen über Hauswände hinweg ganze Stadtgebiete mit ein, wodurch diese über die Funktion einer Leinwand weit hinausgehen. Maximalkontrastierend sei hier auf Gemälde, Büsten oder mobile Plastiken verwiesen, die unabhängig vom jeweiligen Raum an- bzw. untergebracht und darüber hinaus transportiert werden können.

Eine weitere Variante der im alltäglichen Sprachgebrauch als Vandalismus bezeichneten Praktiken polarisiert einerseits vermutlich weit stärker als Graffiti oder Aufkleber im öffentlichen Raum oder innerhalb von Toilettenräumen, kommt der alltagssprachlichen und historisch verankerten Definition von Vandalismus als tatsächlicher Zerstörung von Gegenständen jedoch am nächsten: Die als künstlerische Akte ausgewiesenen mutwilligen Vernichtungen von Kunstgegenständen, wie sie beispielsweise durch das Berliner Institut für Kunstzerstörung vorgenommen werden und auf dessen Homepage entsprechend erörtert wird: „Bei der Kunstzerstörung geht es darum, ein Bewusstsein zu schaffen für Dinge, die zu Ende gehen. Die Trauer darüber soll zugelassen werden. Es werden nur Kunstwerke zerstört, zu denen wir eine Bindung haben. Das heißt, dass unser Herz daran hängt bzw. das Herz derjenigen, die das Kunstwerk geschaffen haben. Wir zerstören Kunst nicht aus Lust am Zerstören, sondern weil oder obwohl wir sie lieben. Wir zerstören nur Originale, von denen es keine Kopien mehr gibt. Am Ende soll nichts mehr übrig bleiben. Der Abschied soll vollständig und gründlich sein. Das ist traurig,

Abb. 2.6 Bild des Künstlers
BLU in Berlin. (Nguyen und
Mackenzie 2010, S. 390)

kann aber auch klärend wirken" (IKZ Berlin). Fokussiert werden hier demnach die
jeweiligen öffentlichen Akte der Zerstörung von Original-Kunstwerken mit dem
Zweck, eine intensivierte Wahrnehmung des Vergänglichen zu erzeugen sowie
die Unwiederbringlichkeit einzigartiger Kunst erfahrbar zu machen. Diese auch
als Destruktionskunst bezeichnete Form vandalistischen Verhaltens ist durch ihre Verknüpfung mit und Verstärkung von emotionalen Regungen, wie der durch
einen Verlust hervorgerufenen Trauer der aktiv oder passiv Beteiligten teilweise
abzugrenzen von Kunstzerstörungen im engeren Sinne, d. h. der Zerschlagung von
(religiösen) Skulpturen, wie es in jüngster Vergangenheit beispielsweise in Tibet
und Afghanistan geschah, der Übermalung klassischer Gemälde oder der Verbrennung von Bildern jedweder Art. Derartige Praktiken befinden sich näher an der
Grenze politischer Aktionen und werden im Rahmen dieser Arbeit noch näher zu
berücksichtigen sein (vgl. Abs. 2.2.3). Auf der Schwelle zwischen künstlerischer und
politischer Aktivität befinden sich sog. „Splasher". In dem sog. „Splasher-Manifest"
rufen New Yorker Splasher seit dem Jahr 2006 unter dem Motto „Destroy the
museums, in the streets and everywhere" (vgl. Bieber 2007a) zur Zerstörung von
(Street Art-)Kunstwerken mithilfe von Farbbeuteln auf und richten sich damit ge-

gen den Gentrifizierungseffekt sowie gegen die Vermarktung von Street Art und anderer Kunst zu Werbezwecken (vgl. ebd.). Auch auf diese spezifische Gruppe von „Kunstzerstörern" im Sinne politischer Aktivitäten wird im folgenden Kapitel näher eingegangen.

Neben der Umgestaltung von (Stadt-)Räumen bzw. von Wänden, Gegenständen und weiteren Architekturen im Sinne einer Modifizierung von Oberflächen existiert eine weitere Form künstlerischer Tätigkeiten, die sich ebenfalls in der Peripherie von Kunst und Vandalismus bewegt: die sog. „Performance- oder Aktionskunst". Hierbei handelt es sich im Wesentlichen „nicht um eine Kunstrichtung, um einen neuen Stil, um bestimmte Inhalte, sondern um eine Form, eine Handlungsweise, eine ‚Technik' " (Jappe 1993, S. 9), die u. a. als „lebendes Bild, in dem der Künstler selbst eine zentrale Stelle einnimmt" (ebd., S. 10) ausgewiesen werden kann. Dadurch gerät oftmals auch der eigene Körper des Künstlers in den Fokus künstlerisch-vandalistischer Aktivitäten. Bekannte Performance-Künstler wie Nan Hoover, Jonathan Meese, Al Hansen oder Marina Abramović setzen bei ihren Aktionen dabei vollkommen unterschiedliche Akzentuierungen und können – wie viele weitere bereits erwähnte Kunstformen – ebenfalls entlang eines möglichen politischen Aussagewillens unter der Überschrift der politischen Gesten (vgl. Abs. 2.2.3) subsumiert werden. Grundlegend ist dabei die Abkehr von festen Strukturen, wie der amerikanische Pop-Art-Künstler Claes Oldenburg es bereits zu Beginn der 1960er Jahre eindrücklich proklamierte: „I am for an art that is political-erotical-mystical, that does something other than sit on its ass in a museum" (Oldenburg 1961, S. 335). Kunst wird in diesem Verständnis „auf das Programm ihrer ‚Performativwerdung' " (Mersch 2005, S.35) verwiesen: „Ihr Medium ist nicht länger der Rahmen, der feste Ort, die Dauer oder die anhaltende Präsentation, sondern die Zeitlichkeit des Vollzugs selber, dessen temporäre Beschränkung, seine Nichtwiederholbarkeit" (ebd., S. 35). Wie bereits ausgeführt wurde, kann hier wiederum die Volatilität künstlerischer Akte zu der Stabilität und Manifestation des Raums in Beziehung gesetzt werden, an und in welchem sie wirkt.

Wie gezeigt wurde, können die im strafrechtlichen Sinne als Sachbeschädigung ausgewiesenen Akte durchaus in einem künstlerischen Verständnis ausgedeutet und somit in Abhängigkeit von der jeweiligen Sichtweise aufgefasst und definiert werden. Die Arbeiten des britischen Street Artists Banksy erzielen bei großen Auktionen mittlerweile Millionenbeträge[7]; ein Zeichen für die sich stets verändernde Wahrnehmung und Rezeption „subversiver Aktionskunst" (Menden 2007). Gestalt verändernde Praktiken im Sinne einer vollkommenen Zerstörung von Kunstgegen-

---

[7] „Der teuerste Banksy brachte im Februar 2008 bei Sotheby's in New York knapp 1,9 Millionen Dollar ein" (Der Spiegel 51/2010, S. 137).

ständen sind gleichsam voll umfänglich zu berücksichtigen, da bei der dichotomen Zuweisung „Vandalismus – Kunst" grundlegende ästhetische Werturteile herangezogen werden können und müssen – oftmals in Abhängigkeit von politischen Aussagen, die nachfolgend zu fokussieren sind.

2.2.3 Vandalismus als Protest: Demokratie der Straße oder Anarchie der Akteure?

Die Strafbarkeit von Sachbeschädigungen im Sinne einer Beschädigung oder Zerstörung fremder, d. h. meist öffentlicher Gebäude oder Gegenstände wurde bereits ebenso dargestellt (siehe Abs. 1.2.1) wie die ästhetische Perspektive von Vandalismus als Kunstform (siehe Abs. 1.2.2). Beiden Perspektiven ist die Unmöglichkeit immanent, direkt oder indirekt Rückschlüsse auf motivationale Aspekte der jeweiligen „Täter" bzw. „Künstler" zu ziehen: Weder die polizeilichen Statistiken noch die im urbanen Raum verorteten Ausstellungen und Veränderungen lassen unmittelbare Rückschlüsse auf die Intention des Akteurs oder der Akteure zu. Street oder Urban Art kann demnach ebenso als staatliche Auftragsarbeit, als Akte der Langeweile oder Lust an der Veränderung entstehen, wie die unter Sachbeschädigung gefassten Straftaten eines Polizeiberichtes, und muss nicht inhaltlich ausdifferenziert codiert und/oder intendiert sein. Eine Variante, diesen „blinden Fleck" sichtbar zu machen bzw. eine Möglichkeit – neben Annahmen über Langeweile, fehlendem Respekt vor fremdem Eigentum und differentem ästhetischem Empfinden – spezifische(re) Motivationen abzuleiten, ist die Perspektive auf Vandalismus als politische Aktivität bzw. als Geste politischen Handelns zu eröffnen. Ausgehend von der Annahme, Raum habe eine grundlegend „politische Tendenz, sich zu schließen" und gewinne seine spezifische Gestalt „durch Inbesitznahme, durch Ausschließungen und Kanonisierungen" (Hartle 2006, S. 9) werden jedwede Praktiken an und innerhalb dieser Räume als materialisierter Sinn in Form von Einschreibungen erfasst (vgl. Hartle 2006, S. 10). Entgegen spezifischer Graffitiformen wie beispielsweise sog. „Tags, Pieces oder Throw-Ups" (Klee 2010, S. 109), zu deren Decodierung es üblicherweise Kenntnisse aus dem bzw. über das jeweilige (subkulturelle) Milieu bedarf (vgl. Klee 2010, S. 109), existieren „Wort-, Symbol- oder Parolen-Graffiti, die sich auch ohne Kenntnis des Graffiti-Milieus verstehen lassen. Wie etwa bei dem eher unbeholfen gesprühten Appell ‚Smash Capitalism¡ [. . . IH] oder dem durchgestrichenen Hakenkreuz mit Anarchie-Symbol an einer Häuserwand" (ebd., S. 109). Dabei stellen vor allem rechtsextreme oder diese gerade negierenden anti-rassistischen Symbole und Parolen (siehe Abb. 2.7) eine häufig auffindbare Gruppe politisch motivierter Graffiti dar. Eine von den Graffitifor-

Abb. 2.7 Demonstrationsankündigung und „Anarchie"-Symbol auf einem Stromkasten (Essen). (© Ina Herrmann; Buket Balkan)

schern Norbert Siegl und Dieter Schrage zwischen November 2006 und Oktober 2007 durchgeführte Analyse[8] von insgesamt über 870 Photographien aus dem gesamten Wiener Stadtgebiet ergab eine Gesamtzahl rassistischer Graffiti in Höhe von 427, was einem Anteil an der Gesamtdatenmenge von etwa 49 % entspricht (vgl. Schrage und Siegl 2008, S. 35 f.).

Entgegen dieser Wiener Studie, in welcher die Fundorte zwar nach einzelnen Stadtbezirken codiert (vgl. Schrage und Siegl 2008, S. 34), die jeweiligen spezifischen Fundorte jedoch leider nicht als wesentlicher Bestandteil der Analyse berücksichtigt werden, stellen die weiteren ausgewählten und hier abgebildeten Graffiti klassische Beispiele für die Verbindung von (Stadt-)Raum und politischer Aussage dar: Zwar sind die Graffiti selbst als politische Geste zu verstehen, dessen ungeachtet wird der jeweils gewählte Ort – bezogen auf die dargestellten Fälle, also z. B. die Universität Duisburg-Essen (siehe Abb. 2.7) oder die Sperrmauer zwischen Israel und dem Westjordanland (siehe Abb. 2.8) – über den bloßen Träger der Nachricht hinaus ebenfalls thematisiert oder die symbolhaften Darstellungen werden erst durch den gewählten Ort zur eigentlichen Nachricht.

Besonders eindrücklich sind in diesem Kontext die zahllosen politischen Wandbilder – sog. Murales – welche vor allem in Ländern wie Mexiko (Bianchi 1984), Chile (Paas 1984), Portugal (Diener 1984), Spanien (Wendt 1984) oder auf Sardinien (Granzer und Schütze 1982; Haasis 1984) zu finden sind, sich jedoch in ihrer Aussagekraft dahingehend unterscheiden, ob beispielsweise staatliche Auftragsarbeiten oder illegitime Akte politischer Meinungsäußerung vorliegen. So wurde dem

---

[8] Die Studie wurde 2008 unter dem Titel „Rechtsextreme Parolen und Zeichen – Graffiti und Sticker als Medium interkultureller Kommunikation" veröffentlicht.

Abb. 2.8 Banksy-Graffiti auf der Sperrmauer zwischen Israel und dem Westjordanland. (Banksy 2010, S. 138)

mexikanischen Maler Diego Rivera der Auftrag erteilt, das mexikanische „Secretaría de Educación Pública" – dem mexikanischen Pendant zum Deutschen Bildungsministerium – mit seinen berühmten Fresken zu gestalten (vgl. Herrera 2002; Bianchi 1984, S. 140). Im scheinbaren Gegensatz dazu sind es nicht nur in der Region Orgosolo, sondern nahezu überall auf Sardinien die Einwohner, meist Bauern und Hirten, welche ihre Umgebung mit politischen Motiven und „Bilder[n] des Widerstands" bemalen (Granzer und Schütze 1982; vgl. Haasis 1984; siehe Abb. 2.9)[9]. „Die Themen entstammen dem Leben und den Sorgen der Insel: vorindustrieller Alltag, Emigration, Arbeitslosigkeit, Geschichte des Widerstands" (Haasis 1984, S. 161).

Anzumerken ist an dieser Stelle jedoch, dass die Frage der Illegitimität sich in der bisher bekannten Weise offenkundig nicht stellt, da die jeweiligen Wandmaler grundsätzlich die Genehmigung der Hauseigentümer einholen (vgl. Haasis 1984, S. 161) und es darüber hinaus nicht zu illegitimen Aktionen zu kommen scheint: „Heimliches Malen bei Nacht, auf dem Sprung vor der Polizei und mit Denunzianten im Rücken – das gibt es auf Sardinien glücklicherweise nicht" (ebd., S. 161), womit auf eine spezifische Form der „Straßendemokratie" und „Identifikation der Dorfbewohner mit ‚ihrem' Gemälde" (ebd., S. 162) verwiesen wird, die

---

[9] „Murale against the dire conditions mineworkers were forced to, stating that if they knew how hard working in charcoal mines was, they would have preferred to live 100 years on the run" (Corrias 2011).

Abb. 2.9 Sardische Murales: Anprangerung schlechter Arbeitsbedingungen von Bergleuten. (Corrias 2011)

es jedoch weiterführend näher zu rekonstruieren gälte. Jedoch kann einmal mehr die Relevanz des Ortes bzw. der jeweiligen materialen Architektur verdeutlicht und herausgestellt werden, dass es zu eindeutigen Interdependenzen zwischen einem Objektträger (Architektur, z. B. die Sperrmauer), den diesen umgebenden Ort (z. B. die politische sowie manifeste Grenze zwischen Israel und dem Westjordanland) sowie dem jeweiligen symbolhaften Objekt (z. B. Banksys Protest-Graffiti, sardische Murales) kommen kann, die intuitiv-latente oder bewusst-manifeste Ausdrucksformen annehmen können. Diese Hypothese geht über die existierenden Ausführungen zum Teil hinaus bzw. ergänzt diese, da vielfach zwar der Sozialraum, nicht jedoch explizit der material-physische Raum (z. B. die Stadt oder eine spezifische Institution wie eine Universität oder Schule) thematisiert werden. So führt Klee an: „Graffiti werden dabei als spezifische Ausdrucksform in der Verwobenheit mit dem Sozialraum Stadt betrachtet, der als Laboratorium, Mikrokosmos und Repräsentant gesellschaftlicher Entwicklungen von jeher die Basis des Staats und zugleich Basis der Politik darstellt" (Klee 2010, S. 110). Wie anhand des Beispiels von Banksy (vgl. Abb. 2.8) veranschaulicht werden konnte, ist die Wahl spezifischer symbolischer Darstellungen oftmals lediglich in Zusammenhang mit dem entsprechenden material-physischen Raum (hier also dem der israelischen Sperrmauer) denkbar, um eine politische Aussage erst als solche darstellen zu können. Somit werden die im Rahmen dieser Arbeit zu rekonstruierenden Schul-Graffiti (siehe Abs. 4, 5) insbesondere in Beziehung zu ihrer jeweiligen räumlichen Platzierung zu setzen sein, um hinsichtlich der basalen Fragestellung zu aussagekräftigen Ergebnissen gelangen zu können.

Abb. 2.10 Splasher-Graffiti in New York. (Bieber 2007a)

Neben den Veränderungen von Oberflächen durch angebrachte Graffiti oder Aufkleber, treten politische Gesten ebenfalls in Form von Gestalttransformationen auf. Darunter lassen sich vor allem eingeworfene Fensterscheiben – im polizeilichen Fachjargon als „Entglasungen" bezeichnet – und anderweitige Destruktionen wie beispielsweise in Brand gesetzte Kraftfahrzeuge subsumieren.

Charakteristisch für destruierende vandalistische Praktiken sind die entsprechenden Zielobjekte, anhand derer potentielle politische Botschaften erst „lesbar" im Sinne einer inhaltlichen Rekonstruktion werden: Die zerstörte Scheibe einer Sparkasse, der ausgebrannte Porsche oder die ausgehebelte Eingangstür eines Bio-Supermarktes werden polizeistatistisch einheitlich erfasst, können jedoch in ihrer Analyse differenten politischen Motiven zugeordnet werden und stellen somit jeweilige Pendants zu den Oberflächenveränderungen wie z. B. Graffiti dar. Der bereits zitierte Ausspruch „‚Smash Capitalism'" (Klee 2010, S. 109) findet seine destruierende Variante in eben jenen Akten des Anzündens hochpreisiger Luxusautomobile oder der eingeworfenen Scheibe einer Bank. Über diese recht einfach zu analysierenden, da offensichtlichen politisch motivierten Vandalismustaten existieren seit einigen Jahren sog. „Splasher", auf die im vorangegangen Abschnitt bereits kurz eingegangen wurde.[10] Bei dieser Gruppe handelt es sich um eine seit 2006 zunächst in New York aktiv gewordene Gruppe, welche sich vor allem mit Farbbeuteln und selbst angefertigten Schablonen gegen Kunstwerke etablierter Street Artists wendeten (vgl. Bieber 2007a, b; siehe Abb. 2.10).

---

[10] Durch derartige Redundanzen soll lediglich ein weiteres Mal hervorgehoben werden, wie schwierig sich eine exakte Trennung der drei ausgewiesenen Bereiche „Kunst", „Politik" und „Devianz" tatsächlich gestaltet.

Getreu ihres Leitsatzes „Destroy the museums, in the streets and everywhere" (Bieber 2007b; vgl. Bieber 2007a) führen sie einen „Kunst-Krieg", der sich gegen die Kommerzialisierung und Gentrifizierung von Street Art richtet. Die einst als „Aufbegehren gegen das Establishment" und als „rebellischer, illegaler Akt" (Bieber 2007a) verstandene subkulturelle Kunstform wird von ihren Kritikern zunehmend als neues „globales Pop-Phänomen" (ebd.) bezeichnet. So lässt sich in dem von einer anonymen Gruppe im Jahr 2007 veröffentlichten 16-seitigen Manifest mit dem Titel „If we did it, this is how it would've happened" u.a. lesen: „Street art gives the green light to investors, becomes that repugnant drug of tourism, and speeds the process of gentrification" (Cenicola/The New York Times 2007). Des Weiteren werden zahlreiche, wenn auch unspezifische politische Forderungen angeführt, so beispielsweise die Zerstörung von Idolen: „One of the most urgent exercises of freedom must be the destruction of idols, especially when they present themselves in the name of autonomous freedom" (ebd.).

Verallgemeinernd lässt sich demnach konstatieren, dass die Politik der Splasher sich gegen die Verbreitung einer Kunstform richtet, die vor einigen Jahren noch für eine rebellische und provozierende Art politisch-künstlerischer Aussagen stand: die Street oder Urban Art. Kunst als Gegenbewegung schafft also eine Kunst der Gegen-bewegung und sich selbst damit ab. Im Rahmen von Adornos Ästhetischer Theorie lässt sich – bezogen auf den beschriebenen permanenten Übergang von einstiger Re-bellion zu einer vorübergehenden Form der Anpassung – konstatieren: „Kunst will das, was noch nicht war, doch alles, was sie ist, war schon" (Adorno 2003, S. 203). Oder – wird die Haltung der Splasher als Ausdruck widerständiger Praxis fokussiert, die durch sich selbst aufgehoben zu sein scheint – gemäß Foucaults Ausspruch zur „Frage nach unserer Zeit und danach, was wir im Augenblick sind" (Foucault 2005, S. 250): „Das Hauptziel besteht heute zweifellos nicht darin, herauszufinden, son-dern abzulehnen, was wir sind. Wir müssen uns vorstellen und konstruieren, was wir sein könnten, wenn wir uns dem doppelten politischen Zwang entziehen wol-len, der in der gleichzeitigen Individualisierung und Totalisierung der modernen Machtstrukturen liegt" (ebd., S. 250). Kunst ist also – wie exemplarisch den Posi-tionen resp. Ausführungen Adornos oder Foucaults zu entnehmen ist – stets auch Politik, die sich selbst unaufhörlich einholt, ablöst, erneuert und mit ihr und durch sie die sie schaffenden oder zerstörenden Akteure. Verstehen sich jene künstleri-schen, im Alltagssprachgebrauch als vandalistisch bezeichnete Praktiken somit als aufklärerische Gesten im Sinne Kants[11] oder Adornos? Kann also Vandalismus als

---

[11] Die beiden Definitionen von Mündigkeit ähneln sich deutlich hinsichtlich ihres Inhalts, werden jedoch in konträrer Weise – als positive oder negative Begriffsfassung – ausgeführt: „Aufklärung ist der Ausgang des Menschen aus seiner selbstverschuldeten Unmündigkeit"

Ausdruck und Illustration von Mündigkeit bezeichnet werden? Die hier dargestellte politische Perspektive ließe eine derartige Betrachtungsweise durchaus zu, kann jedoch keineswegs verallgemeinernd herangezogen werden. Vielmehr kann thesenhaft unterstellt werden, dass Differenzierungen entlang der Trias „Kunst – Politik – Aufklärung" vornehmlich unter der Prämisse der Berücksichtigung materialer Architekturen (Räume) vorgenommen werden kann.

Festzuhalten ist somit, dass entgegen der Definition von Vandalismus als Kunst – welche den materialen Raum als durchaus relevant ansehen könnte – die Definition von Vandalismus als politische Geste den jeweilig umgebenden Raum als grundlegend mit sich selbst vernetzt ansehen muss. Formelhaft lässt sich konstatieren: Raum ist notwendige Bedingung für die Perspektive von Vandalismus als Kunst, jedoch hinreichende Bedingung für die Perspektive von Vandalismus als politisch-aufklärerische Geste.

2.2.4   „(Kunst) Macht Kaputt Was Euch (Kunst) Kaputt Macht!": Aufhebung analytischer und subjektiv-ästhetischer Grenzen zugunsten komplexer Gefüge

In den vorangegangenen Abschnitten wurden der Vandalismusbegriff bzw. die als „Gebrauchsspuren" ausgewiesenen Praktiken multiperspektivisch erfasst und somit die teils konträren Definitionen und Zuschreibungen gegeneinander abgegrenzt. Dabei konnte bereits an einigen Stellen angedeutet werden, dass es sich sowohl in Bezug auf die Akte als auch hinsichtlich der Ergebnisse bzw. Produkte jener erstens um hybride Konstruktionen handelt, deren Zuordnung zweitens oftmals lediglich mittels subjektiver Einschätzungen, Empfindungen und Positionierungen möglich ist. So kann grundlegend immer dann von einem Strafdelikt gesprochen werden, sobald fremdes resp. öffentliches Eigentum ohne Einwilligung des entsprechenden Eigentümers durch Dritte modifiziert wird. Andererseits kann bereits in einer derartigen Geste politisches Handeln unterstellt werden, an dieser Stelle jedoch noch vollständig unabhängig vom jeweiligen Inhalt. Letztlich besteht ebenso die Möglichkeit, jedwede Aktion bzw. deren Ergebnis unter einem nicht klar einzugrenzenden Kunstbegriff zu subsumieren, womit alle drei Perspek-

---

(Kant 1784) als negative Begründung, „Mündig ist der, der für sich selbst spricht, weil er für sich selbst gedacht hat und nicht bloß nachredet [. . . IH]. Das erweist sich aber an der Kraft zum Widerstand gegen vorgegebene Meinungen und, in eins damit, auch gegen nun einmal vorhandene Institutionen, gegen alles bloß Gesetzte, das mit seinem Dasein sich rechtfertigt" (Adorno 1971, S. 10) im Sinne einer positiven Begründung.

Abb. 2.11 Vandalistische
Praktiken im Spannungsfeld von
Kunst, Delinquenz und
Opposition

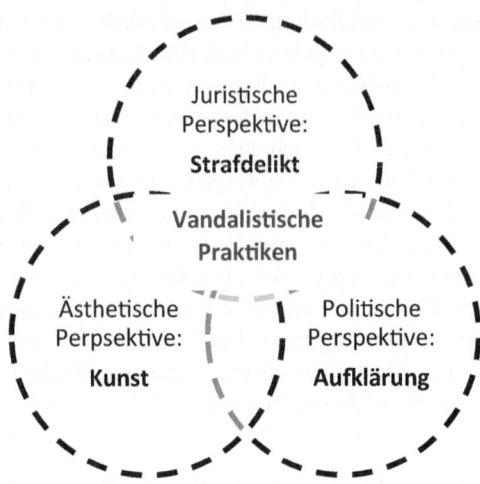

tiven auf denselben Akt noch einmal in verkürzter Weise eröffnet wurden (siehe
Abb. 2.11).

Allerdings ist auch an dieser Stelle eine grundlegende Positionierung hinsichtlich der Zuordnung von zu analysierenden „Gebrauchsspuren" materialer
Architekturen unumgänglich, da widersprüchliche Aussagen bezüglich der Ort-
und Raumfrage existieren. So führt beispielsweise Reinking (2008) an, dass „ein
Piece [. . . IH] unmittelbar an seinen Ort gebunden [ist, IH], die Ortsspezifität
macht erst seine Qualität aus" (Reinking 2008, S. 44). Jedoch wird vor allem hinsichtlich der Performance Art Gegenteiliges beansprucht: „Ihr Medium ist nicht
länger der Rahmen, der feste Ort, die Dauer oder die anhaltende Präsentation,
sondern die Zeitlichkeit des Vollzugs selber, dessen temporäre Beschränkung,
seine Nichtwiederholbarkeit" (Mersch 2005, S. 35; vgl. Abs. 2.2.2). Somit wäre
eine etwaige Zuordnung vandalistischer Praktiken zu einer der beiden angeführten Domänen Politik oder Kunst danach auszurichten, inwiefern es sich um ein
„Piece"[12] handelt (1), ob und wie zeitliches Überdauern als relevantes Kriterium
heranzuziehen ist (2) und inwieweit der jeweilige Raum als entscheidend für das
Ergebnis der Praktik ausgewiesen werden kann (3). Da zunächst jedwedes Graffito
als „Piece" auszuweisen ist, müsste bezogen auf dieses Differenzierungsmerkmal (1)
inhaltsanalytisch-rekonstruktiv vorgegangen werden und selbst in derartigen Fäl-

---

[12] Hierbei handelt es sich im Allgemeinen um die „Bezeichnung für ein aufwändiges, meistens
mehrfarbiges und großflächiges Graffito" (Luboschik und Schünemann 2012).

len werden schwerlich deutliche Grenzen zu ziehen sein. Auch die o. a. „Zeitlichkeit des Vollzugs" (2), (Mersch 2005, S. 35) bietet keinerlei befriedigende Sicherung der Zuordnung: Das Sprayen, Kleben, Installieren, Bemalen, Agieren, kurz: die Durchführung der Praktik als solcher – unabhängig von ihrem spezifischen Inhalt oder ihrer Intention – unterliegt in jedem Falle sowohl dem Duktus der Kurzlebigkeit bzw. einer volatilen Zeitlichkeit als auch demjenigen der „Nichtwiederholbarkeit" (ebd.). Schließlich muss auf den materialen Raum (3) fokussiert werden und damit einhergehend die Frage nach der Relevanz spezifischer Orte. Wie im Rahmen der Darstellung vandalistischer Praktiken aus einer politischen Perspektive bereits erörtert wurde (siehe Abs. 1.2.3), können die Art und Nutzung des materialen Raums zur Ein- bzw. Zuordnung jener Handlungen derart angeführt werden, dass zwischen Raumabhängigkeit und Raumunabhängigkeit illegitimer Taten differenziert wird. Dabei wird zunächst wiederum auf die grundsätzliche Illegitimität verwiesen, da in Auftrag gegebene Bilder, Skulpturen oder Installationen – bspw. in musealen Ausstellungen oder im Urbanen – einen Raum zugewiesen bekommen, derer sie sich ermächtigen und an den sie gebunden werden resp. sind. Nicht legitimierte (Straßen-)Kunst – so die hier unterstellte Annahme – nimmt zwar einen spezifischen (Stadt-)Raum als Trägerobjekt, Gegenstand oder Leinwand ihrer selbst in Gebrauch oder erhebt den Raum als solchen zur Kunst. Dessen ungeachtet kann oftmals eine (sicherlich unterschiedlich stark ausgeprägte Form der) Freiwilligkeit, eine Wahlmöglichkeit oder Beliebigkeit und damit verbundene Freiheit bezüglich des Raums rekonstruiert werden. Politische Gesten entfalten sich dem gegenüber erst durch den jeweils gewählten Raum, werden durch diesen verstärkt oder sogar erst zu ihrer selbst. Raum bzw. die Wahl und Inbesitznahme des Raums stellen in dieser Perspektive fundamentale Kriterien für die Wirkmächtigkeit politischer Aussagen dar, wohingegen Kunst zwar ebenfalls einen spezifischen Raum wählen, jedoch im Regelfall als von diesem unabhängig ausgewiesen werden kann. Die Politik, so ließe sich zusammenfassend pointieren, braucht den materialen Raum und geht mit ihm eine Symbiose ein, die Kunst wählt ihn und macht ihn zum Wirt ihrer parasitären Existenz. Somit kann zunächst allgemein formuliert werden, dass die materiale Raumordnung immer dann sinnstiftender Teil der Raumpraktik ist, sobald ein vollkommen neuer inhaltlicher Kontext entsteht, der sich im Fall der Entfernung oder Trennung des Werkes von der Raumordnung ebenfalls auflöst. Anders ausgedrückt: Die Ergebnisse „vandalistischer" Raumpraktiken wären in Bezug auf die Frage nach der Zuordenbarkeit zu einer der beiden Domänen als solche sicherlich interessant, müssten jedoch stets in Zusammenhang mit den Intentionen der diese gestaltenden Akteure, mit den Möglichkeiten, Freiheiten und Zwängen (vgl. Kant 1978, in: Helsper 1998) der Wahl des Raums und weiteren Aspekten analysiert werden. Anna Waclawek (2012) nimmt zu der Frage

des Ortes[13] eine ebenfalls interessante Differenzierung vor, indem sie verschiedene
Formen des Graffiti (Tags, Throw-Ups) als an vielen verschiedenen Orten reproduzierbare Motive, Street Artist-Arbeiten jedoch als ortsgebundene Unikate ausweist,
wobei die Auswahl des jeweiligen Raums den Interessen oder Aussagen der Street
Artists folgt: „. . . indem sie [die Street Artists, IH] nach Orten suchen, die am besten
zu den Pieces passen oder am meisten von ihnen profitieren" (Waclawek 2012, S.
133). Im Sinne dieser Argumentation wäre die vorangegangene These einer kunst-
seitigen Ortswahl durchaus haltbar, da Street Art hier „ortsspezifisch [ist], wobei es
keine Rolle spielt, ob ein Werk dauerhaft an demselben Ort gezeigt wird. Obwohl
es Kunstwerke der Street Art gibt, die untrennbar mit ihren Ausstellungsorten verbunden sind, kann man Street Art im Allgemeinen nur als ortsspezifisch betrachten,
wenn „Ort" nicht mehr als gleichbedeutend mit einer bestimmten geographischen
Örtlichkeit betrachtet wird, oder wenn der Begriff auf bestimmte Kategorien von
Orten ausgeweitet wird, wie zum Beispiel Plakatwände, Dächer, Wände, Brücken,
Autobahnen oder einfach Straßen" (ebd.). Ausschlaggebend für die vorliegende
Arbeit sind jedoch die Praktiken, die „Gebrauchsspuren" der Akteure als solche,
womit der materiale Raum als Objektträger in den Fokus gerückt werden muss.
In Anlehnung an Hartle erscheint somit die „Trennung von Symbolischem und
Politischem nicht plausibel" (Hartle 2006, S. 12) und „‚Raum' erscheint als ein
Scharnier, das Symbolisches mit Politischem verschränkt" (ebd.). Das „Wo" (der
Raum) dominiert die Frage nach dem „Was" (die Gebrauchsspur) insofern, als
zwar Bedeutungsstrukturen der Graffiti rekonstruiert, diese jedoch nicht grundlegend und a priori kategorisiert werden, vielmehr das „Wie" (die Raumpraktik) in
den Fokus gerät. Straftat – Kunst – Aufklärung: Die hinter diesen Begrifflichkeiten
verborgene Motivation und Intention wird als subjektive Komponente zwar mitge-

---

[13] Die Spezifizierung bzw. Ausdifferenzierung der Begrifflichkeiten „Raum" und „Ort" kann
verschiedentlich theoretisch vorgenommen werden. So führt beispielsweise Michel de Certeau hierzu aus: „Ein Ort ist also eine momentane Konstellation von festen Punkten. [. . . IH]
Der Raum ist ein Geflecht von beweglichen Elementen. [. . . IH] Insgesamt ist der Raum ein
Ort, mit dem man etwas macht" (Certeau 2006, S. 345; Hervorh. i. Orig.). Ort und Raum
unterscheiden sich demnach hinsichtlich ihrer statischen resp. flexiblen Ausprägung. Bezogen auf die hier vorgenommene Zuordnung des Vandalismusbegriffs handelt es sich bei
de Certeaus statischem Ort um den Raum, bei dessen beweglichen Raum wiederum um die
künstlerische oder politische Raumpraktik. Kurz: Der Ort würde in diesem Kontext sowohl
unter künstlerischer als auch politischer Sichtweise zu einem Raum, da etwas mit diesem
„gemacht" wird. Da diese oder ähnliche Ausdifferenzierungen bei den hier zitierten Werken
jedoch nicht zugrunde liegen, bzw. die Umwandlung eines Ortes in einen Raum den Ausführungen weitestgehend immanent ist oder zumindest nicht expliziert wird, werden Raum
und Ort weitestgehend synonym benutzt.

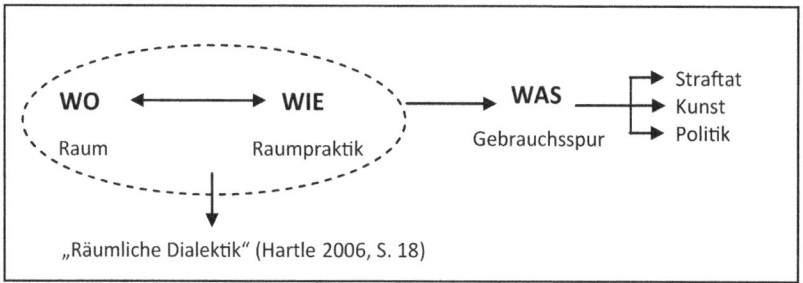

Abb. 2.12 Zusammenhang von Raum, Raumpraktik und Gebrauchsspur

dacht, jedoch nur mittelbar als relevantes Merkmal für die „Gebrauchsspuren" der Akteure „gelesen", sodass o. a. Schema (siehe Abb. 2.12) entsteht.

Die Ausdifferenzierung der drei aus der Frage nach dem „Was" resultierenden Domänen wird demnach zwar rein analytisch vorgenommen, rückt jedoch für die Perspektive dieser Arbeit – und damit vorrangig für die empirische Fragestellung – aus dem Grund in den Hintergrund, dass nicht nach einer genuin inhaltlichen Verortung, vielmehr nach einer erziehungswissenschaftlichen Relevanz/Perspektive gefragt wird. Die als sich zwischen dem Raum und der Gebrauchsspur ausgewiesene Raumpraktik wird zunächst als solche fokussiert, womit verdeutlicht werden soll, dass jene über zwei mögliche Zugänge erfasst werden kann – nämlich gerade sowohl über den ihr als Folie dienenden, basalen Raum als auch über die durch sie entstehende Spur in Form einer „Spurenlese". Das Offensichtliche muss jedoch noch einmal verdeutlicht werden: Die Praktik als solche kann nur dann Spuren hinterlassen, wenn diese sich manifestieren; sie benötigt den Raum, unabhängig von der Art der Spuren. Der Raum wiederum benötigt die Praktik, um Spuren abbilden zu können, um diese lesbar zu machen. Hartle bezeichnet die Wechselwirkung von Raum und Praktik eindrücklich als „räumliche Dialektik" (Hartle 2006, S. 18), die in dieser Perspektive Ergebnisse in Form von materialen Gebrauchsspuren hervorbringt. Zudem werden, bezogen auf die Raumpraktiken eben jene inhaltlichen Trennungen überwunden, um in einem „Mischfeld" aus Kunst und Politischem aufzugehen: „Die Kunst kann den äußeren Raum nicht überwinden und richtet sich dennoch gegen ihn, als ob sie es könnte" wobei sie die „räumlich fixierte Bedeutung" anzugreifen versucht – „auch wenn sie ihr zuletzt unterlegen bleibt" (Hartle 2006, S. 17). Diese Bedeutung ermöglicht einen Perspektivenwechsel auf

vandalistische oder – mit Hartle formuliert: topoklastische[14] – Gesten und somit
auf eben jene im Rahmen dieser Arbeit hinreichend beschriebenen Raumpraktiken,
da sich in der zuvor dargestellten Logik einer räumlichen Unterlegenheit der Kunst
das Feld des Politischen eröffnet: „In eben dieser Form [des Angriffs auf den Raum
bei gleichzeitiger Unterlegenheit der Kunst, IH] öffnet sich die topoklastische Geste
der Kunst einem Feld, auf dem die Kunst auch ohnmächtig bleibt: dem Feld des
Politischen" (ebd.).

Um die bisherige Sichtweise auf und die hochgradig subjektiv-definitorische
Festlegung von Vandalismus zum Zwecke einer erziehungswissenschaftlichen
Fokussierung einzuholen resp. zu überwinden, existieren zwei grundlegende
Möglichkeiten: Entweder ließe sich der Begriff „Vandalismus" und die damit einhergehenden Terminierungen, wie beispielsweise „vandalistisch", zugunsten eines
weniger zuordenbaren und somit tendenziell weniger normativ besetzten Begriffs
substituieren. Denkbar wären allgemeine Termini wie Modifizierung oder Transformation. Oder der Vandalismusbegriff wird in seiner komplexen inhaltlichen
Bedeutung aufgegriffen, die Bezeichnung als solche weitergeführt und diese für
erziehungswissenschaftliche Fragestellungen fruchtbar gemacht, sodass neben der
zuvor explizierten Trias aus „Straftat – Kunst – Politik" eine weitere Bedeutung
zu addieren wäre. Beide Vorgehensweisen lassen sich auf unproblematische Weise
rechtfertigen, da sie verschiedene Grenzen und Potentiale aufweisen. Verdeutlicht
die Substitution bereits terminologisch eine Distanzierung von den dargestellten
inhaltlich-spezifischen Perspektiven, so lässt die Fortführung des Begriffs eine
Irritation und Erweiterung desselben zu, welche erziehungswissenschaftlich nutzbar gemacht werden kann und soll. Aus diesem Grund wird „Vandalismus" als
Ausdruck beibehalten, was zudem vor dem Hintergrund der nachfolgenden Aufarbeitung des Forschungsstands sinn- und wertvoll ist, da der Rückgriff auf die
interdisziplinären empirischen Arbeiten zu den jeweiligen Praktiken und Verhaltensweisen nur unter Zuhilfenahme der entsprechenden Begriffe geschehen kann
und es sich bei diesen um Termini wie „vandalistische Praktiken", „vandalistisches
Verhalten", „jugendlicher Vandalismus" etc. handelt. Die an- bzw. abschließende
Systematisierung der vorliegenden Forschungsarbeiten wird die Frage der weiterführenden Nutzung des Terminus „Vandalismus" noch einmal aufgreifen und
beantworten müssen.

---

[14] Hartle subsumiert unter dem Begriff des „Topoklasmus" bzw. dem der „topoklastischen
Geste" die beiden Elemente Raum und Raumpraktik auf eine Weise, die als „negative
Bewegung der Zertrümmerung" derjenigen Räume, die „durch materielle Gestaltung eine
inhaltliche Bedeutung erfahren" haben, definiert werden kann (Hartle 2006, S. 15).

2.3 Stand der Forschung und evozierte Fragestellung

Über die definitorisch-disziplinäre Erfassung des Vandalismusbegriffs hinaus (vgl. Abs. 2.2) lassen sich – in Abhängigkeit von dem eingestellten Fokus der jeweiligen Forschungsperspektive und dem damit zusammenhängenden Erkenntnisinteresse – mannigfaltige Bezüge zum Thema Vandalismus und dessen theoretischer Verankerung sowie empirischer Fundierung aufzeigen. So werden beispielsweise die agierenden Subjekte und deren Motivationen im Zuge von Forschungen des Bereiches „Abweichendes Verhalten" (Böhnisch 2012) bzw. „Disruptive/Deviant behaviour" (Tattum 1986), die Objekte vandalistischer Praktiken wie Mobiliar und Wände oder die Orte, wie z. B. Straßen, Bahnhöfe, Toiletten o. ä. in den Blick genommen und auf diversen methodischen Wegen zu erschließen versucht. Grundlegend sind dabei die Fragen nach dem Forschungsinteresse, welche sich ganz allgemein als Interrogativpronomen und -adverbien (Wer?, Was?, Wo?, Wie?, Warum?) ergeben. Daraus lassen sich folgende, für die Aufarbeitung des aktuellen Forschungsstands relevanten Perspektiven ableiten, die zwar entlang der drei zuvor herausgestellten Domänen (Straftat – Kunst – Politik) dargestellt wurden, empirisch jedoch nicht immer scharf voneinander unterschieden werden oder zu unterscheiden sind.

Vandalismus als Begriff: Etymologische Perspektiven Vandalismus wird hier als Phänomen mit einer Tradition beschrieben, die Jahrhunderte zurückreicht und dessen Spuren „im Alltag [. . . IH] allgegenwärtig" sind (Lorenz 2009, S. 7). Ausgehend von der frühen Neuzeit über das Zeitalter der Aufklärung, die Zeit des Ersten und Zweiten Weltkriegs bis hin zum 21. Jahrhundert lassen sich Spuren beschädigender oder zerstörender Einwirkungen auf Kunst, Bücher, religiöse Symbole und sogar Menschen nachverfolgen (vgl. Lorenz 2009) und werden allgemein als „Gewalt gegen Kultur" bezeichnet (Demandt 1997). Die instruktiven Arbeiten von Alexander Demandt und Maren Lorenz bilden hier zwei sich jeweils in deskriptiver Weise mit der Thematik auseinander setzende Hauptwerke, auf die bereits umfassender eingegangen wurde (vgl. Abs. 2.1) und welche als theoretisch-reflexive Basisarbeiten für ausdifferenziertere Betrachtungen von Vandalismusphänomenen ausgewiesen werden können. Empirische Forschungsergebnisse existieren jedoch vornehmlich im Bereich der Linguistik. Blume (1980) betrachtet in ihrer Untersuchung „Aspekte informeller schriftlicher Schüleräußerungen" und klassifiziert die gesammelten Graffiti entlang „alters-, geschlechts- und situationsspezifischer Charakteristika" (ebd., S. 188).

Vandalismus als Strafdelikt: Juristische Perspektiven Das deutsche Strafgesetzbuch subsumiert unter dem Terminus „Sachbeschädigung" solche Handlungen,
die mit einer rechtswidrigen Beschädigung, Zerstörung oder erheblicher und an-
dauernder Veränderung fremder Sachen einhergehen (vgl. StGB § 303). Derartige
Handlungen und sogar deren Versuch werden strafrechtlich verfolgt (vgl. ebd.; siehe Abs. 1.2.1). Somit fokussieren Arbeiten aus einer juristischen Perspektive die
entsprechenden illegalen Taten, nehmen dabei jedoch differente Standpunkte ein.
So stellt die Arbeit des Juristen Mark Schneider eine durchaus interdisziplinäre
Ausleuchtung des Themas „Vandalismus" dar: Neben allgemeinen Grundlagen
wird hier ebenfalls auf verschiedene Typologien zur Ursache von „Vandalismus"
sowie Annahmen zum Täterbild und präventiven Maßnahmen eingegangen (vgl.
Schneider 2002). Interessant sind hier vor allem die Bezüge zu und Verweise auf
die Typologien nach Geerds und Cohen (1984), auf die im Rahmen dieser Arbeit
ebenfalls noch Bezug genommen wird. Darüber hinaus werden verschiedentliche
Theorien für die Erklärung „vandalistischer Verhaltensweisen" (Schneider 2002,
S. 77) herangezogen, worunter neben aggressionstheoretischen und subkulturel-
len ebenfalls architektonische Parameter als möglicher Auslöser für Vandalismus
beschrieben werden. Eine rein juristische Ausführung liegt beispielsweise von Ulrich Behm vor. Hier stehen neben dem „Meinungsstand in Rechtsprechung und
Literatur" (Behm 1984, S. 20) vor allem die grammatikalische, systematische und
historische Auslegung des Tatbestandes „Sachbeschädigung" im Vordergrund (vgl.
Behm 1984). Die ebenfalls rein juristisch ausgerichtete Arbeit von Daniel Beisel
hingegen bezieht sich in allgemeiner Weise auf die im Grundgesetz verankerte
Kunstfreiheit und deren strafrechtliche Grenzen (Beisel 1997). Hier werden nicht
etwa Sachbeschädigungen, sondern Gewaltdarstellungen, Pornographie oder die
Verbreitung jugendgefährdender Schriften als Tatbestände untersucht, deren Strafbarkeit aufgrund des Kunstfreiheitsgesetzes[15] nicht ohne Weiteres feststellbar ist,
da „der Konflikt zwischen Kunst und Recht [. . . IH] kein neuer [ist]" (Beisel 1997,
S. 1). Dieses teils antagonistische, teils angespannte Verhältnis wurde in den vorangegangenen Kapiteln ebenfalls eingeholt und detaillierter betrachtet (vgl. Abs.
2.2.4).

Vandalismus als Kunstform: Künstlerische Perspektiven Aufsätze, Blogs, Dis-
sertationen, Bildbände und weitere Arbeiten zum Themenbereich Street oder
Urban Art – bzw. zu den unter den Begriff der „Graffitiforschung" subsumierten Perspektiven – finden sich in nahezu unüberschaubarer Menge, da es sich

---

[15] Art. 5 Abs. 3 Satz 1 des Grundgesetzes lautet wörtlich: „Kunst und Wissenschaft, Forschung
und Lehre sind frei" (Deutscher Bundestag 2012).

hier im Gegensatz zur juristisch orientierten Fragestellung, welche naturgemäß von jeweils geltenden Gesetzen und Rechtsprechungen auszugehen hat, keineswegs um nationale Eigenheiten, sondern um internationale sowie interdependente Bewegungen und deren Mündungen in einzelne nationale Kulturen und Subkulturen handelt. Dieser Umstand legt eine interdisziplinäre Auseinandersetzung mit verschiedentlichen Gegenständen des Themas nahe, wodurch ein vollständiger Überblick im diskursanalytischen Sinn kaum noch verschafft werden kann und im Folgenden lediglich Akzentsetzungen sowie die Darstellung von Beispielen vorgenommen werden. Dementsprechend liegen neben den vorrangig der Anschauung dienenden Bildbänden (z. B. Bianchi 1984; Banksy 2005; Naar 2007; Ganz 2008) und Ausstellungskatalogen (z. B. Reinking 2008), deren kurze Texte lediglich werkeinführenden, -beschreibenden und -kommentierenden Charakter aufweisen, verschiedene Ausführungen mit divergierenden Schwerpunkten vor. Julia Reinecke fokussiert beispielsweise auf Street-Art als subkulturelles Phänomen und zieht u. a. die Feldtheorie Pierre Bourdieus heran, um dessen Habituskonzept und die damit verbundenen Kapitalformen des von ihr so bezeichneten „Street-Art-Feldes" analysieren zu können (Reinecke 2007). Eine der Street oder Urban Art zugewiesene, jedoch oftmals als eigenständig ausgewiesene Domäne ist die der Graffitiforschung. Das 1996 gegründete und interdisziplinär ausgerichtete Wiener Institut für Graffitiforschung (ifg) um den Psychologen und Kommunikationswissenschaftler Norbert Siegl ist federführend im Bereich der Dokumentation, Analyse sowie Darstellung europäischer Graffitikultur. Das deutschsprachige Pendant „Kunst im öffentlichen Raum" wird in dem von Volker Plagemann herausgegebenen gleichnamigen Band mithilfe verschiedener theoretischer Ansätze zu manifestieren versucht (Plagemann 1989). Der Untertitel „Anstöße der 80er Jahre" verweist dabei zwar einschlägig auf die seit jeher stattfindenden Kontroversen, die sich sowohl um den Kunstbegriff als solchen als auch um den öffentlichen (Stadt-)Raum ranken, bezieht sich jedoch auf sog. „Auftragskunst": von Kulturministerien in Auftrag gegebene oder eingekaufte Kunst, die seit den 50er und 60er Jahren auch außerhalb der Museen zu finden ist (vgl. Plagemann 1989, S. 13 f.). Die grundlegende Differenzierung ist demnach die zwischen legalen – und demnach von staatlicher Seite genehmigten oder gar beauftragten – und illegalen, in Subkulturen verhafteten künstlerischen Tätigkeiten, die insgesamt jedoch eines bewirken: die Transformation und Modifikation öffentlicher Einrichtungen, Gegenstände und Architekturen. Eine besondere Form derartiger Veränderungen stellen die sog. Klo- oder Toilettengraffiti dar: Diese spezifischen Mitteilungen in symbolisch-bildhafter oder bildhaft-geschriebener Form finden sich vornehmlich innerhalb öffentlicher oder halb-öffentlicher Gebäude wie Universitäten und Schulen und dort vor allem an Toilettenwänden. Derartige Symbole der „Kommunikation am Klo" (Siegl 1993) oder als „Abortkunst"

(Stock 1981) bezeichnete Darstellungen finden „erste Erwähnungen bei römischen Schriftstellern wie beispielsweise bei Martial" (Siegl 1993, S. 15) und stellen Inhalt diverser Sammlungen, Erhebungen und Forschungen, oftmals semantisch-philologischer oder psychologischer Art, dar (z. B. Kinsey et al. 1953; Read 1977; Siegl 1993, 2001; Möllring 2003; Fischer 2009). Die Arbeiten befassen sich in der Regel mit Ausdifferenzierungen geschlechtstypischer, inhaltlich-thematischer oder sprachlich-semantischer Art und fokussieren auf den „medialen Raum Klozelle" (Fischer 2009, S. 7), der zwar explizit „als unfreiwilliger, schriftbasierter Kommunikationsraum" (ebd.) ausgewiesen wird, in seiner material-architektonischen Bedeutung jedoch unberücksichtigt bleibt.

Vandalismus in der Peripherie: Analoge Perspektiven Neben den angeführten wissenschaftlichen Beiträgen zum interdisziplinär besetzten Themenfeld Vandalismus existieren zahlreiche Arbeiten, die sich entweder an dessen Peripherie bewegen oder durchaus analoge Charakteristika aufweisen. So stellen Höhlen- und Wandmalereien (vgl. Schmidt-Brümmer 1982), (Werbe-)Plakate oder (politische) Wandzeitungen (vgl. Biegholdt et al. 1973)ebenfalls Ergebnisse raummodifizierender Praktiken dar, deren ästhetische und/oder politische Wirkung deutliche Ähnlichkeiten zu denen der Street Art aufweisen. Interessant sind hier vor allem die Wandzeitungen im kommunistischen China oder der ehemaligen DDR, welche zu Zwecken der Information, Aufklärung, Propaganda, aber auch denen des Widerstands und als Zeichen der Auflehnung hergestellt und an verschiedenen Orten angebracht wurden. Ähnlich verhält es sich beispielsweise mit den Wandzeitungen im jüdisch-orthodoxen Viertel Mea Shearim in Jerusalem (vgl. Eisenberg 2006, S. 250): Dort dienen die an den Mauern der Stadt angebrachten aktuellen Zeitungen als Informationsmedium, da die streng orthodoxen Bewohner weder über Radio noch über Fernseher verfügen resp. diese aufgrund ihres Glaubens nicht nutzen.

Vandalismus in der Schule: Erziehungswissenschaftliche Perspektiven Alltagssprachlich regelmäßig als „vandalistisch" bezeichnete Praktiken, wie das Zerstören von (Kunst-)Gegenständen oder die (Um-)Gestaltung öffentlicher Einrichtungen mittels Farben, Aufklebern oder Schablonen finden sich ebenfalls in Schulen und werden dort in der Regel als Ergebnisse abweichenden, aggressiven, undiszipliniertnen, kriminellen und/oder gewaltvollen Verhaltens ausgewiesen (z. B. Ciminillo 1980; Casserly et al. 1980; Baker und Rubel 1980; Horowitz und Tobaly 2003; Kilb 2009; Williams und Venturini 1981), dem beispielsweise Lehrerkollegien mit spezifischen Maßnahmen zu begegnen haben (vgl. Bade 1994).

Bezogen auf eine derartige subjekt- bzw. akteursorientierte Perspektive lassen sich in hohem Maße inkonsistente Ergebnisse darstellen, was nicht zuletzt der internationalen Ausrichtung der Thematik geschuldet sein dürfte, dessen ungeachtet jedoch durchaus zu Irritationen führt: „Despite its strong historical roots, research on the vandal has been largely unproductive; few consistent patterns have emerged. Early research depicted the juvenile vandal as a lower-class minority male with personality problems. [… IH] Based on delinquency literature, it has been hypothesized that student vandals were probably not performing well in school" (Casserly et al. 1980, S. 15 f.). Verschiedene Forschungsergebnisse der 1970er Jahre verdeutlichen, dass vor allem Zusammenhänge zwischen schulischer „Performanz" – den Erfolgen und Misserfolgen, Interaktionen mit Autoritäten und innerhalb der peer groups von Schülern – und vandalistischen Taten mindestens vermutet oder schwach verifiziert werden können (vgl. z. B. Ellison 1973; Greenberg et al. 1975; Richards 1976). Darüber hinaus zeigen weitere Studien, z. B. die 1977 durchgeführte Safe School Study, schwache Korrelationen zwischen familiär erfahrenen Disziplinierungen und schulischem Vandalismus auf. Ruth Klockhaus und Anneliese Trapp-Michel verweisen in ihrer Analyse auf verschiedene Einflussfaktoren und Begünstigungen vandalistischen Verhaltens Jugendlicher (1988) und beziehen sich dabei sowohl auf Jugendfreizeitzentren als auch auf Schulen. So werden Konflikte mit Beteuern, Unzufriedenheit mit beruflichen Aussichten, ehemalige Straffälligkeiten sowie Drogenprobleme als den Vandalismus begünstigende Faktoren ausgewiesen (vgl. Klockhaus und Trapp-Michel 1988, S. 70 ff.). Darüber hinaus werden ebenfalls Überlegungen angestellt, die den sog. „Architektonischen Determinismus" als weitere mögliche Ursache berücksichtigen (vgl. Klockhaus und Trapp-Michel 1988, S. 67 f.). Die Annahme, „daß eine unschöne, öde und heruntergekommene Umwelt bei Menschen Gefühle von Wut und Ärger hervorruft, die sie in Form von Zerstörungen abreagieren" (Klockhaus und Trapp-Michel 1988, S. 67) konnte jedoch nicht bestätigt werden. Ein derartiges empirisches Ergebnis überrascht kaum, da das Modell des Architektonischen Determinismus[16] bereits zu Beginn der 1960er-Jahre von dem Soziologen Herbert J. Gans zugunsten sozialräumlicher Ursachen als nicht tragfähig widerlegt werden konnte (vgl. Gans 1982).[17] Der von dem damaligen Niedersächsischen Kultusminister Rem-

---

[16] Die Begrifflichkeit des „Architektonischen Determinismus" wird ebenfalls vom Schweizer Institut für Psychologische Architektur aufgegriffen, umfasst hier jedoch einen Terminus, „der bestehendes unhinterfragt bestätigt und reproduziert oder aber Trends des Trends wegen produziert. Diesem ‚Setting' können sich die Nutzenden nur noch anpassen. Ihre eigenen Bedürfnisse und Zielsetzungen bleiben unberücksichtigt, aktive Gestaltung und Entfaltung ist hier nicht möglich" (Institut für Psychologische Architektur).

[17] Dessen ungeachtet bezieht sich beispielsweise gerade der Deutsche Lehrerverband (DL) in seiner 2003 erschienenen „Denkschrift. Gewalt unter Heranwachsenden. Der präventive Beitrag von Erziehung und Bildung" explizit auf den Architektonischen Determinismus

mers herausgegebene Band „Schule kaputt?" (Asztalos 1981) fokussiert einzelne
Beispiele von Schulen, „in denen nennenswerte Zerstörungen festgestellt wor-
den sind" (ebd., S. 7) und führt differente mögliche Ursachen für derartige
Zerstörungen an. Neben Nachahmungsverhalten der Jugendlichen in Zeiten der
„‚Wegwerfgesellschaft'"(ebd., S. 47), allgemeinen schulorganisationalen Proble-
men (vgl. ebd., S. 48 f.) und dem generell fehlenden Respekt vor fremdem Eigentum
(vgl. ebd., S. 57) werden ebenfalls schulbauliche Maßnahmen und Umstände be-
rücksichtig. Hinweise für Lösungen der auf fehlender Identifikation der Schüler mit
dem Schulbau fußenden Vandalismus-Problematik finden sich vor allem in einer
„schülergerechten[n] Bau- und Raumgestaltung" (ebd., S. 63), womit es zu einer
Verschränkung von Akteur und Architektur kommt, die jedoch nicht empirisch
fundiert wird. Wie die nachfolgende Abbildung (siehe Abb. 2.13) verdeutlicht,
finden sich derartige Berücksichtigungen materialer Architekturen im Rahmen
schulischer bzw. schülerseitiger Forschung kaum wieder, werden im Extremfall
nahezu vollständig marginalisiert:

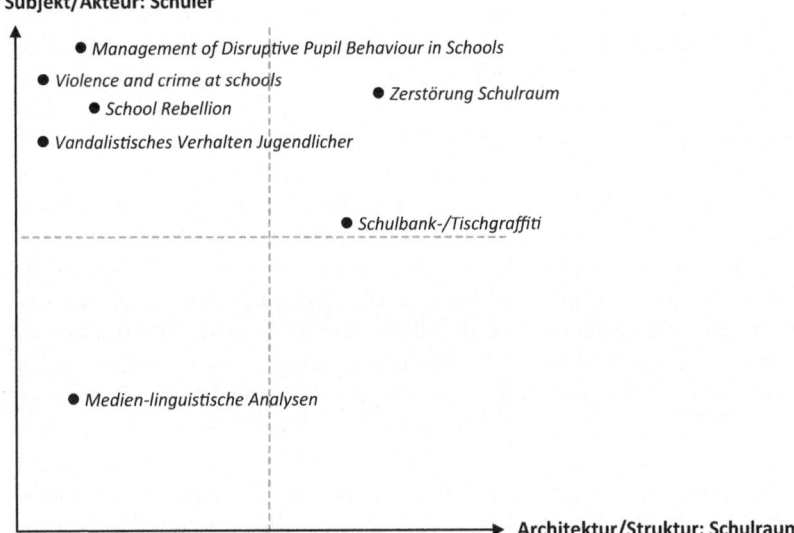

Abb. 2.13 Schulische Forschungsinteressen im Spannungsfeld von Subjekt und Struktur

---

als Erklärungsmöglichkeit für Gewaltpotentiale in der Schule: „Empirisch belegt ist der sog.
architektonische Determinismus. Dieser besagt, dass kahle, monotone, ungepflegte, un-
überschaubare Bauten Aggressivität fördern" (Deutscher Lehrerverband 2003; Hervorh. i.
Orig.).

Tab. 2.5 Forschungsperspektiven und theoretische Fundierungen im Überblick

Perspektive Disziplin	Forschungsperspektive	Theorieperspektive
Juristisch	Akteur: Täter Straftat	Etikettierungstheorie Subkulturtheorie Broken-Window-Theorie
Künstlerisch	Akteur: Künstler Ausdruck Motivation/Intention Botschaft	Ästhetische Theorie Kapitaltheorie
Politisch	Akteur: Aktivist Motivation/Intention Botschaft	Subkulturtheorie Kritische Theorie Machttheorien
Erziehungs- wissenschaftlich	Akteur: Schüler Motivation/Intention	Psychologische Theorien Subkulturtheorie Frustrations-Aggressions-Theorie

Werden nunmehr die bisherigen Überlegungen und Darstellungen zum derzeitigen Forschungsstand der Vandalismus-Thematik verallgemeinernd mit einbezogen, so entsteht zunächst ein ähnliches Bild akteurs- bzw. subjektorientierter Ausrichtung (siehe Tab. 2.5). Der tabellarische Überblick verweist bereits auf eine deutlich akteursorientierte Ausrichtung über die einzelnen Forschungsperspektiven hinweg. Bringt man die einzelnen Ansätze wiederum in ein schematisches Koordinatensystem mit den Achsen „Subjekt/Akteur" und „Architektur/Struktur" verdichtet sich das bereits gezeichnete Bild einer tendenziell akteursorientierten Forschungslandschaft (siehe Abb. 2.14), unabhängig von der jeweiligen Perspektive.

Wie die vorangegangenen sowie nachfolgende Abbildungen und exemplarischen Ausführungen verdeutlichen, rücken die bisherigen Forschungsarbeiten, theoretischen Ausführungen und Analysen einerseits mehrheitlich das Subjekt bzw. den Akteur als den Ausführenden vandalistischer Praktiken (Quadranten A und B) in den Mittelpunkt und fokussieren streng genommen nicht auf die Architektur als Ziel, Ausgangspunkt oder Gegenstand selbiger (Quadrant D). Psychologische,

Subjekt/Akteur

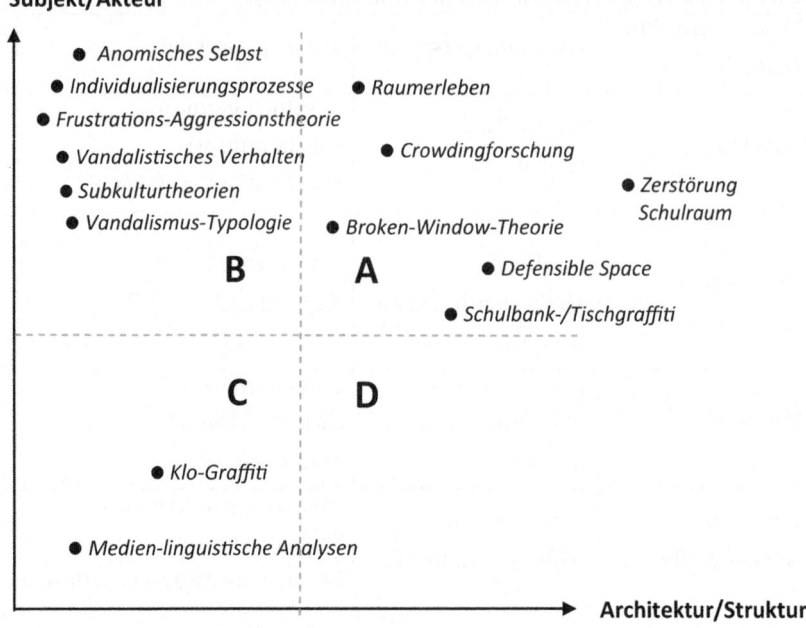

Abb. 2.14 Forschungsinteressen im Spannungsfeld von Subjekten und Strukturen

soziologische sowie phänomenologische Aspekte und Grundlagen werden hierbei in differenten Themengebieten aufgegriffen:

- Theorien abweichenden Verhaltens basieren – beispielsweise im Rahmen der Theorie des sog. Anomischen Selbst – auf der Psychoanalyse Freuds (Gruen 2009; Böhnisch 2010).
- Die Frustrations-Aggressions-Hypothese nach Dollard (1970) beschreibt individuell erlebte Frustrationen als Grund für auftretendes aggressives Verhalten.
- Berlynes psychologische Ästhetik-Theorie stellt einen Zusammenhang zwischen physischer Umwelt und menschlichen Emotionen her, wodurch vandalistische Praktiken als Reaktion auf wenig abwechslungsreiche und dem Menschen langweilende Umgebungen erklärt werden (Berlyne 1960).
- Architekturpsychologen beschreiben „beschmierte und zerkratzte Schulbänke, U- und Straßenbahnen oder mit Graffiti verunstaltete Häuserwände" (Richter 2008, S. 305) als „Aneignung durch Markierung" (ebd.) mit der Folge einer transformierten Raumidentität.

- Die sog. Broken-Window-Theorie nach Zimbardo (1969) bzw. Wilson und Kelling (1982), welche Vandalismus zwar durchaus als von (bereits zerstörter) Architektur ausgehend betrachtet, jedoch im Wesentlichen auf den Zusammenhang von Unordnung und Kriminalität rekurrieren (vgl. Wilson und Kelling 1982).

- Die subjektive Erfahrung räumlicher Enge (Crowding) kann in Kombination mit spezifischen individuellen und situativen Merkmalen zu aggressivem Verhalten führen (vgl. Schultz-Gambard 1985).

Andererseits wird ein Desiderat im Rahmen erziehungswissenschaftlicher Analysen deutlich: Fokussierungen auf schulischen Vandalismus werden zwar deskriptiv, psychologisch-motivational und/oder mikropolitisch vorgenommen, lassen jedoch eine dem Juristischen, Ästhetischen und Poltischen gleichwertige Positionierung vermissen. Um beiden „blinden Flecken" gerecht zu werden, verortet sich diese Arbeit in Quadrant D (siehe Abb. 2.14) und somit in eben jener Nische erziehungswissenschaftlicher Vandalismusforschung. Entsprechend wird die materiale Architektur als Objektträger und Rahmung vandalistischer Praktiken sowie als „materiales Kondensat von sozialem Sinn" (Böhme und Herrmann 2011, S. 28) fokussiert, sodass eine dieser Arbeit zugrunde liegende Fragestellung wie folgt zu formulieren ist: Auf welche Weise nehmen schulische Akteure den materialen Schulraum modifizierend in Besitz und inwiefern kann infolgedessen von einer erziehungswissenschaftlichen Perspektive auf Vandalismus gesprochen werden? Um dieser Forschungsperspektive gerecht zu werden, wird nachfolgend zunächst auf die (raum-)theoretischen Grundlagen Bezug genommen, welche es hinsichtlich der verschiedenen zu fokussierenden Ebenen entsprechend auszudifferenzieren gilt.

Spurenkunde: Raumtheoretischer Bezugsrahmen

Spuren treten gegenständlich vor Augen; ohne physische
Signatur auch keine Spur
(Krämer 2007, S. 15)

3.1 Der Spatial Turn und die Materialität des Raums

Für die Fokussierung der im vorangegangenen Kapitel dargestellten modifizieren-
den Praktiken in Abhängigkeit von bzw. bezogen auf materiale Architekturen ist
die Darstellung eines zugrunde gelegten raumtheoretischen Bezugsrahmens unumgänglich. So stellt der sog. „Spatial Turn" (Döring und Thielmann 2008, S. 7;
Döring 2010, S. 90) und die mit diesem verbundenen Annahmen über die „Herstellung von Raumordnungen" sowie die „Wirkmächtigkeit des Raums als material
Gegebenes" (Böhme und Herrmann 2011, S. 27) eine Rahmung bzw. Basisannah-
me für die dieser Arbeit zugrunde gelegten theoretische Orientierung dar. Bereits
1967 zeigt Michel Foucault in seinem Text „Andere Räume" einen deutlichen Pa-
radigmenwechsel auf, indem er „die aktuelle Epoche eher [als, IH] die Epoche
des Raumes" kennzeichnet und diese die „große Obsession des 19. Jahrhunderts"
– die Geschichte und mit ihr die Zeit – (Foucault 1967, S. 66) gegenüberstellt.
Schroer schließt an dieser Stelle an und weist die Wiederentdeckung des Raums
als wesentlichen Bestandteil der „Theorien der Postmoderne" aus (Schroer 2008,
S. 129), wohingegen die Theorien der Moderne zunehmend auf die Zeit rekurrierten
– wie bereits Foucault verdeutlichte (vgl. ebd.). Durch eine derartig modifizierte Raum-Zeit-Fokussierung wird deutlich, dass Annahmen über grundlegende
Ordnungsparameter in Frage gestellt und das Raumparadigma mindestens koexi-
stierend, wenn nicht gar substituierend zum Zeitparadigma ins Verhältnis gesetzt

I. Herrmann, *Vandalismus an Schulen*,
DOI 10.1007/978-3-531-19488-2_3, © Springer Fachmedien Wiesbaden 2014

werden. Soja (1996) führt darauf folgend den Begriff des „spatial turn" für eben jene Kehrtwende ein (vgl. Döring 2010, S. 90), wobei er sich neben Foucault vor allem auf die axiomatischen Ausführungen des französischen Sozialphilosophen Henri Lefebvre bezieht (vgl. ebd., S. 91). Sowohl Lefebvre als auch der diesen rezipierenden Soja unterstellen jedoch ein Raumparadigma, das einer sowohl der Phänomenologie als auch dem dialektischen Materialismus folgenden grundlagentheoretischen Verortung gerecht zu werden versucht und Raum dementsprechend als sozial-interaktives Gefüge begreift (vgl. ebd., S. 92). In einem derartigen Verständnis wird Raum sozial konstruiert, erfahren und wahrgenommen, sodass die räumliche Materialität kaum explizit hervorgehoben wird. Auch die mit Simmel anschließende raumsoziologische Perspektive betont zunächst, „dem Raum keinesfalls den Status einer erklärenden Variable für soziale Prozesse zukommen zu lassen" (Döring 2010, S. 94), womit er durchaus an die sozialkonstruktivistische Auffassung Lefebvres anknüpft. In seinem bereits 1903 erschienenen Aufsatz „Soziologie des Raumes" führt Simmel die Wirkmächtigkeit sozialer Gefüge für räumliche Materialitäten anhand des Beispiels der Grenze an: „Die Grenze ist nicht eine räumliche Tatsache mit soziologischen Wirkungen, sondern eine soziologische Tatsache, die sich räumlich formt" (Simmel 1995, S. 141). Dem entgegen weist Simmel jedoch ebenfalls „die ständigen und mitunter machtvollen Rückwirkungen dieser (sozial erzeugten, gleichwohl materialisierten) Raumformen auf menschliches Handeln und gesellschaftliche Entwicklungen" aus (Döring 2010, S. 94), wodurch räumlicher Materialität zwar nach wie vor keine originär-strukturelle Bedeutung für bzw. Einwirkung auf soziale Prozesse zugeschrieben werden kann, ihnen jedoch als Ausformung eben jener Prozesse zumindest Rückkopplungen immanent sind. In einem derartigen Verständnis stellen soziale Interaktionen Beginn und Ende jedweder raumsoziologischer Analysen dar, wohingegen materiale Räume lediglich mittelbar in den Fokus gerückt werden. Können vereinfachte dichotome Vorstellungen relativistischer Räume einerseits und absolutistischer (Container-)Räume andererseits (vgl. Löw 2001; Schröer 2008; Hilger 2011) als die beiden Extrema wissenschaftsrelevanten Raumverständnisses herangezogen werden, tendierte der von Simmel definierte Raum deutlich zu einer relativistischen Ordnung, die „die aktive Entstehung des Raums betont statt von einem bereits bestehenden, absoluten Raum auszugehen" (Schroer 2008, S. 135). Neben einem derartigen „Werden" des Raums, d. h. einer für dessen Entstehung konstitutive menschliche Aktivität, kann zudem die Einheit von Körper und Raum als weiteres Charakteristikum ausgewiesen werden: Raum wird „als Folge der Beziehung zwischen Körpern hergeleitet" (Löw 2001, S. 17 f.; vgl. Hilger 2011, S. 33). Entgegen dieser relativistischen Auffassung vom Raum als „soziales Konstrukt, das immer wieder neu entsteht und sich je nach Standpunkt oder Verknüpfungen anders konstituiert" (Hilger 2011, S. 33) existiert seit der Antike eine „Vorstellung vom Raum als Behälter, in dem Dinge und Menschen aufgenommen werden können und ihren festen Platz haben" (Schroer 2008, S. 135). Raum dient in einem derartigen Verständnis lediglich als „Rahmen oder Hintergrund von sozialen Handlungen" (Hilger 2011, S. 29) und „konstruiert ein duales Prinzip von Raum und Körper" (ebd., S. 33; vgl. Löw 2001, S. 17). Dieses „Container-Modell" (Schroer 2008; vgl. Löw 2001) eines absoluten Raums wird bereits von Kant in dessen 1770 erschienenen „Dissertatio" ebenso abgelehnt wie die Annahme eines relativistischen Raums: „Diejenigen, die die Realität des Raumes verteidigen, stellen ihn sich entweder als den absoluten und unendlichen Behälter aller möglichen Dinge [...IH] vor oder sie behaupten, er sei das Verhältnis der existierenden Dinge selber, das nach Aufhebung der Dinge vollkommen wegfiele und nur in wirklichen Dingen denkbar sei" (Kant 1958, S. 53, zit. in: Löw 2001, S. 29; Hervorh. i. Original). Ergebnis dieser Ablehnung beider raumtheoretischer Programmatiken ist bei Kant ein Raum, der als „absolut erstes formales Prinzip der Sinnenwelt" ausgewiesen wird (Kant 1958, S. 56 f., zit. in: Löw 2001, S. 29; Hervorh. i. Original); eine Vorstellung von Raum a priori also, die Kant zufolge „allen äußeren Anschauungen zum Grunde liegt" (Kant 1996, S. 72; zit. in: Löw 2001, S. 29). Eine die beiden Raumauffassungen ebenfalls zu überwinden bzw. zu überschreiten versuchende Annahme liefert Martina Löw (2001), indem sie sowohl die jeweils angeordneten Objekte als auch deren Relationen untereinander mit einbezieht (vgl. Löw 2001, S. 156) und begründet diesen Schritt wie folgt: „Da erst die miteinander verknüpften sozialen Güter und Menschen zum Raum werden, muß der Relationenbildung große theoretische Aufmerksamkeit gewidmet werden. Daher bezeichne ich den hier entwickelten Begriff als relationalen Raumbegriff" (ebd.). Dem entgegen empfiehlt Schroer, dass das „Ziel einer raumsoziologischen Perspektive" nicht darin bestehen sollte, „die lange Zeit vorherrschende Container-Theorie durch eine relationale Raumauffassung" zu ersetzen (Schroer 2008, S. 137), sondern die Implementierung eines Raumbegriffs jenseits der Extrempole „Raumdeterminismus" (absolutistischer bzw. Container-Raum) und „Raumvoluntarismus" (relationaler Raum) anzustreben.

Zusammenfassend kann somit zunächst die allgemeine Wiederentdeckung des Raums bzw. die Rückbesinnung auf diesen als relevantes Kriterium für soziale, politische, mediale, geographische sowie historische Analysen festgestellt werden. Darüber hinaus existieren differente, bisweilen widersprüchliche Annahmen über Funktionen und Wirkungen des Raums und damit einhergehend die Frage danach, was unter dem Raumbegriff innerhalb der einzelnen (Forschungs-)Perspektiven grundlegend subsumiert werden kann. Ausgehend von den Annahmen über relativistische bzw. relationale und absolutistische Räume, lassen sich nahezu unzählige Definitionen, Perspektiven und Theorien ableiten: Neben dem Sozialen bzw. Symbolischen Raum (Bourdieu 1989), dem Körperraum (Merleau-Ponty 1945; 1961) und dem Medialen Raum (McLuhan 1961) existieren beispielsweise urbane (Simmel 1903; Weber 1921), kognitive (Lynch 1960), mythische bzw. ästhetische (Cassirer 1931)) semiotische (Barthes 1967) und politische Räume (Foucault 1967; Hartle 2006), deren Zuordnung jedoch nicht immer ohne Weiteres möglich und häufig lediglich als rein analytische Kategorisierung zu bezeichnen ist. Fernab dieser tendenziell inhaltlich-analytisch-kategorialen Zuweisung und Begriffsbestimmung ist für die vorliegende Arbeit jedoch zunächst die Frage danach interessant, wie der Begriff räumlicher Materialität Verwendung findet und ob bzw. auf welche Weise die Materialität des Raums Berücksichtigung findet, wodurch der Fokus nunmehr vor allem auf diejenigen Perspektiven eingestellt werden soll, welche das Dingliche als Parameter berücksichtigen. Als durchaus instruktiv erweisen sich hier die Arbeiten Hartles, in denen Raum mit Bezug auf den „urbanistischen Diskurs" (Hartle 2006, S. 112) in den 1960er Jahren zunächst „als gebauter Raum der sozialen Praxis und als Verdichtung sozialen Sinns" (ebd.) ausgewiesen wird. Mit „Räumen werden, im Zuge einer räumlichen Dialektik, immer auch Bedeutungen materialisiert" (ebd., S. 113), sodass für die nun mehrfach dargelegte Dialektik von Raum und Raumpraktik – auf die im folgenden Abschnitt unter Bezugnahme bzw. Fokussierung auf die entsprechenden Praktiken ebenfalls noch einzugehen sein wird – konstatiert werden kann: „Manifester Sinn öffnet sich in der räumlichen Gestaltung einer unbestimmten Vielfalt von Praxen" (ebd.). Im Rahmen einer derartigen Begriffsbestimmung des Raums werden die für diese Arbeit relevanten Elemente Sinn – (materiale) Raumgestalt – Praxen eindrücklich miteinander verbunden und lassen zudem eine im Rahmen des Methodenkapitels noch näher auszuführende Vorgehensweise der Rekonstruktion latenter Sinnstrukturen nahezu unumgänglich, zumindest jedoch nachvollziehbar erscheinen.

Die hier vorgenommene Ausdifferenzierung von „räumlicher Form und räumlicher Praxis" (Hartle 2006, S. 18) dient der Komplexitätsreduktion. Wurde in diesem Abschnitt zunächst auf den Spatial Turn und die damit einhergehende interdisziplinäre Re-Exploration des Raums Bezug genommen, folgt nunmehr die Frage nach der Art der Raumpraktiken oder „ästhetische[n] Gesten" (ebd., S. 19). Anders ausgedrückt: Nachdem in diesem sowie dem vorangehenden Kapitel zunächst auf das „Was", also die Formen und Arten der Gebrauchsspuren, sowie das „Wo", den Raum als Bezugs- und Reflexionsfolie jener Praktiken, Bezug genommen wurde, wird im Anschluss das als Bindeglied auszuweisende Moment der vorliegenden Thematik fokussiert, nämlich das „Wie" und die damit einhergehende Frage nach der Charakteristik räumlicher Praktiken.

3.2 „... als ob sie ihn zerstören könnte": Raumpraktiken und Raumgesten

Wie in den vorhergehenden Abschnitten verdeutlicht wurde, muss der Fokus für eine empirische Analyse modifizierender Raumpraktiken zweifach eingestellt werden: Einerseits geraten die als Spuren gekennzeichneten Raumpraktiken als solche in den Blick, da nicht unmittelbar eine Entscheidung im Sinne der Zuordnung jener Praktiken zu den inhaltlich-definitorischen Bereichen Straftat – Kunst – Widerstand getroffen werden soll oder kann (vgl. Abs. 2.2.4), vielmehr die Frage danach zu beantworten ist, was genau unter jenen als Raumpraktiken ausgewiesenen Handlungen subsumiert werden muss. Andererseits richten sich diese Praktiken – darauf wurde ebenfalls bereits im vorangegangenen Abschnitt verwiesen – gerade gegen oder auf materiale Räume und werden ebenso von diesen beeinflusst, womit eine seit dem Spatial Turn legitimierte zunehmende Berücksichtigung materialer Architekturen stattfinden muss (vgl. Abs. 3.1); eine Tatsache, die in der bisherigen empirischen (Schul-) Forschung kaum oder nicht hinreichend berücksichtigt wurde (vgl. Abs. 2.3). Somit gilt es im Folgenden, theoretische Annahmen zu treffen, die beiden Ansprüchen genügen, nämlich der als „räumliche Dialektik" (Hartle 2006, S. 18; Hervorh. i. Orig.) ausgewiesenen Interdependenz von Raum und Raumpraktik gerecht zu werden.

Raumbezogenes Handeln von Akteuren, so der vermutlich am weitesten generalisierte Ausdruck, wird in Abhängigkeit von der jeweiligen theoretischen Positionierung sowie der damit korrespondierenden Forschungsfrage entsprechend differenziert benannt und ausgedeutet. So führt beispielsweise Flusser (1993) eine tendenziell phänomenologische Perspektive ein, in welcher Gesten als „Körperbewegungen, in denen sich das Dasein äußert" (ebd., S. 79) beschrieben werden, „einen intentionalen Charakter" haben (Hartle 2006, S. 17) und entsprechend motivisch bestimmt sind. Insbesondere hinsichtlich der „Geste des Zerstörens" (Flusser 1993, S. 79) werden jedoch definitorische Problematiken sichtbar: Zunächst wirft Flusser die Frage „nach dem Bösen" (ebd.) derart auf, als er den Willen zur Zerstörung als Motiv für zerstörerische Gesten heranzieht und sich somit in eine ethische Reflexion des „Bösen im eigentlichen [... IH] Sinne" (ebd.) begibt. Des Weiteren nimmt Flusser den Versuch einer Trennung der Begriffe „Zerstörung" und „Destruktion" entlang der Frage des „Störens" (ebd., S. 80) vor und bringt selbige wiederum in Zusammenhang mit der Frage des Bösen. Hartle greift Flussers instruktive Charakterisierung der Geste als intentionale Handlung auf, betont darüber hinaus jedoch ausdrücklich das Ziel jener zerstörerischen Gesten, nämlich den Raum (vgl. Hartle 2006, S. 17). Die „sich auf räumliche Fixierungen" richtende

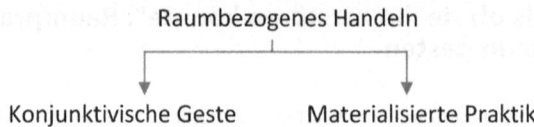

Abb. 3.1 Ausprägungen raumbezogener Handlungen

„zerstörerische Geste" (ebd.) ist jedoch nur eine Scheinhandlung; sie „richtet sich auf ‚Raum' [. . . IH], als ob sie ihn zerstören könnte" (ebd.; Hervorh. i. Orig.). Ergänzt man nun die Ausführungen Flussers und Hartles um eine raumpraktische Annahme tatsächlichen Zerstörens, entsteht eine dichotome Ausprägung raumbezogener Handlungsmöglichkeiten, die entsprechend (siehe Abb. 3.1) dargestellt und expliziert werden kann.

Die „Als ob"-Handlung wird entsprechend als konjunktivische, nicht materialisierte Geste bezeichnet und findet ihre handlungstheoretischen Pendants sowohl in Kants Selbstzweckformel seines Kategorischen Imperativs („Handle so, als ob die Maxime deiner Handlung durch deinen Willen zum allgemeinen Naturgesetze werden sollte", Kant 1784) als auch in grundlegenden Annahmen über schulische Unterrichtspraxis, denn „das Unterrichten erfolgt als ‚symbolische Vermittlung', d. h. die Gegenstände und Inhalte des Lernens werden nicht in ihren sozialen oder natürlichen Einbettungen aufgesucht [. . . IH], sondern eigens für Lernzwecke in sprachlicher, schriftlicher oder bildlicher Form ‚künstlich' vorgestellt" (Helsper und Keuffer 1998, S. 83). Hinsichtlich grundlegender pädagogischer Paradoxien führt Helsper zudem aus: „PädagogInnen handeln hier im Modus des ‚Als-ob': Sie unterstellen die Autonomie möglicher Verantwortungsübernahme und damit die mögliche Autonomie des Kindes" (Helsper 1998, S. 20). Darüber hinaus erscheint das simulierende Moment des „Als ob" vor allem im Rahmen von (Rollen-) Spielen, Psychodramen oder verhaltenstherapeutischen Übungen. Die Simulation einer Handlung, eines Verhaltens oder eines Charakters dient dabei der Einübung und Entwicklung emphatischen Verständnisses innerhalb kontrollierter und kontrollierbarer Settings fernab realer Situationen, Bedingungen und Einflüsse. Die „zerstörerische Geste" (Hartle 2006, S. 17) wird entsprechend als eine spielerische Übung ausgewiesen, die den Raum nicht real zerstört, jedoch durchaus sowohl ästhetische als auch politische Strukturen einer derartigen Destruktion aufweist. Hartle führt an dieser Stelle den Begriff der „topoklastischen Geste" (ebd.) ein, dem hier jedoch nicht gefolgt wird, da er eben jener Mischdomäne zwischen Kunst und Politik zuordenbar ist und eine derartige inhaltliche Auslegung bereits begründet abgelehnt wurde (vgl. Abs. 2.2.4).

Der konjunktivischen Geste entgegen stellen materialisierte Praktiken sinnlich-real (optisch, haptisch) erleb- und an Räumen „ablesbare" Handlungen dar. Sie umfassen jedwede als Vandalismus bezeichneten Modifizierungen des Raums, unabhängig von ihrer perspektivischen Zuordnung oder Ausprägung. Werden nunmehr die Annahmen Hartles über die „räumliche Dialektik" (Hartle 2006, S. 18; Hervorh. i. Orig.) mit der hier vorgenommenen dichotomen Ausprägung von Raumhandlungen verschränkt, so muss gleichermaßen eine Grundannahme bezüglich der Raumordnungen hinzugefügt werden. Ausgegangen wird hierbei von der „Theorie der Schulkultur" (Helsper et al. 1998, S. 29; Helsper 2008, S. 66) und einer in deren Rahmen vorgenommenen Relationierung von Realem (regelnde Strukturprinzipien), Symbolischem (akteursseitige Handlungen und Kommunikationsprozesse) und Imaginärem (pädagogische Entwürfe), welche durch die „vertikale Strukturierung des Schulkulturkonzeptes" bestimmt ist (Helsper et al. 1998, S. 43). Dabei werden schulkulturelle bzw. symbolische Ordnungen einer Schule als ein durch die drei genannten Ebenen „spezifisch ausgeformtes Spannungsverhältnis gefasst" (Helsper 2008; vgl. Helsper et al. 2001), welches sich mittels Handlungen der kollektiven und individuellen Akteure ausformt. Raum wird in den theoretischen Ausführungen zur Schulkulturtheorie Helspers et al. tendenziell deutlicher als Sozial- bzw. Interaktionsraum etabliert (vgl. auch Hummrich 2011) und weniger zur Struktur materialer Raumordnungen in Beziehung gesetzt. An dieser Stelle wird eine modifizierte Perspektive auf Räume eröffnet, die in der Etablierung verschiedener Raumordnungen aufgeht (siehe Abb. 3.2).

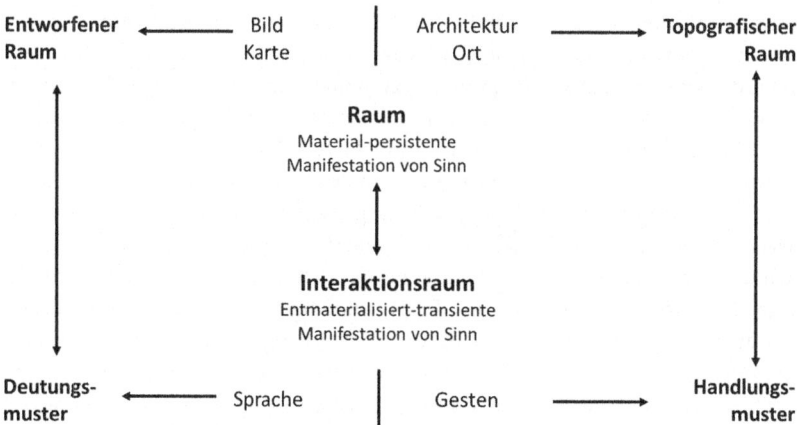

Abb. 3.2 Raumtheoretische Grundannahmen. (Quelle: Böhme und Herrmann 2011, S. 29; Herrmann und Flasche 2014; Herrmann 2014)

Unterschieden wird hier der derjenige Raum, in welchem sozialer Sinn material-persistent konserviert wird (Raum) von dem Raum, in welchem eine derartige materiale Konservierung nicht stattfindet (Interaktionsraum). Beide Raumord-nungen drücken sich in jeweils abweichend gearteten Repräsentationen aus: Manifestiert sich Raum in Bildern und Karten (Entwurfsraum) sowie in Architek-turen und Orten (Topographischer Raum), entsteht der Interaktionsraum flüchtig durch Sprache (Deutungsmuster) und Gesten (Handlungsmuster) (vgl. Böhme und Herrmann 2011, S. 29). Die bei Hartle unter „Als ob"-Handlung subsumierten Ge-sten werden somit dem Interaktionsraum zuordenbar, da sie als entmaterialisierte Gesten charakterisierbar sind. Diesbezügliche relevante Forschungen sind vor allem im Feld der Ethnographie zu verorten wie bspw. die Erhebungen zum „Schülerjob" (Breidenstein 2006) oder Arbeiten zu Gesten und Performativität (z. B. Wulf und Fischer-Lichte 2010). Bezogen auf den (materialen) Raum wird eine Erweiterung sich manifestierender Raumpraktiken somit erneut unumgänglich, wodurch das dargestellte theoretische Konstrukt ebenfalls einer Ergänzung bedarf. Die Interde-pendenz von Raum und Interaktionsraum wird als solche zwar ebenso in den Fokus gerückt und als grundlegende Annahme für weitere Betrachtungen vorausgesetzt, muss nachfolgend jedoch in Teilen verändert werden. Zwar finden sich die Spuren bzw. Resultate vandalistischen Verhaltens an und in topographischen Räumen und werden entsprechend als derartige Manifestationen zu rekonstruieren sein. Jedoch handelt es sich um „geronnene Interaktionen" und in diesem Sinne um Raum-praktiken, welche sich an und in Räumen materialisieren. Die zugrunde liegenden Deutungs- und Handlungsmuster lassen sich in ihren Bedeutungsstrukturen ana-lysieren und obwohl sie zu einem Bestandteil des topographischen Raums werden, sind ihnen von diesem unabhängige Charakteristika immanent. Aus diesem Grun-de wird das vorangegangene Raummodell zwar im Wesentlichen mitgeführt, jedoch im Sinne der Fokussierung auf die entsprechenden (sozialen) (Raum-)Praktiken und (Raum-)Gesten modifiziert. Die nun mehrfach zitierte „räumliche Dialektik" (Hartle 2006, S. 17; Hervorh. i. Orig.) wird in der Modellerweiterung als „Interfe-renz" (Deleuze und Guattari 1996, S. 258) ausgewiesen, wodurch die wechselseitige Bezugnahme von Raum und Interaktionsraum zwar beibehalten, jedoch zugun-sten der Raumhandlungen – und damit entsprechend des dieser Arbeit zugrunde liegenden Fokus – verschoben wird. Raumhandlungen, so die Hypothese, entste-hen durch und wirken wiederum auf die wechselseitige Bezugnahme der beiden Raumordnungen. Das eigenständige Moment des Entstehens wird als ein „Wer-den" (Deleuze und Guattari 2005, S. 400) begriffen, dessen Charakteristikum vor allem in der „gemeinsamen Deterritorialisierung" (ebd.) besteht. Im Raum han-delnde Akteure bringen insofern aktiv etwas Neues hervor, das sich wiederum in Form differenter Manifestationsniveaus des immanenten sozialen Sinns äußert:

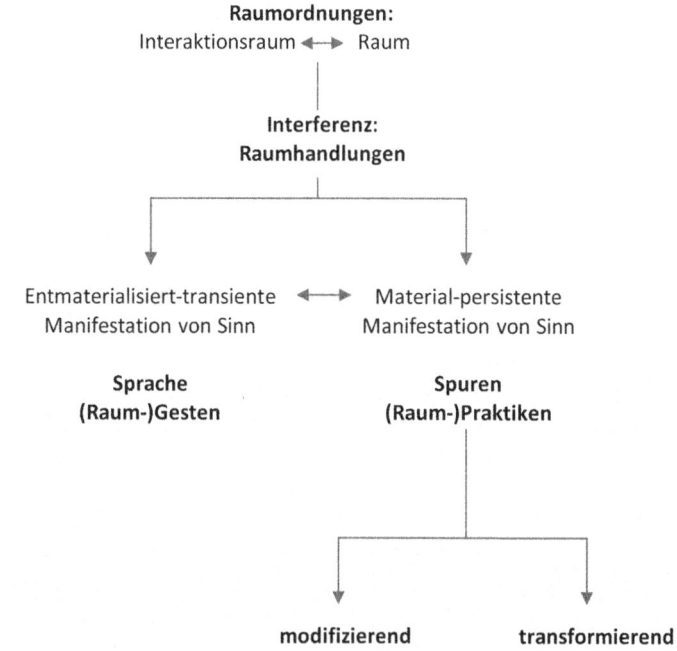

Abb. 3.3 Zusammenhang von Raumordnungen und Raumhandlungen

Sprache und Gesten als entmaterialisierte, Spuren und Praktiken als materialisierte Raumhandlungen.

Die aus der interdependenten Beziehung von Raum und Interaktionsraum evozierbaren bzw. interferierbaren Möglichkeiten (siehe Abb. 3.3) stellen sich exemplarisch wie folgt dar:

- Kommunikation über die Architektur (entmaterialisierte Deutungsmuster).
- Kommunikation über den Entwurf (entmaterialisierte Deutungsmuster).
- Bewegung in der Architektur (entmaterialisierte Handlungsmuster).
- Spuren hinterlassen an Architektur (manifestierte Deutungs- und Handlungsmuster).
- Spuren hinterlassen an Entwurf (manifestierte Deutungs- und Handlungsmuster).

Entmaterialisierte, vornehmlich im Zusammenhang mit ethnographischen Studien fokussierte, Deutungs- und Handlungsmuster (Sprache und Gesten) werden entsprechend der Forschungsfrage in ihrem direkten, d. h. unmittelbaren Sinn oder Verständnis nicht weiter berücksichtigt und der Fokus auf Spuren und Praktiken eingestellt. Jedoch stellen die in Form von Spuren vorliegenden Raumpraktiken ihrerseits wiederum materialisierte Deutungs- und Handlungsmuster dar oder können als durch diese beeinflusst bezeichnet werden. Die Wechselwirkung zwischen Handlungs- und Deutungsmustern einerseits und Raumpraktiken andererseits wird entsprechend und im Sinne der Rekonstruktion latenter Bedeutungsstrukturen mitgeführt (vgl. Abs. 4.2.1). Zudem werden innerhalb der vorliegenden Arbeit hauptsächlich jene Praktiken fokussiert, welche den Raum nicht in seiner (Bau-)Substanz transformieren, d. h. diese umfassend zerstören (vgl. Abs. 6.2). Die Gründe hierfür liegen zum einen in dem methodischen Zugang, welcher auf Protokolle sozialer Lebenspraxis und entsprechend rekonstruierbare Ausdrucksgestalten in Form von Texten oder Bildern abhebt (vgl. Abs. 4.2). Des Weiteren spielt jedoch gerade die Zerstörung von Gegenständen o. ä. hinsichtlich vandalistische Praktiken in den Blick nehmender Ausführungen eine herausragende Rolle (vgl. Abs. 2.2). Hier ist jedoch auf die Problematik der Rückschließung auf akteursseitiges Handeln zu verweisen: Ein zerstörter Raum, zerstörtes Mobiliar o. ä. können nicht ohne Weiteres als Konsequenz von Handlungen der Akteure betrachtet und entsprechend herangezogen werden, da zerbrochene Glasscheiben, abgebröckelter Putz, defekte Stühle oder ein Loch in der Wand gleichsam aufgrund von altersbedingten Zerfallserscheinungen oder widriger Umstände wie bspw. Unfälle entstanden sein können. Folglich kann hier – entgegen der oberflächlichen Veränderung des Raums – nicht unmittelbar auf die handelnde Einwirkung von Akteuren geschlossen werden.

Im Rahmen dieser Analysen wird des Weiteren zwischen institutionell legitimierten und institutionell nicht legitimierten Manifestationen differenziert und all jene Spuren und Praktiken in den Fokus gerückt werden, welche sichtbare jedoch illegitime Veränderungen des schulischen Raums zum Ergebnis haben. Die Frage der Legitimation bzw. der Legitimationsgrundlage bedarf jedoch weiterer Klärung, da hier zwingend geltende Normen zugrunde gelegt werden, deren Herkunft bisher nicht thematisiert wurde und zudem in strikter Anlehnung an die Forschungsfrage vor allem zu erläutern ist, wie derartige Normen ohne die Befragung von Akteuren zu rekonstruieren sind. Entgegen einer raumdeterministischen Auffassung, wie sie beispielsweise bei Bollnow (2010) zu finden ist, wird im Rahmen dieser Arbeit von der „Konzeption regelgeleiteten Handelns" (Oevermann 2001a, S. 7) ausgegangen, die hier aufgrund der Raumbezogenheit vor allem ein Wissen voraussetzt, welches als materiales Regelwissen bezeichnet werden kann. Beschreibt Bollnow die „Erschließung des Raums" (Bollnow 2010, S. 96) im Sinne einer Unmöglichkeit „sich beliebig im Gelände [zu, IH] bewegen" (ebd.), so entmündigt er in gewisser Weise den Akteur und schreibt dem Raum eine verhaltensdeterminierende Funktion zu: Das Handeln des Menschen im Raum hängt maßgeblich von der Gestaltung bzw. der diesem eingeschriebenen Ordnungen ab. Eine derartige Positionierung wird nunmehr zwar nicht vollends negiert, ist jedoch umfassend zu erweitern. In der Logik dieser Arbeit verbleibend, wird der Fokus auf die Praktiken der Akteure eingestellt, diese jedoch nicht als vom jeweiligen Raum und seiner strukturellen Ordnung vollkommen abhängig betrachtet, sondern die Existenz einer „Maxime, der das Handlungssubjekt praktisch folgt" (Oevermann 2001a, S. 7) unterstellt. Dabei müssen die Akteure keineswegs über die Kenntnis einer derartigen Maxime oder Regel verfügen, sondern „aufgrund der das Handeln steuernden Regel ein systematisches Urteil über die Angemessenheit eines konkreten Handelns abgeben" können (ebd.; Hervorh. IH). Diese „intersubjektiv kommunizierbar[en]" (ebd., S. 8) Regeln können somit durchaus deutlich von institutionell Vorgegebenem oder Vermitteltem abweichen und trotzdem oder deshalb als für die entsprechenden Akteure angemessen ausgewiesen werden. Für den Untersuchungsgegenstand „Vandalismus an Schulen" bedeutet diese theoretische Implikation somit, dass es unter Schülern beispielsweise als angemessen angesehen werden kann, seinen individuellen „Tag" auf einer Schultoilette zu hinterlassen, wohingegen die Schulordnung diese Handlung als Regelverstoß ansieht und unter Umständen mit Strafen diszipliniert. Damit wird deutlich: „Abweichendes Verhalten [. . . IH] ist nicht eindeutig als ‚Normverletzung' definierbar, sondern kann, je nach Situation und Referenz, relativ sein" (Böhnisch 2010, S. 12). Vor allem bezogen auf subkulturelle Dynamiken – die aufgrund der Fokussierung auf Schulen kaum ausgeschlossen werden können – gelten derartige Normdifferenzierungen: „Abweichendes Verhalten tritt ein, wenn die Normen einer Subkultur auch dann gegenüber der Gesellschaft vertreten und befolgt werden, wenn sie deren Normen widersprechen, wenn also die Balance zwischen subkultureller und gesamtgesellschaftlicher Normorientierung [. . . IH] nicht mehr gegeben ist" (ebd., S. 50).

Zusammenfassend können vandalistische Raumpraktiken somit einerseits als von institutionellen Regeln abweichendes, andererseits jedoch als angemessenes Verhalten definiert werden, womit deutlich wird, dass eine derartige Zuordnung zwar im Zuge einer theoretischen Rahmung der Arbeit durchaus zweckmäßig ist, für die Rekonstruktion der Praktiken hinsichtlich ihrer Bedeutungsstrukturen jedoch nur marginale Relevanz besitzt. Um begriffliche Unschärfen zu vermeiden wird für die nachfolgenden Kapitel folgende Zuordnung vorgeschlagen: Hinter dem Begriff der „illegitimen Praktik" verbirgt sich die institutionell orientierte, hinter demjenigen der „angemessenen Praktik" die akteursorientierte Perspektive auf schulischen Vandalismus. Hierdurch wird der beschriebenen Relationalität von Normen auch auf der semantischen Ebene Rechnung getragen.

3.3   Ansatz einer Qualitativen Mehrebenenanalyse

Unabhängig von einer derartigen Zuordnung vandalistischer Raumpraktiken kann die zuvor vorgenommene Ausdifferenzierung von Raumordnungen und Raumpraktiken in ein theoretisches Modell überführt werden, welches den differenten Ausdrucksgestalten gerecht wird und somit als Bindeglied von theoretischer Rahmung und methodischer Vorgehensweise wirkt. Im Fokus steht dabei eine „Qualitative Mehrebenenanalyse" (Hummrich 2011, S. 98 ff.; Herrmann 2014; siehe Abb. 3.4), die auf unterschiedlichen Sinnebenen operiert und diese entsprechend ihrer Spezifika berücksichtigt.

Wie das Schaubild verdeutlicht, werden vier verschiedene Ebenen zunächst hinsichtlich ihrer jeweils spezifischen Eigenheiten rekonstruiert: 1) Der institutionelle Entwurf, 2) die Siedlungsstruktur, 3) die Topographie und 4) die Spuren oder Raumpraktiken. Die theoretisch-methodische Verschränkung dieser vier dargestellten Ebenen wird nun entlang einer pädagogisch-schulbezogenen Perspektive aufgegriffen. Grund dafür stellen einerseits die bereits benannten Desiderate raumbezogener Schulforschung (vgl. Abs. 2.3), andererseits die Besonderheit des schulischen Raums dar: Es handelt sich um einen Pflichtraum, in welchem institutionalisierte Prozesse formaler Bildung stattfinden und organisiert werden (vgl. Herrmann 2014). Schülerinnen und Schüler eines gewissen Alters werden für eine spezifische, festgelegte, exakt bestimmbare Zeit und ohne eine tatsächliche Alternative zu haben zeit-räumlich ge- und verbunden. Dementsprechend „müssen sich alle Kinder und Jugendlichen für eine Mindestdauer innerhalb der schulischen Architekturen aufhalten, was die Frage nach der Wirkmächtigkeit dieser im Sinne einer Er- oder Verunmöglichung von Lern- und Bildungsprozessen aufwirft" (ebd.). Darüber hinaus existieren für jede der hier zu analysierenden Ebenen weitere Begründungen ihrer jeweiligen Relevanz: So wird innerhalb eines Schullogos – einer Ausdrucksgestalt des entworfenen Raums – „nicht nur ein pädagogisches Raumbild dargestellt. Vielmehr kann das Logo auch als eine Karte verstanden werden, auf der eine pädagogische Raumordnung entworfen wird, die es topographisch zu verwirklichen gilt" (Böhme und Herrmann 2011, S. 54). Es handelt sich folglich um eine Verräumlichung pädagogischen Sinns. Hinsichtlich des topografischen Raums wird hier – entgegen einer Perspektive vom „Raum als dritte[n] Erzieher" (Schäfer und Schäfer 2009, S. 235) – wie sie bspw. in der Reggio-Pädagogik finden lässt – auf die

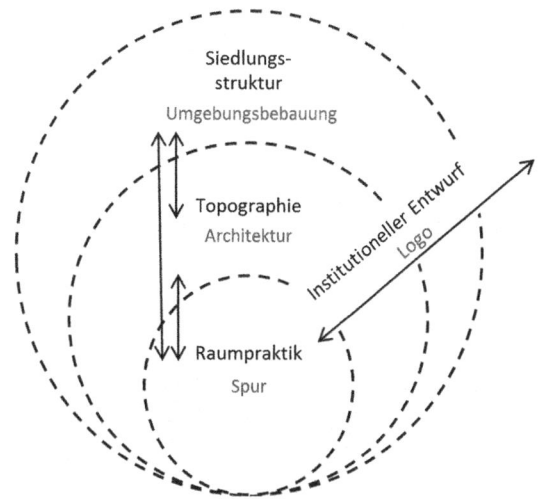

Abb. 3.4 Qualitative Mehrebenenanalyse. (vgl. Herrmann 2014)

Wirkmächtigkeit materialer Raumordnungen fokussiert. „Bildungsprozesse und Raummaterialitäten verhalten sich – so die Annahme – interdependent zueinander, bedingen oder verunmöglichen sich gegenseitig und wirken entsprechend auf Erziehungs- und Bildungsprozesse" (Herrmann 2014). Zudem gerät – vornehmlich vor dem Hintergrund aktueller bildungspolitischer Diskussionen und Debatten zu kommunalen und regionalen Bildungslandschaften – die schulische Umgebung (auch) in Bezug auf ihre materiale Räumlichkeit in den Aufmerksamkeitsfokus (vgl. ebd.).

Auf die Analyse der singulären benannten Ebenen wird die Fallstruktur aus der Konnexion aller Ebenen zu rekonstruieren sein, um eine Aussage über die Bedeutung von Vandalismus an Schulen und nicht nur in einer Eigenlogik tätigen zu können. Die forschungspraktische Vorgehensweise orientiert – wie im folgenden Kapitel noch auszuführen sein wird – auf die Verschränkung von Objektiver Hermeneutik und Ikonik, wobei eben jene Praxis sich nicht vollkommen von derjenigen der Figurativen Hermeneutik unterscheidet. Aus diesem Grund werden alle drei herangezogenen Methoden vergleichend nebeneinander gestellt, wodurch sowohl die Gemeinsamkeiten als auch die strukturellen Differenzen deutlich sichtbar werden. Nachdem nunmehr sowohl der Vandalismusbegriff (vgl. Abs. 2) als auch die theoretische Verortung der darunter subsumierbaren Praktiken kritisch-reflexiv erläutert wurden, konzentriert sich das folgende Kapitel auf die „Spurensicherung" und einer mit dieser verbundenen Darstellung der zugrunde gelegten Forschungsmethoden. Anknüpfungspunkt ist dabei zunächst die bereits erläuterte Annahme „angemessenen Verhaltens" nach Oevermann, da diese für die Methode der Objektiven Hermeneutik (vgl. Abs. 4.2.1) ebenfalls von Bedeutung ist.

Spurensicherung: Explikation der Fallauswahl und Darstellung der Forschungsmethoden

4

> *Spuren repräsentieren nicht, sondern präsentieren.*
> *(Krämer 2007, S. 16)*

4.1 Fallauswahl

Die Auswahl der im Folgenden zu rekonstruierenden Fälle (vgl. Abs. 5) orientiert sich konsequent an der dieser Arbeit zugrunde gelegten Fragestellung (vgl. Abs. 2.3) und der damit einhergehenden grundlagentheoretischen Konzeptionierung (vgl. Abs. 3). Wie bereits sowohl in der Einleitung als auch im vorangegangenen Kapitel verdeutlicht wurde, sollen nicht nur die schulischen Räume, sondern ebenfalls die innerhalb und außerhalb dieser sichtbaren Spuren von akteursseitigen Inbesitznahmen rekonstruiert werden. Derartige Analysen müssen entsprechend der bisherigen Erörterungen sowohl bezüglich der aus dem Forschungsstand evozierten Fragestellung als auch der theoretischen Rahmung auf verschiedenen Ebenen vorgenommen werden, was gleichbedeutend ist mit dem Heranziehen differenter Rekonstruktionsgegenstände oder – um dem Sprachduktus qualitativ-rekonstruktiver Methoden gerecht zu werden – differenter Ausdrucksgestalten in Form von Protokollen bzw. protokollierten Wirklichkeiten. Was in Bezug auf die vorliegende Arbeit jeweils unter den Begriffen Ausdrucksgestalt, Protokoll und Text zu verstehen ist und inwiefern der Rückgriff auf selbige bei der Triangulation verschiedener Methoden durchaus kritisch und problematisierend zu fokussieren ist, soll noch eingehender erörtert werden. Zunächst wird jedoch auf die allgemeine Bedeutung eines Falls eingegangen, um anschließend sinnlogisch an die spezifische Fallauswahl dieser Arbeit anknüpfen zu können.

I. Herrmann, *Vandalismus an Schulen*,
DOI 10.1007/978-3-531-19488-2_4, © Springer Fachmedien Wiesbaden 2014

„Wenn wissenschaftsmethodisch von einem Fall gesprochen wird, dann ist ein dialektisches Verhältnis zu einem Allgemeinen thematisch. Der Fallbegriff verweist darauf, dass eine konkrete Erscheinung (im Sinne eines abgrenzbaren Phänomenbereichs) weder als bedeutungslose, kontingente Singularität aufgefasst werden kann, noch als bloßes Exemplar einer allgemeinen Regularität. Das Verstehen dieser Besonderung ist dann gleichzusetzen mit einer Fallrekonstruktion" (Wernet 2006, S. 57; Hervorh. i. Orig.). Die generelle Frage „Was ist der Fall?" kann mehrdimensional ausgeleuchtet werden. Einerseits handelt es sich um die Frage danach, welche einzelnen „Objektivationen" (Oevermann 2001b, S. 34) überhaupt in den forschungsrelevanten Fokus gerückt werden, andererseits ist die Frage gemeint, welche Ausdrucksgestalt(en) einer spezifischen sozialen Praxis es zu analysieren gilt. Letztere Definition eines Falls entstammt der von Ulrich Oevermann entwickelten Methode der Objektiven Hermeneutik und wird im Rahmen dieses Kapitels noch eingehender zu beleuchten sein (vgl. Abs. 4.2.1). Jedoch lassen sich allgemeine Merkmale eines Falls ebenso aus den methodologischen Annahmen Oevermanns herleiten: „Unter einem Fall können wir dann einzelne Personen, Familien, historische Institutionen, Lebenswelten, Organisationen eines bestimmten Typs, Kulturkreise, konkrete Gesellschaften oder Gesellschaften eines bestimmten Typs verstehen" (Oevermann 1981, S. 40; Hervorh. i. Orig.). Bezogen auf eine derartige und recht weit gefasste Begriffsbestimmung des Falls ließen sich im Rahmen dieser Arbeit nunmehr Fälle auf verschiedenen Aggregationsniveaus induzieren: Die einzelne Organisationseinheit „Schule", sämtliche schulischen Akteure oder die Gesamtheit institutioneller Regelungen und Normen wären als Fälle bestimmbar. Jedoch muss hier nochmals auf die Fragestellung verwiesen werden, welche auf die an und in schulischen Räumen ablesbaren Spuren, d. h. auf die manifestierten Raumpraktiken resp. Spuren, fokussiert und im Weiteren mit dem a priori herangezogenen (Hilfs-)Kriterium der Illegitimität bzw. Angemessenheit verkoppelt ist, zielt. Somit stellen sich die Fälle nicht etwa als einzelne Schulen im Sinne kultureller, organisatorischer oder institutioneller Einheiten dar, sondern kommen vielmehr als einzelne, den raumtheoretischen Annahmen geschuldete Bestandteile bzw. Ausdrucksgestalten zum Ausdruck: „Ausdrucksgestalten sind [. . . IH] Spuren, Überreste oder Protokolle, die eine Lebenspraxis hinterlassen hat. Sie reichen vom Kunstwerk über das Dokument und Monument als kulturellen Objektivationen hin bis zu den ungeplant hinterlassenen Spuren von Praxis [. . . IH]" (Oevermann 2001a, S. 34; Hervorh. i. Orig.). Der singuläre Fall entspricht einer hinterlassenen Spur bzw. Raumpraktik, also dem sichtbaren Ergebnis vandalistischen Verhaltens an und in Schulen und wird vor dem Hintergrund der bereits vorgenommenen Ausdifferenzierung von Raum und Interaktionsraum den jeweiligen räumlichen bzw. architektonischen Trägersystemen zugeordnet, sodass

Tab. 4.1 Ausdifferenzierung und Zuordnung der Fälle

Darstellung ⟍ Verortung	Innen	Außen
Typographisch/Chirographisch	Posting	Annonce
Ikonisch/Figurativ	Piktogramm	Tatauierung

letztlich eine Triangulation von Architektur, Spur und Entwurf vorgenommen werden kann. Auf die Verschränkung von Raumordnungen und die Spezifik der Transformation selbiger wurde ebenfalls bereits ausführlich Bezug genommen (vgl. Abs. 3.2). Die Fallauswahl richtet sich somit weder nach subjektiv assoziierbaren oder statistisch kontrollierbaren Kriterien, wie beispielsweise Schulform, Standort, institutioneller Entwurf oder Schülerzahlen, sondern mündet in der zunächst recht schmucklosen Frage danach, ob sicht- und darstellbare Resultate vandalistischer Praktiken vorliegen. Erst aus dieser Primärfrage resultierend werden die weiteren Faktoren „Entworfener Raum" und „Topographischer Raum" abgeleitet, welche in verschiedenen Konstellationen (z. B. entlang der Kriterien „offen" und „geschlossen") vorliegen können. Bezogen auf die somit zu fokussierende Einzelschule ist es zudem möglich, die entsprechenden manifestierten Spuren entlang der Kriterien „Darstellung" und „Verortung" zu sammeln und zu systematisieren (siehe Tab. 4.1).

Die vier Begriffe wurden aufgrund ihrer Charakteristika gewählt und dienen der Systematisierung der different ausgeformten Raumpraktiken. So werden unter der Bezeichnung des Postings all jene Nachrichten subsumiert, welche sich – originär im virtuellen Raum des Mikrobloggings – zwar an eine Öffentlichkeit richten, diese indes durch verschiedene (technische, physische) Mechanismen wie bspw. Passwörter, Zugangskontrollen, Schließanlagen o. ä. eingeschränkt ist. Spezifische Themen, Interessen, Ziele, Kenntnisse oder auch diverse technische Voraussetzungen können als Zugangsbarrieren oder -möglichkeiten fungieren, sodass die Postings im Regelfall eine bestimmte, mehr oder minder anonyme Menge adressieren. In Bezug auf den schulischen Raum beschränkt sich die Möglichkeitsmenge auf schulische Akteure, welche außerdem Zugang zu den jeweiligen Räumen haben. Im Gegensatz dazu erweitert die Annonce des Adressatenkreis erheblich: Da sie außerhalb des topographischen Raums angebracht wird, kann sie auch von Externen wahrgenommen und grundsätzlich auch von diesen beantwortet werden. Das ikonische Pendant zu der Annonce stellt die Tatauierung dar: Wie auch auf der menschlichen Haut werden ikonisch-figurative Elemente außerhalb einer Architektur angebracht und zur Schau gestellt. Richtet sich eine derartige Spur räumlicher Inbesitznahme nach innen, verengt sich der Kreis möglicher Adressaten wiederum und kann als Piktogramm bezeichnet werden. Allen Ausdrucksformen gemein ist die Besonderheit des Handschriftlichen/Chirographischen bzw. Handgemalten, sodass selbige im Rahmen dieser Arbeit verallgemeinernd als chirographische bzw. manierierte Spuren bezeichnet werden.

Die einzelnen Fälle lassen sich in aggregierter Form wiederum den beiden Schulen zuordnen und entstammen somit der jeweiligen strukturellen Logik selbiger, wurden aber nicht primär durch die einzelne schulische Organisation oder Institution bestimmt. Der eingestellte Fokus wurde demnach aus der Fragestellung abgeleitet und auf die Raumhandlungen der Akteure eingestellt. Dabei werden akteursseitige Deutungsmuster als den manifestierten Spuren immanent und zeitlich vorangehend angesehen, nicht jedoch unmittelbar, d. h. durch Befragung der Akteure selbst, erhoben. Im Zuge einer derartigen Argumentationslogik schließen die herangezogenen Methoden unmittelbar an, da diese nicht der Analyse kognitiver Strukturen, subjektiver Wahrnehmungen oder individueller Zuschreibungen, sondern gerade der Auswertung bzw. Rekonstruktion struktureller Merkmale sozialer Interaktionen resp. existierender Bilder und Architekturen dienen und sich also sinnlogisch aus der Verschränkung von Fragestellung und theoretischer Begründungsfigur ableiten lassen.

4.2   Methodologie und Methoden

Die Begründung der Fallauswahl (vgl. Abs. 3.1) geht – durch die Verschränkung mit der dieser Arbeit zugrunde liegenden Forschungsfrage – unmittelbar einher mit der Begründung und Verortung einer Forschungsperspektive, die als genuin strukturalistische auszuweisen ist. Konsequenterweise beinhaltet eine derartige Perspektive ebenfalls die Wahl der Forschungsmethoden, sodass lediglich derartige Methoden herangezogen werden, welche sinnlogisch an die strukturalistischen Grundlagen anschließen. In Kontrast dazu erscheint der Rückbezug auf einzelne poststrukturalistische Begriffe und Konzeptionen (vgl. Abs. 3.1) zunächst als inhaltlich-konzeptioneller Bruch, wenn nicht gar als eklektizistisches und somit unzulässiges Moment der Arbeit. Methodologisch liegt somit die Frage danach nahe, ob und inwiefern die aus poststrukturalistischen Theorien abgeleiteten Annahmen – wie beispielsweise die der „Interferenz" (Deleuze und Guattari 1996, S. 253) oder des „Werdens" (Deleuze und Guattari 2005, S. 400) – mit einer grundlegend strukturalistisch ausgerichteten methodischen Vorgehensweise überhaupt vereinbar sind, da der „Hintergrund der Entstehungsgeschichte des Poststrukturalismus als Kritik am Strukturalismus" (Münker und Roesler 2000, S. 28) aufgefasst werden kann. Eine derartige, dem Poststrukturalismus immanente kritische Haltung gegenüber strukturalistischen Konzeptionen und Theorien, ist zwar nicht neutralisier- oder aufhebbar, jedoch ebenfalls nicht durch eindeutige Zuordnungen, Abgrenzungen und Positionierungen möglich: „[...IH] strittig ist zum Beispiel auch, ob wir den Poststrukturalismus tatsächlich [...IH] als kritische Überwindung des Strukturalismus verstehen sollen, oder ob wir ihn nicht richtiger als dessen konsequente Fortsetzung beschreiben müssen (ebd., S. IX). Ein derart „ambivalentes Verhältnis zum Strukturalismus" (ebd., S. 29) erschwert die Frage nach einer Verhältnissetzung von Poststrukturalismus und Strukturalismus enorm, zumal vorab gekennzeichnet werden muss, auf welcher argumentativen Ebene eine derartige Positionierung vorgenommen werden soll, da es „sich beim Poststrukturalismus im Gegensatz zum Strukturalismus weniger um eine wissenschaftliche Methode als um eine Philosophie" (ebd., S. 28) handelt.

Diese Arbeit versteht sich nicht als methodologische oder ideengeschichtliche Abhandlung oder Aufbereitung strukturalistisch-poststrukturalistischer Verhältnissetzungen, kann und will die Problematik jedoch keineswegs unberücksichtigt lassen. Der Aussage „der Poststrukturalismus ist kein Antistrukturalismus" (ebd., S. 28) folgend, wird eine Position vorgeschlagen, die nicht etwa als konsequent ablehnend, sondern als einem Neuen zugewandt beschrieben werden kann, welches die Potentiale des Strukturalismus poststrukturalistisch aufgreift (vgl. Deleuze 1992, S. 60). Die Frage nach der Zulässigkeit des Zusammenfügens vereinzelter poststrukturalistischer Begriffe und Annahmen mit genuin strukturalistischen Methoden unter Rückgriff auf poststrukturalistische Annahmen wird demnach über sog. rhizomatische Gefüge und die darin verortbaren Konnexionen vorgenommen. Das Rhizom, so Deleuze und Guattari (2005), kann als wurzelartiges System von Mannigfaltigkeiten oder Vielheiten beschrieben werden und weist verschiedene Merkmale oder Charakteristika auf (vgl. ebd., S. 16). „Konnexion", „Heterogenität", „Mannigfaltigkeit", „asignifikante Brüche" und „Kartographie" (ebd., S. 16 ff.) sind die als Prinzipien angeführten Schlagwörter zur definitorischen Beschreibung des Rhizoms und verweisen somit gleichermaßen auf die Differenzen zur Wurzel sowie zum Wurzelbüschel. Während die Wurzel in der Logik von „dichotomen Verzweigungen" (ebd., S. 14) aufgeht, bricht auch das „System von Wurzelbüscheln [...IH] in Wirklichkeit nicht mit dem Dualismus" (ebd., S. 15) und lediglich das Rhizom verfügt über Eigenschaften, welche zwar über die Dualität hinausgehen, diese jedoch nicht überwindet. Die strukturalistischen Ansätze können somit als dem Rhizom immanente Logiken durchaus mitgeführt werden: „In Rhizomen gibt es Baum- und Wurzelstrukturen, aber umgekehrt kann auch der Zweig eines Baumes oder der Teil einer Wurzel beginnen, rhizomatische Knospen zu treiben" (ebd., S. 27). Die als Interferenzen ausgewiesenen Raumgesten und -praktiken sind somit

Tab. 4.2 Systematische Zuordnung von Ausdrucksgestalt, Text und Forschungsmethode

Ausdrucksgestalt	Protokoll/Text	Methode
Raum: Entworfener Raum	Schullogo	Ikonik (Imdahl) Figurative Hermeneutik (Müller)
Raum: Topographischer Raum	Architektur/Siedlungsstruktur	Ikonik (Imdahl) Figurative Hermeneutik (Müller)
Raumpraktik: Typographisch-manifestierte Raumpraktik	Posting/Annonce	Objektive Hermeneutik (Oevermann)
Raumpraktik: Ikonisch-manifestierte Raumpraktik	Piktogramm/Tatauierung	Ikonik (Imdahl) Figurative Hermeneutik (Müller)

Teile des Rhizoms „Schulraum" und können entsprechend mit Hilfe strukturalistischer Methoden im Sinne „aparalleler Evolutionen" (ebd., S. 20) rekonstruiert werden. Ferner ist jedoch zu (er-)klären, was genau unter der bereits mehrfach als „strukturalistisch" bezeichneten Grundlage der Forschungsmethoden zu verstehen ist, um anschließend ausführlicher auf die einzelnen Methoden und deren Ausdifferenzierungen Bezug nehmen zu können (vgl. Abs. 4.2.1, 4.2.2, 4.2.3).

Wie bereits im vorangegangenen Kapitel verdeutlicht wurde, handelt es sich bei den ausgewählten Fällen um differente „Ausdrucksgestalten" (Oevermann 2001, S. 34) einer sozialen Lebenspraxis, die als „Vandalismus an Schulen" oder als „Hinterlassen von Spuren innerhalb und außerhalb schulischer Räume" bezeichnet werden kann. Diese Ausdrucksgestalten unterliegen zwar denselben Grundannahmen und Logiken (vgl. Abs. 3.2, 4.1), unterscheiden sich jedoch hinsichtlich ihres jeweils spezifischen, vorliegenden Text- bzw. Protokollformats teilweise deutlich voneinander, sodass entsprechend geeignete Methoden zu wählen sind. Im Einzelnen bedeutet dies folgende systematische Zuordnungen (siehe Tab. 4.2).

Diese drei hier angeführten Methoden – Objektive Hermeneutik, Ikonik, Figurative Hermeneutik – dienen somit der Rekonstruktion verschiedener Textformate bzw. deren jeweiliger Protokolle (vgl. Abs. 4.1), lassen sich dessen ungeachtet nicht implizit oder explizit auf eine gemeinsame, strukturorientierte bzw. strukturtheoretische Basis zurückführen, wie in den nachfolgenden Abschnitten verdeutlicht wird.

4.2.1 Rekonstruktives Verfahren: Objektive Hermeneutik (Ulrich Oevermann)

Wie bereits im Rahmen der Fallauswahl expliziert wurde (vgl. Abs. 3.1), handelt es sich bei den zu rekonstruierenden Spuren bzw. Ausdrucksgestalten einerseits um

Architekturen, andererseits um handschriftliche Texte (Postings, Annoncen) sowie gemalte, gezeichnete oder gesprayte Bilder (Piktogramme, Tatauierungen), sodass sämtliche Ausdrucksgestalten bereits in edi(ti)erter bzw. protokollierter Form vorliegen und sich somit bezüglich der forschungsmethodischen Vorgehensweise von denen rein mündlicher Interaktion unterscheiden: „Während mündliche Interaktionen erst protokolliert werden müssen, haben sich editierte Texte, wie ästhetische Ausdrucksgestalten, häufig schon selbst protokolliert" (Schmidtke 2008, S. 2).

„Die objektive Hermeneutik bricht den viel beschworenen hermeneutischen Zirkel der traditionellen sinnverstehenden Methoden der Geistes-, Kultur- und Sozialwissenschaften auf" (Oevermann 2001b, S. 39): Innerhalb dieses Abschnitts werden die Grundannahmen der Objektiven Hermeneutik im Allgemeinen, vor allem jedoch die für das vorliegende zu rekonstruierende Material relevanten Merkmale erläutert. Eine derartige Fokussierung ist nicht zuletzt den zahlreichen einschlägigen Publikationen geschuldet, die sich intensiv sowohl mit der Method(ologi)e als auch mit der exemplarischen Darstellung einer praktischen Anwendung der als „Kunstlehre für die Forschungspraxis" (Oevermann 2001b, S. 28) auszuweisenden Methode auseinander setzen (vgl. z. B. Oevermann 1981; 1983; 2000; 2001a; 2001b; Oevermann et. al. 1979; Ackermann 1994; Reichertz 1986; Helsper et. al. 2001; Böhme 2004; Wernet 2006; 2009; Hummrich 2011)[1]. Oevermann führt „vier zentrale Konzeptionen" (Oevermann 2001b, S. 28) an, mit Hilfe derer ein Grundverständnis der Objektiven Hermeneutik erlangt werden kann und entlang derer sich nachfolgend orientiert wird:

1. „Gegenstand der Sinnauslegung [. . . IH] sind objektive Bedeutungsstrukturen bzw. [. . . IH] latente Sinnstrukturen" (ebd.).

Entgegen subjektiv(isch)er Zuschreibungen, Intentionen oder Repräsentationen fokussiert die Objektive Hermeneutik auf die Analyse von Strukturen, die „als objektiv gegebene Realitäten unstrittig nachweisbar" und „nicht an eine bewußtseinsmäßige Repräsentanz ontologisch gebunden sind" (ebd.). Ausgegangen wird demnach von einer rekonstruierbaren Struktur jenseits der manifest-bewussten Ebene sozialer Praxis, wodurch auf die Differenz zwischen Gesagtem und Gemeintem innerhalb von Kommunikationen verwiesen und diese entsprechend eingeholt wird. Dabei stehen sich beide Ebenen – die latente sowie die manifeste – jedoch keineswegs diametral oder indifferent, sondern lediglich im Sinne einer „‚Nichtidentität' " (Wernet 2009, S. 18) gegenüber. Das Aufdecken jener latenten Bedeutungsschicht

---

[1] Diese Reihung versteht sich als (nahezu willkürliche) Auswahl von Werken, die getroffen werden musste und erhebt selbstverständlich keinerlei Anspruch auf Vollständigkeit.

bzw. Sinnstruktur durch regelgeleitetes Rekonstruieren ist somit Aufgabe der Objektiven Hermeneutik.

2. „Im Zentrum der objektiv hermeneutisch verfahrenden Forschungspraxis steht die Operation der Sequenzanalyse" (Oevermann 2001b, S. 30).

Ausgangspunkt ist die Annahme, dass „alle Erscheinungsformen von humaner Praxis durch Sequenziertheit strukturiert bzw. konstituiert sind. Darunter wird hier nicht die triviale Form von Temporalisierung im Sinne eines zeitlichen Nacheinanders verstanden, sondern der nicht-triviale Umstand, daß jegliches Handeln und seine kulturellen Objektivierungen qua Regelerzeugtheit soziales Handeln sind. [. . . IH] Regelerzeugung bedeutet in sich Sequenzierung" (Oevermann 2000, S. 64). Menschliche Handlungen vollziehen sich demnach nicht statisch, sondern als Prozesse (vgl. Wernet 2009, S. 16), wodurch „die Rekonstruktion einer Fallstruktur nicht in der Sammlung und Systematisierung von Merkmalen einer protokollierten Lebenspraxis [besteht, IH], sondern darin, die Selektivität dieser Lebenspraxis in der Rekonstruktion der Ablaufstruktur der fallspezifischen Entscheidungen zu formulieren" (ebd.).

3. Die einer jeden Rekonstruktion zugrunde liegenden Protokolle „setzen immer eine protokollierte Wirklichkeit" (ebd., S. 36) im Sinne fixierter, d. h. der Zeitlichkeit bzw. Flüchtigkeit entzogener Ausdrucksgestalten voraus.

„Ausdrucksgestalten sind dem objektiven Hermeneuten Spuren, Überreste oder Protokolle, die eine Lebenspraxis hinterlassen hat. Sie reichen vom Kunstwerk über das Dokument und Monument als kulturellen Objektivationen hin bis zu den ungeplant hinterlassenen Spuren von Praxis [. . . IH]" (ebd., S. 34; Hervorh. i. Orig.). Somit können grundsätzlich all jene Texte, Bilder o. ä. mithilfe der Objektiven Hermeneutik rekonstruiert werden, welche sich protokollieren lassen oder bereits in edierter Form vorliegen. Hierunter fallen maßgeblich Ausdruckgestalten wie Bilder und Architekturen.

4. Im Gegensatz zur sog. „traditionellen Nachvollzugshermeneutik" (ebd.) ist dem objektiven Hermeneuten „das Fremde als Gegenstand willkommen" (ebd.).

Hierdurch wird sich vehement von einer Haltung distanziert, die durch konkretes Kontextwissen – sei es historischer oder kultureller Natur – Gefahr läuft, als verengt und voreingenommen beschrieben zu werden. Das grundlegende Prinzip der Kontextfreiheit oder „kontextfreien Interpretation" (Wernet 2009, S. 21)

zielt jedoch nicht etwa – wie der Ausdruck nahe legen könnte – auf eine Ignoranz des jeweiligen Kontextes durch die Rekonstruierenden ab. Vielmehr ist „die
Kontextuierung [... IH] der kontextfreien Bedeutungsexplikation systematisch
nachgeordnet" (ebd.; Hervorh. i. Orig.).

An dieser Stelle wird deutlich, dass sich die Rekonstruktionspraxis oder methodische Vorgehensweise systematisch aus den entsprechenden grundlegenden
Annahmen der Objektiven Hermeneutik ableiten lässt. Darüber hinaus wurden die
von Oevermann recht abstrakt formulierten Konzeptionen vor allem von Wernet
systematisch geschärft. So verweist Wernet in seinem Lehrwerk „Einführung in die
Interpretationstechnik der Objektiven Hermeneutik" (2009) auf fünf „Prinzipien
objektiv-hermeneutischer Textrekonstruktion" (ebd.), welche sich entsprechend
aus den bereits dargestellten Konzeptionen Oevermanns ableiten lassen: „1. Kontextfreiheit, 2. Wörtlichkeit, 3. Sequenzialität, 4. Extensivität, 5. Sparsamkeit" (ebd.,
S. 5). Obwohl – je nach Darstellungsweise bzw. Orientierung des jeweiligen Objektiven Hermeneuten – begriffliche Differenzen vorliegen, können die grundlegenden
Prinzipien und Annahmen als vereinheitlicht bezeichnet werden, wohingegen hinsichtlich der „Kernprozedur der Bedeutungsexplikation" (Wernet 2009, S. 39), d. h.
der rekonstruierenden Praxis, durchaus differente Vorgehensweisen existieren. So
gehen Oevermann und Wernet im Rahmen dieser „Bedeutungsrekonstruktion"
(ebd.) dreischrittig vor: „1) Geschichten erzählen, 2) Lesarten bilden und schließlich 3) diese Lesarten mit dem tatsächlichen Kontext konfrontieren" (Wernet 2009,
S. 39; Hervorh. i. Orig.; vgl. auch: Oevermann 1983, S. 236 f.).

Im Rahmen dieser Arbeit, d. h. unter Berücksichtigung sowohl der Fragestellung
als auch der aus dieser evozierten empirischen Vorgehensweise, werden jedoch
zwei Prinzipien bzw. Grundlagen der Objektiven Hermeneutik hinsichtlich der Rekonstruktion von Bildern und Architekturen kritisiert: 1.) Die Versprachlichung
bzw. deren Notwendigkeit und 2.) die Sequenzierung, wobei beide ebenso über
den Bezug zur Zeitlichkeit miteinander verwoben sind. Wernet führt beispielsweise zum vermeintlichen „Problem" der Versprachlichung von Nicht-Texten an: 1.
„Nichtsprachliche Texte stellen für diese Konzeption keine grundsätzliche Schwierigkeit dar. Insofern sie versprachlicht werden können – und nur so stehen sie in
einem interpretatorischen Zugang zur Verfügung – gelten sie als Texte und damit als Gegenstand einer Sinnrekonstruktion" (Wernet 2009, Fußnote S. 11 f.).
Oevermann et al. fordern dazu auf, sich edierter, d. h. sich selbst protokollierter
Textformate zu bedienen, wodurch der Textbegriff von der Sprachlichkeit entkop-
pelt und auf jede andere Form der Sinnstruktur ausgeweitet wird. Kritisiert wird
hier, dass es sich bei Architekturen und ikonischen Ausdrucksgestalten um differente Grammatiken der Sinnstruktur handelt und es somit entweder zu grundlegenden
Übersetzungsproblemen (Bild zu/in Sprache) oder zu der Rekonstruktion differen-

ter Bedeutungsstrukturen kommt. Die Kanadische Schule bspw. verweist bereits auf die Medienspezifik des Sinns (vgl. McLuhan 1995; vgl. Böhme 2006, S. 100 f.). Des Weiteren wird das sequenzanalytische Verfahren in den Fokus der Kritik gerückt: „Im Zentrum der objektiv hermeneutisch verfahrenden Forschungspraxis steht die Operation der Sequenzanalyse" (Oevermann 2001a, S. 30). Die sequenzierte Praxis lässt sich bei diachronen Ausdrucksgestalten (Typographien) ohne Weiteres rekonstruieren. Fraglich ist jedoch die Rekonstruktion latenter Bedeutungsstrukturen bei synchronen Ausdrucksgestalten wie eben Architekturen. Schmidtke (2006, 2008) führt hierzu an, dass eine Sequenzierung mittels der „Strukturierung durch Hierarchien der Aufmerksamkeit" (Schmidtke 2008, S. 2) vorgenommen wird, was einer diskussionswürdigen Diachronisierung synchroner Ausdrucksgestalten gleichkommt. Die zu stellende Frage lautet folglich, inwiefern synchrone und diachrone Ausdrücke von Zeitlichkeit demselben Analyseprinzip unterliegen können? Imdahl und Müller haben mit der Ikonik bzw. der Figurativen Hermeneutik jeweils instruktive Ansätze entwickelt, welche diese und weitere Fragen teilweise zu beantworten imstande sind. Treten forschungspraktisch nur minimale Unterschiede zur Vorgehensweise der Objektiven Hermeneutik in den Vordergrund, so werden beide den synchronen Ausdrucksgestalten in ihren spezifischen raumzeitlichen Eigenheiten eher gerecht. Werkentstehung und Werkrezeption fallen nicht zusammen und werden auch in dieser Form berücksichtigt. Anstelle der Sequenzierung tritt nunmehr eine Variante der Segmentierung, wie anhand der nachfolgenden Erläuterung sowohl der Ikonik als auch der Figurativen Hermeneutik zu spezifizieren ist.

4.2.2 Bildrekonstruktives Verfahren: Ikonik (Max Imdahl)

Um die latente resp. ikonische Sinnstruktur von Bildern in ihrer Eigenheit zu rekonstruieren, wird die methodisch-methodologische Vorgehensweise der Ikonik nach Max Imdahl herangezogen. Grundlegend ist dabei die Fokussierung der ästhetischen Gegenwart des Bildes und nicht etwa seine symbolhafte Erzeugung von Emotionen (Ikonologie) oder der Einbezug kulturhistorischer Gegebenheiten (Ikonographie). Dabei bilden alle drei bildwissenschaftlichen Methoden jedoch „einen notwendigen und unauflösbaren Zusammenhang, aber nicht so, daß die Ikonik aufbaut auf Ikonographie und Ikonologie, sondern umgekehrt so, daß sie das Bild als ein Sinnganzes erfaßt und die ikonographischen und ikonologischen Sinndimensionen als dessen Momente" (Imdahl 1996, S. 99). Diese Entscheidung zugunsten der Ikonik wurde einerseits vor dem bereits erörterten Hintergrund strukturalistischer Annahmen, andererseits hinsichtlich der oftmals nicht zu beantwortenden Fragen nach eben jenen Entstehungskontexten der im Rahmen dieser Arbeit analysierten Spuren getroffen. Zwar erscheint es als durchaus nicht uninteressant, welche „Emotionen und damit verbundene Grundeinstellungen die Darstellungsweise der Bildelemente bei dem Betrachter symbolhaft erzeugen" (Böhme und Herrmann 2011, S. 53; vgl. Imdahl 1996, S. 87), jedoch bleiben hier die räumlichen Wirkmächtigkeiten in ihrer strukturierenden Eigenheit zugunsten subjektiver Deutungsmuster weitestgehend unberücksichtigt (vgl. Herrmann 2014). Anders ausgedrückt: Schulische Akteure nach dem „Symbolwert" (Imdahl 2001, S. 315) eines Graffito zu befragen, lässt den jeweiligen Raum zum einen nahezu vollständig außer Acht. Zum anderen „ist die Ikonologie an dem Bildsinn interessiert, der nur sozial kontextualisiert, also in einem konkreten Interaktionsraum nachvollzogen werden kann" (Böhme und Herrmann 2011, S. 53), wodurch die latente – und entsprechend von subjektiven Sinnkonstruktionen unabhängige – Bedeutung eben jener Spur für bzw. im Rahmen einer schulkulturellen Ordnung nicht rekonstruiert werden kann (vgl. ebd., S. 54). Imdahl verweist in diesem Zusammenhang auf die Autonomie des Bildes, „die sich in einer Bedeutungsstruktur konkretisiert" (Böhme und Herrmann 2011, S. 54; vgl. Imdahl 1996, S. 303 ff.).

Auch die Methode der Ikonographie erweist sich hinsichtlich der Forschungsfrage als wenig instruktiv: Da die Methode auf „die Bedeutung des Bildes unter Einbezug der kulturhistorischen Gegebenheiten" (Böhme und Herrmann 2011, S. 54) zielt, ist die Einbeziehung von bildlichem Entstehungs- und Entwurfskontexten – somit der zeitlichen Zuordnung sowohl der Entstehung des Bildes als auch demjenigen der dargestellten Inhalte – unumgänglich (vgl. ebd.). Derartige Analysen sind vor dem Hintergrund der im Rahmen dieser Arbeit fokussierten manifestierten Raumpraktiken zum einen kaum oder nur im Sinne von qualitativen Längsschnittanalysen zu leisten, zum anderen kommen den jeweiligen Werkprozessen für die Frage nach latenten Bedeutungsstrukturen keine Bedeutung zu.

Eine dritte Ausdifferenzierung ist in Bezug auf die Strukturanalyse Sedlmayrs vorzunehmen, da „die ikonische Interpretationsmethode einen anderen Bildbegriff voraussetzt" als diese (Imdahl 1996, S. 108). Abgrenzungsmerkmal ist hier das jeweils zu Reflektierende, bei welchem es sich im Rahmen der Ikonik um Fokussierungen auf „sichtbare Koinzidenzen des sonst nicht Koinzidierenden, sogar auf Sinntotalitäten einer Übergegensätzlichkeit oder auf kühne Äquivalenzen" (ebd.) handelt. Imdahl grenzt seine Methode demnach deutlich von derjenigen Sedlmayrs ab, da diese „auf natürliche und der Erfahrung im Grunde schon vertraute analoge Qualitäten von sichtbaren Phänomenen und unsichtbaren, nur der geistigen Erschauung sich öffnenden Bedeutungen" (ebd.) zielt. In diesem Kontext votiert Imdahl gegen das von Sedlmayr intendierte „Schichtenmodell" (ebd., S. 109), welchem die stufenweise Entfaltung bildlichen Sinns immanent ist, zugunsten eines

Verfahrens, das die komplexen Beziehungsgefüge ikonischer Ausdrucksgestalten als solche erkennt und methodisch berücksichtigt (vgl. ebd.).

Forschungspraktisch wird im Sinne der Ikonik zweischrittig vorgegangen: Zunächst werden die Bildinhalte sachlich beschrieben, daraufhin erfolgt die formale Analyse der Bildkontur. Imdahl ordnet diesen beiden Seiten des Bildsinns verschiedene Arten des Sehens zu und bezeichnet diese als „gegenständliches, wiedererkennendes Sehen und formales, sehendes Sehen" (Imdahl 1996, S. 99; vgl. Herrmann 2014). Die ikonische Sinnstruktur erschließt sich, wenn sich beide Varianten des Sehens „ineinander vermitteln zur Anschauung einer höheren, die praktische Seherfahrung sowohl einschließenden als auch prinzipiell überbietenden Ordnung und Sinntotalität" (ebd., S. 92 f.; Böhme und Herrmann 2011, S. 56; vgl. Herrmann 2014). Das sehende Sehen – und entsprechend die Rekonstruktion des formalen Bildsinns – wird dabei wiederum auf drei Ebenen vorgenommen (vgl. Imdahl 1996, S. 470 ff.), die von Imdahl bezeichnet werden als

1. „planimetrische Komposition"(ebd., S. 480), mittels derer die „vermessbaren Relationen zwischen den Bildelementen" (Böhme und Herrmann 2011, S. 57) erfasst werden,
2. „szenische Choreographie"(ebd., S. 480), welche die bildimmanenten Bewegungsrichtungen einholt sowie
3. „perspektivische Projektion" (ebd.), im Rahmen derer die Relation zwischen dem Bild und dem jeweiligen Standpunkt seiner Betrachtung berücksichtigt wird (vgl. Herrmann 2014).

Im Rahmen der Kompositionsanalyse werden sog. „Feldliniensysteme" (Imdahl 1996, S. 43 ff.) eingezeichnet, wobei „auf die Erschließung der Bedeutungen gezielt [wird], die sich in den Formen und Relationen der Bildelemente konstituieren" (Böhme und Herrmann 2011, S. 65). Derartige Feldlinien werden nicht etwa „willkürlich eingetragen, vielmehr werden mit ihnen Richtungsanzeigen und Gliederungen expliziert, die in der statischen Bilddarstellung bereits enthalten sind. Damit werden Kompositionen sichtbar, die wie Grammatiken Spielräume für potenzielle (Seh-)Bewegungen eröffnen, aber auch schließen und so latent die Bedeutung des Bildes strukturieren" (ebd.). Die bildrekonstruktive Forschungspraxis dieser Arbeit impliziert alle drei Ebenen, jedoch werden jene nicht immer trennscharf voneinander herangezogen. Vielmehr verdeutlichen die Rekonstruktionen eine den Bildern immanente – somit strukturell eingelagerte – Komplexität und Interdependenz, die als solche entsprechend eingeholt wird.

Die Ikonik fokussiert nunmehr die vandalistischen Praktiken als manifestierte Resultate interaktionsräumlicher Handlungen und Deutungen, die Schullogos als institutionelle resp. pädagogische Raumentwürfe sowie die Schularchitektur als materiale Räume. „Dabei werden bei der Rekonstruktion ikonischer Sinnstrukturen weder die Sichtweisen der schulischen Akteure auf die Logos [sowie die Räume und Spuren, IH], noch ihre gegenwärtige Akzeptanz und Nutzung, auch nicht ihre Entstehungsgeschichte [...IH] berücksichtigt" (Böhme und Herrmann 2011, S. 56). Obgleich eben jene differenten Fokussierungen durchaus relevante Erkenntnisse liefern könnten, wird hier im Sinne der Fragestellung auf die Inbesitznahmen schulischer Räume abgehoben (vgl. Einleitung; Abs. 2), welche mittels „Lesen objektivierter Spuren" zu rekonstruieren sind. Überdies weist die hier vorzunehmende Dreischrittigkeit deutliche Parallelen zu den Vorgehensweisen der Objektiven Hermeneutik sowie derjenigen der Figurativen Hermeneutik auf, worauf nachfolgend eingegangen wird (vgl. Abs. 4.2.3, 4.2.4).

4.2.3 Bildhermeneutisches Verfahren: Figurative Hermeneutik (Michael R. Müller)

Aufgrund der methodisch-methodologischen, d. h. wissenssoziologischen Verortung der Figurativen Hermeneutik kann diese nicht ohne Weiteres mit den genuin strukturalistischen Methoden der Objektiven Hermeneutik sowie der Ikonik trianguliert werden. Jedoch weisen die Vorgehen im Rahmen der Forschungspraxis deutliche Parallelen auf, so dass die Figurative Hermeneutik der Vollständigkeit halber zumindest in ihren Grundzügen zu beschreiben ist. Eine deutlichere Abgrenzung sowie die entsprechend hier zugrunde gelegte Vorgehensweise erfolgt im Anschluss an diesen Abschnitt (vgl. Abs. 4.2.4).

Die von Michael R. Müller intendierte wissenssoziologische Methode der sog. Figurativen Hermeneutik setzt – wie bereits die Ikonik (vgl. Abs. 4.2.2) – dort an, wo die Objektive Hermeneutik, aber auch die Bildrekonstruktion Imdahls an ihre method(olog)ischen Grenzen stoßen. Fokussiert Imdahl auf eine dem Bild immanente Struktur, welche es zu rekonstruieren gilt, werden in der Logik der Figurativen Hermeneutik Bilder „ästhetisch und thematisch in der Nachfolge und in Nachbarschaft anderer Bilder hergestellt" (Müller 2012, S. 130). Die Bedeutung des Bildes „,steckt' [...IH] dem entsprechend nicht ‚im' Bild (als nur noch zu decodierende Bildsprache), vielmehr zeigt sie sich, interpretativ, jenseits der äußeren Bildgrenzen im Verhältnis zu anderen Bildern" (ebd.). Forschungspraktisch geht eine derartige Methodologie konsequenterweise mit systematischen Bildvergleichen auf differenten Abstraktions- und Komparationsniveaus einher, sodass strukturelle Unterschiede und Gemeinsamkeiten vergleichend herausgearbeitet werden können. Derartige Vorgehen finden sich beispielsweise bereits in den Arbeiten

Bergers (1972; in: Müller 2012, S. 136 ff.) sowie Goffmans (1981; in: Müller 2012, S. 131 ff.). Entgegen einer Methode, die sich der Analyse eines Bildes mittels Rekonstruktion seiner immanenten Strukturen verschreibt (Ikonik), unterliegen die Bildvergleiche insofern „einer Zirkelstruktur [... IH], als sie kultur- und gesellschaftsspezifische Bildproduktionen und -bestände nicht nur zum Gegenstand haben, sondern zugleich zur Voraussetzung" (Müller 2012, S. 138): Zunächst werden die Bilder bzw. Materialien zu deren Vergleich benötigt, des Weiteren muss „ein kulturelles Reservoir alternativer ikonischer Formen und Themen" (ebd.) abrufbar sein, um überhaupt entsprechende Kontrastierungen vornehmen zu können. Sowohl der, an der Objektiven Hermeneutik vorgenommenen, Kritisierung einer Diachronisierung synchroner Ausdrucksgestalten als auch derjenigen einer Versprachlichung derselben (vgl. Abs. 4.2.1) wird figurativ hermeneutisch wie folgt begegnet: „an die Stelle Begriffe suchender Beschreibungen [müssen] Bilddokumente treten und mit ihnen [... IH] eine andere Art der Präzision, nicht diejenige, welche wir in der Benennung wort- oder satzzählnich strukturierter Bedeutungseinheiten vermuten, sondern diejenige eines bildlichen Kontrastes, der das Wissen und Unterscheidungsvermögen ‚unseres Auges' voraussetzt und dieses Wissen zugleich als wahrgenommenen, bemerkten Kontrast sichtbar macht" (ebd., S. 133). Müller greift entsprechend beide Kritikpunkte auf und löst die damit verbundenen Problematiken, indem er eine den ikonischen Ausdrucksgestalten resp. ihren Charakteristika gerecht werdende Forschungsmethode etabliert. Dabei differenziert er – wie auch bereits Oevermann und Imdahl – drei methodische Schritte aus. Im Einzelnen handelt es sich um

1. die Kompositionsvariation, unter die „die Erzeugung von Kontrasterfahrungen durch gezielte und eigens zu diesem Zweck realisierte Variationen eines zu interpretierenden Bilddatums in Choreografie, Perspektive, Planimetrie, Kolorität, Medialität etc." gefasst wird (Müller 2012, S. 149),
2. die Segmentanalyse, mittels derer „insbesondere markante Abweichungen von gesellschaftlichen Bildkonventionen und Wahrnehmungserwartungen zu identifizieren" sind (ebd., S. 150) und
3. die Parallelprojektion, unter welcher „die Erzeugung von Kontrasterfahrungen durch die unmittelbare mediale Zusammenstellung zweier Bilder zu einem Vergleichspaar" (ebd., S. 151) verstanden wird.

Die Kompositionsvariation weist deutliche forschungspraktische Parallelen sowohl zu der Planimetrischen Komposition Imdahls sowie der Kontextvariation Oevermanns auf, da in allen drei methodischen Schritten nach – bildlichen resp. sprachlichen – Kontexten gesucht wird, die der jeweils zu rekonstruierenden Ausdrucksgestalt zuordenbar sind. Werden im Rahmen der Objektiven Hermeneutik jedoch Kontextualisierungen vorgenommen, in denen die jeweilige Ausdrucksgestalt denkbar und als sinnlogisch anschließend erscheint, sind Variationen bildimmanenter Komponenten sowohl bei der Ikonik als auch der Figurativen Hermeneutik möglich. Bei der auf die Kompositionsvariation folgenden Segmentanalyse geht Müller wiederum in drei Schritten vor: Neben einer „Isolation einzelner Bildsegmente (Figuren, Gegenstände oder sonstige ikonische Einheiten)" folgt eine „eine assoziativ freie Vervollständigung jeweils extrahierter Bildsegmente zu einem fiktiven Bildganzen" (ebd., S. 150). Schließlich ergeben sich „interpretativ aufschlussreiche Kontrasterfahrungen [. . . IH] aus der analytischen Gegenüberstellung von gedanklich-diskursiv bestimmten Bildmöglichkeiten [. . . IH] einerseits und Bildfaktischem [. . . IH] andererseits" (ebd.). Innerhalb dieses Analyseschritts werden somit Parallelen sowohl zur Planimetrischen Komposition Imdahls als auch Kontextvariation sowie zur Konstruktion sinnlogischer Anschlüsse der Objektiven Hermeneutik deutlich. Abschließend nimmt Müller mit der Parallelprojektion und der dieser immanenten „Kontrasterfahrungen" (ebd., S. 151) einen Schritt vor, der sich kaum von demjenigen der Kompositionsvariation unterscheidet und gleichwohl eine deutliche Differenz aufweist: „Beruht die Vergleichbarkeit zweier Bilder im Fall der Parallelprojektion auf formalen, inhaltlichen und medialen Bildeigenschaften, die, wiewohl sichtbar, zunächst implizit bleiben und in ihrer gestalterischen Relevanz erst expliziert werden müssen" (ebd.), so ist die Differenz zweier ikonischer Ausdrucksgestalten bei der Kompositionsvariation von vornherein bekannt. Kurz: Bildliche Unterschiede sind im ersten Analyseschritt Müllers grundlegende Voraussetzung für diesen, im dritten Schritt sind derartige Differenzen erst zu explizieren, was mit einer Ausweitung des „Denk- und Interpretationsspielraum[s] einer Analyse" (ebd.) einhergeht.

Werden die drei skizzierten Methoden nunmehr einander gegenübergestellt, so entsteht ein Tableau, welches die Differenzen und Gemeinsamkeiten schlaglichtartig abbildet (siehe Tab. 4.3).

Auf die forschungspraktischen Unterschiede, vor allem aber auf die Gemeinsamkeiten, wurde nunmehr hinreichend eingegangen. Somit ist nachfolgend auf die Frage zu fokussieren, welche Methode(n) im Rahmen dieser Arbeit zugrunde gelegt werden können oder müssen und inwiefern eine Methodentriangulation notwendig oder möglich ist.

Wie aus den vorangegangenen methodisch-methodologischen Erörterungen verdeutlicht werden kann, ist eine Triangulation der drei beschriebenen Methoden nicht ohne Weiteres möglich, da das forschungspraktische Vorgehen zwar durchaus Analogien aufweist, die grundlagentheoretischen Verortungen hinsichtlich ihrer Differenzen jedoch kaum miteinander zu verbinden sind. So kann die Ikonik – als genuin strukturalistische Methode – zwar als bildanalytische Spezifizierung

Tab. 4.3 Kontrastierung der zugrunde gelegten Forschungsmethoden

Methode　Aspekte	Objektive Hermeneutik (Oevermann)	Ikonik (Imdahl)	Figurative Hermeneutik (Müller)
Gegenstand der Sinnauslegung	Latente Bedeutungsstrukturen	Ikonische Sinnstrukturen	Sinnstrukturen
Rekonstruierte Ausdrucksgestalten/ Protokolle	Raumpraktiken/ Spuren	Raum; Entwurfsraum; Raumpraktiken/ Spuren	Raum; Entwurfsraum; Raumpraktiken/ Spuren
Vorgehen	Kontextvariation	Planimetrische Komposition	Kompositions- variation
	Konstruktion sinnlogischer Anschlüsse	Szenische Choreographie	Segmentanalyse
	Kontrastvalidierung	Perspektivische Projektion	Parallelprojektion

oder Erweiterung der Objektiven Hermeneutik und die Figurative Hermeneutik als wissenssoziologisches Pendant zur Dokumentarischen Methode (vgl. Bohnsack 2010) betrachtet werden, ein „Mix" aller drei Methoden jedoch im engeren Sinne als durchaus eklektizistisch zu bezeichnen ist. Demzufolge wäre die Etablierung einer vollständig neuen bzw. erweiterten und somit den theoretischen und empirischen Ansprüchen der in dieser Arbeit zu leistenden Rekonstruktionen gerecht werdenden Methode ein mögliches Ziel. Denkbar wären heuristische Konzeptionen mit den entsprechenden Bezeichnungen, welche sowohl auf die Materialart als auch auf die grundlagentheoretische Verankerung schließen lassen. Vorgeschlagen werden hier Begriffe wie „Hermeneutische Visualisierung", „Formale Hermeneutik", „Komparative Figuration", „Komparative Hermeneutik" oder „Kompeutik", um den – bereits von Vertretern der Kanadischen Schule problematisierten – medienspezifischen Ausprägungen von Sinn (vgl. McLuhan 1995; vgl. Böhme 2006) gerecht werden zu können. Eine derartige Heuristik greift die bereits dargestellte Kritik an bzw. Grenzen von den einzelnen Ansätzen konstruktiv auf und zielt auf die Entwicklung einer umfassenden methodisch-methodologischen Ansatzes. Für die vorliegende Arbeit wird – da es sich im Kern gerade nicht um eine derartige methodisch-methodologische Abhandlung handelt – auf die objektivhermeneutische Bildanalyse unter Erweiterung der Ikonik Imdahls zurückgegriffen, wobei, aufgrund der forschungspraktischen Nähe, deutliche Parallelen zu der Vorgehensweise Müllers sichtbar werden.

Spurenanalyse: Fallspezifische Begründungen manifestierter Raumaneignungen

Spuren sind also der Ort, an dem stumme Dinge durch unseren Spürsinn ,zum Reden gebracht werden'.
(Krämer 2007, S. 19)

5.1 Allgemeines

Nachdem in den vorangegangenen Kapiteln sowohl auf die Definitionsmöglichkeiten vandalistischer Praktiken (vgl. Abs. 2) als auch auf die theoretischen Implikationen Bezug genommen wurde, folgt der empirische Teil sinnlogisch auf die zuvor erörterten Forschungsmethoden (vgl. Abs. 4). Dabei werden die einzelnen zu rekonstruierenden Ebenen hinsichtlich beider dargestellten Schulen zwar in gleicher Weise einander nachgeordnet, die forschungspraktische Vorgehensweise folgt jedoch unterschiedlichen Logiken. So erfolgt die Rekonstruktion des Logos, der schulischen Architektur und Siedlungsstruktur sowie der manifestierten Raumpraktiken im Rahmen der ersten Schule einer strukturellen Ordnung, die als „Schachtelprinzip" bezeichnet werden kann und zudem einer Systematik folgt, die als „von innen nach außen" resp. „von Makro zu Mikro" charakterisierbar ist. Dieser Struktur maximal entgegenstehend versperrt sich die zweite Schule resp. die hier zugrunde liegende Struktur einer derartigen Systematik und müsste – folgte man einem Prinzip, welches in Abwandlung des Bauhaus-Credos als „form follows content" zu bezeichnen wäre – im Sinne eines „Rhizoms" (Deleuze und Guattari 2005, S. 16) abzubilden sein (vgl. Abs. 5.3). Um dennoch ein gewisses Maß an Übersichtlichkeit, Vergleichbarkeit und Nachvollziehbarkeit gewährleisten zu können, werden die Rekonstruktionen der einzelnen Ausdrucksgestalten in dersel-

I. Herrmann, *Vandalismus an Schulen*,
DOI 10.1007/978-3-531-19488-2_5, © Springer Fachmedien Wiesbaden 2014

ben Reihenfolge abgebildet.[1] Eine inhaltliche Ausdifferenzierung wird anhand der
vorgenommenen Überschriften der jeweiligen Unterkapitel deutlich.

5.2   Schule S$_1$

Die im mittleren Ruhrgebiet gelegene Realschule (S$_1$) kann mit etwa 740 Schülern
zu den größeren in Nordrhein-Westfalen gezählt werden, da die durchschnittli-
che Schülerzahl der öffentlichen Realschulen im Schuljahr 2010/2011 mit etwa 560
Schülern beziffert werden kann (vgl. Ministerium für Schule und Weiterbildung des
Landes Nordrhein-Westfalen (MSW) 2011). Die Schule liegt etwa vier Kilometer
vom Stadtzentrum entfernt am Rande des Stadtteils zwischen einer Wohnsied-
lung und einem Park. Architektonisch besteht die Realschule aus insgesamt drei
Gebäudekomplexen: Zwei in ihrer Grundstruktur identischen Gebäude, in denen
sich die Klassen-, Lehrerzimmer und die Verwaltungsräume, wie beispielsweise das Schulleiterbüro und das Sekretariat befinden, sowie einem eigenständigen
Komplex, in welchem neben der Sporthalle die mit dieser zusammenhängenden
funktionalen Räume wie Umkleide- und Geräteräume untergebracht sind. Das
den institutionellen Entwurf der Institution repräsentierende Schullogo kann der
offiziellen Homepage entnommen werden, findet sich jedoch nicht – wie bei anderen Schulen durchaus nicht unüblich – als an der Architektur angebrachtes Werk
wieder.

Die Rekonstruktion der einzelnen Ausdrucksgestalten schulischer Architekturen erfolgt – wie bereits im vorangegangenen Kapitel verdeutlicht wurde – von
außen nach innen und von der Makro- zur Mikroebene, wobei mit dem Schullogo
als einer möglichen Form institutionellen Entwurfs, neben bspw. der Gestaltung
der Homepage, begonnen wird.

5.2.1   Außen: Entworfener Raum

Das vorliegende Logo der Schule (siehe Abb. 5.1) stellt ein Quadrat dar, innerhalb
dessen sich verschiedene unterschiedlich gestaltete kleinere, ebenfalls quadrati-

---

[1] Unter Berücksichtigung der zeitlich-historischen Ordnung wären hinsichtlich beider
Schulen durchaus alternative Strukturierungen denkbar. So kann grundsätzlich davon aus-
gegangen werden, dass der schulische Raum, d.h. die Architektur sowie das jeweilige
Quartier/die jeweilige Siedlung, dem institutionellen Entwurf zeitlich vorgelagert ist. Somit
wäre eine entsprechende Gliederung wie folgt anzulegen: Siedlungsstruktur, Architektur,
Entwurf, Raumpraktiken.

Abb. 5.1 Offizielles Schullogo

sche Flächen befinden, von denen wiederum vereinzelte Flächen typographische Elemente in Form von schwarzen Großbuchstaben beinhalten.

Im Folgenden werden nicht nur die einzelnen Segmente der Ausdrucksgestalt, sondern die verschiedenen Ebenen seiner Anordnung und Darstellung rekonstruiert. So werden – ganz im Sinne einer Analyse der „planimetrischen Komposition" (Imdahl 1996, S. 480) – zunächst die formale Gestaltung, d. h. die Rahmung sowie das Muster, fokussiert. Daran anschließend erfolgen die Rekonstruktionen der typographischen Elemente und die sich abzeichnende Logik einer Innen-Außen-Dichotomie des Logos.

Rahmung und Muster: Stagnierende Zellen und rotierende Plätze Die Einordnung des Logos in die „Typologie schulischer Raumentwürfe"[2] (Böhme und

---

[2] Im Rahmen des DFG-Projektes „Schulraum und Schulkultur" (2009–2012) konnten vier spezifische Typen schulischer Raumentwürfe rekonstruiert werden. Dazu wurden insgesamt 600 Schullogos der Schulformen Haupt-, Real-, Gesamtschule sowie des Gymnasiums erhoben und mit Hilfe der Ikonik rekonstruiert. Die differenzierenden Kriterien zur Etablierung der vier Typen stellten dabei die äußere Rahmung (offen, latent geschlossen, manifest geschlossen sowie geometrisch oder nicht-geometrisch ausgeformt) sowie das innere Muster (symmetrisch, nicht symmetrisch bzw. einfach, mehrfach und umfassend symmetrisch) der Schullogos dar. Aus der Verschränkung von Rahmung und Muster konnten nunmehr die vier Typen evoziert werden. Im Einzelnen handelt es sich um 1) den Disziplinar- und Formationsraum (manifest geschlossene Rahmung, nicht symmetrisches Muster), 2) den Zuweisungs- und Integrationsraum (latent geschlossene Rahmung, nicht symmetrisches Muster), 3) den

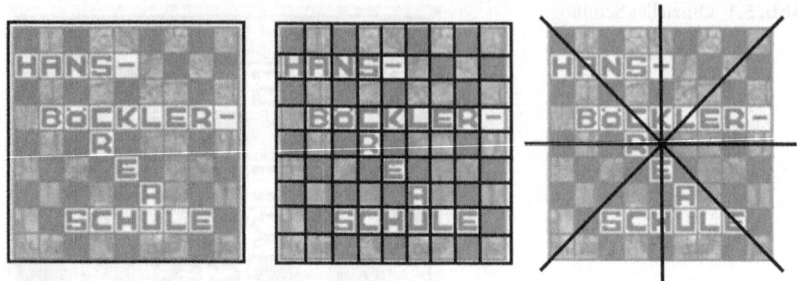

Abb. 5.2 Äußere Rahmung und innere Muster der Ausdrucksgestalt

Herrmann 2011) erfolgt durch das Einzeichnen von Feldlinien (vgl. Imdahl 1996, S. 43 ff.) entlang der Parameter „äußere Rahmung" und „inneres Muster" (siehe Abb. 5.2), wobei es sich bei ersterem um eine manifest-geschlossene, also durchgehende und deutlich sichtbare Rahmung handelt, die zudem – entsprechend der Grundform des Logos – in der regelmäßig-geometrischen Form eines Quadrats aufgeht; Rahmenkontur und Form des Logos fallen hier demnach zusammen. Das innere Muster des Schullogos kann als mehrfach-symmetrisch ausgewiesen werden, da sich insgesamt vier Feldlinien einzeichnen lassen, die als verschiedentlich ausgerichtete Spiegelachsen (horizontal, vertikal, zweifach diagonal) fungieren.

Bezogen auf gegenwärtige empirische Ergebnisse (Böhme und Herrmann 2011) stellt die Kombination der vorliegenden manifest-geschlossenen Rahmung mit dem mehrfach-symmetrischen Muster zwar kein Novum, jedoch durchaus eine Rarität dar: Lediglich 18 Logos und damit etwa 4 % aller manifest-geschlossenen Logos – welche wiederum mit 228 Logos immerhin 38 % aller insgesamt 600 analysierten Schullogos ausmachten – weisen sowohl eine rechteckige Rahmenausprägung als auch eine mehrfache Symmetrie auf (vgl. Böhme und Herrmann 2011, S. 130). Wurden die Ausprägungen „manifest-geschlossene Rahmenkontur", „geometrische Rahmenform" und „nicht-symmetrisches Muster" im Sinne eines Disziplinar- und Formationsraums rekonstruiert (vgl. ebd., S. 139 ff.), kann für das hier vorliegende Logo eine Strukturvariante des Disziplinar- und Formationsraums ausgewiesen werden. Bezogen auf die gerasterte innere Grundstruktur und die damit verbundene Möglichkeit einer vierfachen Symmetrie, wird der Begriff

---

Widerstands- und Emanzipationsraum (durchbrochene manifeste Rahmung, nicht symmetrisches Muster) und 4) den Verknüpfungs- und Netzwerkraum (offene/keine Rahmung, nicht symmetrisches Muster) (vgl. Böhme und Herrmann 2011; Herrmann 2014; Herrmann und Flasche 2014).

des Lokalisierungs- und Rotationsraums präferiert, da die Platzierung im Inneren durch die gerasterte Grundstruktur einerseits unflexibel ausgestaltet ist, andererseits aufgrund der vierfachen Symmetrie den scheinbaren Austausch von Plätzen ermöglicht, der jedoch lediglich im Sinne einer Rotation vollzogen werden kann. Diese wiederum hebt die manifeste Parzellierung bzw. Lokalisierung gerade nicht auf. Das, einer derartigen Platzierung immanente, Moment der Stagnation steht somit im vorliegenden Fall keineswegs in Widerspruch zum Prinzip der Bewegung im Sinne einer Rotation, sondern erst beide Parameter zusammen ergeben eine räumlich ausgeformte Struktur disziplinierender Ordnung.

Bild und Schrift: Bemühte Kontingenz und konsequentes Scheitern Die kleineren, das Gesamtgefüge der Ausdrucksgestalt ergebenen und farbig unterschiedlich gestalteten Quadrate erinnern in ihrer Gesamtheit zwar flüchtig an ein Schachbrett (siehe Abb. 5.3), sind jedoch keiner logischen Ordnung folgend dargestellt, sondern wirken willkürlich angeordnet.

Bezogen auf die Gesamtgestalt kommen zahlreiche und vielfältige Kontexte in Betracht, so z. B. eine Kachelwand, eine Gardine mit gewebten Einsätzen, Gehwegplatten oder das klassische Schwedenkreuzworträtsel (siehe Abb. 5.4).

Die Logik gleichzeitigen Ver- und Aufdeckens ist somit keine regelhafte; die Struktur der Differenzsetzung von Sichtbarem und Verdecktem kann vielmehr als eine kontingente ausgewiesen werden. Es handelt sich demnach zunächst um ein kontingentes (An-)Ordnungsprinzip, das sich nicht regelhaft erschließen lässt. Durch die schwarzen Quadrate besteht die Möglichkeit, etwaige Informationen vorzuenthalten bzw. umgekehrt nur spezifische Informationen mitzuteilen. Der-

 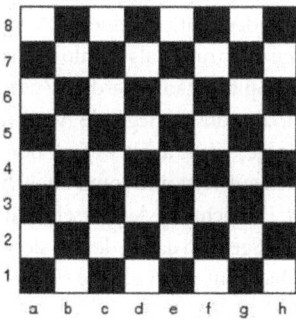

Abb. 5.3 Ausdrucksgestalt und Schachbrett

Abb. 5.4 Ausdrucksgestalt und Kreuzworträtsel. (Wikipedia)

artige verfremdende „Schwärzungen" werden beispielsweise dann vorgenommen,
wenn einem Dritten zwar allgemeine Mitteilungen zugänglich gemacht, persönliche oder anderweitig vertrauliche Informationen jedoch vorenthalten werden
sollen oder müssen. Vorstellbar wäre hier die exemplarische Darstellung wesentlicher Vertragsbestandteile anhand eines Beispielvertrags, in dem Name, Anschrift,
Kontoverbindung etc. des real existierenden Vertragspartners geschwärzt wurden,
da diese Informationen für das grundlegende Verständnis des Aufbaus eines derartigen Dokuments nicht von Relevanz sind. Die unregelmäßige Anordnung der
schwarzen Flächen bzw. die unregelmäßige Verteilung der entsprechenden Felder
weist die größte Ähnlichkeit einerseits mit der Struktur einer Kachelwand bzw. eines
gekachelten Bodens, andererseits mit derjenigen des Schwedenrätsels auf. Ergänzt
man das Schullogo nun um den bisher ausgeblendeten Kontext, welcher durch die
innerhalb der weißen Felder sichtbaren Buchstaben zu berücksichtigen ist, bleibt
das Kreuzworträtsel als sinnlogischer Kontext übrig und kann zudem durch das
Scrabble-Spiel ergänzt werden. Zusammenfassend kann an dieser Stelle konstatiert
werden, dass die vorliegende Ausdrucksgestalt mit jedem der zuvor zitierten Kontexte einige, wenn auch wenige oder nicht deutlich nachvollziehbare strukturelle
Parallelen aufweist und somit zunächst in differenten, bisweilen konträren Logiken
aufgeht. Hinsichtlich des Rätsels und des Scrabble-Spiels bestehen die Gemeinsamkeiten maßgeblich darin, dass es sich um Aktivitäten der Freizeit handelt, die jedoch
in der Regel entweder alleine (Rätsel) oder mit zwei bis vier Personen zu gestalten
sind. Zudem werden spezifische Kompetenzen von den „Spielern" verlangt: Ohne
umfassende Sprach- bzw. Rechtschreibkenntnisse können beide Formen des Spiels
schlechterdings kaum oder nicht ausgeübt werden.

Das kontingente Anordnungsprinzip der Quadrate wird durch die Schrift als solche ebenfalls aufgenommen: Werden sowohl der Name als auch die Institution in lateinischer Lese- bzw. Schreibrichtung – d. h. rechtsläufig – dargestellt, weicht der typographische Ausdruck der Schulform in zweifacher Weise von diesem Prinzip ab. Erstens wird entgegen einer standardisierten horizontalen eine vertikale Darstellungsform gewählt, die zweitens nicht etwa stringent, sondern um jeweils ein quadratisches Feld nach rechts versetzt verläuft. Durch diese Komposition der einzelnen Buchstaben wird dem Betrachter sowohl das formale als auch das inhaltliche Decodieren unweigerlich erschwert. Darüber hinaus wird der letzte Buchstabe des Wortes „Real" ebenfalls für die Konstruktion des anschließenden Worts „Schule" benutzt, wodurch die nunmehr mehrfach kontingente Struktur erneut reproduziert wird, da konsequenterweise auch der erste Buchstabe, also das „R", an das vorhergehende Wort „Böckler" anschließen müsste, dieses jedoch nur formal, nicht jedoch inhaltlich aufgenommen wird. Folgte man der Leselogik, müsste man sich wahlweise für die „Örealschule" oder die „Reaschule" entscheiden, wobei der fehlende Binde- oder Gedankenstrich zwischen „Rea(l)" und „Schule" auf die Worteinheit und somit den Ausdruck „Reaschule" hinweist. Dieses irritiert insbesondere, da eine derart angedachte Darstellung ohne Weiteres graphisch umsetzbar wäre, indem der letzte Buchstabe des Wortes „Böckler" als Beginn, der Buchstabe „L" des Wortes „Schule" als Ende des Wortes „Real" eingesetzt würde, wodurch die Idee vertikaler Leserichtung problemlos hätte beibehalten werden können, wie die nachfolgende Abbildung (siehe Abb. 5.5) schematisch verdeutlicht.

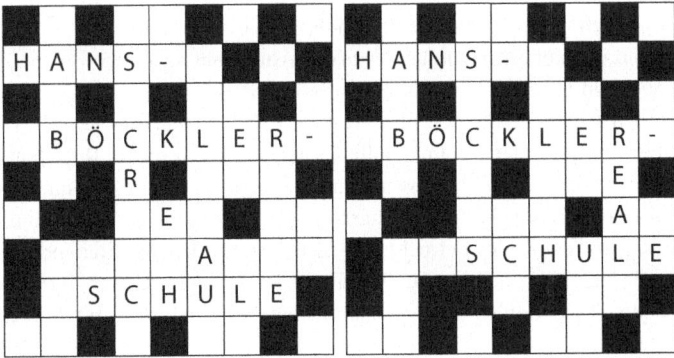

Abb. 5.5 Schematische Darstellung des Logos sowie der alternativen Gestaltung. (vgl. Herrmann 2013a, S. 247)

Durch die vorgenommene Variation der Schrift resp. der schriftlichen Darstellung der im Logo enthaltenen Schulform wird deutlich, dass es sich bei der linken und somit realen Variante um eine Irritation der Lesegewohnheiten handelt und es kulturellen Regelwissens hinsichtlich der existierenden allgemeinen Schulformen bedarf, um den Text sinnlogisch decodieren zu können. Bei einem Rätsel oder auf einem Scrabble-Feld handelte es sich hier um einen schwerwiegenden Fehler, der i. d. R. mittels Anordnung der Kästchen (Rätsel) oder Ermahnung der Mitspieler (Scrabble) externe Korrektur erfährt. Somit richtet sich die Schrift entweder an Leser, die einen derartigen Fauxpas nicht ahnden, diesen nicht realisieren, ohnehin bereits Kenntnis über den Namen und die Art der Schule haben oder zumindest wissen, dass eine Schulform mit der Bezeichnung „Realschule" existiert. Zusammenfassend kann somit das Prinzip der Kontingenz sowohl in der formalen Anordnung der Zellen als auch hinsichtlich der Darstellung der Schrift festgehalten werden, wobei die Frage danach bestehen bleibt, inwieweit es sich um ein Täuschungsmanöver, Nichtwissen oder den Versuch einer Auflehnung gegen vorgegebene Strukturen handelt. Allen Lesarten gemein ist letztlich der gescheiterte Versuch einer nicht eindeutig motivierten Modifikation von einheitlich vorgegebenen oder zitierten Strukturen.

Innen und außen: Kontemplative Reduktion und gerichtete Isolation Bisher unberücksichtigt blieb die Analyse der vorliegenden Dreifarbigkeit resp. die Fokussierung der transparenten Felder zwischen den schwarz-weißen Anordnungen. Die sichtbare blaue Einfärbung lässt entweder darauf schließen, dass es sich um ein natürliches Außen, also den Horizont, oder um getöntes Glas bzw. eine aufgeklebte Farbfolie handelt. Bezogen auf die beiden letztgenannten Kontexte kann insofern entsprechend von der Simulation eines realen Außen ausgegangen werden, als neben der an einen Himmel erinnernden Farbe ebenfalls Teile von Bäumen (Geäst) oder Büschen schemenhaft erkennbar werden. Der Eindruck des Verschwommenen, Unbestimmten oder Schemenhaften entsteht zudem in der Regel entweder durch den Einsatz von gewölbter, verzerrender oder doppelter Verglasung, ist dem jeweiligen Glas oder der Folie immanent oder einer enorm großen Distanz zwischen dem Standpunkt des Betrachters – also dem am Fenster Stehenden – und dem Fenster bzw. dem sichtbarem Hintergrund geschuldet. Unabhängig von der tatsächlichen Beschaffenheit des vermeintlichen Glases kann somit festgehalten werden, dass es sich immer um den Blick eines Betrachters oder Beobachters von innen nach außen handelt, der ein Außen jedoch lediglich in Tiefe und Umfang eingeschränkt wahrnehmen kann. Eine Ausrichtung von außen nach innen kann für diese Lesart ausgeschlossen werden, da es sich um einen Raum handeln müsste, der blau ausgeleuchtet und mit natürlichen Accessoires ausgestattet ist. Hier käme lediglich ein Museum oder ähnlich gearteter Raum, in welchem eine spezifische

Natur- oder Natur-Simulations-Ausstellung verortet ist, oder wiederum die aufgeklebte Folie in Frage, wodurch umfassende Zusatzannahmen herangezogen werden
müssten und dieses nicht im Sinne des Sparsamkeitsprinzips ist (vgl. Wernet 2009,
S. 5). Unter Berücksichtigung des vollständigen, d. h. mit Buchstaben versehenen
Logos kann zudem die Annahme getroffen werden, dass Abbildungen oder Schrif-
teinsätze auf Fenstern sich sowohl nach innen als auch nach außen gerichtet sein
können: Adressaten sind somit neben den sich innerhalb eines Gebäudes aufhaltenden auch die bspw. an einem Schaufenster vorbei gehenden Personen. Die auf
den Scheiben angebrachten Werbeanzeigen o. ä. informieren über die erhältlichen
Dienstleistungen, Güter sowie die Art des Geschäfts, den Namen des Inhabers oder
besondere Aktionen wie zum Beispiel eine zeitlich gebundene Rabattierung bestimmter Produkte. Das gemeinsame Moment jedweder beschrifteter Fenster stellt
demnach die Information dar: Sowohl der durch die Einkaufszone Flanierende als
auch der sich innerhalb einer Kirche Aufhaltende werden über eine bestimmte Sache (z. B. Angebote, Produkte bzw. Bibelzitate/-darstellungen, Apostelnamen) zu
verschiedenen Zwecken schriftlich informiert. Werden die – bezogen auf die Lesarten der verschiedenen Fenster – wiederum nicht-transparenten und somit eine
Durchsicht behindernden schwarzen und weißen Flecken fokussiert, kann es sich
bei der Ausdrucksgestalt entweder um einen Vorhang resp. eine Gardine oder um
eingearbeitete Verblendungen wie z. B. Butzenglaseinsätze handeln (siehe Abb. 5.6).

In allen Variationen wird die äußere Welt nur partikular sichtbar. Die Differenz zwischen den Lesarten besteht somit in der Frage der Vermittlung des Außen:
Sind das Gitter bzw. Fenster und die sichtbaren Verblendungen also statisch miteinander verbunden und ergeben interferierend eine neue Einheit oder handelt es
sich um einen mobilen Zusatz, der jederzeit entfernt werden kann? Bezüglich der
statischen Einsätze handelt es sich demnach entweder um Buntglaseinsätze wie sie

Abb. 5.6 Schullogo, Kirchenfenster und karierte Gardine. (© Ina Herrmann/© Buket
Balkan)

Abb. 5.7 Schullogo im Gesamtkontext

z. B. bei einem Kirchenfenster oder ähnlichen Varianten vorkommen, deren Zweck nicht primär darin begründet liegt, ein voneinander baulich getrenntes Innen und Außen visuell zugänglich zu machen, sondern neben der ästhetischen Zierde durch abgebildete Symbole allenfalls diffusen Lichteinfall zu ermöglichen. Die Verblendungen oder blinden Flecken verunmöglichen eine vollständige, uneingeschränkte Sicht nach innen bzw. außen. Endgültig ausgeschlossen werden kann die Lesart des gardinenverdeckten Fensters, da dieses zwar auch lichtdurchlässig ist, eine Konfrontation mit dem realen Kontext jedoch verdeutlicht, dass es sich bei diesem um eine Einheit und nicht um zwei voneinander trennbare Fragmente handelt.

Wird die Ausdrucksgestalt in einem weiteren Rekonstruktionsschritt nunmehr aus der bisherigen künstlichen Isolation gelöst und der (medialen) Kontext miteinbezogen (siehe Abb. 5.7), so wird einerseits deutlich, dass sich in Bezug auf den bläulichen Hintergrund die Lesart eines schemenhaft abgebildeten Außen im Sinne der Darstellung eines Himmels, einer Baumgruppe und mehrerer Autos verifizieren lässt. Der Betrachter befindet sich demnach in einem Innenraum und schaut durch das Gitter oder Fenster nach draußen. Diese rekonstruierte (Innen-)Position des Betrachters ergibt auch die verifizierte Lesart des Schullogos als Kirchen- bzw. Bleiglasfenster, welches sich stets an diejenigen richtet und nur von denen gelesen werden kann, die sich innerhalb der Kirche aufhalten. Von außen betrachtet bleibt das Fenster dunkel (siehe Abb. 5.8) und gibt weder die Gestaltung des Raums noch die der gestalteten Glasscheiben selbst preis. Jedoch kann auch hier erneut nur von einer bedingten Strukturgemeinsamkeit gesprochen werden, da es sich bei den klassischen Kirchenfenstern um bunte und in der Regel biblische Figuren und Szenen darstellende Verglasungen handelt. Dem entgegen wurden jedoch beispielsweise die Fenster der Zisterzienserkloster oftmals in der sog. Grisaille-Technik gestaltet, eine der Malerei entliehenen Technik, die nur in Schwarz, Weiß und Grau ausgeführt wird und ihre Entsprechung in der Glasmalerei findet (vgl. Benad und Benad 2012). In den Zisterzienserorden wird auf derartige Gestaltungen zurückgegriffen, weil die strengen Vorgaben zur Fenstergestaltung neben Buntglas auch die Abbildung biblischer Figuren verbieten. Bei dem Versuch trotz derartiger Re-

Abb. 5.8 Blick von außen auf die Fenster des Kölner Doms. (© Dominik Schwister; © Ina Herrmann)

duktionen ästhetisch ansprechende Fenster zu gestalten, griffen die Mönche auf eben jene Grisaille-Technik zurück. Eine derartige Zitation hebt das kontemplative Moment des Ordens hervor und zielt demnach auf eine Lebensführung, die durch innere Stille und Einkehr charakterisiert werden kann. Eben jener Lesart kommt eine vermeintlich nach innen gerichtete Schrift zupass, da hier Form und Inhalt zusammenfielen und eine einheitliche Struktur verdeutlichten.

Körper und Raumpraktik: Asymmetrische Blicke und voyeuristische Isolation
Bei einer Modifikation der Körperpraktik im Sinne eines sehr nahen Herantretens an das Gitter oder Fenster besteht tendenziell eher die Möglichkeit, das Außen vollständig wahrzunehmen. Hier handelt es sich um die Logik eines Schlüsselloches in einer Tür, durch das hindurchgesehen wird. Befindet sich der Beobachter nun direkt vor dem Fenster und bewegt seinen Kopf bzw. seine Augen, so ist er durchaus in der Lage, einen umfassend(er)en Eindruck der Außenwelt zu erlangen. Bezogen auf das abgebildete Logo wäre ein Beobachter sogar in der Lage, durch verschiedene „Schlüssellöcher" zu sehen, das Wahrgenommene im Sinne einer Stückwerktechnik kognitiv zusammenzufügen und sich somit ein komplexeres Bild des Außen zu verschaffen, womit eine Variation oder Umkehrung des aus der Gestaltpsychologie bekannten Ausdruck Aristoteles' „Das Ganze ist mehr als die Summe seiner Teile" vorliegt und formelhaft als „Das fraktal-Reale ist mehr als das absolut-Interpretative" bezeichnet werden kann. Umgekehrt bleibt der sich im

Inneren Aufhaltende jedoch anonym und nahezu gänzlich unsichtbar: Er ist der
sich hinter der Tür oder Gardine aufhaltende Voyeur, der vor den Augen der vermeintlich Beobachteten weitestgehend verborgen bleibt. Handelt es sich um einen
Beobachter, der in einem abgedunkelten Raum und/oder hinter einem Bleiglasfenster steht, verstärkt sich das Moment asymmetrischer bzw. einseitiger Beobachtung
um ein Vielfaches, da es den sich im hellen Außen aufhaltenden Akteuren nunmehr erst recht nicht möglich ist, jemanden im Innen erkennen zu können. Die
Blick- bzw. Beobachtungsrichtungen sind demnach zwar asymmetrisch zugunsten
des sich innen Aufhaltenden angelegt, bedeuten jedoch zugleich ein Abschirmung
von der Außenwelt, eine Isolation und Verbarrikadierung, wie sie zuvor bereits beschrieben wurde. Die Lesart des kontemplativen Klosterlebens erhält hier erneute
Verifizierung resp. kann an dieser Stelle nicht falsifiziert werden.

**Die nach innen gerichtete Schrift auf dem Fenster: Sinnstiftende Einheit und
Isolierung der Massen** Die schriftliche Information „Hans Böckler Realschule" ist
gen Betrachter, Interessenten oder Beobachter gerichtet, also an all jene Akteure,
die ihren Blick von innen nach außen wenden und demnach im metaphorischen
Sinne an der Schule „nicht vorbei kommen". Diese versperrt – gelangt ein Akteur
erst einmal in selbige hinein – die freie Sicht, schränkt die Wahrnehmung der außerschulischen Welt massiv ein und potenziert demnach noch einmal die durch
die geschwärzten Felder bereits limitierte Sicht nach draußen, was einem einge-
schränkten Weltzugang gleichzusetzen ist. Der Zugang nach außen ist ohnehin
unbestimmt: Die Welt ist sichtbar, jedoch nicht konkretisierbar oder im Detail bestimmbar. Diese Einschränkung bzw. Unschärfe wird entsprechend einerseits von
der Schule verstärkt, indem diese das Blickfeld weiter minimiert und andererseits
durch die deutlichen und klaren, in schwarz vor einem weißen Hintergrund gehaltenen Blockbuchstaben, die in Maximalkontrast zu dem vagen Außen stehen. Hier
liegen somit Wahrnehmungseinschränkungen auf drei differenten Ebenen vor:

1. die ohnehin verzerrte oder unscharf gestellte Welt außen,
2. die Selektion resp. Reduktion durch die blinden Flecken sowie
3. die durch den Schulnamen noch weiter reduzierte (Aus-)Sicht.

Interessant ist an dieser Stelle wiederum der Verweis auf die jeweilige Raumpraktik und die damit zusammenhängende Wahrnehmung. Setzt sich der Betrachter so weit zu dem Fenster oder Gitter in Distanz, dass ihm das Lesen der Buchstaben möglich ist, stellen diese sich ihm quasi in den Weg und reduzieren die Sicht auf das Außen; bewegt er sich jedoch nahe an das Gitter oder Fenster heran, besteht zwar nicht mehr die Möglichkeit, die Buchstaben und damit die Schule als solche wahrzunehmen, dafür erschließt sich ihm das Außen. Schule und äußere Welt verhalten sich demnach insofern diametral und nicht etwa interdependent zueinander, als in Abhängigkeit vom individuellen Standpunkt bzw. Betrachtungswinkel entweder diese oder jene deutlich konturierter erscheint. Der Betrachter muss eine Entscheidung treffen, die pointiert als eine „Entweder-Oder-Entscheidung" für oder gegen die (außer-)schulische Welt resp. für oder gegen die schulische Welt zu treffen ist – letztere Wahl könnte aufgrund der existierenden Schulpflicht jedoch lediglich eine theoretische Möglichkeit darstellen. Für den vorliegenden Raumentwurf bedeutet dies einerseits ein tatsächliches Aussperren der natürlichen Umwelt zugunsten der Präsenz kultureller Techniken, allerdings verhält es sich nicht umgekehrt: Die äußere Welt ist stets nur medial und mittelbar erfahrbar, was in einer rein optischen und somit sinnreduzierten Erfahrbarkeit mündet. Selbst im Falle des Herantretens an das Fenster oder Gitter und der damit einhergehenden Unmöglichkeit, den Schulnamen lesen zu können, ist es lediglich möglich, die Natur zu sehen; ein tatsächliches, direktes Erleben bleibt weiterhin und im Wortsinne ausgeschlossen. Die Kultur in Form einer institutionell legitimierten und eben jene Institution abbildenden Typographie verbirgt somit nicht nur den Blick auf die Natur, sie stellt sich dieser sogar versperrend in den Weg. Zieht man nun den tatsächlichen Kontext heran, dass es sich um ein Schullogo handelt, das sich in seiner Darstellungsweise an die schulischen Akteure und weitere Interessenten der Institution richtet, so wird schnell deutlich, dass die in großen Lettern manifestierte Information über den aktuellen Aufenthaltsort permanent zur Verfügung gestellt wird. Die zunächst aufkommende Irritation bezüglich der schriftlichen Darstellung reduziert sich somit teilweise, da die Stetigkeit der Präsenz selbiger zu automatischer Codierung durch die Adressaten führt. Das Logo wird als Ganzes erfasst und decodiert und löst lediglich bei denjenigen Betrachtern Irritationen aus, welche den Schriftzug erstmalig sehen. Hier verdichtet sich wiederum die Lesart des nach innen gerichteten Logos, das somit einer anonymen Öffentlichkeit zunächst verborgen bleibt. Verknüpft man die Strukturproblematik der Schrift – also den Bruch mit der das Rasterprinzip präferierenden Zeilenförmigkeit der Leserichtung – mit der des Gesamtgefüges, so zeigt sich, dass das Reale in doppelter Weise Schwierigkeiten aufwirft: Im Hintergrund des Logos ist die außerschulische reale Welt lediglich unscharf und schemenhaft erkennbar, innerhalb des Logos selbst und auf der typographischen Ebene versperrt sich die Decodierung des Wortes „Real" dem Leser, da hier Leserichtung und Anknüpfungen keiner Konstruktionslogik folgen. Das Reale bleibt demnach auf zwei Ebenen im Unbestimmten bzw. Kryptischen verhaftet und kann nur mit einigem Aufwand erkannt und spezifiziert werden.

Sowohl die schulische als auch die außerschulische Welt werden als nicht stringent decodierbar ausgewiesen. Dieses steht im maximalen Kontrast zu den schlichten Formprinzipien, die ein direktes und logischen Regeln folgendes Decodieren suggerieren. Das Logo stellt die sichtbare Grenze zwischen schulischem Innen und Außen dar, bei der ein Betrachter in das Innere versetzt wird und nach außen blickt. Diese äußere Umwelt präsentiert sich jedoch unscharf, durch zusätzliche blinde Flecken unvollständig und in diesem Sinne fraktal. Entgegen dieser Unspezifik steht das klare Schwarz-Weiß des Schriftzuges für eine grundlegend simple Nachricht, die jedoch durch die formale Unterbrechung des Linearitätsprinzips inhaltlich diffus wird. Kontingenz wird hier endgültig zum Strukturprinzip. In dem Moment, in dem die durch das Gitter präferierte Ordnung inhaltlich geändert bzw. durchbrochen wird, kommt es zu Irritationen und Verfälschungen bis hin zur Aufhebung und Zerstörung immanenten Sinns. Der Versuch, das formal vorgegebene Prinzip disziplinierender Formation zu durchbrechen, führt lediglich zu einer Aufhebung von Sinn und einer damit einhergehenden Irritation bis hin zu einer Reaktion mitleidsvollen Belächelns des fehlgeschlagenen Revolutions- bzw. Widerstandsversuches. Somit kann der offenbar gescheiterte Versuch des Entkommens aus vorgegebenen Machtstrukturen und -prinzipien als ein tragisch-komischer oder hilflos-unwissender bezeichnet werden, da das irritierende Moment beim Betrachter eine Reaktion hervorruft, die dem eines Zirkusbesuchers beim Anblick der Clowns gleicht. Der Versuch, im Rahmen weitestgehend selbst erschaffener Strukturen eine (Ver-)Änderung herbeizuführen, scheitert kläglich, da die alternativen Regeln und Normen offensichtlich unbekannt sind oder bewusst ignoriert werden, was zu Lasten der Sinnhaftigkeit geht. Der Versuch des Entkommens und das darauffolgende Scheitern können hier als Strukturmerkmale ausgewiesen werden, was insbesondere vor dem Hintergrund einer Natur-Kultur-Differenz auf eine allgemeine Problematik schulischer Institutionen verweist und beispielsweise als „Sozialtabu der Schule" (Böhnisch 2010, S. 18) bezeichnet werden kann: „Schule darf nur Schule sein, obwohl sie längst zum Ort der Bewältigung sozialer Probleme und Konflikte geworden ist" (ebd.). Der bemühte Versuch, die außerschulische

Umgebung fernzuhalten, den kulturellen Aspekt schulischer Prozesse zu betonen und eine abgeschlossene, kontemplative Einheit herzustellen, misslingt hier deutlich, was durch strukturelles Scheitern belegt wird.

5.2.2 Außen: Topographischer Raum

Die Rekonstruktion des Außenraums bzw. der Außenräume erfolgt auf zwei zunächst analytisch getrennten, in ihren Bedeutungsstrukturen jedoch interdependenten Ebenen. So wird die Schularchitektur zunächst in Zusammenhang mit dem sie umgebenden urbanen Raum – d. h. der Siedlungsstruktur, in welche sie eingelagert ist – rekonstruiert (Makroebene), um darauf folgend die zur jeweiligen Schule gehörigen Gebäude in den Fokus zu rücken (Mesoebene).

5.2.2.1 Schulische Umgebung

Der Gebäudekomplex (siehe Markierung in Abb. 5.9) befindet sich inmitten eines Wohngebietes und dort in unmittelbarer Nähe einer Straße sowie eines Parks. Die

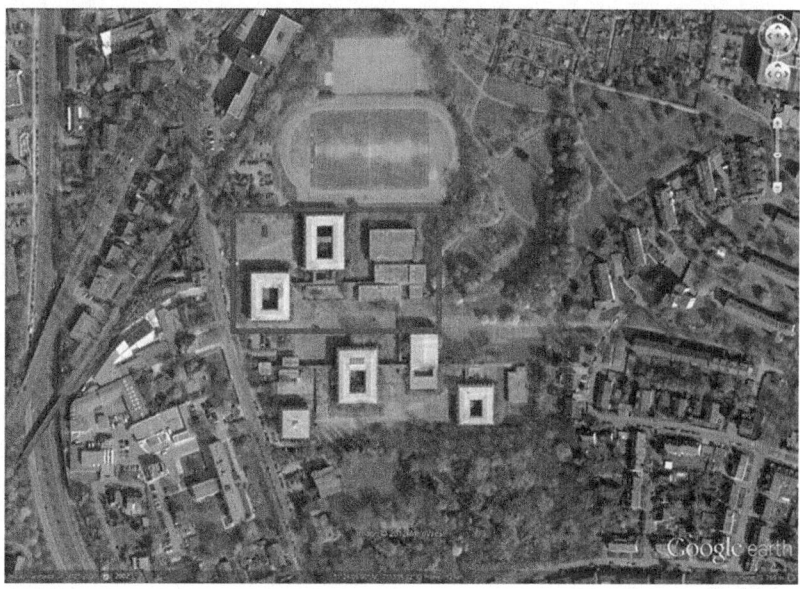

Abb. 5.9 Darstellung der Schulgebäude sowie der näheren Umgebung. (© 2012 Aero-West/Google earth)

beiden Sportplätze nördlich der Gebäude gehören ebenfalls mit zum Schulgelände, bleiben in der Rekonstruktion jedoch zunächst unberücksichtigt, da sie zusätzlich von den beiden weiteren, sich auf dem Gelände befindenden Schulen genutzt werden.

Mit Blick auf die stadtplanerische bzw. siedlungsstrukturelle Anordnung wird deutlich, dass die sich an der Straße befindenden Wohngebäude parallel zu dieser errichtet wurden, die Schulgebäude jedoch in einem Winkel von etwa 30° angeordnet sind. Sämtliche zur Schule gehörenden Gebäude weisen eine innere Ordnung auf (siehe Abb. 5.10), die – bezogen auf die innere geometrische Anordnung – zwar als hoch kohärent beschrieben werden kann, allerdings strukturelle Diskrepanzen bzw. Abweichungen zur sonstigen bebauten Umgebung aufweist.

Wie die eingezeichneten Feldlinien aufzeigen, handelt es sich um ein Areal unterschiedlich großer Zellen, das in maximalem Kontrast zu den geschwungenen

Abb. 5.10 Darstellung der Architektur sowie der eingezeichneten Feldlinien. (© 2012 AeroWest/Google earth (Modifizierung: Ina Herrmann))

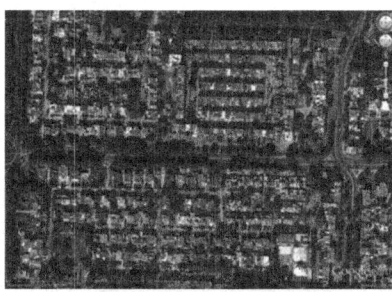

Abb. 5.11 Stadt Chandigarh/Indien (Ausschnitt) und Schulgebäude. (© 2014 DigitalGlobe; 2012 AeroWest/Google earth)

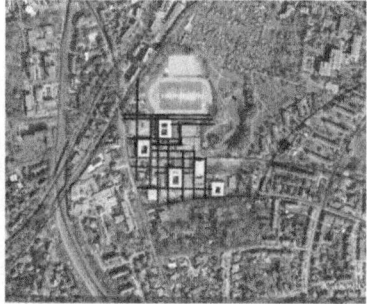

Abb. 5.12 Stadt Chandigarh/Indien und Schulareal mit jeweiligen Siedlungsstrukturen. (© 2014 DigitalGlobe; 2012 AeroWest/Google earth (Modifizierung: Ina Herrmann))

Linien der Siedlungsstruktur steht. Das Schulgelände erscheint als sich von der Siedlungsstruktur deutlich abhebende, in sich geschlossene Einheit und weist somit einerseits strukturelle zu „am Reißbrett entworfenen" Städten resp. Siedlungen wie beispielsweise die von Le Corbusier entworfene indische und in Sektoren eingeteilte Stadt Chandigarh (siehe Abb. 5.11) auf.

Die innere Gliederung der Schulbauten sowie der Stadt Chandigarh (siehe Abb. 5.12) kann als regelmäßig, funktional und gerastert bezeichnet werden, einzig die Nähe der Gebäude zueinander variiert. Zudem heben sich beide Areale in nahezu maximalem Kontrast von der Umgebungsbebauung ab, wie voranstehende Abbildungen eindrücklich zeigen. Beide Areale verhalten sich zu ihrer jeweiligen Umgebung resp. Umgebungsbebauung wie eine Insel im Meer. Sie sind das Andere ihrer Umfelde: Chandigarh ist die gerasterte Stadt inmitten natürlicher

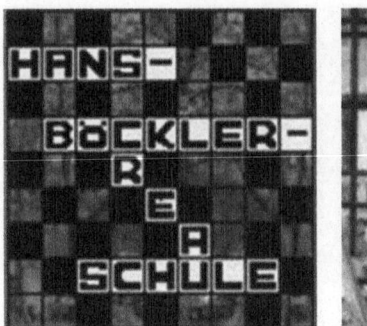

Abb. 5.13 Schullogo (Raumentwurf) und Schulbauten (Topographischer Raum). (© 2012 AeroWest/Google earth (Ausschnitt))

Strukturen, die Schule ist die gerasterte Institution inmitten einer gewachsenen, sich entwickelten oder entwickelnden Wohngegend und somit inmitten der außerschulischen Realität. Die architektonisch-topographischen Zellen finden sich als räumliche Ordnungsparameter ebenfalls in dem bereits rekonstruierten Entwurf des schulischen Raums wieder (vgl. Abs. 5.2.1; siehe Abb. 5.13).

Das kontingente Prinzip tritt hier zwar nicht hinsichtlich der Farbgestaltung, vielmehr bezogen auf die Größe der einzelnen Zellen hervor. Die durch die Feldlinien verdeutlichte Rasterung der Schulgebäude lässt zwar verschiedentlich ausgeprägte Einzelareale entstehen, bleibt jedoch dem Prinzip einer gemeinsamen Strukturlogik treu. Auch die rekonstruierte Trennung von innen und außen ist hier grundsätzlich, wenn auch in den Eigenheiten der Ausdrucksgestalt different ablesbar: So trennt das Schullogo in Fenster- oder Gittermanier ein schulisches Innen von einem Außen vertikal, während die Architektur sich gegen die außerschulische Welt umfassend, d. h. zu allen Seiten hin abgrenzt. Zusammenfassend finden sich also sowohl die Kontingenz als auch das klausurähnliche Moment der Abgrenzung und Isolation räumlich-manifestiert wieder.

Wird der Fokus in der nachfolgenden Mesoanalyse nunmehr auf die Schularchitektur und damit auf die einzelnen zur Schule gehörenden Gebäude eingestellt, so tritt wiederum die Manifestation der Rasterung bzw. Zelle als basaler Ordnungsparameter des Raums deutlich in den Vordergrund.

5.2.2.2 Schularchitektur

Die beiden zur Schule gehörenden Gebäudekomplexe (siehe Abb. 5.14) weisen eine sowohl dem Schullogo als auch dem Gesamtgefüge der Architektur ähnliche Struktur auf.

Das Zellen- bzw. Rasterprinzip wird architektonisch aufgegriffen, gleichermaßen thematisiert und auch bei der Seiten- und Frontansicht der Gebäude deutlich. Wie die Luftaufnahme verdeutlicht, wird eben jenes Prinzip der geometrischen Anordnung bereits anhand des baulichen Untergrunds sichtbar: Hier fallen regelmäßige und gleichförmige Rasterungen auf, welche denen von Millimeter- oder kariertem Papier stark ähneln. Derartige, orientierungsstiftende Papierformate werden vor allem bei (schulischen) Tätigkeiten wie dem Zeichnen oder Rechnen benutzt, um entsprechend sorgfältig gestaltete Ergebnisse und Produkte zu erhalten. Darüber hinaus werden damit ebenfalls Strukturmerkmale aufgegriffen, die eindeutige Parallelen zu denen der Bauhaus-Architektur (siehe Abb. 5.15) aufweisen.

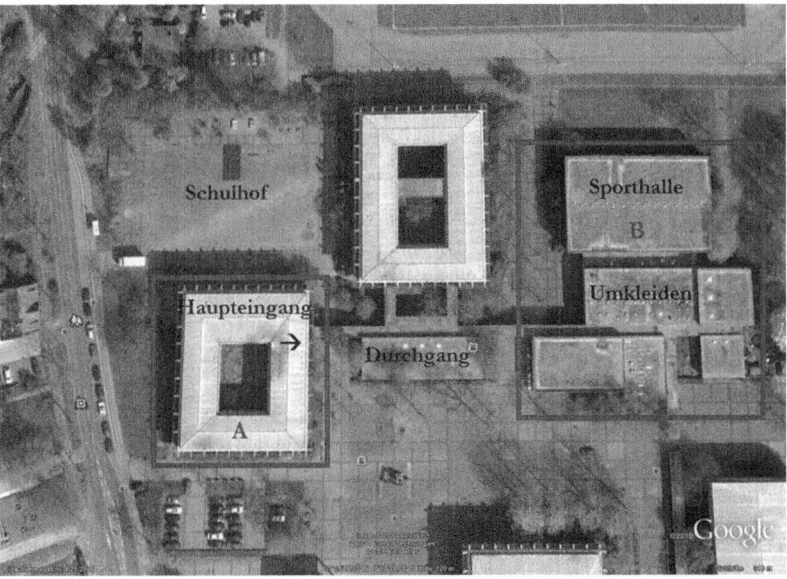

Abb. 5.14 Darstellung und Bezeichnung der einzelnen Schulgebäude. (© 2014 Aero-West/Google earth (Modifizierung: Ina Herrmann))

Abb. 5.15 Front- und Seitenansichten des schulischen Hauptgebäudes (Die folgenden Ausführungen beziehen sich aus Vereinfachungsgründen und aufgrund der strukturellen Gemeinsamkeiten der beiden Schulbauten auf das hier abgebildete Gebäude.) sowie Abbildung des Dessauer Bauhauses. (© Viktoria Flasche/© Christian Gerwers 2009)

Abb. 5.16 Schematische Darstellung der durch die Architektur präferierten Blickrichtungen. (Herrmann 2013b, S. 189; Herrmann 2013c, S. 146)

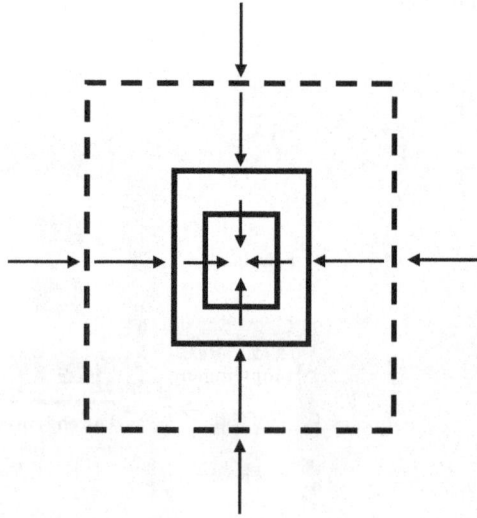

Bezogen auf die schulische Architektur wird die Rasterung zum einen durch die Fenster und Betonplatten, zum anderen jedoch durch zwei um das Gebäude verlaufene „Balkone" und deren vertikale Stützen erzeugt. Der durch Gleichförmigkeit und Reproduzierbarkeit charakterisierbare Bau verweist auf eine funktional angelegte Logik entsprechender Techniken: Alle vier Gebäudeseiten unterscheiden sich nur wenig voneinander, zudem ist aufgrund der von der Straße abgewandten

Lage nicht direkt einseh- und erkennbar, wo sich der Eingang befindet. Etwaige erstmalige Besucher der Schule können lediglich mutmaßen, wie sie Zugang zum Gebäude erlangen. Dieses präsentiert ihnen – metaphorisch gesprochen – nicht die als „Gesicht" zu kennzeichnende Fassade, sondern die „kalte Schulter" und somit die Giebelseite. Die repräsentative und identifikationsstiftende Eigenschaft einer Fassade mit einem dort in der Regel vorzufindenden Eingangsbereich bleibt hiermit aus bzw. im Verbogenen. Die sich innerhalb des Gebäudes Aufhaltenden werden architektonisch vor einem Außen im Verborgenen gehalten und vice versa, was auch durch die Rekonstruktion der präferierten Blickrichtungen (siehe Abb. 5.16) verdeutlicht wird.

Die schematische Vereinfachung der präferierten Blickrichtungen veranschaulicht eindrücklich ein Prinzip, das zunächst als eine „nach innen gerichtete Fokussierung" bzw. als eine „Raumordnung des ‚zwingenden Blicks'" (Treiber und Steinert 2005, S. 33) ausgewiesen werden kann: Ausgehend von den die Gebäude auf zwei Ebenen umgebenden „Balkone" bzw. Umläufe, von denen in die Klassenräume geschaut werden kann, befindet sich im Zentrum ein Schulgarten (siehe Abb. 5.17), der ebenfalls von beiden Ebenen aus rundum einsehbar ist.

Wurde das Schullogo bereits als Fragment einer Zisterzienserarchitektur rekonstruiert (vgl. Abs. 5.2.1; siehe Abb. 5.18), kann diese Strukturlogik ebenfalls für den Grundriss des Gebäudes konstatiert werden: Der innen liegende Garten und die diesen umgebenden Gebäude und Gänge spiegeln sich in beiden Gebäudegrundrissen wider. Die Schule resp. der schulische Raum erzeugt somit eine Situation permanenter Sichtbarkeit, Überwachungs- und Kontrollmöglichkeit, was im Sinne Foucaults als panoptisches System ausgewiesen werden kann. Unabhängig

Abb. 5.17 Hauptgebäude (A) und Kennzeichnung des Schulgartens sowie Einblick in diesen. (© 2014 AeroWest/Google earth; © Viktoria Flasche (siehe Herrmann 2013b, S. 189))

Abb. 5.18 Grundriss des
Zisterziensernonnenklosters
Brenkhausen. (Mersch 2008,
S. 69)

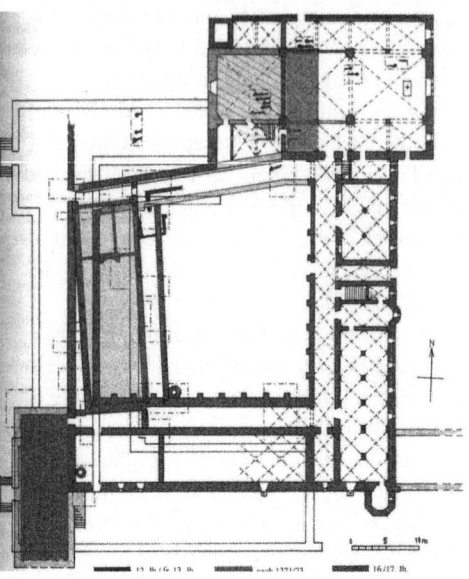

vom jeweiligen Aufenthaltsort ist eine Observierung durch die Lehrer, Schulleitung oder andere Schüler möglich und denkbar, wodurch die Selbstbeobachtung
und -disziplinierung zum schulimmanenten Prinzip wird. Klassenzimmer, Garten
und Schulhof werden sinnbildlich zu Foucaults bzw. Benthams lichtdurchfluteten
Zellen, deren Zweck der absoluten Disziplinierung durch optionale Beobachtung
erfüllt wird. Dabei ist besonders die Doppeldeutigkeit und ad absurdum geführte
Bedeutung des Gartens als „das älteste Beispiel einer Heterotopie" (Foucault 2005,
S. 14 f.) hervorzuheben. Wird der Garten bei Foucault neben dem Schiff als Inbegriff
der Heterotopie ausgeführt, wandelt sich diese Form der „lokalisierten Utopie[n]"
(ebd., S. 10) hier zu einem Ort absoluter Sichtbarkeit und Transparenz. Die schulische Heterotopie, so ließe sich ausführen, verunmöglicht ihrerseits nicht nur die
Existenz weiterer Gegenräume, sie gestaltet sie zu Orten vollkommener Kontrolle
und Disziplinierung um. Insbesondere vor dem Hintergrund einer Aussperrungslo-
gik natürlicher bzw. außerschulischer Welten, wie im Rahmen der Rekonstruktion
des schulischen Entwurfs verdeutlicht werden konnte (vgl. Abs. 5.2.1), erhält die
hier analysierte architektonische Gestaltung eine weitere Dimension: Der zuungunsten außerschulischer Realitäten priorisierte Kulturraum lässt nunmehr gerade
den ausgesperrten Naturraum ein, umschließt ihn und macht ihn zu einem Raum
permanenter Sichtbarkeit und Kontrollierbarkeit. Natur, so ließe sich formulieren,

Abb. 5.19 Nebengebäude (B). (© 2014 AeroWest/Google earth)

wird im Wortsinne kultiviert, kontrolliert und geordnet. Die schulische Architektur schließt einen natürlichen Erfahrungs- und Erlebnisraum aus und substituiert diesen durch einen in die schulkulturelle Ordnung passgenau eingelassenen Kunst- oder Imitationsraum.

Entgegen dieser vollkommenen Rasterung, Disziplinierung und zellenförmigen Parzellierung existiert mit dem zweiten Gebäudekomplex (siehe Abb. 5.19), welcher die Sporthalle sowie die damit zusammenhängenden Funktionsräume beinhaltet, ein architektonischer Gegenentwurf. Die ineinander verschachtelten einzelnen Gebäudeteile stellen als Gesamtgefüge das maximal kontrastierende Element zu dem zuvor dargestellten panoptischen Prinzip vollkommener Sichtbarkeit dar. Sämtliche Räume sind von außen uneinsehbar und weisen zudem im Inneren ein Gefüge verschiedener funktionaler Räume auf, das strukturell denen eines auf verschiedenen Ebenen angelegten Labyrinths ähnelt. Den klaren und eindeutigen Strukturen des Hauptgebäudes werden hier tunnelartig-verschachtelte Raumformate entgegengesetzt, die denen eines Fuchs- oder Hasenbaus gleichen. Die beiden Schulgebäude können entsprechend als maximal kontrastierende Raumformate ausgewiesen werden: Einerseits das als Panopticon charakterisierbare Unterrichts- und Verwaltungsgebäude mit seiner auf permanente Sichtbarkeit ausgelegten Struktur, andererseits das tunnelartige Gebäudegefüge der Sporthalle mit den zugehörigen Funktionsräumen. Gelingt in jenem die Disziplinierung via Beobachtung und Kontrolle durch die entsprechend legitimierten Akteure wie dem Lehrerkollegium und der Schulleitung, versagen in diesem entsprechende Techniken bereits bei dem Versuch ihrer Implementierung und werden umgekehrt von den Schülern im Sinne einer vermeintlichen Widerstandsarchitektur okkupiert. „Vermeintlich" deshalb, weil den Schülern diese Räumlichkeiten geradezu feilgeboten werden, sodass eine etwaige Diskrepanz zwischen Disziplinierungs- und Widerstandsarchitektur zwar als solche ausgewiesen werden kann, dabei jedoch zu berücksichtigen ist, dass es sich mit letzterer verhält, wie mit einer auf dem Schulhof platzierten Wand und der Aufforderung, diese als Plattform für das Sprayen von Graffiti zu nutzen. Durch die unterlassene Reaktion auf Graffiti und Kritzeleien – resp. auf Postings und Piktogramme (vgl. Abs. 4.1) – innerhalb der Umkleideräume laufen diese sowie die damit einhergehende Widerstandsbewegung ins Leere und es entsteht ein legalisierter Raum für derartige Entäußerungen. Die Schüler übernehmen diese Raumzuweisung unumwunden, wie die folgenden Rekonstruktionen zeigen. Adornos Forderung danach, „dem Heterogenen Gerechtigkeit widerfahren lassen" (Adorno 2003, S. 285) wird hier auf eindrückliche Weise Folge geleistet, allerdings handelt es sich lediglich um eine scheinbare Anerkennung heterogener Ausdrucks- und Partizipationsformen. Die Institution zwingt die Schüler durch die bestehende architektonische Ordnung zu einer Suche nach bzw. einer Flucht in Genräume(n), die sie in Form der Nebengebäude finden. Da jedoch gerade dieses Ausweichen auf andere Räume strukturell angelegt ist, verhalten sich die Schüler möglicherweise in hohem Maße konform, was im Rahmen der nachfolgenden Rekonstruktion einzelner Spuren zu widerlegen wäre.

5.2.3 Außen: Raumpraktiken

Das an der seitlichen Außenwand der Schule angebrachte Graffito (siehe Abb. 5.20) gleicht einem angebrachten und zur Schau gestellten Tattoo: Jeder, der das Schulgebäude betreten oder verlassen möchte, muss an diesem vorbei gehen und wird aufgrund der Größe sowie der Farbgebung kaum umhin kommen, dieses wahrzunehmen.

Nachfolgend soll nunmehr zunächst auf die Bedeutungsstruktur der manifestierten Raumpraktik und demnach auf diejenige des abgebildeten Graffito eingegangen werden, um selbiges anschließend mit der Bedeutungsstruktur der gleichsam als Leinwand wie als Rahmen dienenden Architektur zu verschränken resp. beide miteinander zu vergleichen.

Abb. 5.20 Außenwand des Schulgebäudes mit Graffito. (© Viktoria Flasche)

Abb. 5.21 Ausdrucksgestalt und Nummerierung der einzelnen Elemente. (© Viktoria Flasche (Ausschnitt/Modifizierung: Ina Herrmann))

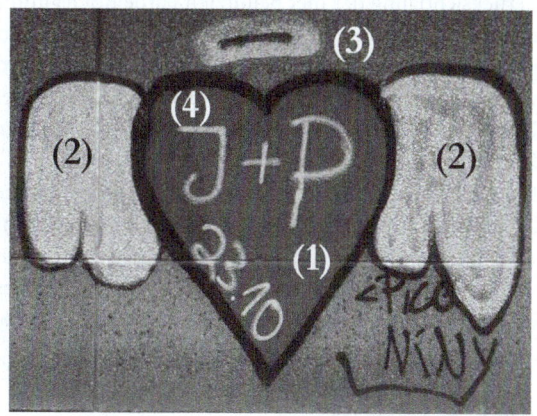

Das Ding auf der Leinwand: Flügelsäulen und Schwebebalken Das abgebildete Graffito (siehe Abb. 5.21) besteht aus vier Elementen, die zunächst einzeln rekonstruiert werden, um sie danach als Gesamtgefüge aufeinander beziehen zu können:

Ein farblich rot abgesetzter Mittelteil (1), zwei sich formal ähnelnde und weiß ausgefüllte Seitenelemente (2), ein sich über dem Mittelteil befindendes balken- oder strichähnliches Element (3) sowie differente typographische Elemente (Buchstaben, Zahlen, ein aus der Mathematik oder Informatik stammendes Symbol) innerhalb des Mittelteils und unterhalb des rechten Seitenelements (4). Bezogen auf den Mittelteil (1), welcher ein symbolhaftes Herz repräsentiert, können verschiedentliche Lesarten herangezogen werden, da die Darstellung herzförmiger Symbole als gleichermaßen bedeutend wie indifferent aufgeladen bezeichnet werden kann. So wird mit dem vorliegenden Piktogramm grundsätzlich zwar auf etwas natürlich-Organisches rekurriert, das in seiner Darstellungsweise jedoch deutlich als kulturalisiert oder kulturell simplifiziert (siehe Abb. 5.22) ausgewiesen werden kann.

Wie die Abbildungen verdeutlichen, handelt es sich lediglich um die kulturell vermittelte, stark variierende Darstellung eines Herzens und keineswegs um die Zitation des wichtigsten menschlichen Organs. Beziehungsweise: es handelt sich bei der vorliegenden Ausdrucksgestalt um ein Symbol, welches somit für sich alleine steht, oder eine Metapher des menschlichen Herzens. Des Weiteren werden mit einem Herzen starke positive Emotionen wie etwa Fürsorge und Liebe oder die graphische Darstellung alles Lebenden verbunden, was unter besonderer Berücksichtigung der hier benutzten Farbe Rot legitimiert werden kann. Verallgemeinernd werden entsprechend positiv aufgeladene emotionale Haltungen auf eine physisch-metaphorische Weise dargestellt. Zwar bildet das als „herzförmig" auszuweisende Symbol keineswegs das menschliche Herz in seiner natürlich-organischen Beschaffenheit ab, jedoch verweist eben jenes Piktogramm auf die dem Organ fälschlicherweise zugeschriebenen Charakteristik des „Fühlens" im Sinne eines Erfassens von durch Hormonen initiierte innerphysische Prozesse. Die sprichwörtliche Zurschaustellung eines überdimensionierten ikonischen Herzens lässt somit zwei miteinander verkoppelte Bedeutungsstrukturen zu: Zum einen wird eine tiefe und positive emotionale Haltung im Sinne einer Liebesbekundung metaphorisch bzw. symbolhaft-ikonisch manifestiert, zum anderen wird auf eben diese Art ein

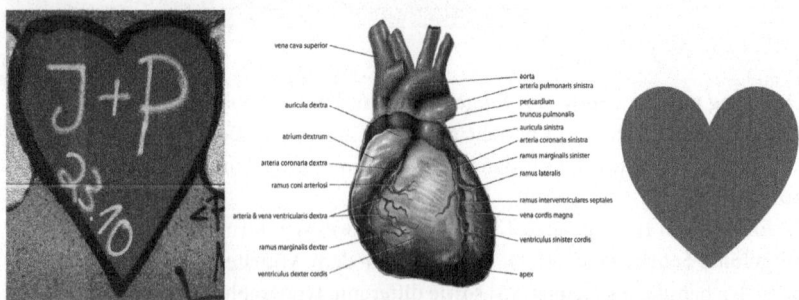

Abb. 5.22 Ausdrucksgestalt, schematische Abbildung der Anatomie des Herzens und Herzsymbol. (© Viktoria Flasche (Ausschnitt); Wikipedia)

menschliches Organ und somit der menschliche Körper in seiner komplexen Eigenschaft als fühlender Organismus thematisiert. Das Innere wird als abstraktes Symbolwerk an die Außenwand eines Gebäudes angebracht und gleichermaßen als Gemengelage aus physischer und psychischer Entität manifestiert. Sowohl das Organ als auch die mit diesem verbundenen Aktivitäten resp. emotionale Empfindungen (z. B. „Liebe geben", „Liebe empfinden", „verliebt sein", „lieben") werden progressiv zur Schau und gleichermaßen fest-gestellt; die Architektur verortet nicht nur, sondern parzelliert das symbolhaft-Körperliche. Wird der Architektur ihre bisher zugeschriebene Dominanz einmal aberkannt – was vor dem Hintergrund einer zeitlichen Ordnung durchaus nicht abwegig erscheint, da die hier zu rekonstruierende Spur im Allgemeinen als im Zeitablauf nachgelagerte Reaktion auch auf den sie benutzenden Raum betrachtet werden kann – so ändert sich die Lesart zugunsten der Raumpraktik: Der funktional-graue Waschbeton des Raums wird plakatiert, kommentiert und demnach ganz im Sinne eines schwarzen Brettes o.ä. genutzt, um beispielsweise für ein bestimmtes Produkt zu werben oder sich hinsichtlich einer spezifischen Angelegenheit zu äußern.

Die zunächst als Flügel ausgewiesenen Seitenelemente des Herzens (2) sind in diesem Bild eher Tropfen, Gewichte, Säulen oder stark vereinfacht abgebildete Zähne: Allesamt Gebilde oder Dinge, die entgegen ihrer eigentlichen Bedeutung nicht etwa Leichtigkeit und Auftrieb verleihen, sondern Schwere, Stärke und Härte. Das Herz kann nicht fliegen, es wird im Gegenteil abwärts gezogen und verankert. Entgegen der durchaus regelmäßigen Form des Herzens weisen die seitlichen Elemente große Unterschiede in ihrer Gestaltung auf. Der rechte „Flügel" ist nicht nur größer als sein linkes Pendant, sondern ebenfalls nach unten spitzer zulaufend. Somit wäre selbst im Falle des Beibehaltens der Lesart „Flügel" eine vogelgleiche Fortbewegung oder ein senkrechtes Aufsteigen des Herzens keineswegs möglich, da stets eine Unausgewogenheit der beiden zur Bewegung vorgesehenen Bestandteile attestiert werden muss. Unabhängig davon, ob es sich um eine Flucht oder einen Ausflug handelt: Jedwede Bewegungsform missglückt an dieser Stelle, das Herz gerät im Wortsinne stets wahlweise in eine „Schieflage" oder ist vollständig bewegungsunfähig. Die symbolhafte Manifestation im Sinne einer Parzellierung des Herzens als den Flügeln dienender Körper findet in der Logik der „Flügelsäulen"[3] ihren lo-

---

[3] Imdahl bezeichnet derartig verschiedene „Sinnqualitäten" als „ikonische Sinnkomplexität einer Übergegensätzlichkeit" (Imdahl 1996, S. 106 f.). Darunter werden jene bildlichen Ausdrücke subsumiert, deren ursprünglich kontrastive Einzelbestandteile sich zu einem komplexen Gesamtgefüge formieren und nicht wieder „zurückübersetzt" (ebd.) werden können.

gischen Fortgang: Das nach außen transportierte, aus dem Körper herausgelöste und zur Schau gestellte Organ, welches zudem „Träger" emotionaler Haltungen ist, wird nunmehr vollends fixiert. Werden die Gebilde als „Zähne" kontextualisiert, so stellen beide bisher betrachteten Teile des Graffito Metaphern des menschlichen Organismus' dar. Das Herz als wichtigstes, lebensspendendes Organ, die Zähne als widerstandsfähige Kau- und Artikulationsinstrumente ergeben zusammen einen neuen, stark reduzierten Mikroorganismus, welcher jedoch – ähnlich den nicht zum Flug fähigen Flügeln – keineswegs als lebensfähig bezeichnet werden kann. In beiden Lesarten handelt es sich demnach um eine verunmöglichte Hybridform differenter Symbole oder Metaphern.

Der über dem Herzen sichtbare horizontale Balken (3) kann als minimalistischer Heiligenschein (Nimbus; siehe Abb. 5.23) oder Balken bezeichnet werden, wobei sich im ersten Fall die Logik inkonsequenter bzw. defizitärer Abbildung verschiedener Metaphern fortsetzte. Bei der ikonischen Konfrontation mit Darstellungen von Heiligenscheinen (siehe Abb. 5.23) wird überaus deutlich, dass es sich maximal um eine drastische Reduktion des Nimbus auf mehreren Sinnebenen handelt: Die geläufigen Abbildungen zeigen Kreise, Kreisscheiben oder Ringe, nicht jedoch balkenartig-längliche Formationen. Die vorliegende Ausdrucksgestalt greift auf keine dieser Möglichkeiten zur Symbolisierung von Macht oder Göttlichkeit zurück, sondern bleibt der Eindimensionalität eines Striches oder Balkens verhaftet. Somit

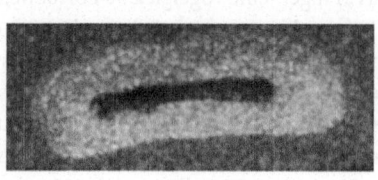

Abb. 5.23 Ausdrucksgestalt, Kirchenfenster mit Jesusabbild. (© Viktoria Flasche (Ausschnitt: Ina Herrmann); © Ina Herrmann)

begrenzt eben jener ein mögliches „nach oben Entweichen" und verunmöglicht somit zusätzlich zu den Seitenelementen eine vertikale Bewegung der Gesamtgestalt, was zudem durch die mit den Flügeln oder Säulen übereinstimmende Farbgebung betont wird. Insofern kann konstatiert werden, dass eine der Bewegung dienende Vorrichtung nicht nur keineswegs ihren angedachten Zweck erfüllt, sondern darüber hinaus noch entgegengesetzt wirkt. Das liebende, fürsorgliche Herz fliegt nicht, ist nicht frei, sondern wird eingepfercht, beschwert und in die vertikal entgegengesetzte Richtung manövriert. Liebe als emotional-irrationaler Gegenentwurf zur strukturiert-rationalen Logik institutioneller Vorgaben scheitert an den sie umgebenen, jedoch gleichzeitig durch sie selbst mit hervorgebrachten Umstände. Das Andere verwehrt sich selbst und trägt somit zu seiner Unterwerfung und Auflösung bei, die darüber hinaus nicht einer tragischen Komik entbehrt. Ähnlich den bereits im Rahmen des schulischen Entwurfs rekonstruierten Widerstandsversuchen weist die Bedeutungsstruktur des Graffito die Figur gescheiterten Widerstands auf: Der formal als durchaus gelungen zu bezeichnende Ausbruchs- oder Fluchtversuch aus vorgegebenen Macht-, Organisations- und/oder Disziplinarstrukturen wird inhaltlich, symbolisch resp. metaphorisch derart unterwandert, dass ein Scheitern nicht nur als solches deutlich wird, sondern darüber hinaus ins Lächerliche und bisweilen vollends Unsinnige kippt. Das schlagende Herz als Antrieb jedweden Lebens stellt sich selbst in dem Moment still, in welchem es zur Schau gestellt und den strukturalen Bedingungen als zu unterwerfendes Objekt dargeboten wird. Der symbolhafte Ausruf „Liebe!" – unabhängig von dessen physischer oder psychischer Zuschreibung – verstummt im Moment des Verlassens eines Innen und der damit einhergehenden Fixation an einem Außen, dessen immanente Strukturen sich als die dominanten erweisen und das unregelmäßige, widerständische Moment des Ikonischen, Symbolhaften oder Metaphorischen unterwerfen.

Rahmung und Leinwand: Eingesperrte Aussichten und entfremdetes Anderes
Die manifestierte Raumpraktik kann vollständig – darauf wurde zuvor bereits hingewiesen – nur unter Berücksichtigung der gleichsam als Leinwand und Rahmung derselben fungierenden Architektur rekonstruiert werden. Von besonderem Interesse ist nachfolgend der die Spur direkt umgebende resp. hintergründige und somit auf dem Bildausschnitt sichtbare Raum, in welchen gemäß der Methode Imdahls zunächst Feldlinien eingezeichnet werden (siehe Abb. 5.24).

Ein potentieller Betrachter – das verdeutlichen die eingezeichneten Feldlinien – wird in eine Position versetzt, die der eines Zoobesuchers oder eines Gefängnisinsassen ähnelt: Er befindet sich „innen" oder „außen" und betrachtet – je nach Position – entweder das sich in jeder Hinsicht von seiner Umgebung ab-

Abb. 5.24 Eingezeichnete
Feldlinien der Architektur.
(© Viktoria Flasche
(Modifizierung:
Ina Herrmann))

setzende „Andere" oder wird selbst als „Anderer" bzw. „Anderes" stigmatisiert.
Es wird demnach bereits an dieser Stelle deutlich, dass sich das Graffito nicht in
die Strukturprinzipien der Architektur, die ihm als „Leinwand" und „Rahmen"
zugleich dient, einfügt, sich dieser jedoch auf differente Weisen bedient, um das
ihm immanente Andere zum Ausdruck bringen zu können. Dieses wird durch
das Einzeichnen der Feldlinien des Graffitos umso deutlicher (siehe Abb. 5.25).
Die schulische (Raster-)Architektur überlagert und begrenzt zwar das zum Ausdruck gebrachte Andere; dieses fügt sich jedoch nicht etwa den Gegebenheiten und
unterwirft sich diesen, sondern überschreitet vorgegebene Grenzen auf verschiedenen Ebenen. Das Graffito widersetzt sich den vorgegebenen institutionellen, in
der Architektur zum Ausdruck gebrachten Strukturen: Es stellt an dieser Stelle
– und somit bezogen auf seine in Zusammenhang mit der materialen Architektur gebrachte Komposition – einen Ausdruck raumpraktischen Widerstands im
Sinne illegitimer Modifizierung der bestehenden Raumordnung dar. Hervorzuheben ist hier jedoch, dass jedweder Widerstand gegen bestehende Ordnungen –
also unabhängig davon, ob es sich beispielsweise um symbolhafte, dingliche oder
körperpraktische Formen des Widerstands handelt – zunächst eine Reflexionsfolie
und somit, um dem Grundsatz dichotomer, interdependenter oder interferierender
Ordnungen gerecht zu werden, das „Eine" benötigt. Derartige Argumentationen
folgen der simplen Logik kontrastierender Vorgehensweise derart, dass nur in der
Darstellung von Widersprüchen selbige als einzelne Bestandteile ausgemacht werden. Kurzum: Um Widerständiges als solches ausmachen zu können, bedarf es
zunächst der Kenntnis über die jeweilige Tatsache, Ordnung oder Gegebenheit,
gegen welche sich aufgelehnt werden soll oder wurde. Zusammenfassend lässt sich

Abb. 5.25 Feldlinien des Graffitos ohne und unter Berücksichtigung der Architektur. (© Viktoria Flasche (Modifizierung: Ina Herrmann))

somit herausstellen, dass ein derartig offen zur Schau gestelltes Anderes auf drei differenten Abstraktionsniveaus angesiedelt werden kann:

1. Formal: Die Tatsache, dass es sich um einen formalen Regelverstoß im Sinne des bloßen Anbringens einen anonym verfassten Graffito handelt, stellt das Andere entsprechend im Sinne einer Oppositionshaltung bzw. -handlung unverkennbar in den Vordergrund.
2. Symbolisch: Ohne eine Symbolanalyse vorzunehmen, wird deutlich, dass es sich um ein Themenfeld handelt, welches sich maßgeblich mit Begriffen wie „Liebe", „Emotion" und „Irrationalität" sowie dem menschlichen Organismus als physische Einheit befasst. Eine derartige Symbolik wird gerade vor der wörtlich

als Hintergrund dienenden Architektur zum scharfen Kontrast und verstärkt somit die funktionale Struktur einer auf Reproduktion und die Herstellung von Homogenität abzielenden Institution.

3. Räumlich: Das ikonische Gebilde überformt die Strukturen des Raums – zumindest bis zu einem gewissen Grad. Dadurch werden die latenten Strukturen der Architektur durchbrochen und erfahren ein Moment der Öffnung, was zu einer Spannung des Gesamtkomplexes aus Raum und Raumpraktik führt.

Nachdem nunmehr die Bedeutungsstruktur derjenigen, sich an der äußeren Architektur befindenden Raumpraktiken rekonstruiert wurde, soll, entsprechend der Vorgehensweise, der Fokus auf das Innen des Raums sowie die dort zu lesenden Spuren eingestellt werden. Im Rahmen dieses mehrschrittigen Verfahrens werden zunächst eine Umkleidekabine und daran anschließend die dort vorgefundenen manifestierten Raumpraktiken in den Blick gerückt. Orientiert wird sich im Allgemeinen weiterhin streng an der Frage der Fallauswahl (vgl. Abs. 4.1), welche den Fall als einzelne Spur ausweist und folgerichtig den diese „beherbergenden" Raum zur notwendig zu rekonstruierenden Ausdrucksgestalt erklärt.

5.2.4   Innen: Topographischer Raum

Umkleideräume können als Zwischen-, Transfer- oder Warteräume mit einer strukturell-immanenten „um zu"-Funktion bezeichnet werden. Sie dienen einem spezifischen Zweck, der sich jedoch sinnlogisch nur in zeit-räumlicher sowie körperpraktischer Verbindung mit einem „Während" und einem „Danach" denken lässt: Der Aufenthalt innerhalb eines Umkleideraums ist in der Regel an den Wechsel der jeweiligen Kleidung und somit an die damit einhergehende Körpertechnik oder -praktik gebunden. Der Wechsel von Alltagskleidung zu verschiedenen Formen von Sportbekleidung und die damit einhergehende Vorbereitung auf eine nunmehr anschließende körper- bzw. raumpraktische Veränderung kann als wesentlicher Zweck derartiger Räume angeführt werden. Sowohl der verhältnismäßig kurzen Verweildauer in den Räumen als auch ihrer konkreten Funktionalität ist die oftmals charakteristische Spartanität (siehe Abb. 5.26) sowie die damit verbundene Möglichkeit effizienter Verwaltung von Massen geschuldet, welche durch die Verwendung entsprechender Materialien wie beispielsweise Estrich, Beton und Fliesen zum Ausdruck kommt. Diese recht allgemeinen Charakteristika von Umkleideräumen können nunmehr durch weitere architektonische Eigenschaften wie die zwanghafte Vergemeinschaftung von Individuen, die regelhafte Uneinsehbarkeit sowie das eingeschränkte bzw. vollständig aufgehobene Zutrittsrecht von

Abb. 5.26 Photographische Darstellung des Umkleideraums aus entgegengesetzten Perspektiven. (© Viktoria Flasche)

Dritten ergänzt werden. Diese Kriterien derartiger Funktionsräume lassen sich ebenfalls am vorliegenden Fall dokumentieren.

Werden Klassenverbände nach schulinternen Organisationsprinzipien strukturiert und von Schülern oftmals als zufällig und wahllos interpretiert, so findet die Zusammenstellung der Gruppierungen in Umkleideräumen entsprechend anderer Kriterien statt, die teilweise über diejenigen der Klassenstruktur hinausgehen bzw. diese variieren. So finden zunächst geschlechtsspezifische räumliche Zuteilungen statt, die vor allem in den Jahrgängen 7 bis 10 über gemeinsame Umkleideräume bis in den eigentlichen Sportunterricht hinein beibehalten werden können (vgl. Ministerium für Schule, Wissenschaft und Forschung des Landes NRW (MSW) 2001). Die bekannte und vertraute Klassengemeinschaft wird aufgebrochen und in neue Gruppierungen transferiert, sodass erneute erzwungene Vergesellschaftungen entstehen. Da es sich bei Umkleideräumen um Transfer- oder Übergangsräume handelt, können gruppendynamische Prozesse in ihrer bewährten Form nicht aufgenommen, ausgestaltet und durchlaufen werden, sodass immer wieder strukturell unsichere Situationen entstehen, deren krisenhaftes Potential hier nur ansatzweise reflektiert werden kann und soll. Die Schaffung interpersonaler Intimität durch die räumliche Enge des Umkleideraums und das gleichsame Fehlen von Nischen und Schutzräumen führen zu einem Spannungsverhältnis von Intimität und Anonymität, welches für die Schüler nicht ohne Weiteres auflösbar ist. Das Entblößen des eigenen Körpers bei synchroner unfreiwilliger Zurschaustellung desselben vor in der Regel gleichaltrigen und gleichgeschlechtlichen, teilweise jedoch nur wenig bekannten Akteuren ist vor allem unter Berücksichtigung des Kontextes „Umkleideraum in einer Realschule" von hoher Brisanz, da hier Schüler mit „pubertätsbedingten Verunsicherungen" (MS 2001, S. 67) in den Fokus geraten.

Abb. 5.27 Einzelbank innerhalb
des Umkleideraums. (© Viktoria
Flasche (Auszug))

Die durch den Raum und dessen Einrichtung vorgegebenen Raumpraktiken
scheinen zunächst den platzierenden Praktiken zu gleichen, die dem Klassen-
raummobiliar immanent ist: Installierte oder sich innerhalb des Raums befindende
Gegenstände fordern durch die beiden wesentlichen Bestandteile einer Bank (siehe
Abb. 5.27) oder eines Stuhls – Sitzfläche und Rückenlehne – dazu auf, sich sit-
zend zu platzieren. Entgegen der Einzelbestuhlung und der damit einhergehenden
Individualisierung von Massen innerhalb von Klassenräumen finden sich hier an
Park- oder Kirchenbänke erinnernde Vorrichtungen wieder, die einer sitzenden
Kollektivierung dienen.

Über das *Neben*einander hinaus werden die Schüler ebenfalls *zu*einander platziert. Dieser räumlichen Anordnung von Körpern folgt eine Zentrierung der Blicke
auf zwei voneinander getrennten Mitten, wie die folgende skizzenhafte Darstellung
des Umkleideraums (siehe Abb. 5.28) verdeutlicht.

Wie bereits im Rahmen der Rekonstruktion der Schularchitektur verdeutlicht
werden konnte (vgl. Abs. 5.2.2), handelt es sich auch hier um die material erzeugte
und entsprechend raumpraktisch verifizierte Fokussierung auf eine leere, ungenutz-
te Mitte. Die durch den Raum sowie die spezifische Anordnung von Einrichtungen
erzwungenen Körperpraktiken der einzelnen Akteure teilen das Gesamtkollektiv
in zwei Gruppierungen, deren Blicke sich auf die Mitte der jeweiligen Raumhälf-
te einstellen. Jedoch muss im Sinne einer Kontextualisierung nunmehr wiederum
die räumlich immanente Funktionalität berücksichtigt werden, da entgegen der
angeordneten Platzierung dem Raum gerade widersprüchliche Körperpraktiken –
nämlich die der Bewegung im Sinne eines Kleidungswechsels – zugeschrieben werden. Zu diesem Zweck müssen die Sitzflächen zu Ablageflächen modifiziert werden
und die Blicke der Akteure richten sich nicht etwa auf die jeweilige Mitte, son-

Abb. 5.28 Skizzierter Grundriss und Darstellung der Blickrichtung bei Platzierung der Körper im Raum

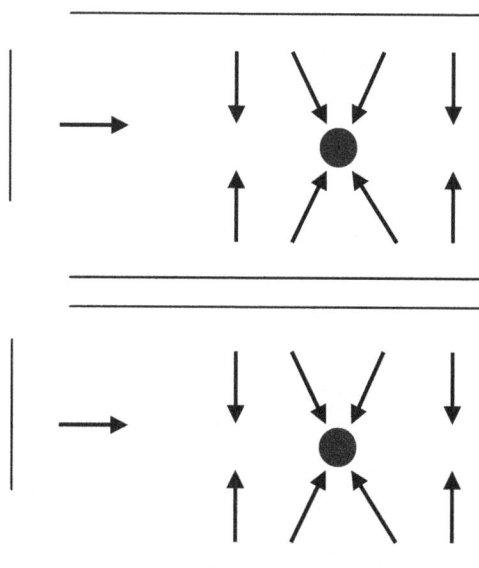

dern auf die Wände, wodurch sich einerseits die beiden Mitten zugunsten eines Fokussierungsbereichs verschieben und sich andererseits die an den Außenseiten platzierten Akteure gegenseitig den Rücken zuwenden (siehe Abb. 5.29).

Auf derartige Raumpraktiken weisen neben der dem Umkleideraum bereits immanenten Funktionalität ebenfalls die oberhalb der Bank angebrachten Haken hin (siehe Abb. 5.30), welche dem Zweck dienen, Jacken oder ähnliche Kleidungsstücke daran zu befestigen. Dazu ist eine Praktik physischer Hinwendung nötig, die zudem nur stehend ausgeübt werden kann.

Das Kollektiv wird durch die materiale Raumordnung demnach zwar wiederum zu dem Zwecke der Herstellung zweier Gruppen zerstört, die sich nunmehr jedoch sowohl hinsichtlich ihrer Blickpräferenzen (einander zu- oder abgewandt) als auch ihrer körperpraktischen Zurschaustellung (Vorder- oder Rückseite) ausdifferenzieren und einen weitaus höheren Heterogenitätsgrad aufweisen als die Gruppierungen im Rahmen der platzierenden Raumnutzung. Der als Mitte ausgewiesene Bereich ist kein leerer, materialer Raum mehr, sondern entsteht erst durch die Interaktionen bzw. interaktiven Raumpraktiken der einander zugewandten Akteure. Somit kann konstatiert werden, dass die der Raumordnung eingeschriebenen Körperpraktiken – das Sich-Platzieren – zwei homogene und material ausgeformte Interaktionsräume entstehen lassen, wohingegen die zwar funktional-notwendigen,

Abb. 5.29 Skizzierter Grundriss und Darstellung der Blickrichtung bei Kleidungswechsel im Raum

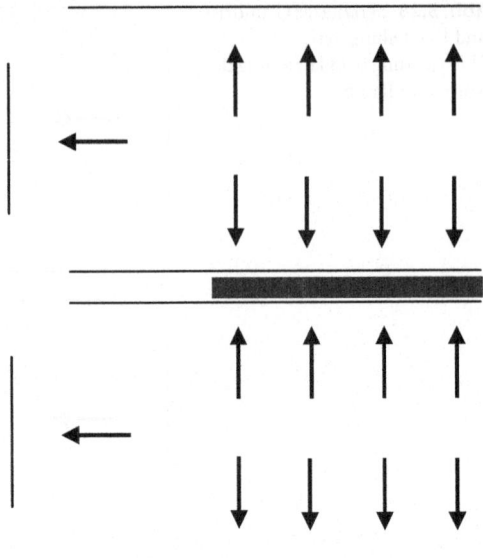

der Raumordnung jedoch nicht immanenten Körperpraktiken in der absoluten Raummitte einen einzigen Interaktionsraum eröffnen. In jedem Falle müssen einerseits die schulischen Akteure durch die präferierte Körperpraktik eine Entscheidung bezüglich des jeweiligen Interaktionsraums treffen und produziert andererseits der jeweilige Interaktionsraum eine spezifische räumliche Ordnung im Sinne der Etablierung oder Verlagerung einer Raummitte.

In diesem Zusammenhang ist der Verweis auf eine oberhalb einer Sitzbank erkennbare Spur (siehe Abb. 5.31) besonders instruktiv, da diese als manifeste resp. manifestierte Territorialisierungspraktik ausgewiesen werden kann. Der als Ausruf gekennzeichnete Ausdruck „das ist unser Platz!" zeigt eben jene durch die spezifische Raumordnung vorgegebene kollektiv(ierend)e Territorialisierung an, da es sich nicht um eine Einzelperson, sondern um eine sowohl aus dem verschriftlichten Sprechakt als auch aus der darunter sichtbaren Signatur „gez. N + E." abzuleitenden Kleingruppe von zwei Personen handeln muss, die „ihren" Platz teilanonym markiert. Gleichbedeutend damit ist die Zuordnung zu einer der innerhalb des Raums entstehenden Gruppierungen und zwar derjenigen, die sich einerseits der eingeschriebenen Struktur zwar nicht unterwerfen, sich also nicht auf die Bank setzen, sondern stehend oder auf dieser kniend an die Wand schreiben. Andererseits unterwirft sich das Paar jedoch der strukturellen Ordnung insofern, als innerhalb einer offensichtlichen Konkurrenzsituation ein Anspruch auf feste Plätze erhoben wird.

Abb. 5.30 Einzelbank mit Haken. (© Viktoria Flasche (Auszug))

Diese Fallstruktur der Raumpraktiken geht entsprechend in der ambivalenten Logik einer „widerständigen Rezeption" oder „widerständigen Reproduktion" auf, da eine zunächst als auflehnend charakterisierbare Raumpraktik lediglich der handelnden und mittels kultureller Techniken manifestierten, konkurrenzorientierten Unterwerfung unter die vorgegebene Raumordnung dient. Institutionell rückgebunden kann entsprechend von einer verräumlichten Anerkennungspraktik schulischer Selektions- und Allokationsmechanismen gesprochen werden, die bis in diejenigen Räume hineinwirkt, die in ihren Eigenschaften gerade gegen die Zuteilung statischer Platzierungen stehen. Im durch Unsicherheit und Kontingenz geprägten innerschulischen Konkurrenzkampf um „gute Plätze" werden sich illegitimer Mittel der Territorialisierung bedient, um einen solchen ergattern und dauerhaft in Besitz nehmen zu können. Mit Merton ließe sich diesbezüglich von einem Verhaltenstyp sprechen, der mit „Innovation" (Böhnisch 2010, S. 30) gekennzeichnet und für eine kreative, oftmals aber von legitimen Mitteln abweichende Form der Zielerreichung herangezogen wird. Der rebellische, illegitime Akt der Territorialisierung

Abb. 5.31 Manifestierte Territorialisierungspraktik („das ist unser Platz!"). (© Viktoria Flasche)

innerhalb eines auf Zwangskollektivierung ausgerichteten Raums stellt demnach einen manifestierten Sprechakt der Akzeptanz bzw. Reproduktion schulinterner Ordnungs- und Disziplinarparadigma dar. Um eine derartige Strukturhypothese weiterhin zu verfolgen, werden nunmehr weitere exemplarische Spuren im Raum rekonstruiert.

5.2.5   Innen: Raumpraktiken

Die innerhalb materialer Architekturen ebenfalls als Gebrauchs- oder Nutzungs- spuren ausgewiesenen Resultate vandalistischer Praktiken werden wiederum derart rekonstruiert, als die Fallfrage gestellt wird, welche Art illegitimer „Inbesitz- nahme[n]" (Dechau 1995, S. 134) schulischer Architekturen vorliegt. Wie also nehmen schulische Akteure den topographischen Raum illegitim, d. h. im Sin- ne Oevermanns (2001) und eingelagert in die oftmals antagonistische Spannung von institutionell sowie schülerseitig-subkulturell geltenden Regeln und Normen (un-)angemessen in Gebrauch? Wie bereits verdeutlicht wurde (vgl. Abs. 3.2) muss das handelnde Subjekt nicht etwa Kenntnisse über bestehende soziale oder institutionelle Regelungen haben, sondern in der Lage sein, „aufgrund der das Handeln steuernden Regel ein systematisches Urteil über die Angemessenheit ei- nes konkreten Handelns" (Oevermann 2001, S. 7) abzugeben. Das Hinterlassen symbolisch-manifester Spuren kann somit unter denjenigen schulischen Akteu- ren, die den Umkleideraum nutzen müssen, auch dann als angemessen angesehen werden, wenn institutionelle Regelungen eine derartige Inbesitznahme gerade untersagen. Im Folgenden sollen zunächst – im Sinne einer Rahmenanalyse – Kontextvariationen für auf Wänden bzw. an materialen Architekturen sichtbare Gebrauchsspuren in schriftlichen oder ähnlichen symbolhaft-typographischen Formen (siehe Abb. 5.32) vorgenommen werden.

Bezogen auf die Charakteristika der vorliegenden Spuren lassen sich drei Hauptmerkmale konstatieren: Sie sind permanenter Art (1), befinden sich unmittelbar an bzw. auf der materialen Architektur (2) und stellen vorwiegend typographische bzw. chirographische Elemente mit ikonischen Zusätzen dar (3). Somit liegen diesbezüglich strukturelle Gemeinsamkeiten sowohl zu den Graffiti bzw. sog. „Tags" im urbanen Raum (vgl. Abs. 2.2.2; siehe Abb. 5.33) als auch zu den sog. „Klo-Graffiti" (Siegl 1993; Fischer 2009) vor.

Minimalkontrastierend lassen sich einerseits ebenfalls hauptsächlich typographische, jedoch medial vermittelte Darstellungen in Form von Plakatwänden oder Wandzeitungen anführen, deren Non-Permanenz oder Volatilität dem benutzen Papier o. ä. Materialien immanent ist. Andererseits existieren mit jahrhundertealten Wand- oder Höhlenmalereien und verschiedenen Arten von Fresken strukturell ähnliche Formen der Raumein- bzw. Raumanschreibung, die sowohl in ihrem symbolischen Bezugssystem (ikonisch oder typographisch) als auch in der Intensität der Spuren (in oder an materialer Architektur) variieren. Die Differenzen – so lässt sich zusammenfassend festhalten – bestehen maßgeblich einerseits bezüglich der

Abb. 5.32 Wand innerhalb des Umkleideraums. (© Viktoria Flasche)

Abb. 5.33 „Tags" an einer Hauswand und Graffiti in einem Umkleideraum. (© Ina Herrmann; © Viktoria Flasche)

(Un-)Mittelbarkeit der jeweiligen Symbolsysteme und dem Untergrund, auf welchem sie angebracht sind: Werden Wand- oder Höhlenmalereien und Graffiti jedweder Form direkt auf den jeweiligen Untergrund aufgetragen, zeichnen sich beispielsweise Plakate durch die Verwendung von sich zwischen Schrift und Untergrund befindenden Medien aus. Das Unmittelbare der Gebrauchsspuren wird folglich verbunden mit der Idee zeitlichen Überdauerns an einem spezifischen Ort, welche bei Plakaten durch die Möglichkeit, diese abhängen und wegtransportieren zu können, nicht oder nicht in diesem Umfang gegeben ist. Zwar können Plakate im Gegensatz zu Wandmalereien durch das Abhängen vor Witterungseinflüssen geschützt werden, verlieren jedoch ihre ursprüngliche (Informations-)Funktion. Andererseits lassen sich die direkt vermittelten Symbole hinsichtlich des Modus bzw. der Intensität der Raumaneignung weiter ausdifferenzieren: Graffiti, Fresken und ähnliche Wandmalereien belassen den Untergrund in seiner Form und verändern lediglich dessen Oberfläche, wohingegen Hieroglyphen, Grabinschriften oder die ausschnitthaft abgebildete lettländische „Wandzeitung" in den Untergrund eingeritzt werden und somit seine Form grundlegend, d. h. irreversibel modifizieren. Bezogen auf urbane Graffiti lassen sich hier Parallelen zu den sog. „Scratchings" ziehen, worunter all jene Graffiti subsumiert werden, die mit spitzen Gegenständen ebenfalls in den Untergrund geritzt und somit nicht wieder entfernt werden können. Entlang der beiden bisher herausgearbeiteten Merkmale

- Modifizierungs*vermittlung* (direkte Vermittlung – indirekte Vermittlung) und
- Modifizierungs*intensität* (Oberflächenveränderung – Tiefenveränderung)

können die hier zu rekonstruierenden Fälle durchgehend als direkte Oberflächen-
modifizierungen bezeichnet werden, da keinerlei Aufkleber oder ähnlich medial
vermittelte Spuren vorliegen. Die deutlichsten strukturellen Parallelen lassen sich
demnach zu „klassischen", d. h. mit Farbe, Spray oder Stiften aufgetragenen Graffiti ziehen. Räumliche „EINschreibungen" werden damit einerseits zu räumlichen
„ANschreibungen" bzw. „AUFschreibungen" und weisen andererseits auf ein schü-
lerseitiges Aufbrechen der institutionellen, material hervorgebrachten Heterotopie
(vgl. Abs. 5.2.2) hin: Das ausgesperrte, abgegrenzte Außerschulische dringt nunmehr in den schulischen Raum ein; die Schüler modifizieren den vorgegebenen,
institutionellen Disziplinarraum mittels Zitation von bspw. aus der Street Art
entliehenen Elementen (vgl. Abs. 2.2). Jedoch handelt es sich bei den Graffiti –
wie vorangehend ausgeführt wurde – durchgehend um typographische Elemente, was bereits an dieser Stelle auf eine Inkorporation und eine darauf folgende
raumpraktische Reproduktion schulisch-institutioneller Vorgaben hindeutet und
Schriftlichkeit bzw. das Erlernen kultureller Regelsysteme allgemein im Sinne Cas-
sirers „als höchste Errungenschaft der Zivilisation" (Böhme 2006, S. 62) ausweist.
Fernab dieser rahmenanalytisch-verallgemeinernden Explikation vandalistischer
Raumpraktiken werden nachfolgend einzelne Ausdrucksgestalten sowie ihre Rekonstruktion dargestellt. Aufgrund der Spezifik der vorliegenden, bereits edierten
und chirographischen Ausdrucksgestalten (vgl. Abs. 4.2.1) wird im Rahmen der Rekonstruktion zunächst zwischen inhaltlicher und formaler Ebene des dargestellten
Textformats differenziert, um beide nachfolgend miteinander verschränken und in
Bezug zum bereits rekonstruierten topographischen Raum (vgl. Abs. 5.2.4) setzen
zu können. Mit einer derartigen Vorgehensweise wird der Fallspezifität insgesamt
insofern Rechnung getragen, als sowohl die Frage nach dem „Was" (Inhalt) und
„Wie" (Form) als auch diejenige nach dem „Wo" (Platzierung) in den Fokus rücken
und zueinander in Relation gesetzt werden.

Ausdrucksgestalt S₁I (siehe Abb. 5.34):[4]
Hallo, wer auch immer ihr seid! Bitte schreibt mal was! $W_x H_x E_x L_x$

Das „Hallo" ist hier als tendenziell non-formale Eröffnung einer Interaktion auszuweisen und beispielsweise in Kontrast zu dem hoch formalisierten „Guten Tag"
sowie dem subkulturell gebräuchlichen „Hi" in der Mitte eines theoretischen Kon-

---

[4] Eine ausführlichere Rekonstruktion ist dem dieser Arbeit anhängenden Protokoll 1 zu
entnehmen.

Abb. 5.34 Ausdrucksgestalt S_1I.
(© Viktoria Flasche (Auszug))

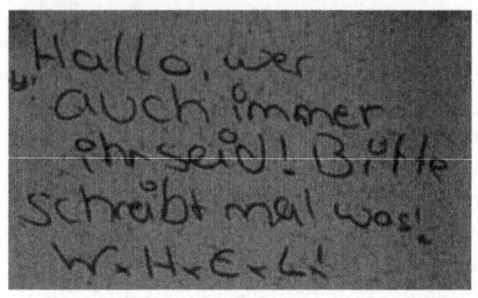

tinuums von Eröffnungssequenzen zu verorten.[5] Angesprochen werden somit Personen aus dem gleichen Milieu, der gleichen Peergroup oder weitere Personen, die sich jedoch auf derselben oder einer nur wenig unterscheidenden Hierarchiestufe befinden. Sinnlogisch nicht denkbar und somit ebenfalls nicht anschlussfähig wären entsprechend formalisierte Zusammenhänge wie beispielsweise ein amtlicher Brief oder eine offizielle Rede, vielmehr eine unter Gleichgesinnten und sich gegenseitig Duzenden stattfindende Konversation, auf die durch ein antwortendes „Hallo" angemessen reagiert würde, denn „Begrüßungshandlungen sind notwendig reziprok" (Oevermann 1983, S. 237). Die anschließende Sequenz „wer auch immer ihr seid" betont ein neutral konnotiertes Desinteresse in Bezug auf oder die Unwissenheit über den Kreis der Lesenden und richtet sich an eine Personengruppe, welche zwei Bedingungen erfüllen muss: Erstens muss die Technik des Lesens beherrscht werden (notwendige Bedingung) und zweitens muss der Ausdruck auch tatsächlich gelesen werden (hinreichende Bedingung), was unter Einbezug des Kontexts „Schulraum" nahezu niemanden ausschließt und somit den Adressatenkreis weit öffnet. Der Ein- bzw. Ausschluss wird demzufolge über den Zugang zum Raum vorgenommen: Es handelt sich um einen Sport-Umkleideraum, der entgegen den Regelfall zwar nur von Schülern (und nicht etwa von Mitgliedern eines Sportvereins), allerdings nicht nur von einer Geschlechtergruppe, sondern indifferent und unregelmäßig genutzt wird. Der Ausdruck „wer auch immer ihr seid" bezieht somit all diejenigen ein, welche schüler- oder lehrerseitig Zugang zum Umkleideraum haben oder haben könnten. Die nachfolgende „Bitte" als Sprechakt zielt auf eine Reaktion in Form einer Antwort oder Handlung. Bei Bitten kann

---

[5] Zur ausführlichen Rekonstruktion von Begrüßungshandlungen vgl. v. a. Oevermann 1983, S. 235 ff. („Guten Tag") sowie Böhme 2000, S. 55 ff. („Sehr geehrte"). Oevermann bezieht sich hier auf die Eröffnungssequenz einer Fernsehansage, Böhme auf diejenige einer Schulleiterrede.

es sich bspw. um Wunschäußerungen oder Anfragen handeln, deren Ausführung der Bittende aus verschiedenen Gründen nicht nachkommen kann oder möchte. So wünscht sich (bittet) ein Kind zu Weihnachten (um) ein Fahrrad, da es dieses aus eigenen finanziellen Mitteln nicht beschaffen könnte. In pädagogischen oder anderen hierarchisch festgelegten Verhältnissen mit asymmetrischen Kommunikationsverhältnissen wird die Bitte oftmals obsolet, da es sich um einen Auftrag handelt, der mit dem Wort „Bitte" lediglich dekoriert wird, um eine gesellschaftliche Konvention einzuhalten, hier diejenige der Höflichkeit. In einigen Fällen ist derjenige, der eine Bitte äußert, dringend bzw. zwingend abhängig von der Erfüllung selbiger. Eine derartige Abhängigkeit kann jedoch nicht grundsätzlich jedem Bittenden attestiert werden, da die Qualitäten der Bitten in Bezug auf die sie zu erfüllenden Handlungen und zugrunde liegenden Motivationen stark variieren: Von der lebensrettenden Maßnahme – wie dem Aufruf zu einer dringend notwendigen Knochenmarkspende – bis hin zu einem begehrten Luxusgut – wie zum Beispiel einem Auto oder einer Penthouse Wohnung – kann ein ausgedehntes Kontinuum eröffnet werden. Bezieht man nunmehr das zuvor Rekonstruierte mit ein, können hierarchische Beziehungen entsprechend ausgeschlossen und die Bitte als Form der Wunschäußerung, Aufforderung oder Anfrage mitgeführt werden. In der anschließenden Sequenz „schreibt mal was" wird diese Aufforderung nunmehr spezifiziert, die Bitte entsprechend formuliert. Der Ausdruck hebt jedoch die bereits zuvor dargestellte, zunächst auf den Adressatenkreis bezogene Gleichgültigkeit hervor: Weder der Zeitpunkt oder -raum zur Erfüllung der Bitte noch der Inhalt des zu Schreibenden werden näher bestimmt; es soll zu einem unspezifischen Thema, zu einer unspezifischen Zeit und an einem nicht definierten Ort etwas in schriftlicher Form verfasst werden. „Was", „Wer", „Wo" und „Wann" der Aufforderung sind demnach beliebig oder werden aus nicht bekannten Gründen maximal offen gehalten und lediglich das „Wie" einer Reaktion wird durch das „schreibt" spezifiziert. Das unspezifische „mal was" stellt damit einen in unterrichtlichen Kontexten (z. B. Klassenarbeiten) kaum denkbaren Zusatz von Arbeitsaufträgen dar: Es soll zwar ein Inhalt auf schriftliche Art und Weise dargestellt werden, jedoch wird vollkommen offen gelassen, worum es sich dabei handeln soll. Relevant und verlangt ist hier ein „überhaupt etwas" und nicht ein thematisch fixierter Inhalt. Somit wird die in der Schule manifestierte typographische Fixierung auf einen absurden Höhepunkt getrieben: Das Schreiben wird zur von Inhalt und Sinn losgelösten Hauptsache, es ist Medium und Interaktionsselbstzweck zugleich. Die Verwendung des Plurals für sowohl die Adressaten als auch die Autoren, wie im Kürzel „W.H.E.L." (Wir haben euch lieb) zum Ausdruck kommt, verdeutlicht nunmehr, dass es sich sowohl bei den Autoren als auch den Adressaten um Kollektive handelt. Im Gegensatz zu der vollkommenen Offenheit bezüglich des Inhalts, der Adressaten und des Zeitpunktes und -raumes, innerhalb welchen das angesprochene Kollektiv der Bitte nachkommen soll, wird mit dem Ausdruck „Wir haben euch lieb" eine starke positive, verbindliche sowie emotionale Haltung zum Ausdruck gebracht. Diese Form der (minimalistischen) Versprachlichung von Emotionen kommt vor allem in Musiktexten, Chatbeiträgen, Kurznachrichten (SMS) und Postings vor und kann somit nur von bestimmten Adressaten decodiert werden.

Da der Schreibakt als solcher nur von einer Person vollzogen werden kann, handelt es sich hier entweder um die von der Gruppe autorisierte Person, welche das kollektive Gesamtgefühl „lieb haben" schriftlich zum Ausdruck bringt oder jemanden, der sich ohne Autorisierung äußert und fälschlicherweise für den Stellvertreter eines kollektiven Gefüges gehalten wird. Bezieht man an dieser Stelle den räumlichen Kontext mit ein, so lässt sich zumindest feststellen, dass es sich um einen Raum handelt, der Kollektivierungen tendenziell stärker befördert als der durch Einzelplätze charakterisierte Klassenraum (vgl. Abs. 5.2.4). Stellt das „Hallo" die Begrüßung der Lesenden durch die Autoren dar, ist dem abgekürzten „W.H.E.L" neben dem Ausdruck einer kollektiven Emotion zugleich die Funktion einer Verabschiedung immanent. Die schriftlich verfasste Bitte erhält eine Rahmung, die in der dargestellten Form alltagssprachlich unüblich ist, da „Tschüss" oder ähnliche Abschiedsfloskeln eine stimmige(re) Gesamtkomposition ergäben und somit auf die Adressierung spezifischer, diese Form nutzende Gruppierungen hinweist.

Die hier rekonstruierte Interaktionssequenz richtet sich als Gesamtausdruck von einem anonymen Kollektiv an ein ebenfalls anonymes Kollektiv, welches eine spezifische Handlung, nämlich eine wiederum schriftliche Entäußerung unspezifischer Art vornehmen soll. Kollektivierte Literalität wird hier zum Selbstzweck und erhebt sich somit über die sonst notwendigen Bestandteile von Texten wie Autoren, Adressaten, Inhalt, Bestimmung o.ä. „Schriftlichkeit um ihrer selbst Willen" kann hier als Formel festgehalten werden, und führt kulturelle Regeltechniken ad absurdum, da nicht etwa die Weitergabe von Informationen, sondern lediglich die Einübung und Verbreitung gehaltloser Worte in den Vordergrund gerückt werden. Eingebettet in den Kontext des Schulraums und der Frage nach der Inbesitznahme desselben wird schnell deutlich, dass es sich hier zwar formal um illegitime Praktiken der Raumaneignung handelt, die zunächst als Widerstandspraktiken auszuweisen sind, inhaltlich jedoch durchaus in der Logik schulischer Bildungsprozesse verhaften bleiben. Die im institutionellen Entwurf zum Ausdruck kommende Sinnkrise des Schriftlichen bzw. Verschriftlichten (vgl. Abs. 5.2.1) erfährt hinsichtlich der manifestierten Spuren eine raumpraktische Reproduktion: Nicht der inhaltliche Gehalt, sondern die bloße Präsentation typographischer Entäußerungen sind von erheblicher Relevanz und werden wiederum auf eben jene Weise nicht nur erbeten, sondern eingefordert. Somit liegt auch in Bezug auf die Verknüpfung von

Entwurfs- und manifestierter Deutungsebene eine strukturelle Parallele vor, die an dieser Stelle als „formalistische Typographiehörigkeit" bezeichnet werden kann.

J   weiß nicht wen sie liebt!
L   weiß es
P   weiß es auch (2x)
M weiß es auch
L   weiß es (nur 1x)
K   liebt niemanden!

Kann uns
   jemand
     helfen?!?

Ausdrucksgestalt S₁ II (siehe Abb. 5.35):

Die vorliegende Ausdrucksgestalt ist in Form eines Rätsels, einer Aufzählung, Liste oder einer Notiz gestaltet und kann mit dem Titel „Das Rätsel (um das Wissen) der Liebe" beschrieben werden. Die nur durch jeweils einen Buchstaben anonymisiert benannten Personen werden hinsichtlich ihres Wissens darüber aufgeführt, wen sie jeweils lieben. Somit ist das Thema nicht etwa die Frage danach, ob überhaupt geliebt wird, vielmehr die Ungewissheit, ob Kenntnis über die Liebe zu jemandem besteht. Es handelt sich um eine nahezu buchhalterisch dargestellte

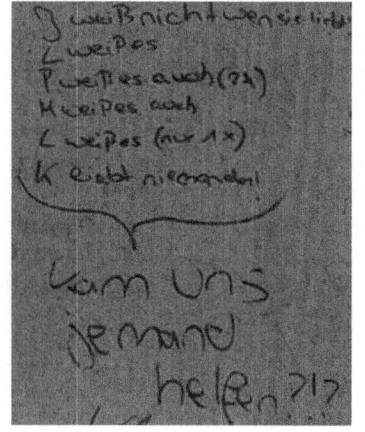
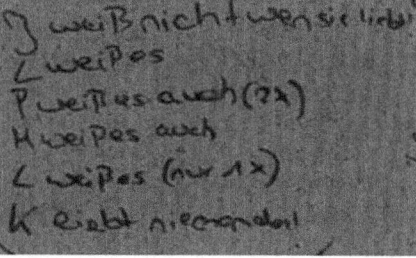

Abb. 5.35 Ausdrucksgestalt S₁ II und Sequenz I (© Viktoria Flasche (Auszug))

Form der Verschriftlichung eines Diskurses, der unter der Frage „Weißt du, wen du liebst?" gefasst werden kann, wobei die Beantwortung derselben lediglich in der Dichotomie von „ja" und „nein" aufgeht und nicht etwa darauf abzielt, denjenigen oder diejenige zu nennen, der oder die geliebt wird.

Die erste (Fein-)Sequenz „*J weiß nicht wen sie liebt!*" stellt heraus, dass eine Person, die mit dem Buchstaben J bezeichnet oder anonymisiert wird, gerade nicht über eine derartige Kenntnis verfügt und die gestellte Frage somit unbeantwortet lassen muss: J liebt, doch er oder sie weiß nicht, wen. Denkbar sind zwei differente Kontexte: 1) J hat den Autor des Texts darüber informiert, dass er oder sie mit mindestens zwei anderen Personen zwar emotional eng verbunden ist, jedoch nicht eindeutig äußern kann, wen dieser anderen Personen er oder sie nun liebt. „Jemanden lieben" wird hier in Differenz zu weiteren emotionalen Zuständen wie etwa „jemanden mögen", „jemandem zugeneigt sein" oder „jemanden gut leiden können" gesetzt. Diesem Kontext liegt die Annahme zugrunde, dass J zwingend eine Person zu benennen hat, von der mit Gewissheit gesagt werden kann, dass er oder sie diese liebt. 2) Eine zweite Kontextvariation wäre die einer objekt- bzw. subjektlosen Liebe: J liebt, doch diese Emotion findet keinen Nährboden, keine Person, die diese Liebe annehmen und ggf. erwidern könnte. Die Sequenz „*L weiß es*" schließt nunmehr einerseits im Sinne des Wissens der oder des L über das Liebessubjekt oder -objekt der oder des J an oder stellt die eingeforderte Beantwortung der Frage nach der Kenntnis über das eigene Wissen des Liebessubjekts des oder der L dar. Für den erstgenannten Kontext werden zu viele Zusatzannahmen nötig, z. B. über die innig-freundschaftliche Beziehung zwischen L und J, einem damit einhergehenden intensiven Austausch über die emotionale Situation der oder des J und einer daraus folgenden Gewissheit der oder des L bezüglich Js Liebessubjekt. Derartige Annahmen lässt die Ausdrucksgestalt als solche entsprechend nicht zu. Somit kann sowohl für diese als auch die anschließenden Sequenzen „*P weiß es auch*", „*M weiß es auch*" und „*L weiß es*" die Lesart mitgeführt werden, dass es sich um eine Ergebnisdarstellung der Antworten auf die o. a. Frage handelt. Im Gegensatz zu L, P, M und L ist J die einzige Person, die in Unkenntnis darüber ist, wen er oder sie liebt. Die in Form von eingeklammerten Zahlen angefügten Zusätze „*(2 ×)*" und „*(nur 1 ×)*" bestärken die mathematisch-statistische Gestalt des Ausdrucks: In der Logik quantitativer Fragebögen wird hier festgehalten, was oftmals als eine der stärksten emotionalen Empfindungen ausgewiesen wird und somit in ein Gefüge gebracht, das sowohl formal als auch inhaltlich deutlich irritiert. Die Quantifizierung von Wissen nicht nur über eine spezifische Sache, sondern darüber, in wen eine Person verliebt ist, wirft die Frage auf, in welchen Kontexten derartige Vorgehensweisen üblich sind. Einer Personalwahl ähnelnd werden hier Initialen veröffentlicht, anstelle der obligatorischen Auszählung hinter den Namen

Abb. 5.36 Ausdrucksgestalt S₁ II (Sequenz II). (© Viktoria Flasche (Auszug))

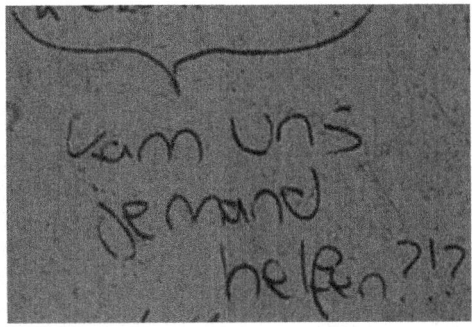

erfolgt jedoch die Auflistung des Kenntnisstandes über das eigene Verliebtsein. Somit handelt es sich einerseits um die Veröffentlichung intimer Emotionen bzw. die daraus abgeleitete Kenntnis über das Liebessubjekt, andererseits um die verkündete Ergebnisliste nach einem wettkampfähnlichen Ereignis.

Die anschließende Sequenz *„Kann uns jemand helfen?!?"* (siehe Abb. 5.36), welche durch das Symbol einer nach unten weisenden Klammer deutlich der vorangehenden zuzuordnen ist, schließt nunmehr verschiedene Kontexte aus. Handelte es sich um einen Wettkampf, so müsste die Frage nach einem Gewinner durch die eigens angebrachten Zahlenformate (1x, 2x) bzw. das Kriterium des Wissens um das Liebessubjekt unproblematisch zu ermitteln sein. Die offen gestellte „fragende Aufforderung", die durch die Aneinanderreihung der verschiedenen Interpunktionszeichen „?!?" zum Ausdruck kommt, könnte jedoch auf einen durch ein öffentliches Publikum oder eine Jury zu verleihenden Preis zielen. In der Lesart des Rätsels wird eine derartige Frage jedoch sinnlogischer: Eine Gruppe wird aufgefordert, bei der Lösung des Rätsels zu helfen, demnach Kenntnisse weiterzugeben, die wahlweise die anonymisierten Liebenden oder das jeweilige Liebessubjekt enttarnen. „Das Rätsel (um das Wissen) der Liebe" bedarf demnach dringender Lösung.

Die Ausdrucksgestalten „Kann uns jemand helfen?!?" (Ausdrucksgestalt S₁ II) und „Wer auch immer ihr seid" (Ausdrucksgestalt S₁ I) werden hier zum allgemeinen Aufruf einer im Anonymen verbleibenden Gruppierung an eine ebenfalls anonyme Gemeinschaft. Autoren, Adressaten und Inhalt sind in höchstem Maße unspezifisch, sodass es sich um eine generelle, nicht auf- bzw. einlösbare Aufforderung handelt, die eine strukturelle Hilflosigkeit betont. Die Anonymisierung, Auflistung und Quantifizierung von Personen und deren intime Emotionen stellt ein Mittel zur Reduktion einer (auch) durch den Raum hervorgerufenen Unsicherheit dar und reproduziert somit das diesem immanente Spannungsverhältnis von

Abb. 5.37 Ausdrucksgestalt
S_1 III. (© Viktoria Flasche
(Auszug))

Anonymität und Intimität auf eindrückliche Weise. Die versachlichte Betonung der
Natürlichkeit und der damit zusammenhängenden Emotionen und Prozesse (Lie-
be, Sexualität) kann zudem als vermeintlicher Gegenentwurf zur Überbetonung der
Kulturalität und der damit verbundenen Aussperrung außerschulisch-natürlicher
Umwelten ausgewiesen werden. Das Einholen und Manifestieren biologischer
Phänomene geschieht durch die typographische Äußerung und verweist damit
wiederum auf die Inkorporation schulisch-institutioneller Vorgaben in Form von
früh erlernten kulturellen Regeltechniken.

Ausdrucksgestalt III (siehe Abb. 5.37):[6]
I HATE PIA[2]

Entgegen der vorangegangenen Ausdrucksgestalten, in denen sich stets ein anony-
misiertes Kollektiv an ein ebensolches wendet, handelt es sich bei der folgenden
Sequenz vermutlich um einen einzelnen Autoren, der sich wiederum zu einem einzelnen Subjekt äußert, das zudem noch namentlich benannt und somit
spezifizierbar wird. Der Text „*I HATE PIA*[2]" verweist auf die aktiv-expressive Positionierung einer einzelnen Person – oder eines sich auf eine einheitliche Position
geeinigten Kollektivs – innerhalb eines Diskurses, welcher als „Wie stehst du zu
Pia?" beschrieben werden kann. Im Gegensatz zum Ausdruck „love" (dt.: lieben
oder Liebe) werden bei dem hier vorliegenden „hate" (dt.: hassen oder Hass) spezifischere Kenntnisse der englischen Sprache benötigt, sodass lediglich bestimmte,
über eben diese Kenntnisse verfügende Adressatenkreise infrage kommen. Die notwendigen Englischkenntnisse können nicht für jede Generation unterstellt werden,

---

[6] Eine ausführlichere Rekonstruktion ist dem dieser Arbeit anhängenden Protokoll 2 zu
entnehmen.

wohingegen die Bezeichnung „love" als solche einerseits eher Einzug in die deutsche Sprache gehalten hat – beispielsweise mittels bekannter Werbespots („I love it", McDonalds) oder Songtexte („No ordinary love", Sade) – und zudem zusätzlich über die symbolische Darstellung des Herzens symbolisch-vermittelten Zugang findet (vgl. Abs. 5.2.3). Die extreme, negative Emotionalität des Wortes „hate" findet darüber hinaus im deutschsprachigen Raum kaum oder keinerlei Verwendung und tritt vornehmlich in Textsorten wie bspw. Songtexten zutage. Der Rückgriff auf den englischen Ausdruck einer derart starken negativen Emotion wie „hassen" verweist zunächst auf die Unmöglichkeit, sich einer Positionierung innerhalb des entsprechenden Diskurses zu enthalten. Jedoch erfolgt eine derartige Positionierung in englischer Sprache, womit eine sprachlich induzierte Distanzierung entsteht. Eine auf diese Weiseexplizite Äußerung verdeutlicht auf der sprachlichen Ebene eine Form aggressiver Ablehnung, die jedoch wiederum als spezifische Form der Anerkennung gelesen werden kann. Die Nennung dessen, was vermeintlich gehasst wird, bedeutet im Umkehrschluss die tatsächliche Anerkennung der Existenz mittels Verhältnissetzung: Der, die oder das Andere ist nach wie vor kritikwürdig und nennenswert und sei es in einer starken emotionalen und negativen Variante. In Abgrenzung dazu handelte es sich bei einer egalitären Haltung – welche mit einer Enthaltung innerhalb des Diskurses einherginge – um eine Form der Ablehnung im Sinne einer Negation des Anderen. Die Beziehung bzw. emotionale Situation des Autors in Bezug auf Pia wird für andere in schriftlicher Form dargestellt, ohne dass Pia in direkter Weise beteiligt ist, sein muss oder wird. Das Hassgefühl wird demnach nicht unmittelbar an Pia gerichtet, sondern es wird anderen über dieses Gefühl in Form eines „Statements" oder einer Information bzw. eines Postings (vgl. Abs. 4.1) berichtet. Der Autor positioniert sich damit deutlich innerhalb des „Pia-Diskurses" und nicht etwa im Sinne einer direkten Beziehung zu Pia. Somit handelt es sich um die mikropolitische Ebene zwischenmenschlicher Beziehungen, auf der allerdings nicht mit-, sondern übereinander kommuniziert wird. Das Hinzufügen des Nachnamens Pias oder einer ähnlich einschränkenden Zuordnung finden zudem nicht statt, wodurch eine Selektion der Adressaten verdeutlicht wird: Diejenigen, welche sich innerhalb des Diskurses positionieren oder sich bereits positioniert haben, brauchen keine über den Vornamen hinausgehende Information, sondern verfügen als „Insider" über das notwendige Wissen.

Die Wahl der gedruckt anmutenden Buchstaben weist auf eine Anonymisierung des Autors derselben hin. Dieser möchte nicht erkannt werden und kann durch die Wahl der Schreibart zunächst nicht ohne Weiteres identifiziert werden. Gleichwohl kommt er durch die Abwandlung der ursprünglichen Form der Buchstaben sowie die Besonderheit des nicht-Ausgefüllten gleichermaßen zum Vorschein. Es handelt sich somit um die handschriftliche Interpretation von Druckbuchstaben:

Die Buchstabenwerden trotz der Anonymisierung und Entpersonalisierung indi-
viduell in Szene gesetzt, wodurch der Autor wiederum identifizierbar wird. Die
Transformation der grundsätzlich reproduzierbaren Druckbuchstaben wird durch
deren Inszenierung – demnach die Art der Handschriftlichkeit oder ikonischen
Darstellung – enttarnt. Die Wahl der Darstellung eines deutlich vorgegebenen kulturellen Symbolsystems deutet entsprechend auf einen Akt bzw. den Versuch der
Individualisierung unter Rückgriff auf bestehende Standards und deren formale
Modifizierung hin. In dialektischer Weise kann hier von einer Aufhebung der Negation des Individuellen im Medium der Schriftlichkeit gesprochen werden. Das „i“
des Wortes „Pia“ ist als einziger Buchstabe kleingeschrieben. Zudem sind die bei den
anderen Schriftzeichen sehr eckig dargestellten Enden hier oval abgerundet bzw.
geschwungen, was auf eine gesteigerte Geschwindigkeit des Schreibens sowie eine
damit einhergehende fortlaufende Abweichung vom existierenden und dem Autor
bekannten Standard hindeutet. Diese Distanzierung von einem allgemein gültigen
Schreibstandard meint jedoch zugleich eine Herstellung von und Unterwerfung
unter eigene Standards, die in einem weiteren Schritt wiederum gebrochen werden:
Die anfänglich „ordentlich“ geschriebenen Buchstaben werden zunehmend „unordentlicher“ und weichen somit vom Autorenstandard ab, was vor allem durch den
Vergleich von Form und Gestalt der beiden „i“s verdeutlicht werden kann. Die Gesamtkomposition wird vornehmlich durch die drei Kreise verdeutlicht, welche sich
in bzw. auf den jeweiligen Buchstaben wiederfinden, wodurch die ohnehin stark
standardisierte Gesamtgestalt des Namensschriftzeuges um ein zusätzliches Kriterium erweitert wird. Zusammenfassend lässt sich anmerken, dass die Grundgestalt
zwar erhalten bleibt, jedoch durch verschiedene Variationen bzw. Abweichungen
verändert wird, was beispielsweise auf eine Erhöhung der Schreibgeschwindigkeit
oder eine Abnahme der zuvor rekonstruierten Selbstdisziplinierung bzw. eine Kausalverbindung beider eventueller Gründe verweisen könnte. Es handelt sich um
eine doppelte Distanzierung vom typographisch-sprachlichen Standard: Einerseits
wird die äußere Form, andererseits die gebrauchte Sprache variiert.

Das „*i*“ steht innerhalb des Schriftzuges für das maximale Ausmaß an Individualität, Spontaneität und Emotionalität aber auch an Devianz. Die Mitte des
Namenszuges wird „klein gemacht“, stellt jedoch im Gegensatz zum „*I*“ am Anfang
des Ausdrucks kein inhaltsleeres Symbolgebilde dar, sondern wird stark personifiziert: Formanalytisch lässt sich hier ein stark stilisierter bzw. skizzierter Mensch
erkennen, der die Arme und Beine von sich streckt und damit seinen Körper
– freiwillig oder erzwungen – ungeschützt einem Gegenüber präsentiert. Neben
der Nennung eines Vornamens wird hier zusätzlich ein Individuum in skizzierter
Form dargestellt, womit eine doppelte Subjektivierung – inhaltlich und formal –
zum Ausdruck gebracht wird. Darüber hinaus kommt hier auch der Autor selbst

inhaltlich und formal am stärksten zum Ausdruck: Das schreibende Selbst thematisiert sich stärker im Anderen („*Pia*"), als in der Eigenbezeichnung („*I*"). Dort, wo sich am weitesten vom typographischen Standard entfernt wird und gleichzeitig das ästhetische Moment an Bedeutung gewinnt, inszeniert sich der Autor am deutlichsten und wird potenziell leichter identifizierbar. Inhaltlich findet diese „sich Zurschaustellung" eben gerade im Anderen statt, in der Person, über die ein bekannter Diskurs geführt wird und in welchem sich der Autor am deutlichsten zur bezeichneten Person in Distanz setzt. Die inhaltliche Negation des Anderen sowie die doppelte Brechung bestehender Standards ist gleichzeitig die maximale Inszenierung des Selbst. Die eigene doppelte Unterwerfung – einerseits unter bereits geltende, andererseits unter eigens entwickelte Standards – lässt eine Aufbrechung oder Emanzipation nur zu, indem der Andere negiert wird.

Ein direkter, impulsiver Ausdruck müsste seine Entsprechung in der formalen Gestaltung typographischer Elemente finden. Eine Übersetzung im Sinne einer geplanten, individualisierten und kreativ gestalteten Formatierung von Schrift – zudem in einer Fremd- und nicht etwa in der Muttersprache – zeugt gerade nicht von einem impulsiven Akt spontaner Positionierung. Ein direkter und intensiver, das heißt in diesem Falle authentischer Ausdruck einer empfundenen Emotionalität widerspräche somit einer Gestaltung, wie sie hier sichtbar wird. Vielmehr handelt es sich um eine Brechung des Regelwissens, einer Brechung also, die zu Irritationen führt oder bewusst führen soll. Die Emotionalität und die damit verbundene Positionierung soll auf bestimmte, gestaltete Weise zum Ausdruck gebracht werden. Wie bereits durch die Rekonstruktion der vorangegangenen Ausdrucksgestalt deutlich wurde, handelt es sich auch hier um die Versachlichung genuin expressivnatürlicher Emotionen oder Haltungen, die durch die strukturellen Parameter des Raums mindestens nicht verhindert, in Teilen jedoch sogar befördert werden. Die Brechung von Standards und einer damit einhergehenden Individualisierung ist verbunden mit dem ästhetischen Moment des „schönen Scheins". Dieser erfordert stets eine Form der Selbstdisziplinierung, die sich auf das beziehen muss, worum es sich thematisch handelt – hier also auf den „Hass" oder das „Hassen". An dieser Stelle können demnach zwei alternative Lesarten fokussiert werden: Entweder ist das Maß an Selbstdisziplinierung außerordentlich hoch oder die zu disziplinierende und zum Ausdruck zu bringende Emotionalität existiert nicht in der dem Wort gerecht werdenden Intensität. Das Moment individuellen Ausdrucks, welches mittels der Brechung der sprachlichen und formalen Standards freigesetzt wird, erfährt in der Brechung der ästhetischen Inszenierung sofortige Zähmung und Disziplinierung. Das, was freigesetzt wird, wird gleichermaßen wieder begrenzt. Das Individuum bricht mit standardisierten Kriterien, entwickelt jedoch gleichzeitig eigene Standards und unterwirft sich ihnen unverzüglich. Inhaltlich und formal richtet sich die verschriftlichte Äußerung entsprechend an ein Kollektiv, das eben jenen Kriterien im Sinne geschaffener Standards unterliegt. Hier können Jugend(Sub-)Kulturen herangezogen werden, die sich auf die formale Verschriftlichung von Aussagen – auch zu Lasten der Inhalte – fokussieren, welche jedoch spezifischen ästhetischen Standards genügen müssen und diesen unterworfen werden.

Die auf den Ausdruck „*Pia*" folgende hoch gestellte „*2*" ist aus mathematischen Formeln bekannt und drückt als Potenz das Wiederholen einer Rechenoperation aus. Etwas wird mit sich selbst multipliziert und durch die dargestellte Schreibweise abgekürzt. Darüber hinaus handelt es sich um die Maßeinheit m^2, durch welche eine Fläche zum Ausdruck gebracht, die mittels Multiplikation von Länge und Breite berechnet werden kann. Die doppelte Bedeutung einer zweifachen Unterwerfung wird in der hoch gestellten Zwei somit manifest zum Ausdruck gebracht, d. h. der Hass des Autors ist auf ein Zweifaches bezogen: Zunächst auf die Person Pias, über die ein Diskurs besteht, innerhalb dessen man sich zu positionieren hat oder es gerne möchte. Des Weiteren auf sich selbst wegen der Unmöglichkeit, sich anders als in und durch Pia zu thematisieren und zu profilieren. Der auf Pia projizierte Hass und die damit einhergehende bzw. erst durch den Ausdruck dieses Hasses entstehende Selbstinszenierung stellt die latente Bedeutungsstruktur des Ausdrucks dar. Das Selbst thematisiert sich lediglich in der Negation des anderen (Hass), was mit Selbsthass einhergeht und nicht anerkannt wird. Die Übernahme eigener Subkulturstandards als oppositionelle Haltung gegenüber bestehender, gesellschaftlich konventioneller Standards wird lediglich als eine weitere Form der Anpassung angesehen und erst durch die emotionale Stärke des auf einen generalisierten Anderen projizierten Hasses zur Plattform für expressive Selbstthematisierungen und -inszenierungen bei gleichzeitigem Hass auf die eigene Schwäche, das Selbst nur durch die Negation bzw. Destruktion anderer in den Vordergrund treten lassen zu können.

5.2.6 Fallporträt S₁: „Wer auch immer ihr seid" oder Praktiken der Mündigkeit in panoptischen Räumen

Die schulische Architektur weist einen auf differenten Ebenen rekonstruierbaren, zellenförmigen Disziplinarraum aus, der sich zudem in der Logik einer „Heterotopie" (Foucault 1967, 2005; Chlada 2005) von der sie umgebenden (Wohnungs-)Bebauung resp. Siedlungsstruktur abhebt (vgl. Herrmann 2013a). Foucault beschreibt jene „anderen Orte" als „Gegenplatzierung[en] oder Widerlager" (Foucault 1992, S. 39), wodurch die Dichotomie von „Einem und Anderem" als „Schule und Gesellschaft" räumlich hervorgebracht wird. Die eingezeichneten Feldlinien verdeutlichen dieses und betonen darüber hinaus die von Foucault als „Parzellierung" (Foucault 1994, S. 183) beschriebene Technik zur disziplinaren Anordnung bzw. dem „Prinzip der elementaren Lokalisierung" (ebd.). Ähnlich eines Ackers oder Campingplatzes mit einzelnen Parzellen wird auch hier verfahren: Durch Territorialisierungen werden Gebiete, Zugehörigkeiten und Grenzen deutlich und manifest markiert, voneinander abgegrenzt und somit „eine Antidesertions-, Antivagabondage-, Antiagglomerationstaktik" (ebd.) verfolgt. Das in räumlich-manifester Weise ausgewiesene Andere – und entsprechend das Regelhafte und Geometrische des gesamten Schulgeländes – setzt die Schule in Maximalkontrast zu ihrer durch gekrümmte bzw. geschwungene Linien charakterisierbaren Umwelt als geschlossenes, geordnetes und linear strukturiertes System, welches zudem – auf der Ebene des Schulgebäudes – durch ein panoptisches Moment permanenter Sichtbarkeit geprägt ist. Der Zugang zu diesem in sich geschlossenen System liegt verborgen auf der Rückseite des Hauptgebäudes und ist für ortsunkundige Dritte nicht ohne weitere Kenntnis auffindbar. Die bereits anhand des schulischen Entwurfs rekonstruierte Fallstruktur des „sich nach innen Wendens" (vgl. Abs. 5.2.1) findet hier seine architektonische Entsprechung: Außerschulische Bereiche finden kaum Berücksichtigung bzw. werden nicht dargeboten. Der Blick auf die außerschulische Realität wird institutionell versperrt. Das, was vermeintlich für die schulischen Akteure von Bedeutung ist, bietet die Schule bildungsmonopolhaft an. Umgekehrt bleibt der sich im Inneren Aufhaltende jedoch anonym und nahezu gänzlich unsichtbar: Er ist der sich hinter der Tür oder Gardine aufhaltende Voyeur und vor den Augen der vermeintlich Beobachteten weitestgehend verborgen. Handelt es sich zudem um einen Beobachter, der in einem abgedunkelten Raum und/oder hinter einem Bleiglasfenster steht, verstärkt sich das Moment asymmetrischer bzw. einseitiger Beobachtung um ein Vielfaches, da es den sich im hellen Außen aufhaltenden Akteuren nunmehr erst recht nicht möglich ist, jemanden im Innen erkennen zu können. Diese Struktur einer einseitigen Beobachtungsmöglichkeit findet sich in gesteigerter Form vor allem bei Michel Foucault (1994) und dessen als „Panoptismus" (ebd., S. 251) bezeichneten Machtprinzips, welches durch die Kriterien asymmetrisch, entindividualisiert, permanent und unkörperlich (vgl. ebd., S. 256 ff.) charakterisiert werden kann.

Sämtliche institutionellen Regeln, Normen und Werte richten sich somit ausnahmslos an die internen schulischen Akteure und keineswegs an eine außerschulische Akteursgruppe. Das Außen wird lediglich schemen- und ausschnitthaft vermittelt, jedoch stets in durch die Schule gefilterte und somit aufbereitete Weise. Relevant ist, was in der Schule geschieht, außerschulische Realitäten finden kaum oder keine Berücksichtigung. Sie sind demnach für die Schüler nicht unmittelbar

erleb- und erfahrbar, sondern stellen ein rein visuell wahrnehmbares Jenseits dar –
und somit paradoxerweise ein zugleich sichtbares wie unerreichbares Element. Das
Nichtschulische wird im pädagogischen Entwurf tabuisiert, denn: „Schule darf nur
Schule sein" (Böhnisch 2010, S. 18). Doch der bemühte Versuch, schulische Akteure
abzuschirmen, sie von außerschulischen Prozessen und gesellschaftlichen Realitäten fernzuhalten, scheitert und wird darüber hinaus in eine tragisch-komische
Variante der Selbstdarstellung überführt. In dem zwanghaften Bemühen, der sich
selbst auferlegten Logik zu folgen, kommt es zu Strukturbrüchen, die zunächst als
Versuch des Widerstands gegen selbst auferlegte oder unkritisch übernommene
formale Vorgaben ausgelegt werden könnten, dann jedoch ein Scheitern an eben
jenen hervorbringen. Der „Schutz- und Schonraum" (Böhme und Herrmann 2011,
S. 82), wie man den schulischen Raum mit Rousseau ausweisen könnte, wird durch
übertriebene oder fehlinterpretierte Fürsorge oder der Angst vor den Einflüssen
des gesellschaftlichen Außen in einen Disziplinar- und Kontrollraum transferiert,
der durch permanente Sichtbarkeit charakterisiert werden kann. Die Abschottung
nach außen geht einher mit dem nach innen gerichteten permanenten „Blick"
institutioneller Disziplinierung, die bis zur Aufhebung von ursprünglich der Erho-
lung dienenden, heterotopiehaften Raumformaten wie denen des Gartens reichen.
Ganz entgegengesetzt wird der Garten hier ebenfalls zum panoptischen Raum und
geht in der Formel des „künstlichen Naturraums" auf: Die ausgegrenzte natürliche, außerschulische Umgebung wird in das Zentrum der Schule gerückt und in
ein „Natur imitierendes Panopticon" transformiert. Die fehlenden Möglichkeiten
des „sich unsichtbar Machens" an in der Regel dafür vorgesehenen Orten wie dem
Schulgarten oder dem Schulhof werden jedoch schülerseitig eingeholt und in die
nicht einsehbaren Umkleideräume verlagert, was als Prozess material-räumlicher
„Internalisierung" bezeichnet werden kann. Gerade dort – in den innenliegen-
den Bereichen des Raums – finden sich nunmehr unzählige Gebrauchsspuren in
Form von Wandgraffiti und Kritzeleien bzw. in Form von Postings und Pikto-
grammen (vgl. Abs. 4.2). In der Logik der Forschungsfrage ausgedrückt bedeutet
dies: Der abseitig des panoptischen Unterrichtsgebäudes gelegene Umkleideraum
wird von schulischen Akteuren auf spezifische, d. h. typo- bzw. chirographische
Weise illegitim in Gebrauch genommen. Eine architektonische Annäherung an die
Frage danach, aus welchem Grund gerade ein derartiger Raum illegitim in Gebrauch genommen wird, wurde bereits geleistet, indem die Bedeutungsstrukturen
beider maximal kontrastierender Raumformate rekonstruiert und somit hervorgehoben wurde, dass der die Sporthalle sowie die Umkleideräume beinhaltende
Gebäudekomplex ein verschachteltes System kaum existierender Sichtbarkeit und
somit den Gegenentwurf zum panoptischen Prinzip des die Unterrichts- und
Verwaltungsräume umfassenden Hauptgebäudes darstellt.

Zusammenfassend lässt sich sagen: Die schulischen Raumordnungen sind zunächst verschiedentlich interpretierbar, verweisen jedoch in allgemeiner Weise auf eine Differenzsetzung und damit einhergehenden Verdeutlichung schulischen Innen und Außen, welches gleichermaßen mit Strukturen der Sichtbarkeit und Unsichtbarkeit verkoppelt ist. Die panoptische Architektur des Unterrichtsgebäudes steht im maximalen Kontrast zum komplexen, tunnelartigen Raum der Nebengebäude, d. h. der Sporthalle und der zugehörigen Umkleideräume. Letztere werden von den Schülerinnen und Schülern als materiale Heterotopien genutzt, was mit dem Hinterlassen manifester Spuren einhergeht. Im Sinne einer „Erziehung zur Mündigkeit" (Adorno 1971) kann an dieser Stelle konstatiert werden, dass der topographische Schulraum eben jene umfassend und unter Berücksichtigung der mit dieser stets verbundenen Problematik pädagogischer Paradoxie zulässt: Die zwar nicht akteurs- resp. lehrerseitig ausgesprochene, jedoch in der Struktur des Raums angelegte Aufforderung zur illegitimen Aneignung von bestimmten Räumen wird schülerseitig Folge geleistet und institutionell legitimiert, indem eben jene Spuren im und am Raum beispielsweise nicht beseitigt werden. Somit erobern Schüler einen Raum jenseits des Panopticons in vermeintlich widerständiger Weise bei gleichzeitiger institutioneller Legitimierung jenseits künstlich aufoktroyierter Regelungen und Vorgaben, wie es z. B. bei auf dem Schulhof platzierten Graffiti-Wänden der Fall ist. Unter besonderer Berücksichtigung der Logik des Raumtyps „Umkleideraum" kann weiterhin festgestellt werden, dass sich selbige vornehmlich aus ihrer Funktionalität heraus evozieren lässt und zusammenfassend als transitorischer Ort mit durchaus paradoxen Charakteristika zu bezeichnen ist. Somit kann gleichsam ein Raum der Vergemeinschaftung im Sinne einer Schaffung von Intimitäten als auch ein Raum der Anonymität und Scham ausgewiesen werden. In diesem Spannungsfeld von Anonymität und Intimität lassen sich nunmehr manifestierte Spuren differenter emotionaler Entäußerungen finden, deren Rekonstruktionen selbiges abbilden. Die raumpraktische Tatsache physischer Entblößung durch das Aus- und Umkleiden und die damit einhergehende Verunsicherung spiegeln sich in den vorgefundenen Sprechakten dezidiert wider, sodass von einer Transformation räumlicher in versprachlichte Gesten gesprochen werden kann. Die Modifizierung materialer Architekturen vollzieht sich synchron zu der Modifizierung des Selbst: Die Maskierung des Raums geschieht zeitgleich zur Demaskierung des Akteurs (siehe Abs. 5). Die Ausdruckgestalt „I hate Pia2" kann mit Honneth unter die Begrifflichkeiten der „Entwürdigung" oder „Beleidigung" (Honneth 1994, S. 211) gefasst werden und stellt eine manifestierte Form der Missachtung dar, die einen „Verlust an persönlicher Selbsteinschätzung" (ebd., S. 217) zur Folge haben kann. Pia, die Adressatin der „evaluative[n] Degradierung" (ebd.), wird von einer nicht (vollständig) identifizierbaren Person das aberkannt, was unter „sozialer

Zustimmung" (ebd.) zu verstehen ist. Andererseits besteht die Möglichkeit, dass der Autor des Textes sich gerade umgekehrt in einen „Kampf um Anerkennung" (Honneth 1994) begibt, motiviert durch selbst erfahrene Formen der Missachtung (vgl. ebd., S. 219). Die auf Selektion und Allokation (vgl. Fend 1980, S. 13 ff.) ausgerichtete Institution Schule kann grundlegend als Initiator bzw. Beförderer derartiger Kämpfe bezeichnet werden, doch auch die dem topographischen Raum immanente Bedeutungsstruktur (vgl. Abs. 5.2.4) wurde bereits als Ort rekonstruiert, welcher einen „Kampf um Plätze" und einer damit einhergehenden Wahl illegitimer Mittel befördert. Der formale Widerstand schulischer Postings, Annoncen, Piktogramme und Tatauierungen löst sich somit inhaltlich auf und wird zur Reproduktionsarena institutioneller Ansprüche und funktional-struktureller Ent-Individualisierungsstrategien. Somit wird die Logik des von den Schülern geschaffenen Widerstandsraums nicht nur akteursseitig, sondern überdies durch die als Legitimation vandalistischer Praktiken zu analysierende nicht-Reaktion seitens der Institution nunmehr eingeholt und ins Gegenteil verkehrt: Wird das panoptische Hauptgebäude zum umfassenden Kontrollraum und treibt Schüler somit in die Verzweigungen des Nebengebäudes, so weist das Belassen der Postings in den Umkleideräumen auf eine institutionelle Praktik hin, die wiederum das ursprünglich abweichende, illegitime, ungewollte Verhalten der Schüler nicht nur billigt, sondern als solche geradezu befördert. Kurzum: Die Schule schafft einen Gegenraum, der schülerseitig zwar zur Umsetzung widerständiger Raumpraktiken genutzt wird, diese jedoch dann gerade nicht als solche bezeichnet werden können, wenn sie institutionell anerkannt werden. Die vermeintlichen Oppositionshandlungen laufen ins Leere und reproduzieren dabei die schulische Fallstruktur der Unterwerfung unter das Prinzip der Schriftlichkeit als höchste kulturelle Regeltechnik. Jedoch – und hier kann wiederum an Adorno angeknüpft werden – haben die in diesem Rahmen rekonstruierten vandalistischen Taten durchaus einen hohen erziehungswissenschaftlichen Wert, der sich zusammenfassend wie folgt ausdrücken lässt: Die schulische, auf Anpassung und Unterwerfung ausgerichtete Disziplinierungsarchitektur wird akteursseitig zwar als solche akzeptiert, gleichsam jedoch im Sinne mündiger Handlungen und Haltungen unterminiert und aufgebrochen. Ist das Bildungswesen nicht imstande, zur Mündigkeit zu erziehen, so übernimmt hier die schulische Architektur eben jene Aufgabe: Autorität „als ein genetisches Moment von dem Prozess der Mündigwerdung" (Adorno 1971, S. 140) wird derart zur notwendigen Voraussetzung eben jenes Prozesses, als sie sich strukturell in der panoptischen Architektur des Unterrichtsgebäudes ausdrückt. Die von Freud ausgeführte und von Adorno übernommene Annahme einer Ablösung von der vorhandenen Autoritätsfigur findet ihr Pendant in der Inbesitznahme schulischer Räume. Somit sind Prozesse von Mündigkeit und Autonomie durchaus nicht grundlegend Prozesse interaktiver Lehrer-Schüler- oder Erzieher-Zögling-Beziehungen, sondern durchaus denkbar als Produkt interdependenter Mensch-Raum-Gefüge. Der auf mehreren Ebenen geschlossene Raum erfährt somit einerseits eine raumpraktische Öffnung, wird jedoch andererseits mittels des „illegitim manifestierten" und entsprechend etablierten Interaktionsraums geschlossen. Kurz: Dort, wo das Kollektiv Prozesse der Mündigkeit durchläuft, entkommt der Einzelne unter Umständen schwerlich den Fallstrukturen des (Schul-) Raums und erfährt erneute Unterwerfungs- und Disziplinierungstechniken, die bis zur schriftlich fixierten Anprangerung im gerade erst eroberten Gegenraum reichen (vgl. 4.2.5). Derartige paradoxe Implikationen können als synchrone Reaktionen von Akteuren in fluiden panoptischen Systemen beschrieben werden: Die postpanoptischen Systeme in der „flüchtigen Moderne" (Bauman 2003) bringen zwei differente Seiten des Panopticons hervor, eine „harte" und eine „weiche" (Bauman und Lyon 2013, S. 72 f.). Hierunter sind konträre Verhaltensweisen von Akteuren zu verstehen, die in der dichotomen Logik von Verweigerung/Widerstand und Konformität/Anpassung aufgehen (vgl. ebd., S. 73). Diese, ursprünglich konträren Reaktionsweisen gehen hier ineinander über und können als jeweilige Voraussetzungen wie Folgen begriffen werden. Das Panopticon der Postmoderne ist unter Berücksichtigung der vorliegenden Fallstruktur somit als „Retro-Panoptisches System" zu beschreiben, da der Raum obschon etwaiger postmoderner Fluiditäten nach wie vor als reines Panopticon fungiert, seine Wirkmächtigkeit jedoch in den der Dichotomie flüchtiger Systeme aufgeht.

5.3 Schule S$_2$

Das sich im mittleren Ruhrgebiet befindende Gymnasium (S$_2$) weist mit etwa 770 Schülerinnen und Schülern eine nahezu identische Größe auf wie die zuvor porträtierte Realschule und befindet sich in der lediglich 20 km entfernten, jedoch – bezogen auf die Einwohnerzahlen – um ein Drittel kleineren Nachbarstadt. Die Gliederung der nachfolgend rekonstruierten Ausdrucksgestalten (Schullogo, Architektur, Raumpraktiken) orientiert sich entgegen der Gliederung der vorangegangenen Rekonstruktionen (Schule S$_1$, vgl. Abs. 5.2) sinnlogisch nicht vollständig an der Logik eines „von außen nach innen" (vgl. Abs. 5.1), sondern an einer inhaltlichen Ausrichtung, wobei jedoch wiederum mit dem entworfenen Raum und somit dem Schullogo begonnen wird.[7]

---

[7] Diese Vorgehensweise dient maßgeblich der Sinnhaftigkeit, Nachvollziehbarkeit sowie einer umfassenden Komplexitätsreduktion, verweist jedoch gleichermaßen auf die Tatsache, dass die Fallstruktur der Schule S$_2$ sich nicht ohne Weiteres entlang der zuvor herangezoge-

5.3.1   Entworfener Raum: Kontrastlinien

Das vorliegende Schullogo (siehe Abb. 5.38) besteht auf den ersten Blick aus insgesamt drei Bildkomponenten, von denen zwei als typographische Elemente und
eines als ikonisches Element auszuweisen sind. Neben dem oben links erkennbaren „Gütesiegel Individuelle Förderung"[8] sowie einem graphisch gestalteten grauen
Mittelteil, befindet sich das zweite typographische Element, welches aus drei an-
einandergereihten Buchstaben besteht, unten mittig-rechts. Isoliert man nunmehr
diejenige Komponente, welche in jeder der vorliegenden Varianten gleichermaßen existent ist, bleibt das ikonische Element in Form der grauen Graphik (siehe
Abb. 5.39) als wesentlicher Bestandteil des Schullogos bestehen.

Für diese ikonische Abbildung lassen sich inhaltsanalytisch zwei differente Lesarten evozieren: Zum einen wird ein reduziert gezeichnetes Bauwerk, ein
Tor, ein Gebäude bzw. Haus sichtbar, auf welches der Betrachter frontal blickt. Zum

Abb. 5.38 Offizielles Logo der Schule und Darstellung desselben auf der Homepage

nen Gliederungslogik (ausgehend von der Makroebene über die Meso- hin zur Mikroebene
und somit von außen nach innen) rekonstruieren lässt. Vielmehr wäre eine rhizomatische
Darstellung und Verknüpfung der einzelnen Ebenen sinnlogisch für eine kongruente Dar-
stellung von Inhalt und Form zu wählen gewesen. Hier wird demnach auf die Grenzen der
Methode derart verwiesen, als zu eng gefasste Vorannahmen oder -strukturierungen die
Rekonstruktion der Fallstruktur durchaus erschweren kann (vgl. Abs. 3.2.1).

[8] Bei dem in Nordrhein-Westfalen an insgesamt 439 Schulen verliehenen Gütesiegel handelt es sich um „eine langjährige Initiative des Schulministeriums mit Unterstützung der
Unfallkasse Nordrhein-Westfalen und der Stiftung Bildung zur Förderung Hochbegabter"
(http://www.chancen-nrw.de), mittels derer Schulen mit spezifischen Konzepten zur individuellen Förderung ausgezeichnet wurden. Das Gütesiegel wurde letztmalig im Juli 2011
verliehen und nunmehr durch das „Netzwerk Hochbegabtenförderung NRW" erweitert (vgl.
ebd.).

Abb. 5.39 Hauptkomponente des Schullogos

anderen kann es sich um einen massiven Tisch handeln, vor dem ein Betrachter sitzt oder steht und auf diesen hinab-, bzw. diesen überblickt. Es handelt sich somit um eine zwei- oder dreidimensionale Darstellung entweder eines Gebäudes oder eines Tisches. Diese inhaltsbezogene Ausdeutung wird jedoch erst nachfolgend thematisiert (vgl. Abs. 5.3.2). Hinsichtlich der Frage nach der Rahmung bzw. Rahmenkontur des Schullogos wird – unabhängig von der jeweiligen Lesart – deutlich, dass sich das Schullogo nicht ohne Weiteres in die existierende Typologie schulischer Raumentwürfe (Böhme und Herrmann 2011; vgl. FN 5.2.1) einordnen lässt, da es über einen manifest-geschlossenen (Teil-)Rahmen verfügt, welcher jedoch durch sowohl offene als auch durchbrochene Elemente ergänzt resp. destruiert wird. Im Folgenden wird die Ausdrucksgestalt zunächst in zwei Rahmungs-Variationen mitgeführt: links wird die manifeste, rechts die latente Rahmung zu sehen sein (siehe Abb. 5.40), um die Rekonstruktion durch kontrastierende Darstellungen nachvollziehbarer verdeutlichen zu können. Der manifeste Rahmen ist somit derjenige, welcher durch die äußeren Linien des Logos entsteht, wohingegen die latente Rahmung erst von dem jeweiligen Betrachter hergestellt wird (vgl. ebd., S. 108 ff.).

Die eingezeichneten Feldlinien verdeutlichen einen statischen Abschluss des oberen resp. hinteren Teils des Logos, sodass hier von einer manifest-geschlossenen (Fragment-)Rahmung gesprochen werden kann, welche durch eine latente und somit vom Auge des Betrachters vorgenommene Schließung ergänzt wird, wie der rot eingekreiste Teil verdeutlicht. Das Novum dieser Rahmenkontur besteht somit einerseits in der Leistung des Betrachters, einen durchbrochenen Rahmen automatisch zu schließen (dieses war bisher nur bei den rekonstruierten latent-geschlossenen Rahmungen der Fall) und andererseits darin, dass beide Varianten – manifeste und latente Schließung – denk- und legitimierbar sind. Jedoch gestaltet sich eine wie auch immer geartete Schließung – unabhängig von der Art bzw.

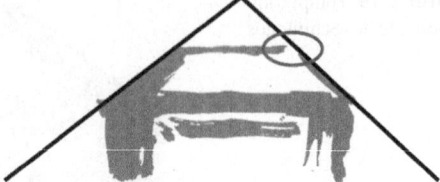

Abb. 5.40 Manifest- und latent-geschlossene Rahmung des Schullogos

Form selbiger – für das untere Ende des Logos keineswegs gleichsam einfach, wie nachfolgende Abbildungen (siehe Abb. 5.41) verdeutlichen.

Aufgrund der am unteren Ende des Schullogos sichtbaren „Ausfaserungen", kann die Rahmung nicht umfassend geschlossen werden, sodass es sich nunmehr um einen „Rahmenhybrid" resp. um eine Strukturvariante des „Verknüpfungs- und Netzwerkraums" (Böhme und Herrmann 2011, S. 150) handelt, welcher sämtliche bisher empirisch erhobene Strukturmerkmale umfasst: Schließung (in den beiden Varianten manifest und latent), Durchbruch sowie Offenheit (vgl. Böhme und Herrmann 2011). Zieht man die ebenfalls zum Logo gehörenden und bisher unberücksichtigten Elemente nunmehr hinzu (siehe Abb. 5.42), verdeutlichen sich vor allem die Strukturmomente des Durchbruchs.

Beide Elemente dienen einer zusätzlichen Öffnung resp. verhindern eine vollständige Schließung des Logos und unterstützen somit zunächst in allgemeiner Weise die Ausprägung der beiden konkurrierenden Strukturmomente „Offenheit" und „Geschlossenheit". Zieht man die Positionierung der beiden Elemente hinzu, wird deutlich, dass sich das am Fuß des Hauptelements Platzierte an einer Stelle interaktiver Aushandlung von Zugehörigkeit befindet und somit als statischer Teil mögliche Ein- oder Ausgrenzungen maßgeblich beeinflusst.

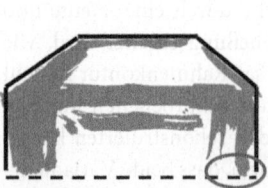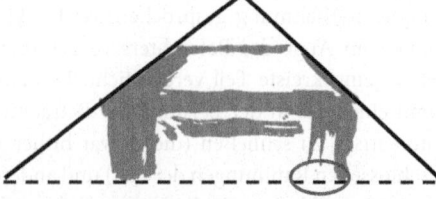

Abb. 5.41 Varianten der Rahmung sowie latente Schließung des Schullogos

Abb. 5.42 Vollständiges Schullogo und extrahierte Elemente

Das Element durchbricht sowohl manifest (im Sinne eines sichtbaren Details) als auch latent (im Sinne der szenischen Choreographie) eine vom Betrachter gezogene Grenze und zwar keineswegs in der bisher erhobenen Weise – demnach als Unterbrechung einer manifesten Grenze – sondern als zu berücksichtigender „Störfaktor" einer interaktiv herzustellenden Grenze (siehe Abb. 5.43). Somit kann konstatiert werden, dass es sich bei den beiden vorliegenden Durchbrüchen um jeweilige Negative handelt: Weist die obige Begrenzung des Logos eine zu schließende Lücke auf, wird am unteren Ende ein zusätzliches Objekt sichtbar, welches eine potentielle, d. h. latente Schließung manifest durchbricht, d. h. selbige mindestens erschwert. Die Ausdrucksgestalt kann entsprechend einerseits durch zwei zunächst als paradox oder konträr aufzufassende Merkmale (Offenheit, Geschlossenheit) als auch durch zwei Varianten des Durchbruchs (Destruktion, Barriere) charakterisiert werden.

Das zweite, auf dem Dach des Gebäudes bzw. am Ende des Tisches erkennbare Objekt ist im Gegensatz zu dem ersten Element nicht als Durchbruchs- oder Störungs-, sondern als additives oder Zusatzelement kennzeichenbar (sie-

Abb. 5.43 Latente
Schließung und szenische
Choreographie des ersten
Elements (Durchbruch)

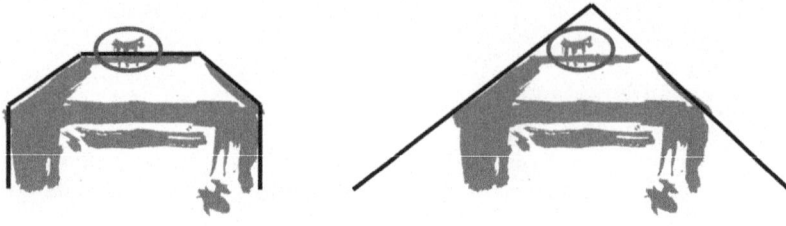

Abb. 5.44 Rahmenform und zweites Element (Zusatz)

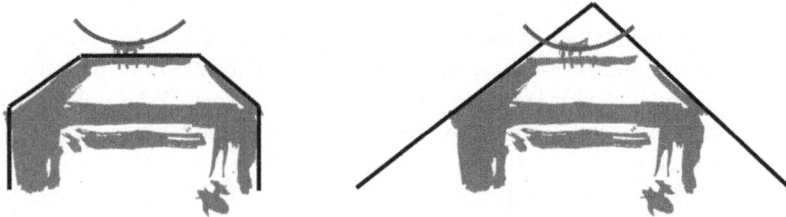

Abb. 5.45 Rahmenform und szenische Choreographie des zweiten Objekts

he Abb. 5.44), welches jedoch in Abhängigkeit von der Rahmung impliziten oder expliziten Charakter aufweist.

Wie die Graphiken verdeutlichen, hat das Zusatzelement als solches in beiden Fällen keinerlei Ein- oder Auswirkungen auf die Rahmung des Logos, sondern wird entsprechend der bisherigen Beschreibungen als additives Objekt mitgeführt. Die Rahmung verläuft manifest unterhalb und latent oberhalb des Objekts, es wird somit material ausgegrenzt oder interaktiv vereinnahmt. Für eine aussagekräftigere Analyse wird wiederum auf die zwei differenten inhaltlichen Lesarten (Gebäude und Tisch, vgl. Abs. 5.3.2) zurückzugreifen sein.

Zeichnet man für das Objekt nunmehr ebenfalls die entsprechenden Feldlinien im Sinne einer „szenischen Choreographie" (Imdahl 1996, S. 480; siehe Abb. 5.45) ein, so wird eine weitere Differenzierung deutlich. Bezogen auf die manifest-statische Rahmung stellt das Element einen (konfrontierenden) Zusatz der Bewegung dar, auf welchen im Folgenden noch näher einzugehen sein wird. Im Falle der latenten Schließung wird das Objekt dagegen von der Rahmung zwar vollständig vereinnahmt, die eingezeichneten Feldlinien brechen selbige jedoch ebenso auf, wie das erste Element am unteren Ende der Ausdrucksgestalt. Hinsichtlich latenter Grenzen kann somit formuliert werden, dass diese an der Basis

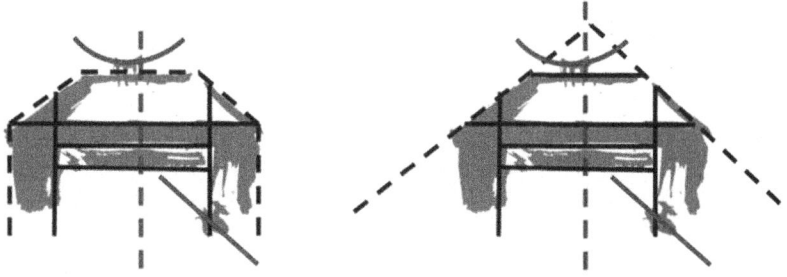

Abb. 5.46 Inneres Muster des Schullogos

resp. am unteren Ende durch ein statisches Objekt, am oberen Ende durch interaktive Prozesse der Bewegung beeinflusst werden. Thesenhaft ließe sich somit an
dieser Stelle formulieren: Bei der interaktiven Erzeugung von Grenzen müssen über
individuelle und/oder kollektive Aushandlungsprozesse hinaus ebenfalls statische
Elemente berücksichtigt werden, welche weder als solche transformierbar sind,
noch eine Entscheidung darüber getroffen werden kann, inwieweit selbige vollends
ein- oder ausschließbar sind. Einem Stein in einem Fluss gleich, existieren derartige Gegenstände, Regelungen oder andere Dinge unumgänglich und beeinflussen
somit maßgeblich den Interaktionsprozess. Manifeste, d. h. materialerzeugte Grenzen hingegen schließen jedwede Form „schmückenden Beiwerks" generell aus und
setzen sich derart in maximalen Kontrast zu selbigem, als die klaren, statischen
Abgrenzungen das vollkommene Gegenteil zu den geschwungenen, bewegten, fluiden Linien des additiven Objekts oder Gegenstands darstellen. Zusammenfassend
bedeutet dies: Eine interaktiv erzeugte Rahmung wird gleichsam interaktiv und
manifest durchbrochen (Subtraktion), wohingegen einer manifesten Rahmung ein
zwar statisches, jedoch in der Form einer gekrümmten Bewegungslinie erfasstes
Element kontrastiv entgegengesetzt wird (Addition). Diese „additive Kontrastierung" wird vor allem vor dem Hintergrund der Analyse des inneren Musters der
Ausdrucksgestalt noch einmal verdeutlicht.

Bei diesem inneren Muster des Logos handelt es sich eindeutig um ein vertikal-
symmetrisches, welches in Form eines Rasters sichtbar wird (siehe Abb. 5.46).

Erfasst man über die Rahmung und das Muster hinaus die Feldlinien der sich
ober, bzw. unterhalb des Hauptelements befindenden Elements so wird – neben der Dichotomie von Offenheit und Geschlossenheit – das bereits erwähnte
zweite Strukturmerkmal der Ausdrucksgestalt eindeutig sichtbar und zwar der
Kontrast zwischen Bewegung und Statik: Weist das innere Muster ein statisches

Gitter auf, verhält es sich mit den Zusatzelementen konträr, da diese in der Logik des Gekrümmten, Bewegten resp. des Geraden, Durchbrechenden aufgehen (vgl. Herrmann 2014).

Zusammenfassend lässt sich – nach wie vor unabhängig von der jeweiligen inhaltlichen Lesart – konstatieren, dass die vorliegende Ausdrucksgestalt durch zwei Strukturmerkmale charakterisiert werden kann, welche beide als dichotome bzw. maximal kontrastierende Ausprägungen eines jeweiligen Kontinuums zu verstehen sind:

- Geschlossenheit – Offenheit (Grad der Schließung)
- Statik – Bewegung (Grad der Manifestation).

Dabei wird innerhalb der Frage nach Offen- bzw. Geschlossenheit hinsichtlich der Art des Durchbruchs insofern ausdifferenziert, als dieser wiederum in zwei Varianten vorliegt:

- Destruktion
- Barriere.

Die Ausdrucksgestalt kann hinsichtlich ihrer Rahmen- und Musterausprägungen als hochgradig indifferent und kontrastreich bezeichnet werden (siehe Abb. 5.47), da zwei Kriterien in jeweils zwei extremen Ausprägungen rekonstruiert werden konnten. Die synchrone Zitation offener und geschlossener sowie statischer und bewegter Momente verdeutlicht die Spannung, in welcher sich die schulische Institution befindet und verweist ebenso auf den Versuch, sämtlichen Anforderungen gesellschaftlicher, politischer und innerschulischer Natur gerecht werden zu wollen, was jedoch eine ambivalente Struktur zur Folge hat, der ein komplexes Geflecht aus Regelungen und Vorgaben zugrunde liegt. Die Möglichkeit von interaktiv auszuhandelnden Grenzen stellt einen – wenn auch schwach ausgeprägten – Grad an Partizipation und Freiheit dar, welcher jedoch durch statische Elemente noch weiter minimiert wird. Der Entwurf einer heterogenen, offenen, durchlässigen, gleichsam strukturierten und übersichtlichen Institution scheitert an eben jenen Ansprüchen und führt zu nicht auflösbaren Widersprüchen und einem kaum zu durchschauenden Komplex aus Freiheiten und (strukturellen) Zwängen. Für weitere Ausführungen sowie die Explikation der Fallstruktur des Logos wird nunmehr einerseits die Berücksichtigung der beiden bereits genannten inhaltlichen Lesarten – Gebäude und Tisch – relevant. Andererseits wurden bisher durchaus relevante Aspekte resp. Bestandteile des Logos vollends außer Acht gelassen: Die beiden typographischen Elemente.

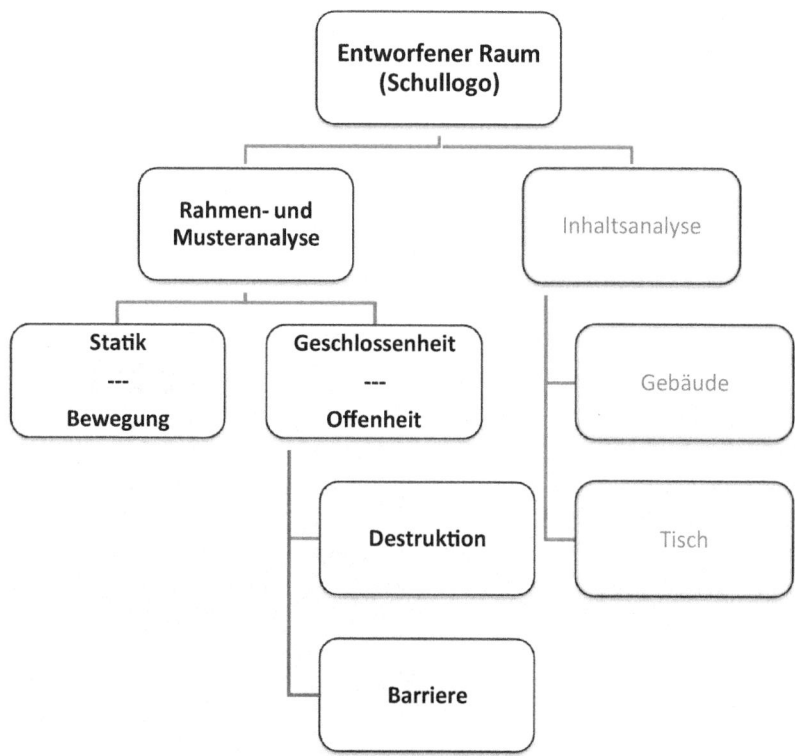

Abb. 5.47 Übersicht der Rahmen-, Muster- und Inhaltsanalyse (Der Begriff der Inhaltsanalyse wird hier im Rahmen der Differenzsetzung von Rahmen, Muster und (innerer) Abbildung herangezogen und bezieht sich bspw. nicht auf die gleichnamige Forschungsmethode Mayrings)

Beide Typographien befinden sich außerhalb des Logos (siehe Abb. 5.48), sind jedoch trotzdem elementare Bestandteile bzw. Zusätze desselben. Wird die vorstehende ausführliche Rahmenanalyse der Ausdrucksgestalt herangezogen, gewinnt die zweifellos uneindeutige, bisweilen widersprüchliche oder zumindest als different zu bezeichnende Rahmung der ikonischen Elemente an Deutlichkeit, sobald die Typographien Berücksichtigung finden. Diese verhindern eine wie auch immer geartete Schließung des Rahmens und öffnen die Gesamtgestalt sowohl horizontal als auch vertikal-diagonal nach links.

Sowohl das Gütesiegel als auch die aus drei Buchstaben bestehende Kombination öffnen somit den schulischen Entwurfsraum (siehe Abb. 5.49), sodass von einer ty-

Abb. 5.48 Ausdrucksgestalt mit typographischen Elementen

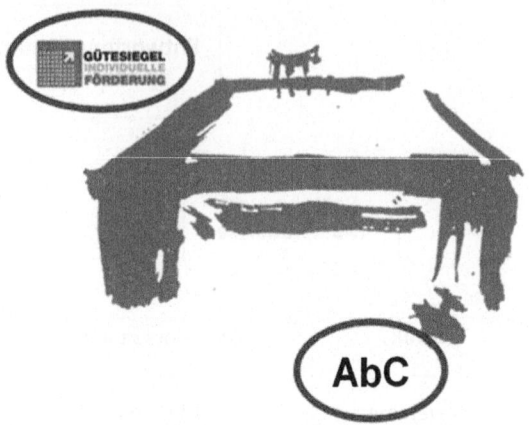

Abb. 5.49 Ausdrucksgestalt und eingezeichnete Feldlinien

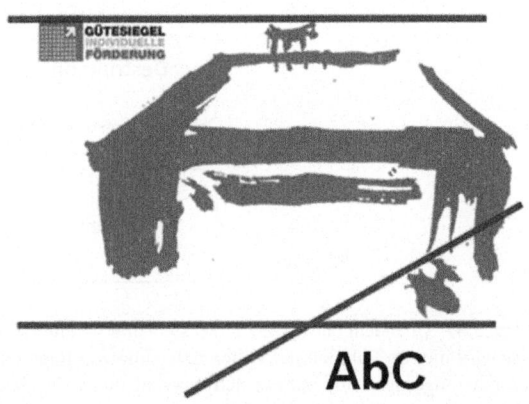

pographischen Entgrenzung ikonisch-ausgestalteter, latenter und/oder manifester Grenzen gesprochen werden kann. Die zuvor lediglich als Seitenelemente ausgewiesenen Bestandteile des Logos erweisen sich hinsichtlich der Frage einer Be- bzw. Entgrenzung schulischen Raums als konstitutive Parameter. Die gesellschaftlich als grundlegend bezeichneten Kulturtechniken des Lesens und Schreibens eröffnen im vorliegenden Fall sowohl statische als auch ausgehandelte Grenzen, sodass auch hier wiederum insofern von Kontrastlinien gesprochen werden kann, als die zuvor rekonstruierten „Linien", d. h. Rahmenkonturen nahezu vollständig an Bedeutung

Abb. 5.50 Schullogo auf der
offiziellen Homepage

Abb. 5.51 Ausdrucksgestalt
und eingezeichnete Feldlinien

verlieren, sobald die Feldlinien der typographischen Elemente hinzukommen. Ikonik und Typographie resp. die jeweils konturierten Feldlinien stehen in deutlicher Differenz, wenn nicht in vollkommenem Kontrast zueinander. Berücksichtigt man in einem letzten Analyseschritt die Darstellungsweise des Logos auf der offiziellen Homepage der Schule (siehe Abb. 5.50), so irritiert die Abbildung insofern, als es sich um eine von der vorliegenden Variante nicht unwesentlich abweichenden Ausdrucksgestalt handelt.

Hier fehlen zwar die bisher rekonstruierten, öffnenden Typographien des Logos, werden jedoch durch die Verschriftlichung des Schulnamens, der Schulform sowie der Stadt nahezu ersetzt. Die Gesamtkomposition erfährt durch diese Substitution nunmehr eine zeilenförmige Öffnung in Leserichtung, wie die eingezeichneten Feldlinien (siehe Abb. 5.51) verdeutlichen. Die differente Logik der manifest-latenten Durchbruchsöffnung bleibt in Bezug auf den ikonischen Teil bestehen und der typographische rechte Teil des Logos erfüllt prinzipiell dieselbe Funktion wie die zuvor analysierte Buchstabenkombination „AbC": Die Typographie öffnet das Gesamtgefüge, im hier vorliegenden Modus zudem noch in dem ihr immanenten zeilenförmigen Prinzip der Leserichtung. Werden zudem die Feldlinien gesondert betrachtet, so entsteht der Eindruck eines Skalpells, dessen Griff aus den Zeilen und dessen Klinge aus der Rahmung der Ikonik besteht. Obschon es sich somit um graduell differenzierte Abbildungen der Ausdrucksgestalt handelt, lässt sich

Abb. 5.52 Schullogo, Tuschezeichnung und chinesisches Schriftzeichen für „miàn" (dt.: Gesicht). (Twain 1885; Fazzioli 1987, S. 38)

hypothesenhaft formulieren, dass es sich um eine Doppelstruktur aus Ikonisch-Figurativem einerseits und Typographischem andererseits handelt, welche sich derart aufeinander beziehen, als letzteres das grundsätzlich geschlossene Gefüge aus ausgehandelten und statischen Grenzen aufsprengt und diesen somit kaum reale Geltungsansprüche einräumt. Anders ausgedrückt: Die ikonische „Schnittfläche" wird von dem Typographischen „Griff" geführt. Diese strukturelle Annahme ist vor allem vor dem Hintergrund der nachfolgenden inhaltlichen Rekonstruktion der Ikonik resp. der insgesamt drei ikonischen Elemente relevant.

Die schematisch-reduzierte Darstellungsweise des Logos erinnert zunächst an abstrakte Tuschezeichnungen oder Schriftzeichen der (asiatischen) Kalligraphie (siehe Abb. 5.52), wodurch einerseits eine symbolhaft-ikonische, andererseits eine symbolhaft-typographische Lesart präferiert wird.

Die vor allem an den Rändern und Kanten der Figur deutlich erkennbaren Ungenauigkeiten und Unschärfen lassen auf eine laienhafte, anfängliche Erprobung, einen lediglich skizzenhaften Entwurf oder eine kalligraphische Darstellung dieser zunächst allgemein als „künstlerisches Produkt" auszuweisenden ikonischen Ausdrucksform schließen. Zudem ist die Wahl sowohl des Untergrunds – welcher gleichsam auf der Homepage zum Ausdruck kommt (vgl. Abb. 5.71) – als auch der verwendeten Medien relevant für die Art des Ausdrucks: Das Verlaufsförmige der Ausdrucksgestalt kann insofern als das Resultat einer falschen Kombination beider ausgewiesen werden, als das Mischverhältnis von Wasser und Tinte, Tusche oder Wasserfarbe falsch berechnet oder die Wahl eines ungeeigneten Untergrunds wie bspw. Glas oder ähnliches wasserabweisendes bzw. stark strukturiertes Material wie Raufaser getroffen wurde. Darüber hinaus lassen die nachlässig gezeichneten Ränder auf einen in Eile angefertigten Entwurf oder die Manifestation eines spontanen Gedankens schließen. Unabhängig von der inhaltlichen Bedeutung der Ausdrucksgestalt kann somit konstatiert werden, dass die dargestellte künstlerische Abstraktion auf Unkenntnis bezüglich der verwendeten Materialien zurückzuführen ist und daraus resultierend keine symbiotische Verbindung von Oberfläche und Untergrund entsteht. Der Grund bleibt porös oder – umgekehrt ausgedrückt – die Oberfläche deckt den Grund nicht vollständig ab, sodass die dargestellte Figur in hohem Maße abstrakt, wenn nicht fehlerhaft oder unvollkommen wirkt. Im Gegensatz zu dieser Lesart handelt es sich bei derjenigen eines kalligraphischen Buchstabens um eine Kunstform des Schreibens und steht somit sowohl zur Typographie als auch zur Ikonik in maximalen Kontrast.

Die Ausdrucksgestalt lässt nicht nur bezüglich ihrer Form, sondern ebenfalls ihres Inhalts differente Lesarten zu, darunter diejenigen eines Billard- oder Schreibtischs, eines aus dem Asiatischen entstammenden Bauwerks oder Schriftzeichens sowie die eines Tors bzw. einer Toreinfahrt, das bzw. die durchfahren oder anderweitig passiert werden muss, um beispielsweise einen (Bauern-)Hof, eine Gaststätte oder ähnliches erreichen zu können. Im Sinne einer „Kippfigur" wird der Betrachter entweder in eine zwei- oder dreidimensionale Perspektive versetzt. Das, die Lesarten der Darstellungsweise mit denjenigen der inhaltlichen Ausgestaltung übereinbringende Kriterium wird unter dem Begriff der „Asia-Typisierung" subsumiert, wodurch zwei Hauptmerkmale charakterisiert werden: Zum einen die Schematisierung als vereinfachte Weise der Darstellung komplexer Symbole oder Sachverhalte und zum anderen die typisierte Adaption des Anderen, in dem das Eine ikonisch zum Ausdruck gebracht werden soll. Somit liegt eine Form der Komplexitätsreduktion bei gleichzeitiger Distanzierung und Verfremdung vor. Die formale Reduktion der Komplexität steht der inhaltlichen Ent- bzw. Verfremdung antagonistisch gegenüber, sodass der dargestellte Raumentwurf als hochgradig widersprüchlich und nicht auflösbar bezeichnet werden muss. Der Versuch einer vereinfachten Darstellung des Raumentwurfs scheitert an der gestalterischen Zitation des Unbekannten, welche Irritationen und Befremdung auslösen.

Tuschelinien I: Das Figurative der Typographie Die Lesart des Tisches ist – darauf wurde bereits hingedeutet – mit der vom Betrachter eingenommen Perspektive bzw. mit derjenigen Perspektive, in welche ein vor selbigem Platzierter versetzt wird, zwingend verkoppelt: Der Betrachter der Ausdrucksgestalt wird stehend oder sitzend, vor oder hinter einen Tisch platziert. Dabei kann es sich ebenso um einen Tisch aus der Arbeitswelt handeln wie um einen aus privaten, freizeitlichen Zusammenhängen, womit entsprechend vielfältige Kontexte eröffnet werden, die wiederum mannigfaltig entfaltbar sind: So sind sowohl der Schreibtisch eines Großkonzernmanagers als auch der eines Angestellten in einer Werbeagentur denkbar. Wohlgeformt wäre ebenfalls der heimische Schreibtisch eines Schriftstellers, der Billardtisch in einem Jugendzentrum, der Arbeitstisch einer Modedesignerin,

der Esstisch einer Familie oder der antike Holztisch in einem Lokal. Das gemeinsame Strukturmoment aller Tischvarianten, bei denen mindestens zwei Personen
zur gleichen Zeit am Mobiliar Platz nehmen, ist die Doppelbedeutung sowohl der
eigentlichen Platzierungen als auch der Interaktionen: Menschen, die miteinander
an einem Tisch sitzen, eröffnen raumpraktisch resp. körperlich eine Interaktion bei
gleichzeitiger Distanzschaffung und -wahrung derselben. Das Mobiliar ermöglicht
und erschwert somit gleichermaßen die jeweiligen interaktiven Zusammenkünfte
von Menschen. Minimal kontrastierend kann der Schreibtisch des Büroangestellten
oder Schriftstellers herangezogen werden: Hier erhalten Arbeitsabläufe einer einzelnen Person einen „Raum". Die Platzierung an einem Arbeits- oder Schreibtisch
signalisiert eine Form der (Selbst- oder Fremd-)Organisation, die in der Regel an
eine zeitliche Taktung geknüpft ist. Tische werden demnach zu Orten an Orten oder
zu Räumen in Räumen: Sie schaffen Interaktion- und Kommunikationsstrukturen,
sind die räumliche Passung zu zeitlichen Taktungen eines Tages und verorten somit
Menschen zu einem bestimmten Zweck in einem bestimmten Gefüge und für eine
bestimmte Dauer.

Wird nunmehr der tatsächliche Kontext eines Schullogos berücksichtigt, so deuten die Lesarten stark auf einen Arbeitstisch hin, bei dem es sich jedoch aufgrund der
Massivität schwerlich um einen klassischen Schülertisch, vielmehr um den bisweilen repräsentativen Schreibtisch einer Schulleiterin oder eines Schulleiters oder um
einen Konferenztisch handelt; in beiden Fällen also um einen Tisch, der als durchaus repräsentatives Mobiliar der Lehrenden bezeichnet werden kann. Konferenzen,
Korrekturen, Besprechungen, Unterrichtsvorbereitungen, Klausuraufsichten: Die
Aufgaben der Lehrenden findet überwiegend an einem Tisch sitzend statt, womit zugleich die dort stattfindenden, quasi dem Mobiliar immanenten und vom
Lehrenden extrahierten Tätigkeiten – Lesen und Schreiben – beschrieben werden.
Es handelt sich bei der Lesart des Schullogos als Tisch somit um die Abbildung
der hauptsächlichen schulischen Prozesse, welche jedoch tendenziell lehrerseitig
ausgedrückt werden. Wiederum sind es die kulturellen Regeltechniken des Lesens
und Schreibens, die hier manifestiert und deutlich, jedoch figurativ zum Ausdruck kommen. In Zusammenhang mit der Rekonstruktion des Rahmens lässt
sich demnach formulieren: Öffnen die Kulturtechniken des Lesens und Schreibens
vermeintliche Schließungen des schulischen Raums typographisch, so werden sie
hier als überdeutliches Symbol der damit verbundenen Raumpraktik des „an einem Tisch Sitzens" resp. „an einem Tisch Arbeitens" manifestiert. Die figurative
Darstellung dient demnach keinem eigenen Zweck, sondern vor allem der erneuten
Hervorhebung kultureller Regeltechniken und derjenigen Körpertechniken, die zur
Erlernung und Ausübung selbiger als konstitutiv beschrieben werden können.

Abb. 5.53 Ausdrucksgestalt, Fachwerk-/Reetdachhaus. (© Buket Balkan)

Abb. 5.54 Mehrfamilienhaus, Schloss Borbeck und Schulbau der 1970er-Jahre. (© Buket Balkan/© Ina Herrmann/© Viktoria Flasche)

Tuschelinien II: We are family! Entgegen der vorangegangenen Lesart ändert sich nunmehr die Perspektive des Betrachters resp. diejenige Perspektive, in welche der Betrachter versetzt wird: Das Gebäude präsentiert sich in der Frontalen mit seiner Fassaden- oder Rückseite und lässt demnach keine Rückschlüsse auf seine Tiefe zu.

Dargestellt sind kleinere, z. B. von den deutschen Küsten bekannte Reetdach- bzw. Bauernhäuser (siehe Abb. 5.53), deren Frontalansicht denen der Ausdruck- gestalt stark ähnelt. Das verhältnismäßig große Dach und der optisch niedrig gehaltene Wohnbereich gleichen den Proportionen des Schullogos. Kontrastierend sind beispielsweise die abgebildeten (Funktions-)Bauten denkbar (siehe Abb. 5.54). Deutlich wird somit, dass die Ausdrucksgestalt strukturelle Gemeinsamkeiten mit kleineren z. B. Einfamilien- oder Bauernhäusern aufweist und weniger mit großen oder größeren Funktionsbauten wie beispielsweise Schulen, Banken, Ämtern o.ä. Auch Mehrfamilienhäuser verfügen über tendenziell andere architektonische Details, wie bspw. Flachdächer. Attribute wie „klein", „gemütlich", „ruhig", „ge- drungen" und „ländlich" oder „abgelegen" lassen sich den Gebäudetypen mit den strukturellen Gemeinsamkeiten als Charakteristika zuschreiben und stehen in Kontrast zu den möglichen Assoziationen des zweiten Gebäudetyps, welcher als „urban", „funktional", „Massen verwaltend" und „modern" bezeichnet werden kann. In dem schulräumlichen Entwurf wird entsprechend ein Gebäude abgebil-

Abb. 5.55 Zusatzelemente der
Ausdrucksgestalt

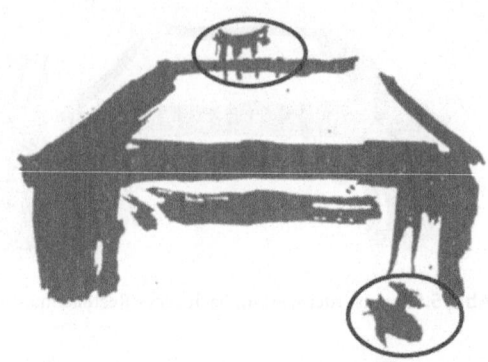

det, mit dem eher Beschaulichkeit, Geborgenheit, Gemütlichkeit und somit eine
familiäre, private Atmosphäre als Verwaltung, Öffentlichkeit, Funktionalität und
Hierarchie assoziiert wird. Die Schule entwirft sich ikonisch als ein Raum der Intimität und Verbundenheit, der jedoch keineswegs ein in sich geschlossenes, sondern
paradoxerweise gerade durch die Zertifizierung (das Gütesiegel) sowie die Institution als solche (AbC, das Kürzel der Schule) nach außen permanent geöffnet und
bisweilen strikt organisiert wird. Hier wird bereits der existierende Antagonismus
schulischer Institutionen insofern deutlich, als sich selbige in eben jener Spannung
aus Schließung und Öffnung befinden.

Tuschelinien III: Die still-gestellte Kindheit Relevant für beide Lesarten ist jedoch nicht nur die Rekonstruktion des Hauptelements, sondern vor allem diejenige
der bisher nicht herangezogenen Zusatzelemente (siehe Abb. 5.55), die lediglich
hinsichtlich ihrer Feldlinien Berücksichtigung fanden.

Die Elemente erinnern – zunächst in der Lesart des Tisches – an klassische, derzeit jedoch zunehmend veraltete oder gänzlich in Vergessenheit geratene
Kinderspielzeuge wie das Holz-/Schaukelpferd (siehe Abb. 5.56) oder mechanische bzw. Aufziehspielzeuge (siehe Abb. 5.57), welche mit Hilfe eines passenden
Schlüssels für kurze Zeit in Bewegung versetzt werden können.

Beiden Elementen ist gemein, dass es sich nicht um bloße Dekorationen, sondern
um Objekte des kindlichen Spiels handelt. Jedoch ist anzumerken, dass derartige
Spielzeuge aktuell seltener vorkommen und es sich tendenziell eher um Sammlerstücke handelt. Die Zitation von Spielzeug aus der Vergangenheit verweist somit
auf eine romantisierte Sehnsucht nach dem Alten und zwar in zweierlei Form: Einerseits wird die Kindheit als spielende und somit Phase des Müßiggangs jenseits
aller Pflichten hervorgehoben, andererseits handelt es sich nicht um eine Kindheit
im 21. Jahrhundert, sondern um eine längst vergangene Epoche, die heute nur

Abb. 5.56 Ausdrucksgestalt, Schaukelpferd und Karusselpferd. (© Wikipedia; © Ina Herrmann)

Abb. 5.57 Ausdrucksgestalt und gezeichnete Spielzeug-/Aufziehmaus. (Lionni 1969/2013)

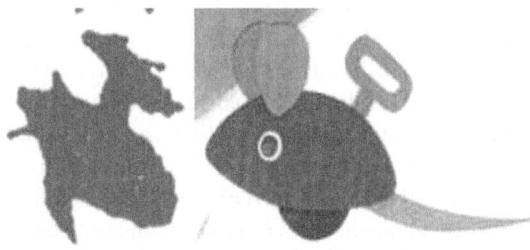

noch museal erfahr- bzw. erinnerbar ist. Mechanische bzw. Aufzieh-Spielzeuge aus Blech oder Plüsch werden heute aufgrund ihrer fast vollständigen Substitution durch Spielzeuge mit Elektromotoren oder Batteriebetrieb kaum noch hergestellt.

Das auf dem Tisch platzierte Pferd dient entgegen seiner eigentlichen Funktion möglicherweise als Briefbeschwerer oder bloßes Dekor, wohingegen das als mechanisches Spielzeug auszuweisende Element wie verloren oder vergessen vor dem Tisch auf dem Boden liegt. Beide Objekte werden nicht spielerisch in Bewegung versetzt, sondern entweder zum statischen Relikt vergangener Zeit glorifizierend positioniert und entsprechend zu einem mahnenden oder rührseligen Erinnerungsstück oder als ebenfalls vergangenes Relikt ignoriert. Kann also das eine Objekt nur bewegt werden, wenn sich der Spielende ebenfalls bewegt, ist das andere Objekt derart konstruiert, dass es sich – einmal aufgezogen – selbstständig und vom Benutzer unabhängig fortbewegen kann. Das Aufstellen eines Kinderspielzeugs auf einem Schreibtisch kann darüber hinaus einer Photographie ähnlich der Erinnerung und/oder Präsentation dienen: Das während der Arbeitszeit nicht anwesende Kind oder die eigene längst vergangene Kindheit wird bildlich oder gegenständlich (re-)präsentiert. Wird das statische Element auf dem Tisch für alle sichtbar

– einem Ausstellungsobjekt gleich – positioniert, erfährt das zur Bewegung fähige Objekt keinerlei Beachtung und befindet sich räumlich unterhalb des Tisches, zu Füßen der Betrachter. Somit werden wiederum sowohl Statik als auch Bewegung gleichermaßen kontrastiv thematisiert, hinsichtlich ihrer Darstellung und Positionierung existiert jedoch eine deutliche Priorisierung starrer, bewegungsunfähiger Konstrukte. Zieht man die Rekonstruktion der Rahmung hinzu, so wird deutlich, dass sich die Bedeutung der Elemente umkehrt: Das auf dem Tisch gut sichtbar positionierte Pferd wird wahlweise manifest ausgeschlossen oder problemlos interaktiv umschlossen, ihm ist somit ob seiner starken Präsenz keinerlei Einflussmöglichkeit immanent. Anders verhält es sich bei dem vor dem Tisch liegenden Element: Es muss bei der Aushandlung von Grenzen als manifeste Größe unabdingbar berücksichtigt werden, d. h. dass basale Grenzen nur soweit auszuhandeln sind, wie es das Element zulässt. Für die erste Lesart – die eines Tisches – kann somit festgehalten werden, dass die Zitation vermeintlich antiquierter Kinderspielzeuge auf einem massiven und möglicherweise ebenfalls als Rarität zu handelnden Schreibtisch einerseits Ausdruck einer Sammelleidenschaft ist, andererseits auf eine – oftmals damit einhergehende – retroperspektivische Glorifizierung schließen lässt. Der an dem Tisch Arbeitende verziert diesen mit Erinnerungsstücken oder Souvenirs, wodurch der austauschbare Platz markiert und personalisiert wird, ein durchaus nicht irritierendes Vorgehen an solchen Arbeitsplätzen, an denen eine Person viel Zeit verbringt. Darüber hinaus konnte verdeutlicht werden, dass innerhalb des räumlichen Entwurfs Darstellungen von für Be- und Entgrenzungen kaum Relevantem deutlich sichtbar positioniert und hervorgehoben werden und gleichzeitig derartige Elemente unberücksichtigt bleiben, die eine hohe Relevanz für eben jene Öffnung- bzw. Schließungsprozesse haben.

Tuschelinien IV: Die ver-spielte Individualität Unter Berücksichtigung der beiden zusätzlichen Elemente der zu rekonstruierenden Ausdrucksgestalt wird die Lesart eines verspielten, kleinen, gemütlichen Hauses weiter verstärkt. Im Sinne eines auf dem Dach angebrachten kleinen Schornsteins oder einer dort befestigten Wetterfahne (siehe Abb. 5.58) sowie eines vor dem Haus vergessenen Kinderspielzeugs, kann mitunter der Begriff der „Idylle" herangezogen werden.

Das private, familiäre Moment des Hauses wird entsprechend verstärkt: Die individuell gestaltete Wetterfahne und das Spielzeug der Kinder im Garten weisen deutlich auf ein Eigenheim oder einen kleinen Kindergarten hin. Das außer- oder ungewöhnliche Design der Wetterfahne lässt dabei auf die Besonderheit des Gebäudes oder seiner Bewohner schließen: Hier soll nicht mit einem standardisierten Wetterhahn, sondern mit einem als Pferd designten Korpus die Windrichtung an-

Abb. 5.58 Ausdrucksgestalt, Wetterfahne und Schornstein. (© Kaiser/Wikipedia; © Wikipedia)

gezeigt werden. Da die Ausdrucksgestalt jedoch nicht auf einer Stange montiert, sondern direkt auf dem Dach des Gebäudes angebracht ist, kann die Wetterfahne ausgeschlossen werden. Jedoch erschwert die konkave Krümmung der oberen Begrenzung ebenso die Lesart eines Schornsteins und kann nur aufgrund der tuscheartigen Darstellung aufrechterhalten werden. Der Schornstein könnte allenthalben nicht mehr funktionsfähig und/oder teilweise zerfallen sein, um eine derartige Krümmung zu erklären.

Wird die vorliegende Ausdrucksgestalt nunmehr in ihrer Gesamtheit mit dem tatsächlichen Kontext und somit der Tatsache, dass es sich um ein Schullogo handelt konfrontiert, so können zunächst beide Lesarten beibehalten werden, da sowohl das Gebäude als auch der Tisch prägnante Objekte resp. Materialitäten schulischen Alltags darstellen. Bei dem Tisch handelte es sich jedoch weniger um einen klassischen, standardisierten Schüler-, sondern vielmehr um einen repräsentativen Schreibtisch, welcher sich häufig in Schulleitungsbüros findet. Die Betonung des Verspielten ließe zudem auf eine Grundschule oder Schule der Sekundarstufe I schließen: Schulformen, in denen das kindliche Spiel zwar als fester Bestandteil des schulischen Unterrichts ausgewiesen werden kann, es jedoch im Wortsinne oftmals als bloße Dekoration von Lehr-Lernprozessen verstanden wird. Hinsichtlich der Lesart des Gebäudes kann konstatiert werden, dass entweder eine schematisch-reduzierte Version des realen Schulgebäudes abgebildet ist oder es sich um eine Gebäude-Utopie handelt; den dargestellten Wunsch nach einem übersichtlichen, idyllischen, soliden und einfachen Hauses des Lernens. Unter Berücksichtigung der rekonstruierten Rahmungen des Logos wird deutlich, dass es sich um ein leicht zugängliches, jedoch nach oben abgeschlossenes Gebäude handelt. Wird der schulische Werdegang als ein „aufsteigender Weg" (beispielsweise von der 1. bis zur 4.

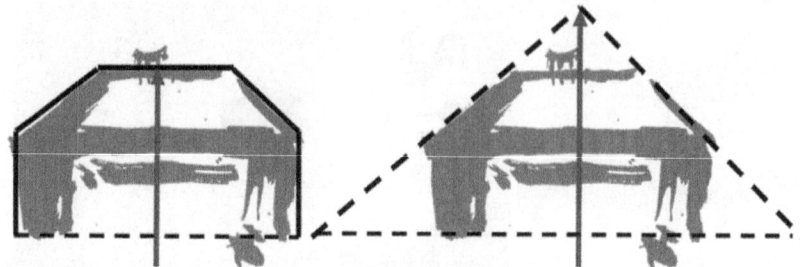

Abb. 5.59 Schullogo mit manifester und latenter Rahmung sowie Kennzeichnung des „Aufstiegs"

Abb. 5.60 Ausdrucksgestalt

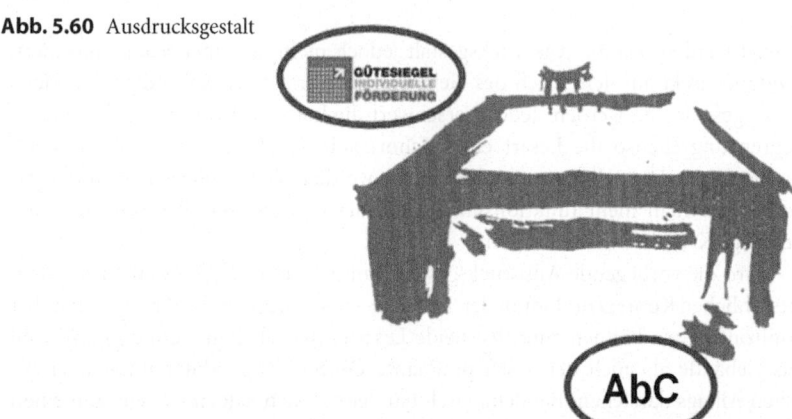

oder von der 5. bis zur 12. Klasse) betrachtet, so verengt sich der Raum nach oben und lässt kaum Möglichkeiten des Verlassens der Institution zu (siehe Abb. 5.59).

Der vermeintlich interaktiv ausgehandelte Zugang wird zudem manifest und zwingend durch die Institution als solche reguliert und mündet an einer ebenso manifesten Grenze, die durch ein bundesweit ausgefertigtes Zertifikat abgebildet wird (siehe Abb. 5.60).

Hier werden die differenten Raumformate und die ihnen immanenten Machtgefüge deutlich sichtbar: Wirkt es zunächst, als gewähre der Raum von außen – in Form des Betretens eines Hauses oder in derjenigen des Herantretens an einen Tisch – mittels interaktiver Aushandlung Zutritt, so wird hinsichtlich beider Lesarten offensichtlich, dass der Zutritt manifest versperrt oder mindestens nachdrücklich erschwert wird: Die Institution selbst stellt sich dem Außen nahezu frontal in den Weg und kann lediglich an einer Seite umgangen werden, die Präsenz jedoch bleibt.

Als Stolperfalle vor einem Tisch oder als Signalschild vor einem Gebäude selektiert das institutionelle Kürzel neben der interaktiven Aushandlung ebenfalls Zugehörigkeiten. Diejenigen, welchen der Zutritt gewährt wurde, haben – abgesehen von einem Nadelöhr – kaum Chancen, den geschlossenen Raum wieder zu verlassen.

5.3.2 Topographischer Raum: Demarkationslinien

Die Rekonstruktion des topographischen Raums erfolgt auf zwei zunächst analytisch getrennten, in ihren Bedeutungsstrukturen jedoch interdependenten Ebenen. So wird die Schularchitektur zunächst in Zusammenhang mit dem sie umgebenden urbanen Raum – d. h. der Siedlungsstruktur, in welche sie eingelagert ist – rekonstruiert (Makroebene), um darauf folgend die zur jeweiligen Schule gehörigen Gebäude in den Fokus zu rücken (Mesoebene).

5.3.2.1 Schulische Umgebung
Die Schulgebäude befinden sich zwischen zwei westlich gelegenen Autobahnzufahrten einerseits und dem historischen Stadtkern im Osten andererseits und somit exakt zwischen zwei konträren Raumformaten (siehe Abb. 5.61): Einem

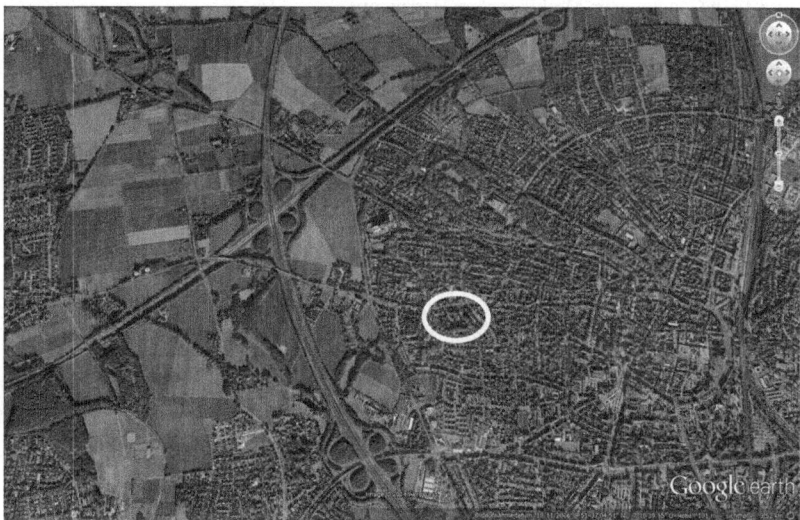

Abb. 5.61 Darstellung der Schulgebäude sowie des mittelbaren Umfelds. (© 2012 Aero-West/Google earth)

Abb. 5.62 Darstellung der schulischen Umgebung mit eingezeichneten Feldlinien (© 2014 AeroWest; Google earth; Modifizierung: Herrmann)

fluid-offenen Transferraum der Bewegung und einem latent-geschlossenen Disziplinarraum der Sesshaftigkeit. Beide Ausprägungen werden im Anschluss an die Rekonstruktion sowohl der Schularchitektur als auch der Siedlungsstruktur noch eingehend zu erläutern sein.

Dieses, mit Hilfe der Kenntnisse über die Infrastruktur, rekonstruierte antagonistische Raumgefüge kann als Binnenanalyse bezeichnet werden und spiegelt sich formal in der Komposition des schulischen Raumentwurfs, d. h. derjenigen des Schullogos wider. Dessen Bedeutungsstruktur bringt gleichsam zunächst konträre Ausprägungen hervor: Erstens die strukturelle (Teil-)Offenheit der äußeren Rahmung, zweitens die disziplinarische Anordnung der Binnenstruktur und drittens die Diskrepanz von strikten institutionellen Vorgaben und Freiräumen individueller Interpretation. Erst in der Gesamtkomposition der Fragmente – und entsprechend das aufeinander Beziehen selbiger – ist die Fallstruktur erkenn- und somit rekonstruierbar. Sinnlogisch schließt nunmehr die Kompositionsanalyse der Schulumgebung an, welche wiederum durch das Einzeichnen von Feldlinien (siehe Abb. 5.62) erfolgt.

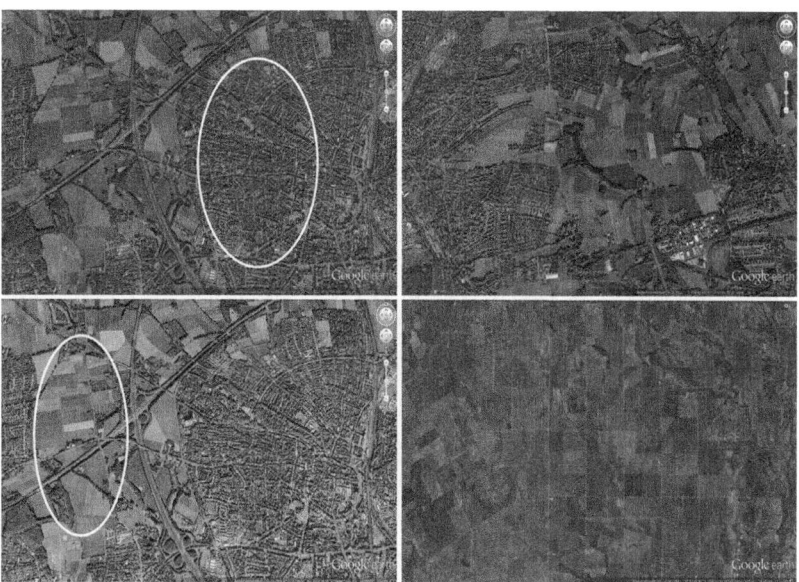

Abb. 5.63 Kontrastierung landwirtschaftlicher Felder mit dem schulischen Umfeld. (2014 DigitalGlobe/Google earth; © 2014 AeroWest/Google earth)

Über das „Eingespanntsein" zwischen Transfer- und Disziplinarraum hinaus weist die schulische Umgebung eine spezifische strukturelle Ordnung auf, wie die voranstehende Abbildung verdeutlicht. Das gesamte Gebiet gliedert sich in verschiedenartige, nicht geometrische Parzellen auf, sodass der Eindruck landwirtschaftlicher Flächen entsteht. Der urbane und parzellierte Raum – so lässt sich formulieren – ahmt die unregelmäßigen und oftmals historisch oder natürlich begründeten Strukturen der Landwirtschaft nach (siehe Abb. 5.63), wodurch eine mimetische und fraktale Gesamtordnung entsteht.

Wie auf den Abbildungen erkennbar wird, liegen zwei differente Ausformungen landwirtschaftlicher Strukturen vor: Einerseits handelt es sich um die ebenfalls im urbanen Raum sichtbaren, nicht-geometrischen Parzellen, andererseits sind am westlichen Rand des gewählten Ausschnitts der Schulumgebung geometrische Felder zu erkennen, welche vermutlich „am Reißbrett" entwickelt und entsprechend angelegt wurden. Die Geometrie des Ackerbaus kann folglich als maximaler Kontrast zu der vermeintlichen Willkür des urbanen Raums bezeichnet werden, wobei es sich gleichsam um Zitationen landwirtschaftlicher Ordnungen handelt. Die

Abb. 5.64 Kennzeichnung der Demarkationslinie zwischen Agrarwirtschaft und Urbanität.
(© 2014 AeroWest/Google earth; Modifizierung: Herrmann)

differenten Raumgestalten werden mittels einer von Norden nach Süden verlaufenden Autobahn sowie einer nordwestlich verlaufenden Landstraße voneinander
getrennt. Beide Schnellstraßen treffen sich in einem Autobahnkreuz und werden demgemäß zu einer spitzwinkligen Trennungs- oder Demarkationslinie (siehe
Abb. 5.64).

Wird die vorliegende Abbildung mit der latenten Rahmung des schulischen
Logos verglichen (siehe Abb. 5.65), so werden formal-strukturelle Parallelen sichtbar, welche in Bezug auf die Frage nach der Rahmenrekonstruktion als durchaus
aussagekräftig zu bezeichnen sind.

Die Demarkationslinien – hier zusätzlich hervorgehoben durch die Änderung
der Perspektive auf die Siedlungsstruktur – ergeben eine identische, dreieckig-
teiloffene Formation und weisen ebenfalls mittels ihrer analytischen Konfrontation
deutliche Parallelen auf: Markiert die Linie inner- bzw. oberhalb des schulischen
Entwurfs eine interaktiv auszuhandelnde Grenze zwischen schulischem Innen und
Außen, so beschreibt die Demarkationslinie der Siedlungsstruktur die Grenze zwischen Urbanität und Agrarraum. Deutlich ist jedoch die konträre Zitation des
inneren Musters: Handelt es sich bei dem Entwurf um ein gerastertes, parzelliertes
Innen, so befindet sich selbige geometrische Anordnung auf der Siedlungskarte ge-

Abb. 5.65 Schullogo und Siedlungsstruktur. (© 2014 AeroWest/Google earth)

rade nicht unter- sondern oberhalb der die beiden Bereiche trennenden Linie. Die rasterförmige und durch eine teils latente, teils manifeste Grenze geschützte oder verbarrikadierende Organisation des schulischen Innen findet ihr Pendant somit in der agrarwirtschaftlich-zellulären Anordnung von Nutzflächen. Zudem entsteht eben jene Grenze material-räumlich durch die beiden Schnellstraßen resp. Autobahnen und stellt somit das manifeste Gegenstück zur interaktiv auszuhandelnden Grenze des Raumentwurfs dar.

Zusammenfassend handelt es sich bei den beiden vorliegenden Ausdrucksgestalten um aufeinander bezogene Negative, was gleichbedeutend mit der Aussage ist, dass die Schule in ihrem räumlichen Entwurf die Strukturen der umgebenden Siedlungsstruktur zwar in vollem Umfang, jedoch in negativer Umkehrung zitiert. Führt man die Metapher unter Berücksichtigung einer thesenhaften historischen Entwicklung – der schulische Entwurf ist der schulischen Architektur zeitlich nachgelagert – sprachlich aus, so handelt es sich bei dem Schulraum bzw. den Schulgebäuden um das Negativ, bei dem Schullogo um das Positiv und somit um die daraus resultierende bzw. erst aus diesem entstehende entsprechende Photographie. Die Schulgebäude selbst befinden sich östlich der Demarkationslinie und somit im urban-sesshaften Teil der Siedlungsstruktur, wie nachfolgend erörtert wird.

Abb. 5.66 Schulgebäudekomplexe und Umgebungsbebauung mit Feldlinien. (© 2014 AeroWest/Google earth; Modifizierung: Herrmann)

5.3.2.2   Schularchitektur

Bei der Betrachtung des gesamten Gebäudekomplexes fällt auf, dass dieses – ähnlich der Logik der bereits dargestellten Schule S_1 (vgl. Abs. 5.2.2) – aus mehreren Einzelgebäuden besteht, welche in ihrer Gesamtheit ein heterogenes oder fraktales Gefüge hervorbringen. Diese material ausgeformte Heterogenität zerfällt wiederum in zwei Hauptbestandteile, welche durch eine mittig verlaufende Straße voneinander getrennt werden (siehe Abb. 5.66).

Die einzelnen Schulgebäudekomplexe fügen sich zunächst sinnlogisch in das Gefüge der sie umgebenden Bebauung ein, jedoch ist jedem einzelnen eine Ordnung immanent, die sich wiederum von dem jeweils gegenüberliegenden Komplex abhebt: Der südliche, aus mehreren Gebäuden bestehende Teil stellt eine bereits im Rahmen der Siedlungsstruktur erwähnte heterogene Fraktalordnung dar (siehe Abb. 5.67), wohingegen der nördlich der Straße gelegene Komplex deutlich von dieser abweicht, was vor allem daran zu erkennen ist, dass es sich lediglich um ein einzelnes Gebäude handelt. Zudem steht dessen Fassade nicht parallel zur Straße und es verfügt – ebenfalls in Differenz zu den Südgebäuden – über kein architektonisch eingerahmtes „Innen". Bei den einzelnen Gebäuden handelt es sich um

- den sich südlich der Straße befindenden Komplex mit dem repräsentativ-massiven und als systematische Einheit charakterisierbaren Hauptgebäude (A), in welchem sich u. a. eine Turnhalle und die Aula befinden,
- den die Chemie-Fachräume beherbergenden Anbau (B),
- die zwei pavillonartigen, nicht zusammenhängenden Nebengebäude (PE1 und PE2),
- die zusätzliche Turnhalle (TH),
- den nördlich der Straße gelegenen naturwissenschaftlichen Trakt (C), der erst 1996 Teil der Schule wurde.

Ausgewählte einzelne Gebäude(-teile) – das Hauptgebäude A sowie die Nebengebäude PE1 und PE2 – werden im Folgenden systematisch rekonstruiert und anschließend zueinander in Beziehung gesetzt.

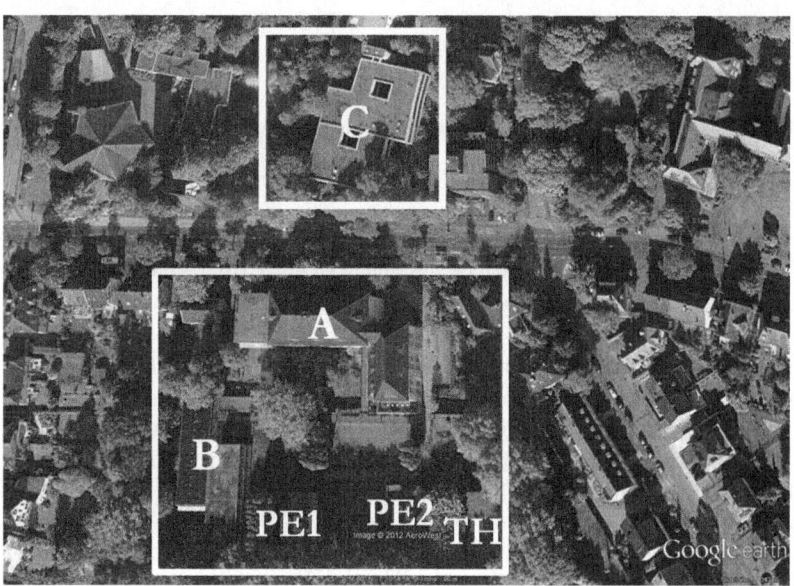

Abb. 5.67 Darstellung des Schulgebäudekomplexes und Bezeichnung der Einzelgebäude. (© 2014 AeroWest/Google earth; Modifizierung: Ina Herrmann)

Abb. 5.68 Hauptgebäude und straßenseitiger Eingang. (© Viktoria Flasche (Ausschnitt/ Modifizierung: Ina Herrmann))

Abb. 5.69 Verortung der Steintafel mit Schulnamen. (© Viktoria Flasche (Ausschnitt/ Modifizierung: Ina Herrmann))

Hauptgebäude A: ... denn es steht geschrieben Das zu Beginn der 1920er-Jahre (1923/1924) erstellte Hauptgebäude des Gymnasiums (siehe. Abb. 5.68) ist – im Gegensatz zu den zu diesem Komplex gehörenden Nebengebäuden – von der Straße aus sichtbar und zugänglich. Auffällig ist jedoch der deutliche Kontrast zwischen der Repräsentativität des Gebäudes und dem eher als Not- oder Hinterausgang zu bezeichnenden straßenseitigen Eingang. Darüber hinaus befindet sich neben dem Eingang in etwa 10 m Höhe eine reichlich verzierte, an ein verziertes Banner, eine Gedenktafel oder einen Grabstein erinnernde Steintafel (siehe Abb. 5.69), welcher der Name der Schule, nicht jedoch die Schulform oder die Stadt zu entnehmen ist.

Die Kenntnis des Schulnamens bzw. der das Gebäude in Besitz genommenen Institution wird als ungleich relevanter angesehen als die Möglichkeit des Zutritts zu selbiger. Besucher erhalten nicht nur eine Information, die sowohl Ein- als auch Ausschlusscharakter aufweist, sondern werden bereits vor dem Betreten der Schule auf zwei verschiedenen Ebenen raumpraktisch diszipliniert: Zum einen durch den nach oben zu richtenden, gleichsam distanzierten Blick, um die auf der Steintafel sichtbaren Buchstaben lesen zu können, zum anderen durch den wenig repräsentativen „Dienstboteneingang", welcher als Gebäudezugang lediglich erahnt werden kann. Der ehrfürchtiger Akt eines „zur Schule Aufschauens" wird körpersprachlich und somit raumpraktisch zum Ausdruck gebracht. Der nach oben gerichtete Blick zu den überdimensionierten Buchstaben auf einer imposanten Tafel setzt den Betrachter gleich zweifach, nämlich sowohl in Bezug auf die eigene Körpergröße als auch hinsichtlich der Positionierung des Körpers und der damit verbundenen Körperhaltung, herab. Dem Blick hinauf zur Steintafel – eine durchaus nicht standardisierte Raumpraktik – folgt die Suche nach einem möglichen Zugang, sodass zwei von der räumlichen Ordnung vorgegebene, disziplinierende Raumhandlungen miteinander verbunden werden. Mit der dem Raum immanenten Herabsetzung bzw. Disziplinierung potenzieller Besucher geht die Ausgestaltung des Eingangs stringent einher, da es sich eben nicht um einen auffälligen, direkt als solchen identifizierbaren und portalähnlichen, sondern um einen unscheinbaren und erst durch die angebrachte Treppe zu erahnenden Eingang handelt. Die schulische Topographie zeigt sich somit als nicht direkt zugängliche, nahezu abgeschlossene Einheit, durch welche Akteure, die keine Kenntnis über die Ausgestaltung und eventuelle alternative Zugänge des Raums besitzen, hierarchisch angeordnet und diszipliniert werden. Demzufolge handelt es sich hier um typographisch und topographisch ausgeformte Disziplinierungs-, Verteidigungs- oder Abwehrmechanismen. Das diesen immanente Hierarchiegefüge setzt die schulische Architektur derart zu personalen Raumpraktiken in Beziehung als es diese weitestgehend determiniert. Überspitzt ließe sich formulieren: Sicheren Zugang erhält, wer sich den Strukturen unterwirft und diesen folgt. Jedoch wäre eine derartige Formulierung zu einseitig, da durchaus Möglichkeiten bestehen, sich diesem Determinismus zu entziehen, indem man sich raumpraktisch alternativ verhält und also links an dem Gebäude vorbei geht; hierbei handelt es sich um eine strukturelle Parallele zu dem bereits rekonstruierten Schullogo (siehe Abb. 5.70).

Die räumliche Anordnung der beiden Parameter tritt deutlich hervor, allerdings handelt es sich um differente Positionierungen resp. Logiken der Positionierung: Stellt sich die Typographie im schulischen Entwurf vor den ikonischen Ausdruck und erzwingt somit ein Entweichen nach links in das Gebäude oder vor den Tisch, so thront der Schriftzug – in diesem Falle handelt es sich nicht um die Abkürzung – am Gebäude über den Köpfen und es sieht zunächst danach aus, als ginge der Akteur nicht in das Gebäude hinein, sondern an selbigem vorbei. Derartige Raumpraktiken werden entsprechend von denjenigen vollzogen, die sich entweder bereits gut auskennen oder sich der der Architektur eingeschriebenen Struktur widersetzen. Im letzten Fall ließe sich weiter zwischen bewusst-widerständigen Reaktionen und unbewusst-akzidentiellen Aktionen ausdifferenzieren und demzufolge zwischen solchen Akteuren, die im Sinne des „Versuch-und-Irrtum"-Prinzips

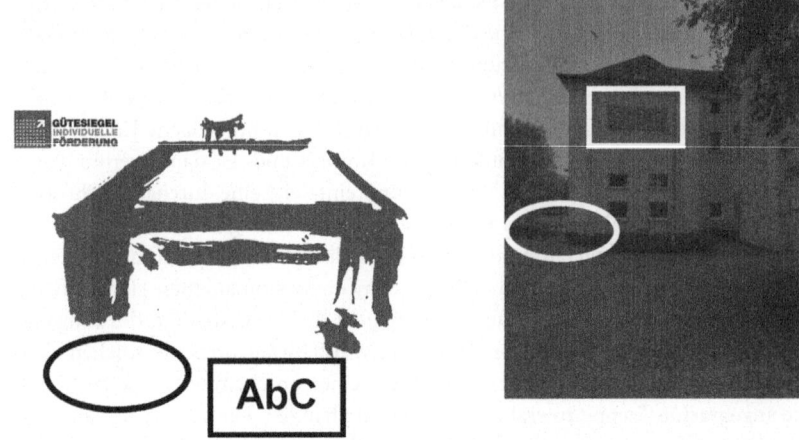

Abb. 5.70 Schullogo und Hauptgebäude. (© Viktoria Flasche; Modifizierung: Herrmann)

sprichwörtlich neue oder andere Wege ausprobieren und solchen, die räumliche Parameter wie beispielsweise die Steintafel schlichtweg nicht zur Kenntnis nehmen (können). Um derartige Akteursgruppen typisieren zu können, wäre die Erhebung der Handlungs- und Deutungsmuster unumgänglich, was jedoch an dieser Stelle nicht geleistet werden kann und soll. Relevant ist jedoch die Herausstellung von eben jenen zwei divergierenden, alternativen Raumpraktiken, die – unabhängig von ihrer subjektiv-individuellen Implikation bzw. Motivation – im maximalen Kontrast zueinander stehen: Unterwerfung unter oder Widerstand gegen die der material-räumlichen Ordnung eingeschriebenen Raumpraktiken. Reflektiert man diese Strukturhypothese vor dem Hintergrund von Annahmen über (Bildungs-) Zugänge und Heterogenität, so ließe sich formulieren, dass differente Zugänge zwar grundsätzlich möglich, diese jedoch an spezifische individuelle Voraussetzungen und Fähigkeiten oder Kompetenzen – vor allem jedoch an die institutionellen Vorgaben, Maßstäbe und Ordnungen – geknüpft sind. Dem schulischen Raum sind demnach zwei Extrema eingeschrieben, entlang derer schulische Akteure in entsprechend zwei Gruppierungen eingeteilt werden bzw. – um den passivischen Gebrauch abzumildern – sich selbst der jeweiligen Gruppe raumhandelnd zuordnen: Die Adaptierenden und die Oppositionellen. Zu berücksichtigen ist an dieser Stelle jedoch, dass noch keine Auskunft über die Qualität bzw. die Bedeutung einer derartigen Ausdifferenzierung vorgenommen werden kann, da für das Ziel „Zugang zum Schulgebäude" beide Varianten erfolgreich sein könnten.

Abb. 5.71 Rückseitige Darstellung des Hauptgebäudes. (© Viktoria Flasche)

Wird dem Weg der sog. Oppositionellen gefolgt und sich linksseitig an dem Gebäude vorbei begeben, so wird der Schulhof betreten und die Rückseite des Gebäudes sichtbar. Hier fällt zunächst die umfassende Efeuberankung auf, welche dem Gebäude einerseits einen natürlichen Farb-„Anstrich" verleiht, die Mauern sich andererseits jedoch gleichermaßen hinter diesem verbergen, sodass der Eindruck einer natürlichen Tarnung resp. einer „Tarnung durch Naturalisierung" (siehe Abb. 5.71) entsteht.

Diese „urwüchsige Maskierung" erschließt sich dem Betrachter vollumfänglich jedoch erst mittels einer In-Distanzsetzung zur Architektur, wozu wiederum eine Raumpraktik erforderlich ist, die sich derjenigen widersetzt, welche dem Raum strukturell eingeschrieben ist. Denn: Sinnlogisch wäre eine Orientierung entlang der Mauern auf der Suche nach einem Eingang in das Gebäude, da der vorderseitige Zugang bewusst oder unbewusst ignoriert wurde. Ein weiterer, durchaus deutlich als solcher zu erkennende Eingang (siehe Abb. 5.72), wird bei einer entsprechenden Suche sichtbar und gewährt auch demjenigen Einlass, welcher sich zuvor in Opposition zu der architektonischen Struktur gesetzt hat.

Bezogen auf die Zugangsmöglichkeiten kann nunmehr konstatiert werden, dass es sich zunächst um eine Dichotomie mit den Ausprägungen Adaption und Opposition handelt, welche jedoch in einer adaptiven Handlung resp. Raumpraktik kumuliert: Der zuvor Oppositionelle passt sich letztlich den eingeschriebenen Raumpraktiken an, um in das Gebäude eingelassen zu werden. Jedoch erweist sich der rückseitige Eingang – im Verhältnis zum frontalen, unscheinbaren „Dienstboteneingang" – als zumindest ansatzweise repräsentativ. Front und Rückseite des Gebäudes werden somit hinsichtlich der jeweiligen Zutrittsmöglichkeit gespiegelt: Der gläserne und breitere Eingang befindet sich rückseitig, wohingegen der schmale und kaum erkennbare Eingang vorderseitig angebracht ist. Entsprechend

Abb. 5.72 Eingang auf der Rückseite des Gebäudes. (© Viktoria Flasche)

der Strukturhomologie von Schullogo und Siedlungsstruktur liegen hier räumliche Strukturparallelen vor: Die Zitation jeweiliger Negative.

Insgesamt kann herausgestellt werden, dass sich der schulische Raum – obschon der Eindruck einer „repräsentativen Nabelschau" entsteht — niemals vollständig „zeigt". Straßenseitig unterwirft der Raum etwaige Besucher und schreibt danach das Betreten desselben vor – in der Regel ohne die akteursseitige Möglichkeit, von visuellen Reizen wie bspw. der Efeuberankung Notiz nehmen zu können: Entweder wird der dem Raum immanenten Disziplinarpraktik entsprochen und das Gebäude direkt, d. h. ohne weitere Aufmerksamkeit betreten, oder es wird sich dieser widersetzt, indem die Akteure links an dem Gebäude vorbei laufen und entsprechend lediglich weitere graue Mauern sichtbar werden, die schließlich in das Innere führen. Es braucht somit eine doppelte Opposition, um die Rückseite des Gebäudes sinnlich bzw. hauptsächlich visuell erfassen zu können und selbst in diesem Fall präsentiert sich selbiges wiederum nur teilweise. Ein doppelter raumpraktischer Widerstand gegen die vorgegebene Raumordnung führt lediglich zu der optionalen Betrachtung einer natürlichen Maske. Interessant ist in diesem Zusammenhang der Hinweis auf die Homepage der Schule (siehe Abb. 5.73), auf welcher vor allem die efeuberankten und somit maskenartigen Gebäudeteile präsentiert werden.

Abb. 5.73 „Header" der Homepage

Abb. 5.74 Nebengebäude PE1 und PE2. (© Viktoria Flasche)

Der paradoxen Logik des „repräsentativen Verdeckens" wird somit einerseits raumpraktisch insofern Rechnung getragen, als sich verschiedene mögliche Zugänge und somit eventuelle Abkürzungen o. ä. nicht direkt präsentieren, sondern mit der Kenntnis der Topographie und somit einem auf Erfahrung basierenden Lernprozess einhergehen. Andererseits zeigt sich das Gebäude als solches nur mit seiner (kahlen) Fassadenseite; die Rückseite – und somit ebenfalls die beiden sich auf dem Schulhof befindenden zusätzlichen Gebäude – bleiben im Verborgenen.

Nebengebäude PE1 und PE2: Definitive Interims Die beiden kleineren, sich auf dem Schulhof befindenden Gebäude unterscheiden sich hinsichtlich ihres Baustils bzw. strukturell zwar kaum voneinander, variieren jedoch in der Geschossanzahl sowie der Art der Eingänge: Stellt das Nebengebäude PE2 einen eingeschossigen Zusatzbau mit zwei Räumen dar, so verfügt der gegenüberliegende Komplex über zwei Etagen und ist in etwa doppelt so lang (siehe Abb. 5.74), sodass sich in diesem entsprechend mehr Räume befinden.

In Kontrast zu dem repräsentativen Hauptgebäude, welches zudem über ein natürliches Dekor in Form einer Efeuberankung verfügt, wirken die beiden etwas abseitig auf dem Schulhof platzierten Bauten in ihrer Architektur deutlich funktionalistischer und schlichter. Demzufolge weisen sie vornehmlich strukturelle Parallelen zu flachen Wohnhäusern (Bungalows), funktionalen Gebäuden wie bspw. Verwaltungsgebäuden (siehe Abb. 5.75) und Krankenhäusern oder zu sog. Baracken und multifunktional einsetzbaren Wohncontainern auf.

Geht man von einem Bungalow aus, in welchem Menschen übergangsweise – beispielsweise zum Zwecke eines Urlaubs – untergebracht sind, so handelt es sich bei sämtlichen hier zitierten Gebäuden um Räume, welche von den jeweiligen Akteuren zeitlich begrenzt aufgesucht werden: Für einige Wochen während der Ferien,

Abb. 5.75 Verwaltungsgebäude und Container der Universität Duisburg-Essen. (© Buket Balkan)

für die Dauer eines Arbeitstages, die Dauer eines Arrestes bzw. einer Inhaftierung oder die provisorische Unterbringung in einem Container während der Errichtung oder Sanierung eines Wohn- oder Geschäftshauses. Zu unterscheiden sind die Architekturen jedoch hinsichtlich des Kriteriums ihrer eigenen zeitlichen Fixation: Bungalow und Verwaltungsgebäude verweisen mittels der benutzten Materialien auf Gebäude, welche dauerhaft nutzbar sein sollten, wohingegen Baracken und Container nach ihrer Nutzung abgerissen oder an einen anderen Ort transportiert und dort ebenfalls übergangsweise aufgestellt werden. Somit kann allgemein zwischen definitiven und interimistischen Räumen differenziert werden. Zu letzteren zählen entsprechend Baracken, Container sowie die beiden fokussierten schulischen Gebäude. Zum einen halten sich Schüler und Lehrer innerhalb desselben nur für die Dauer einer oder mehrerer Schulstunden auf, zum anderen wurde das Gebäude als solches i. d. R. errichtet, um eine „Raumlücke" zu schließen. Gemeint ist – ähnlich dem Wohncontainer – eine Übergangszeit bis zum Bezug eines neu zu errichtenden oder sanierten Gebäudes oder Gebäudeteils, z. B. um eine erhöhte Anzahl an Personen unterbringen zu können. Ein zunächst lediglich als Ausnahmezustand betrachteter Anstieg der Schülerzahlen könnte sich bei der rekonstruierten Schule zum Dauerzustand entwickelt haben, ohne dass entsprechende Gebäude errichtet wurden. Aus einer temporären wurde eine permanente Architektur.[9]

---

[9] Die äußere Gestaltung der beiden Gebäude (Raumpraktiken, vgl. Abs. 5.3.3) verweist ebenfalls auf eine dauerhafte Nutzung derselben, sodass beide als „definitive Interims" bezeichnet werden können: Raumhybride, die zwischen zwei Bestimmungsmerkmalen oder -kriterien eingespannt sind und somit ein antagonistisches Gefüge verkörpern.

Abb. 5.76 Feldlinien des
Nebengebäudes PE1

Werden nunmehr wiederum die Feldlinien der Architektur eingezeichnet (siehe
Abb. 5.76), kommt eine unverkennbare Rasterstrukturierung zum Vorschein, die
an einen (Bau-)Zaun, ein Gitter oder einen Setzkasten erinnert. Das abgebildete
Feldliniensystem trennt somit entweder das Eine von dem Anderen bzw. ein Innen
von einem Außen oder bezieht sich auf einen Einrichtungsgegenstand, in welchem
Sammlerstücke wie Figuren, Münzen, Parfumflacons, Steine oder ähnliche Dinge
aufbewahrt und ausgestellt werden können. Allen Lesart gemein ist das Moment
der Betrachtung: Ein Zoobesucher, ein an einem Bauvorhaben Interessierter oder
der seine Sammlung betrachtende Eigentümer derselben befinden sich jeweils vor
etwas oder jemandem, um dieses oder diesen in Augenschein zu nehmen. Die
Dichotomie aus „Betrachtendem und zu Betrachtendem" bzw. „Hier und Dort"
lässt sich demnach erst aus den eingezeichneten Feldlinien ableiten und muss vor
allem vor dem Hintergrund der manifestierten Raumpraktiken (Abs. 4.3.3) noch
einmal fokussiert werden.

Makro- bzw. mesoanalytisch lässt sich somit eine Fallstrukturhypothese formulieren, die sowohl aufgrund der infrastrukturellen als auch der schularchitek-
tonischen Charakteristika prägnant zum Ausdruck kommt: Die Schule befindet
sich – bezogen auf die Siedlungsstruktur, in welche sie eingelassen ist – zwischen zwei maximal kontrastierenden Raumordnungen und greift diese divergent
auf. Neben spezifischen geometrischen Ordnungsprinzipien (Raster, Zelle, rechte
Winkel) werden ebenso asymmetrische bzw. nicht geometrische Ordnungen zitiert. Somit handelt es sich gleichsam um die Zitation der bereits ausgeführten
strukturellen Merkmale des urbanen Raums einerseits sowie des Agrarraums andererseits. Hinsichtlich der schulräumlichen Binnenstruktur wird gleichsam deutlich,
dass zwei verschiedene Architekturparadigmen zitiert werden: Der straßenseitige

Repräsentations- oder Monumentalbau wird von zwei Nebengebäuden ergänzt, deren Charakteristika denen temporaler Architekturen entsprechen. Zudem eröffnet die Positionierung beider Gebäude auf dem Schulgelände ebenfalls eine Strukturhypothese, die zusammenfassend als „verräumlichter Antagonismus" bezeichnet werden kann, da sich beide Pavillons recht unauffällig und verborgen in einem rückwärtigen Teil des Schulhofs befinden. Fasst man die differenten Thematisierungen der vorliegenden Raum-Antagonismen zusammen, so lassen sie sich entlang folgender Begriffspaarungen ordnen:

- permanent – temporär
- repräsentativ – konspirativ
- urban – agrar

Durch eine derartige begriffliche Kontrastierung wird deutlich, dass neben einer Rekonstruktion des Raums die Zeit als Ordnungsparameter von hoher Relevanz ist. Zeit meint hier keine abstrakte Größe, sondern einen konkreten Parameter topographischer Räume. Werden nunmehr alle zur Schule gehörenden Gebäude in ihrer Gesamtheit berücksichtigt, wird auch deutlich, dass ein Teil der Räume (Trakt C) – darauf wurde bereits verwiesen – durch eine Straße von dem anderen Teil (Haupt-

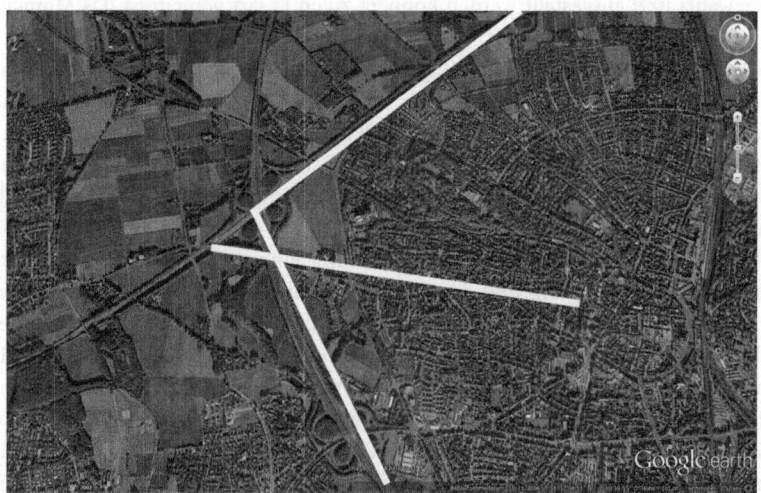

Abb. 5.77 Siedlungsstruktur und Demarkationslinien. (© 2014 AeroWest/Google earth; Modifizierung: Herrmann)

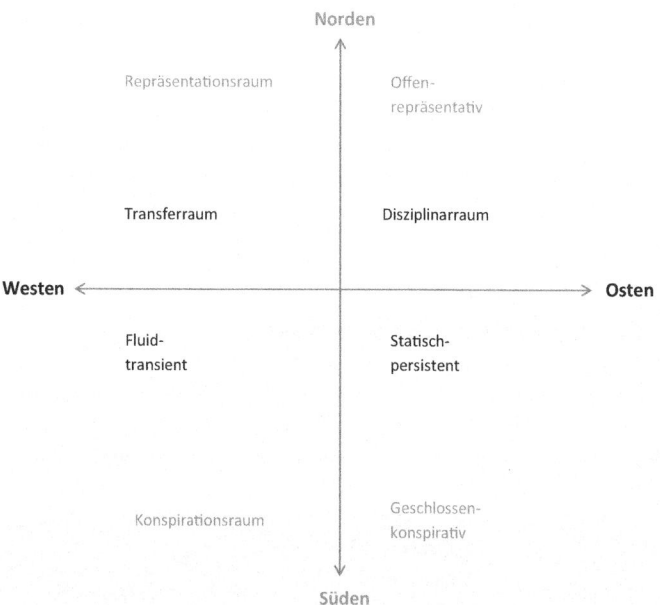

Abb. 5.78 Makro- und mesoanalytisches Raum-Kontinuum

und Nebengebäude) getrennt werden, sodass neben der nord-südlich verlaufenden Demarkationslinie ebenfalls eine West-Ost-Achse verläuft (siehe Abb. 5.77).

Wird der Gebäudekomplex entlang einer Ost-West-Achse zwischen der landwirtschaftlichen und der urbanen strukturellen Ordnung eingefasst, weisen die einzelnen Schulgebäude eine von außen nach innen und von Nord nach Süd gerichtete Differenzierung auf, die mit den Begriffspaaren „offen-repräsentativ" und „geschlossen-konspirativ" bestimmt werden kann. Die Umgebung wird somit zwar schulräumlich, jedoch nicht vollständig stringent reproduziert: Die bis zur unaufhebbaren Widersprüchlichkeit reichende Spannung ist auf jeder der beiden hier betrachteten Analyseebenen rekonstruierbar, bezieht sich jedoch auf differente Kontinua mit entsprechenden Extrempolen, wie das folgende Schaubild (siehe Abb. 5.78) verdeutlicht.

Der topographische Raum erweist sich insgesamt als fraktal oder mosaikhaft, was mit mannigfaltigen Zitationen hoch differenter Strukturen und Ordnungen einhergeht. Hier wird keineswegs das „Eine" von einem „Anderen" oder das „Hier" von einem „Dort" abgegrenzt, sondern ein Potpourri aus divergierenden, kontrastiven und antagonistischen Strukturen hergestellt. Diese antinomische „Schmelztiegel"-Ordnung ermöglicht zwar ein entsprechend reichhaltiges, heterogenes Gefüge, verunmöglicht dieses jedoch gleichsam durch ein auf spezifischem Wissen basierendes Ein- und Ausgangssystem. Vor dem Hintergrund dieser Strukturhypothese sind nachfolgend die manifestierten Raumpraktiken zu rekonstruieren, da diese sich an und innerhalb des Raums zu befinden und sich entsprechend auf diesen beziehen könnten bzw. nicht als von diesem losgelöst betrachtet werden können.

5.3.3 Raumpraktiken: Verlaufslinien

An den Außenwänden der Schulgebäude befinden sich diverse manifestierte Spuren (Bilder bzw. Graffiti), von denen einige schul(leitungs-)seitig legitimiert und beispielsweise im Rahmen von Kunstprojekten aus- und durchgeführt wurden.[10]

Abb. 5.79 Zuordnung der Graffiti im Gebäudekomplex. (© 2014 AeroWest/Google earth; Modifizierung: Herrmann)

---

[10] Die Schulleiterin differenzierte diesbezüglich wie folgt: „Die unschönen [Graffiti, IH] kamen von unbekannten Tätern, die schönen/vorzeigbaren von einer Aktion, die gemeinsam mit dem Hausmeister und einem ‚Sprayer' durchgeführt wurde, um das Gebäude äußerlich zu verschönern" (E-Mail vom 14.02.2012).

Zwar liegt der Fokus dieser Arbeit gerade nicht auf derartigen legitimierten, didaktisch aufbereiteten Gestaltungsmaßnahmen innerhalb von Unterricht resp. als Produkt unterrichtlicher Prozesse, dennoch ist es von hohem Wert, eben diese Spuren „institutionellen Vandalismus'" zu rekonstruieren, um die ebenfalls existenten illegitimen Gebrauchsspuren mit Ersteren kontrastierend bzw. als auf diese räumlich Bezug nehmend ins Verhältnis setzen zu können.

Das erste – im Folgenden in drei Sequenzen abgebildete – Graffito befindet sich an der gesamten, dem Schulhof zugewandten Seite des Pavillons PE1 (siehe Abb. 5.79) und stellt eine hügelige, von einer Straße durchzogene Landschaft bzw. ländliche Gegend in den Morgen- oder Abendstunden dar.

Unabhängig von den im Folgenden inhaltlich zu rekonstruierenden Darstellungen auf den Wänden der Nebengebäude (siehe Abb. 5.80, 5.81, 5.82), wird zunächst auf die Komposition sowohl der als Leinwand dienenden Architektur als auch der Graffiti selbst Bezug genommen. Zu diesem Zweck werden wiederum sog. „Feldliniensysteme" (Imdahl 1996, S. 43 ff.) eingezeichnet (siehe Abb. 5.83, 5.84, 5.85), mittels derer die einzelnen Komponenten des „Wandbildes" zueinander in Beziehung gesetzt werden können.

Wie die Feldliniensysteme verdeutlichen, handelt es sich bei der Gebäudestruktur um eine regelmäßige Rasterung, die einzelne, verschiedentlich ausgeprägte Zellen hervorbringt. Die Gesamtarchitektur wird somit an ihrer Oberfläche räumlich parzelliert, d. h. in verschiedene geometrische Segmente unterteilt, sodass der Eindruck eines Triptychons bzw. einer ähnlichen Bildertafel oder eines Setzkastens entsteht. Berücksichtigt man das Feldliniensystem der Architektur (vgl. Abs. 5.3.2), so wird deutlich, dass diese ebenfalls die Struktur eines Gitters oder Zauns aufweist, wodurch die nachfolgende Rekonstruktion der Raumpraktiken eine spezifische Rahmung erhält.

Werden beide Feldliniensysteme (Architektur und manifestierte Raumpraktik) zueinander in Beziehung gesetzt (siehe Abb. 5.86, 5.87, und 5.88), erinnern diese an Börsenkurse, Messungskurven von Hirn- oder Herzfrequenzen oder graphisch aufbereitete statistische Daten, wobei die schwarzen Balken – die Feldlinien des Raums – den roten Graphen oder Kurven sowohl als Rahmung als auch im Sinne einer Markierung relevanter Punkte dienen. Die funktional-geometrische Gestalt des schulischen Raums steht in maximalem Kontrast zur fließenden, unregelmäßigen Linie der hinterlassenen Spur, wodurch wiederum zwei hoch differente, geradezu widersprüchliche Formate zitiert werden. Raster und Linien verhalten sich zueinander wie das Gitter zu dem hinter diesem eingesperrten Wildtier, dessen fließende, wilde Bewegungen zwar dominant,

Abb. 5.80 Graffiti (Sequenz I) an Pavillon PE1: „Straße, See, Leuchtturm". (© Viktoria Flasche (Auszug))

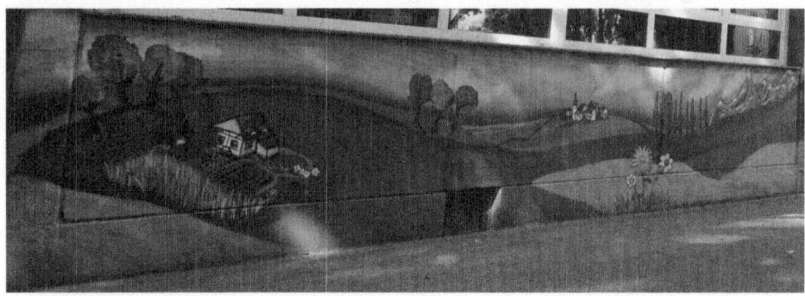

Abb. 5.81 Graffiti (Sequenz II) an Pavillon PE1: „Hof, Kirche, Berge". (© Viktoria Flasche (Auszug))

Abb. 5.82 Graffiti (Sequenz III) an Pavillon PE1: „Feld, Dorf, Zaun". (© Viktoria Flasche (Auszug))

für einen Besucher jedoch keineswegs gefährlich sind. Die Bedeutungsstruktur des Schulraums ermöglicht somit zwar das Hinterlassen bzw. Anbringen von Spuren, verdeutlicht jedoch gerade dadurch ihre doppelte Dominanz: Einerseits durch den Umstand, dass die Wandbilder legitimiert wurden, andererseits durch die soeben beschriebene Relevanz oder Vorherrschaft des Raums gegenüber jenen manifestierten interaktionsräumlichen Spuren. Die Institution – so ließe sich thesenhaft festhalten – besetzt wiederum beide Enden eines selbst erstellten Kontinuums und verunmöglicht dem entsprechend akteursseitige, oppositionelle und somit entsprechend extreme (Gegen-)Positionierungen. Um zunächst der

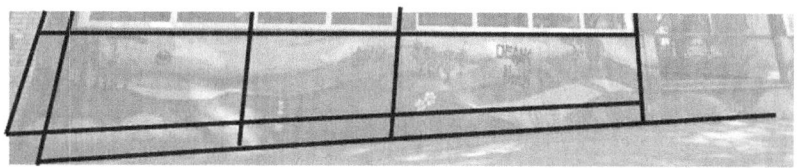

Abb. 5.83 Feldlinien der Architektur (Sequenz I)

Abb. 5.84 Feldlinien der Architektur (Sequenz II)

Abb. 5.85 Feldlinien der Architektur (Sequenz III)

Lesart einer aufbereiteten Statistik gerecht zu werden: Die Schule erstellt sowohl die beiden Achsen als auch die Darstellung des Kurvenverlaufs selbst, allerdings unter Verzicht auf eine Beschriftung der vorgenommenen Skalierungen. Hierdurch werden externe Validierungen systematisch verunmöglicht und es lässt sich

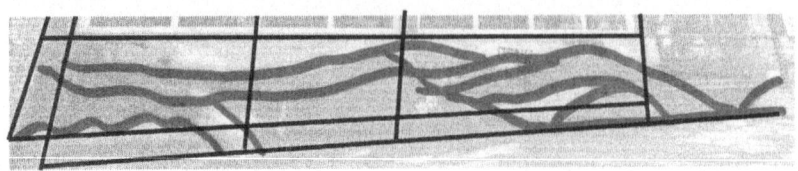

Abb. 5.86 Feldlinien der Architektur und der Graffiti (Sequenz I)

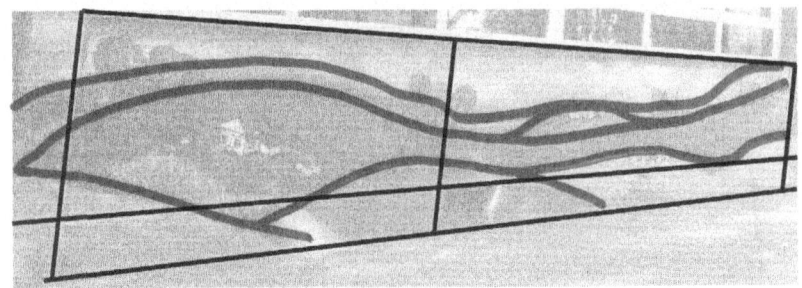

Abb. 5.87 Feldlinien der Architektur und der Graffiti (Sequenz II)

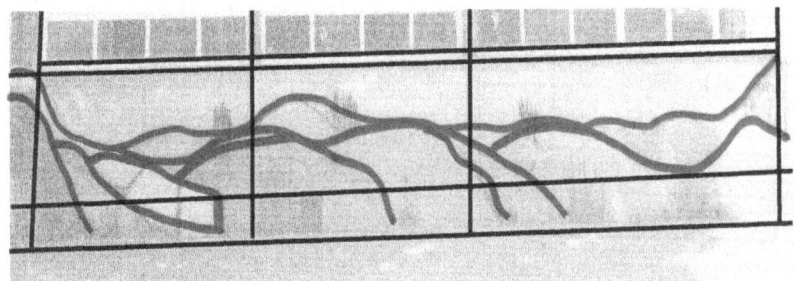

Abb. 5.88 Feldlinien der Architektur und der Graffiti (Sequenz III)

lediglich ein steter, d. h. im Zeitablauf kontinuierlicher und allgemeiner, demnach über alle abgebildeten Graphen hinweg beobachtbarer Abwärtstrend ablesen. Jedoch müssen alle bisher angeführten Lesarten in den Kontext der Architektur einbezogen werden, sodass abgebildete Messungen oder Statistiken entweder von einem distanzierten Dritten begutachtet werden können (Architektur als Zaun oder

Gitter) oder von diesem in Form einer ausstellungsähnlichen Situation anzuschau-
en sind (Architektur als Setzkasten). In jedem Fall wird eine deutliche Distanzierung
hergestellt, der entweder eine informierende oder ästhetische Funktion zukommt,
womit der Betrachter grundsätzlich in eine passiv-rezipierende Situation gebracht
wird. Da das „Was" ikonischer Darstellungen stets als Ergänzung des „Wie" mitzuführen ist (vgl. Abs. 4.2.2), ist an dieser Stelle auf die inhaltlichen Ausgestaltungen
der manifestierten Raumpraktiken einzugehen.

Auf den Wandbildern sind Wiesen und/oder landwirtschaftliche Felder, auf
denen vereinzelte kleinere Gruppen aus verschiedenen Baumarten sowie einzelne Gebäude, die an einen (Bauern-)Hof und an eine Kirche mit entsprechenden
Nebengebäuden sowie ein Miniatur-Dorf erinnern, abgebildet. Darüber hinaus
verweisen lediglich die sich durch die Landschaft schlängelnde zweispurige Straße sowie der sich im Bildvordergrund befindende Leuchtturm (Sequenz I) auf
eine technisierte und mobile Zivilisation, welche das dargestellte Gebiet jedoch
hauptsächlich als Transferraum nutzt.

Auffällig ist hierbei, dass sich die schwarz-weißen Begrenzungspfähle lediglich
an dem vom Betrachter aus linken Straßenrand befinden (siehe Abb. 5.89), sodass
in der Dunkelheit möglicherweise nur eine Seite der Fahrbahn erkennbar würde.
Üblicherweise befinden sich auf der jeweils gegenüberliegenden Straßenseite ebenfalls Begrenzungen in Form von Pfählen oder einer deutlich sichtbaren Leitplanke,
sodass hier zu beiden Seiten Sicherungsmaßnahmen existieren. Die auf- oder untergehende Sonne (siehe Abb. 5.90) verweist auf eine jeweilige Tageszeit, zu der
Menschen häufig noch nicht oder nicht mehr unterwegs, sondern sich noch oder
bereits zu Hause, am Arbeitsplatz oder anderen Orten aufhalten.

Wie die kontrastierenden Abbildungen veranschaulichen, kann eine eindeutige Zuordnung der Tageszeit schwerlich vorgenommen werden. So handelt es sich
jedoch um den Beginn oder den Ende eines Tages und nicht etwa die Mittags-
oder Nachmittagszeit. Durch eine derartige Kennzeichnung der Tageszeit wird
entsprechend auf Abschnitte eines Tages rekurriert, welche im Regelfall den privaten (Zeit-)Raum markieren und zugleich nach wie vor mit spezifischen Ritualen,
Redewendungen, Metaphern und Sehnsüchten verbunden sind, was ebenjene Auf-
und Untergänge beispielsweise zu äußerst beliebten Fotomotiven macht. Die Zitation eines dieser Momente verweist somit einerseits auf den Beginn oder das Ende
eines Tages und somit eines festen Zeitabschnitts, zum anderen auf die romantisch-
ästhetische Dimension eines schnell vorübergehenden Moments. Das natürliche,
momenthafte Schauspiel einer auf- oder untergehenden Sonne wird hier stillgestellt,
festgehalten und räumlich manifestiert.

Der dargestellte Leuchtturm (siehe Abb. 5.91) irritiert gleich in dreifacher Hinsicht, da 1) er sich lediglich an einem kleinen See befindet, keine ihm ursächlich

Abb. 5.89 Straße (Ausdrucksgestalt) und Landstraße. (© Viktoria Flasche (Ausschnitt: Ina Herrmann); © Buket Balkan)

Abb. 5.90 Ausdrucksgestalt, Sonnenuntergang und -aufgang. (©Viktoria Flasche (Ausschnitt: Ina Herrmann); © Ina Herrmann; © Dominik Schwister)

Abb. 5.91 Ausdrucksgestalt und Leuchtturm. (© Viktoria Flasche (Ausschnitt: Ina Herrmann); © Tim Herrmann)

zugedachte Funktion übernimmt und somit zum rein dekorativen Element wird, 2) die Proportionen im Verhältnis zur Umwelt nicht stimmen, was vor allem durch die Vergleiche mit dem in den See hineinragenden Steg sowie mit den im Vordergrund erkennbaren Blumen deutlich wird und 3) die Sonne noch oder schon am Firmament erkennbar und das Einschalten des Leuchtfeuers demzufolge ohnehin noch nicht oder nicht mehr notwendig ist. Die vereinzelten und sich zudem weit voneinander entfernt befindenden Häuser resp. Hausgruppen verweisen auf eine Isolation der dort lebenden oder lediglich zu Zeiten des Urlaubs anreisenden Menschen.[11] Ruhe und Entspannung stehen Einsamkeit und Verlassenheit zwar nicht diametral entgegen, zeugen jedoch allgemein von einer oftmals widersprüchlichen Sehnsucht nach einem Leben „in Einklang mit der Natur", und sei es nur für die Dauer eines Ferienaufenthalts. Die Natur bzw. die natürlichen Elemente überwiegen sowohl quantitativ als auch qualitativ, da die abgebildeten Bäume, Blumen, Felder und der See im Vergleich zu den Häusern und der Straße trotz perspektivischer Verzerrungen durchgehend überdimensioniert dargestellt sind. Darüber hinaus wurde bereits auf die Fehlerhaftigkeit der technischen Artefakte (Leuchtturm, Straßenbegrenzung) eingegangen, sodass bereits an dieser Stelle das Augenmerk auf eine vermeintliche „Natur-Kultur-Diskrepanz" gerichtet werden kann.

Die von der Schulleitung legitimierte „äußerliche Verschönerung" des Pavillons reproduziert die bereits rekonstruierte Struktur der Schularchitektur bzw. der schulischen Umgebung (vgl. Abs. 5.3.2.1, 5.3.2.2): Formal wird ein natürlicher resp. naturalistischer Raum imitiert, der sich inhaltlich jedoch als an den jeweiligen Raum angepasste Transformation ausgestaltet. Das Glatte präsentiert sich hier in Form einer Felder- und Wiesenlandschaft, die von fehlerhaften technischen Artefakten durchsetzt ist: Der zu kleine und generell unnötige, zudem unverständlicherweise in Betrieb genommene Leuchtturm und die einseitige Begrenzung der Straße lassen auf eine Verschiebung der Relevanz zugunsten natürlicher Elemente – und somit zuungunsten technischer Konstrukte – schließen. Der Versuch, den Naturraum mit dem Kulturraum sinnlogisch zu verknüpfen, scheitert an dieser Stelle und führt zu absurden Verhältnissetzungen innerhalb der Darstellung. Bezogen auf den materialen Raum, welcher mit diesem Graffiti zu ästhetisieren versucht wurde, lässt sich somit die These formulieren, dass der Versuch einer Überformung kultureller Räume zu Lasten realistischer Annahmen geht. Die „Naturraum-Maskerade" – folglich die sprichwörtliche Verkleidung des schulischen Raums als weitläufiger, nahezu menschenleerer und naturbelassener Raum – entlarvt gerade die Unfähigkeit, technische Artefakte in ihrer Beschaffenheit tatsächlich wiederzugeben, sodass

---

[11] Bezogen auf die auf- oder untergehende Sonne sind nunmehr verschiedene Lesarten denkbar: Handelt es sich um frühe Morgenstunden, befinden sich die in den Häusern lebenden Menschen (unabhängig davon, ob sie dauerhaft oder temporär dort wohnen) vermutlich noch bei morgendlichen Aktivitäten wie beispielsweise dem Frühstück oder der Morgentoilette. Geht man von einer untergehenden Sonne aus, verwundert es, dass sich die dort lebenden Menschen nicht draußen befinden. Da für die Klärung der Lesarten insgesamt zu viele Zusatzannahmen notwendig werden, wird im Sinne der Sparsamkeitsregel lediglich davon ausgegangen, dass Menschen die abgebildeten Häuser in irgendeiner Form – d. h. permanent oder vorübergehend – bewohnen. Weitere Annahmen lässt die Darstellung nicht zu.

von einer zur Schau gestellten „Technik-Legasthenie" gesprochen werden kann, die
durch den an Zwang grenzenden Versuch der Berücksichtigung von Naturelemen-
ten verursacht oder mindestens verstärkt wird. Die den Mängeln als Verkleidung
dienende maskenhafte Inszenierung stellt diese pointiert zur Schau.

Die Schule maskiert sich mit einem bzw. als ein Transferraum, sie weist sich
also entweder als ein solcher aus, möchte als ein solcher begriffen und verstanden
werden oder verbirgt sich hinter diesem. Masken dienen der Verkleidung, der manifestierten Darstellung eines minimal oder maximal kontrastierenden Anderen,
„sie sind das Angebot, sich zu verändern. Sie versprechen: andere Gesichter, andere Existenzen, andere Identitäten" (Weihe 2004, S. 16). Die Nutzung einer Maske,
die einen menschenleeren und mit keinen oder fehlerhaften technischen Artefakten
ausgestatteten Naturraum darstellt, der zudem potenziell eher nicht dem permanenten Aufenthalt, sondern lediglich der Durchreise oder einer übergangsweisen
Verweildauer wie etwa der eines Urlaubs dient, betont somit paradoxerweise das
sich dahinter Verborgene. Das gewählte und abgebildete Andere ist hier ein Sehn-
suchtsort, eine utopische Darstellung, die gerade aus diesem Grunde markante
Mängel aufweist. Die „harmonische", gleichsam utopische Verbindung von Natur und Kultur als gemeinsame Umgebung, durch die ein einziger Weg führt,
wird institutionell-legitimiert nach außen präsentiert und gibt Preis, dass die „un-
maskierte Realität" eine andere, möglicherweise sogar das gegenteilige Extrem ist.
Auffällig ist, dass in der gesamten Darstellung keine Lebewesen (d. h. Tiere oder
Menschen), sondern nur Bäume und Pflanzen abgebildet sind. Es handelt sich somit durchgehend um die ikonische Imitation oder Einholung von Stille, Isolation
und Einsamkeit, sodass es sich bei den abgebildeten Inhalten grundsätzlich auch
um eine Nachzivilisationslandschaft bzw. Apokalypse – als das, was nach einem
Untergang der Menschheit erhalten sein wird – handeln könnte.

Vor diesem Hintergrund sind die schulseitig nicht legitimierten bzw. beauftragten Spuren am Raum zu rekonstruieren. Hier findet sich auf der voranstehend
rekonstruierten Raumpraktik vor allem ein offenbar gesprayter Ausspruch.

Der Ausdruck „Denk Nach" (siehe Abb. 5.92) wird hier im Sinne eines zwar
zunächst unspezifischen, jedoch imperativen Modus gebraucht, wobei das Verb
„DENK" im Gegensatz zu dem „Nach" durchgehend in Großbuchstaben verfasst
wurde. Dadurch entsteht eine formal ausgestaltete verstärkte Betonung des ersten
Ausdrucks und einer damit einhergehenden Priorisierung: Das Denken als allgemeiner reflexiver Vorgang kommt vor dem „Nachdenken", wozu es bereits eines
spezifischen Inhalts bedarf, der hier jedoch nicht schriftlich-explizit aufgeführt
wird. Die Adressaten sollen vor allem denken, alsdann aber gleichsam nachdenken.
Sinnlogisch muss nunmehr sowohl auf das Gebäude als auch auf das an diesem an-

Abb. 5.92 Ausdrucksgestalt S$_2$I: Graffiti an der Seite des Pavillons PE1. (© Viktoria Flasche (Ausschnitt: Ina Herrmann))

gebrachte und von der Schulleitung legitimierte bzw. in Auftrag gegebene Graffito verwiesen werden, da der Ausdruck als solcher andernfalls nicht hinreichend re-konstruierbar ist. So kann zunächst auf die Differenz von Ikonik und Typographie verwiesen werden: Stehen die Architektur und die in Auftrag gegebene Raumprak-tik für das Ikonische, wird das Typographische – und somit die nicht legitimierte Spur – zum Ergebnis einer durchaus oppositionellen Handlung. Wort und Bild fallen hier deutlich auseinander, was vor allem vor dem Hintergrund zu rekon-struieren ist, dass Schule zur Vermittlung kultureller Regeltechniken verpflichtet ist und darunter i. d. R. Lesen, Schreiben und Rechnen fallen. Somit könnte es sich bei der rein ikonischen Darstellung um einen Aufruf oder eine Provokation zur typographischen Entäußerung handeln. Die zugrunde gelegte Norm lautete in diesem Falle sinngemäß: „Schülerinnen und Schüler treten grundsätzlich in Opposition zur schulischen Institution". Eine zweite Lesart bezieht sich auf den ab-gebildeten Inhalt und nicht nur auf die ikonische Darstellung als eine Möglichkeit der manifestierten Entäußerung: Die Imitation der natürlichen Landschaft, welche von einer Landstraße durchzogen wird, reproduziert bildlich Teile der schulischen Umgebung (vgl. Abs. 5.3.2) derart, als auch hier urwüchsig anmutende Felder von Straßen und Autobahnen durchzogen werden. Der Ausspruch „Denk Nach" kann darauf bezogen wiederum verschiedentlich ausgedeutet werden. Einerseits kann es sich um eine generelle Aufforderung handeln, die persönlich-individuellen oder gesellschaftlich-strukturellen Lebensumstände kritisch zu reflektieren. Hier wäre der Bezug zu einem die Umwelt im Wortsinne zerstörenden Eingriff wie bspw. der Bau einer Straße denkbar. Verbindet man die befehlshafte Aufforderung jedoch mit der bereits im Rahmen der Architektur rekonstruierten Strukturhypothese ei-ner inszenierten Widersprüchlichkeit, so ließe sich hier der Hinweis dazu finden, das Graffito in seiner tarnenden Funktion und die „schulische Maskerade" zu re-

Abb. 5.93 Graffiti an der
Rückseite des Pavillons PE2.
(© Viktoria Flasche)

flektieren. „Denk Nach" wird in diesem Sinne zu einem „Schau' (genauer) hin".
Schließlich handelt es sich um lediglich einen einzigen wählbaren Weg, der sich
durch die hügelige Landschaft zieht und nur innerhalb eines bestimmten Zeit-
fensters passierbar ist, da es keinerlei Beleuchtungsmittel jenseits der natürliche
Quelle der Sonne gibt. Der Weg durch einen unübersichtlichen Raum ist vorgegeben, sodass Richtung und Zeit unflexibel ausgestaltet sind: Es muss der Straße
gefolgt werden und zwar während der Tageszeit. Verspätungen sowie das Verlassen der Straße sind demnach nicht vorgesehen. Die institutionell hervorgebrachte
und somit legitimierte Maskerade wird durch illegitime „Gegen-Maskierungen"
aufgehoben. Metaphorisch gesprochen: Dem schulischen Raum wird die Maske
durch eine weitere Maskierung entrissen. Dieses lässt sich auch an der Rückseite
des gegenüberliegenden Pavillons PE2 (siehe Abb. 5.93) rekonstruieren.

Die Idee der Tarnung und des Verbergens wird hier zwar auf illegitime Weise
reproduziert, verweist jedoch inhaltlich auf subkulturelle oder politische Wider-
standssymbole wie z. B. die doppelte Flagge der Antifa. Damit handelt es sich bei
einigen der abgebildeten Symbole zwar um Gegenentwürfe und -positionierungen
zu den institutionell-legitimierten Graffiti. Jedoch sind mehrheitlich ebenfalls der
Natur entlehnte Darstellungen wie stilisierte Pilze, Bäume, oder Blumen erkennbar
und typographische Elemente treten – von dem mehrfach wiederholten „Antifa" –
deutlich in den Hintergrund. Darüber hinaus wird eine Ordnung hergestellt und
eingehalten, die jener der Architektur durchaus entspricht: Die Graffiti werden
übereinander angebracht, anstatt neue Plätze für diese zu finden und zu eröffnen.
Wurde die ikonische Darstellung am Pavillon PE1 durch typographische Elemente enttarnt, wird nunmehr der nicht-gestaltete, kulturelle, d. h. schulische Raum

mittels die Natur imitierender Symbole in Gebrauch genommen, wodurch eine Dichotomie von Raum und Raumpraktik entsteht, welche mithilfe der jeweiligen Ausdrucksformen – typographisch und ikonisch – dialektisch verschränkt werden kann. Es handelt sich somit um voneinander abhängige, aufeinander verweisende sowie auseinander entstehende Gefüge, die hier im Sinne einer räumlichen resp. raumpraktischen „Evolution" dargestellt werden. Schulische Akteure – so ließe sich thesenhaft formulieren – reagieren zwar grundlegend konträr zu den von der Institution vorgegebenen Strukturen, greifen diese dabei jedoch wiederum auf, wodurch eine modifizierte Raumordnung entsteht, der wiederum eine entsprechend modifizierte Wirkmächtigkeit immanent ist. Das Andere, welches auf der manifesten Ebene als Widerstand aufgefasst werden kann, stellt hier lediglich die initiierte Konsequenz einer schulischen Provokation dar. Darüber hinaus ist vor allem die Platzierung der Graffiti auf dem Gebäude PE2 zu berücksichtigen: Diese befinden sich auf dessen Rückseite und sind somit von Besuchern/Fremden nicht einsehbar. Die Autoren machen sich somit ebenfalls zu Adressierten und eröffnen damit einen durchaus intimen, halb-öffentlichen Raum symbolischer Selbstvergewisserung. Da spezifische Kenntnisse des schulischen Raums bzw. dessen Gefüge sowie raumpraktischen Wirkmächtigkeit notwendig sind, um die Graffiti sehen zu können (vgl. Abs. 5.3.2) und eine außerschulische Öffentlichkeit i.d.R. nicht über diese verfügt, handelt es sich bei den illegitimen Spuren um nach innen gerichtete Widerstandspraktiken, die in der Logik eines Einübens gelesen werden können. Die Institution stellt ihren Akteuren Raum zur Erprobung widerständischer Handlungen zur Verfügung, den diese jedoch nicht oder nur teilweise sinnhaft nutzen können. Sobald Raum nicht vorcodiert wird wie es bspw. durch das legitime Graffiti geschieht, misslingt die inhaltliche kritische Auseinandersetzung mit dem und die Abarbeitung an dem Schulraum. Protest oder Widerstand, so lässt sich zusammenfassen, benötigt immer eine inhaltlich ausgestaltete Reflexionsfolie, die den schulischen Akteuren hier nur teilweise geboten wird. Kritik wird demnach immer nur dann entäußert, wenn ein Thema institutionell – demnach im Sinne eines Arbeitsauftrages – vorgegeben wird. Hieraus lassen sich zwei erziehungswissenschaftlich relevante Punkte ableiten: Erstens bedeutet eine derartige Rekonstruktion, dass eine kritische Lebenshaltung oder -führung nicht per se d. h. in allgemeiner Weise „eingeübt" werden kann, sondern in Abhängigkeit von dem jeweils zu diskutierenden Thema steht. Zweitens handelt es sich – existiert kein klarer „Arbeitsauftrag" – bei vermeintlich widerständigen Praktiken um eine rein formale Opposition, welche im vorangehend rekonstruierten Fall außerdem im Verborgenen stattfindet und somit symbolhaft nur an diejenigen adressiert wird, die ohnehin bereits oppositionell agieren. Zusammenfassend lässt sich anhand der Rekonstruktionen von Raum-

praktiken ein „Stufenmodell der Mündigkeit" konstruieren, das aus den drei Stufen
oder Phasen

* Anpassung
* Themenspezifische Mündigkeit
* Mündigkeit als kritische Lebensführung

besteht. Hierbei handelt es sich selbstverständlich nicht um ein Entwicklungs-
modell, wie es aus der Psychologie bekannt ist, sondern lediglich um differente
Abstufungen von manifestierten Raumpraktiken. Streitbar ist sicherlich vor allem
die Frage danach, inwieweit eine angepasste Haltung als Synonym für nicht-
beschriebene Wänden und vice versa gebraucht werden kann. Derartige Probleme
müssen mittels weiterer Forschung – beispielsweise durch das Befragen der schulischen Akteure – gelöst werden, da im Rahmen dieser Arbeit lediglich auf die im
und am Raum hinterlassenen Spuren eingegangen wird.

5.3.4   Topographischer Raum: (Ver-)Ordnungslinien

Der Toilettenraum bzw. das „Klo"[12] wird schon seit geraumer Zeit als „Kulturraum"
(Siegl 1993, S. 19) definiert und derart aus verschiedenen Disziplinen heraus analysiert. Für die folgenden Rekonstruktionen der Schüler_innentoiletten[13] ist von
besonderer Relevanz, dass diese in zweierlei Hinsicht als halb-öffentlicher Raum
auszuweisen sind: Erstens, weil es sich um eine schulische und somit tendenziell
öffentliche Toilette handelt, wobei der Grad der Öffentlichkeit differenziert und
hier auf eine Gesamtheit entfällt, die als „Schülerinnen des Gymnasiums" erfasst
werden kann. Die Nutzung der Toiletten durch Lehrerinnen oder nicht-schulische
Akteure kann weitestgehend ausgeschlossen werden. Jedoch besteht der generelle Unterschied zu der privaten Toilette, und die – wenn auch eingeschränkte –
öffentliche Zugänglichkeit impliziert diverse Zuschreibungen und Empfindungen
derartiger Orte: „Vor allem im öffentlichen Bereich wird die Toilette, auch wenn

---

[12] Im Folgenden wird begrifflich zwischen dem Vorraum, der Toilette bzw. dem Toilettenraum sowie der einzelnen (Toiletten-/Klo-)Zelle bzw. Kabine zu unterscheiden
sein.

[13] Aufgrund der hier vorzunehmenden geschlechtlichen Ausdifferenzierung wird die bisher
erfolgte geschlechtsneutrale Schreibweise nunmehr zugunsten der jeweiligen Zugehörigkeit
zu einem der beiden Geschlechter aufgehoben. Es wird entsprechend zwischen Toiletten
für/der Schülerinnen und Toiletten für/der Schüler differenziert.

Abb. 5.94 Schulgebäude und schulhofseitiger Zugang zu den Toiletten. (© 2014 Aero-West/Google earth; © Viktoria Flasche (Modifizierung: Ina Herrmann))

sie tatsächlich sauber ist, als abstoßend empfunden, weil die Dinge, die hier aufgenommen werden, als eklig erachtet werden. Toiletten und auch Urinale werden gewissermaßen nur als große Löcher verstanden, durch die alle Ausscheidungen verschwinden sollen – und damit wirken sie auch unheimlich und imaginär" (Möllring 2003, S. 2; zit. in: Fischer 2009, S. 21). Zweitens ist der Toilettenraum lediglich vom Schulhof aus zugänglich und befindet sich also architektonisch in einem Zwischenraum: Zwar gehört die Toilette zum Schulgebäude, befindet sich jedoch an dessen Außen, wodurch ein „Außen des Innen" bzw. „Innen des Außen" (Gehring 1994) entsteht.

Toiletten für/Toiletten der Schülerinnen: (An-)Ordnende Körperpraktiken der Kollektivierung Die Toiletten für Schülerinnen und Schüler sind schulhofseitig erreich- und begehbar (siehe Abb. 5.94).[14] Somit müssen jede Schülerin und jeder Schüler das Gebäude zunächst verlassen, um die Toilettenräume aufsuchen zu können.

Entgegen des bereits rekonstruierten Umkleideraums der porträtierten Realschule (vgl. Abs. 5.2.4) handelt es sich bei der Toilette um einen hybriden Raum, dessen hauptsächliches Charakteristikum als eben jenes paradoxe Verhältnis von Innen und Außen beschrieben werden kann. Wurde die Umkleide als Transferraum ausgewiesen, dessen Funktion in der Transformation von Kleidung zum Zweck einer institutionell und zeitlich fixierten spezifischen Unterrichtseinheit liegt, handelt

---

[14] Die auf den Türen sichtbaren Bezeichnungen „Junge" und „Herr" sowie „Mädchen" und „Dame" variieren hier. So findet sich an der abgebildeten Toilettentür ein großes „D", wohingegen kein symbolisches Äquivalent bei den Jungen/Herren existiert. Wie die nachfolgenden Rekonstruktionen zeigen, wird im Inneren der Toilettenräume auf die englischsprachigen Bezeichnungen „girls" und „men" abgehoben, sodass es sich hier um eine deutliche sprachliche Diskrepanz, wenn nicht gar um eine hochgradig differente Etikettierung handelt.

Abb. 5.95 Skizzierter
Grundriss des Hybridraums
„Schülerinnentoilette"

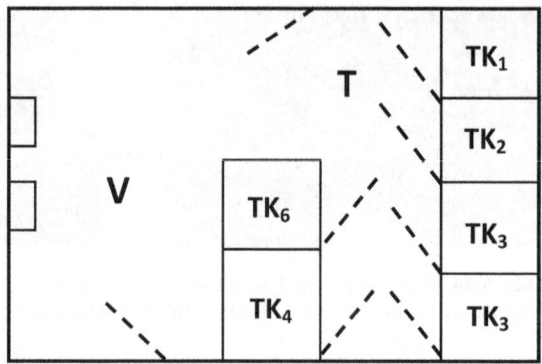

es sich bei der Toilette um einen weitestgehend „tabuisierten Raum", der „von
einem dispersen Publikum genutzt wird, das seinerseits von unterschiedlichen
Hygienevorstellungen geprägt ist" (vgl. Fischer 2009, S. 21). Das dem Transferraum immanente Spannungsverhältnis von Anonymität und Intimität lässt sich
grundlegend auch für den Hybridraum analysieren, erfährt hier jedoch eine raum-
bezogene Ausdifferenzierung auf zwei Ebenen: Zunächst existiert der Vorraum (V)
als teil-geschlossenes Raumgefüge mit jeweils zwei Waschbecken und Fenstern, einem Heizkörper sowie einer Eingangs- und einer Durchgangstür (siehe Abb. 5.95).
Wird der Vorraum durchquert, gelangt man in den eigentlichen Toilettenraum
(T) mit insgesamt sechs einzelnen Toilettenkabinen (TK), sodass entgegen der Situation in dem Umkleideraum – bezogen auf die Entblößung des Körpers – die
Möglichkeit des Rückzugs und einer damit verbundenen Intim- oder Privatsphäre
im Öffentlichen besteht.

Hieran kann einmal mehr das diffuse Verhältnis von privat und öffentlich bzw.
von innen und außen verdeutlicht werden: Nach dem Verlassen des Schulgebäudes
im Sinne eines Heraustretens betritt man zunächst den Toilettenraum und befindet sich nunmehr in einem äußeren Innen, das durch die einzelne Kabine noch
einmal durch- bzw. aufgebrochen wird. Das „innere Innen" der Toilettenkabine
wird zum vermeintlichen Rückzugsort und bleibt dennoch in einer Logik öffentlicher Intimität verhaften, da die einzelnen Kabinen oder Zellen nur vermeintliche
Intimität durch Abschluss bieten: Die Türen schließen an deren unteren Ende
nicht mit dem Boden und an deren oberen Ende nicht mit der Decke ab, sodass
sämtliche Geräusche und Gerüche in den gesamten Raum dringen können. Die
physische Entblößung weicht demnach einer Entblößung von kulturell als peinlich

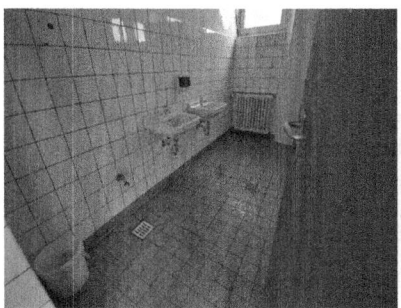

Abb. 5.96 Vorraum (V) der Mädchentoilette. (© Viktoria Flasche)

verstandenen biologisch-körperlichen Ausscheidungsvorgängen. Darüber hinaus finden sich die Toiletten zwar außerhalb des Schulgebäudes, wurden jedoch oder gerade aus diesem Grunde – dies gilt es noch zu rekonstruieren (vgl. auch Abs. 4.3.5) – durchaus aufwändig gestaltet. Im Folgenden rückt nunmehr zunächst die Rekonstruktion der räumlichen Bedeutungsstruktur in den Fokus, wodurch zwar eine Trennung zwischen der Materialität des Raums und der (legitimierten) Raumpraktiken vorgenommen wird, diese jedoch aufgrund der Interdependenzen sowie einer stringenten Fallstruktur lediglich analytisch existiert. Aufgrund bereits erwähnter entstehender Interferenzen von Raum und Raumpraktik ist eine derartige Trennung jedoch nur inkonsequent durchzuhalten, wie im folgenden Abschnitt verdeutlicht wird.

Beim Betreten des Vorraums (siehe Abb. 5.96) fallen zunächst die Kargheit und Sterilität auf, welche durch weiß-graue Kacheln auf dem Boden sowie an den Wänden, zwei weiße Handwaschbecken und einen Bodenablauf zum Ausdruck kommen. Das Fehlen von Spiegeln, Handtüchern und Seife irritiert insofern, als derartige Räume im Allgemeinen mindestens funktional eingerichtet sind. Derartig mindere bzw. nicht vorhandene Ausstattungen verweisen somit entweder auf eine funktionale Um- bzw. Nichtnutzung des Raums, eine Phase baulicher Transformation in dem Sinne, als der Raum noch nicht vollends fertig gestellt oder derzeit Renovierungsarbeiten stattfinden oder einen sichtbaren Akt der Vorenthaltung bzw. Entwendung. Unter Einbeziehung von Kontextwissen entfallen die Lesarten der Bau- bzw. Renovierungsarbeiten, sodass Handtücher, Spiegel und Seife entweder gar nicht erst zur Verfügung gestellt werden, entwendet wurden oder der Raum nicht in seiner ihm ursprünglich zugedachten Funktion genutzt wird. Wird erneut kontextuelles Wissen einbezogen, so kann die letzte Lesart ausgeschlossen werden: Die Toilette der Schülerinnen ist während der Schulzeit zugänglich und wird als solche genutzt. Somit werden die notwendigen Utensilien seitens der Institution nicht (mehr) zur Verfügung gestellt oder – möglicherweise seitens der Schülerinnen – entwendet. Beiden Lesarten ist immanent, dass eine Nutzung der Toiletten zwar möglich ist, eine anschließende hygienische Maßnahme, das Händewaschen, jedoch ausbleiben muss, obwohl dieses den material-räumlichen Gegebenheiten eingeschrieben ist. Der Raum kann von den Schülerinnen in seiner ursprünglichen bzw. der ihm immanenten Funktion zwar genutzt werden, die damit zusammenhängenden, demnach die Hygiene betreffenden Funktionen werden jedoch – möglicherweise institutionsseitig – verunmöglicht. Gerade in (halb-)öffentlichen Gebäuden mit täglich vielen wechselnden Nutzern ist das Vornehmen von der Hygiene dienenden Praktiken in hohem Maße relevant, da es den Ausbruch und die Verbreitung von Krankheiten einschränken oder verhindern hilft. Der offensichtliche Mangel grundständiger Hygieneartikel verweist entweder auf eine Situation enormen finanziellen Mangels, Unkenntnis oder Ignoranz gesundheitlicher Notwendigkeiten oder eine Rationierungs- und Zuteilungsstrategie, wie sie beispielsweise in Krisengebieten oder Gefängnissen denkbar ist. Sowohl das Nichtvorhandensein als auch die – künstliche oder natürliche – Verknappung im Sinne einer Vorenthaltung existentieller Güter wie Seife und Handtuch zeichnen einen hierarchisierten Raum, in welchem eine deutliche Asymmetrie von Macht und deren Wirkungen zum Ausdruck kommt. Das Fehlen von Wandspiegeln kann ebenso auf eine derartige Lesart hindeuten: Der Blick in den Spiegel zur Kontrolle oder Korrektur seines äußeren Erscheinungsbildes wird hier systematisch verhindert, sodass jedweder vermeintlich längerer Aufenthalt an einem Ort außerhalb des Unterrichtsraums unterbunden wird. Damit einher geht eine – von den Schülerinnen oder der Institution – verordnete, zumindest jedoch etablierte Anti-Subjektivierungsstrategie im Sinne eines Vorenthaltens des eigenen Ichs im Spiegel. Der Toilettenraum wird hier interaktionsräumlich als karge Zelle der subjektiven Distanzierung und Entfremdung etabliert, wohingegen die Topographie –

Abb. 5.97 Wand- bzw. Oberflächengestaltung der Schülerinnentoilette. (© Viktoria Flasche)

Abb. 5.98 Abgebröckelter
Putz an der Außenwand/TK3.
(© Viktoria Flasche
(Ausschnitt: Ina Herrmann))

in Form der Wand- bzw. Oberflächengestaltungen – zunächst einen divergierenden Eindruck vermittelt (vgl. Abs. 5.3.5).

Bezogen auf die Oberflächengestaltung (siehe Abb. 5.97) sind zwei Auffälligkeiten besonders hervorzuheben: 1) Die farbliche, indifferente Gestaltung der Wände und Türen sowie 2) der dazu im maximalen Kontrast stehende bauliche Zustand der Architektur. 1) Wird beim Betreten des Toilettenraums zunächst ein botanisch-florales Muster sichtbar, handelt es sich bei den weiteren Graffiti um einerseits typographische Elemente („girls") sowie ikonische Darstellungen verschiedener Art wie z. B. Linien und Kreise bzw. Kugeln. Die Farbgebung variiert entsprechend: Neben einem natürlichen Grün existieren einerseits auffällige Rosa- und Lilatöne, andererseits tritt die Zitation der Nationalfarben Deutschlands – Schwarz, Rot, Gold – deutlich in den Vordergrund. 2) An der äußeren Wand sind deutliche Spuren materialen Verfalls sichtbar: Der Putz ist weitestgehend nicht mehr vorhanden (siehe Abb. 5.98), sodass das darunter liegende Mauerwerk hervortritt.

Bezogen auf die Dichotomie von Oberflächen- und Tiefenstruktur wird an dieser Stelle deutlich, dass den dekorativen Elementen auf der Oberflächenebene stärkere Aufmerksamkeit zukommt als den architektonischen Elementen der Tiefenebene, unabhängig von der tatsächlichen zeitlichen Abfolge. Die auffällige, auf den ersten Blick thematisch-inhaltlich nicht zusammenhängende Gestaltung der architektonischen Oberfläche wird demnach zwar zur Maske oder Verkleidung des Raums, verstärkt jedoch gerade durch die gewählte Auffälligkeit die Diskrepanz zum Verfall der Architektur.

Unabhängig von der Gestaltung des Raums, gibt dieser spezifische Praktiken vor: Durch die Öffnung der Türen wird eine pfeilartige Bewegungskanalisation in Richtung der seitlichen Wand des Toilettenraums deutlich (siehe Abb. 5.99), wodurch das sog. „Fischgrätmuster" oder aus dem Straßenverkehr bekannte „Reißverschlussprinzip" entsteht. Dieses zwingt die Akteure zur Rücksichtnahme

Abb. 5.99 Grundriss der
Schülerinnentoilette und
Raumpraktiken

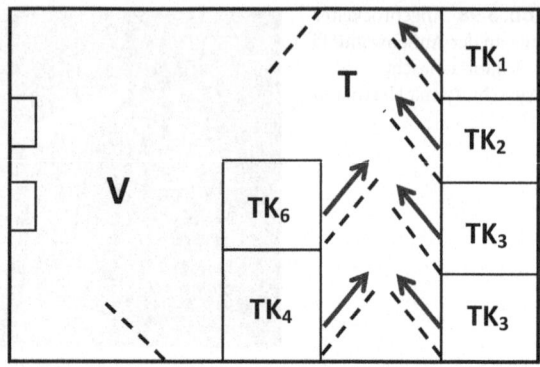

und entsprechender Ein- bzw. Unterordnung: Die Schülerinnen treten parallel zueinander aus den einzelnen Kabinen, wodurch eine Raumpraktik des
aufeinander-Zugehens bei gleichzeitiger Vermeidung von Kollisionen oder Kör-
perkontakt präferiert wird. Das Kollektiv muss sich organisieren und interaktiv –
verbal, gestisch, mimisch – abstimmen, damit es funktionieren kann. Der Toilettenraum fungiert in seiner Anordnung als Raum (verordneter) Begegnung, wodurch
das Maß an Anonymität noch weiter abgesenkt wird.

Toiletten für/Toiletten der Schüler: Die perlenschnurartige Masse In Kontrast
zu dem Toilettenraum der Schülerinnen wird derjenige der Schüler in drei Bereiche untergliedert (siehe Abb. 5.100): Zum einen – und hierbei handelt es sich um
eine Parallele zur Raumordnung der Schülerinnentoilette – existiert ebenfalls ein
Vorraum, dessen Ausstattung bzw. fehlende Ausstattung mit denen der Schülerinnen vergleichbar ist. So finden sich auch hier lediglich zwei Handwaschbecken und
sowohl Seifenspender als auch Handtuchhalter sowie Spiegel fehlen vollständig.

In einem Winkel von 90° zu dem gekachelten Vorraum befindet sich ein lang
gezogener Toilettenraum, auf dessen linker Seite die einzelnen Kabinen angeordnet sind. Auf der gegenüberliegenden Seite des Raums wurde unterhalb der Fenster
eine über die gesamte Länge erstreckende sog. „Pinkelrinne" angebracht. Auffällig ist demnach, dass im Toilettenraum der Schüler quantitativ mehr Menschen
gleichzeitig untergebracht werden können als im Toilettenraum der Schülerinnen.
Jedoch bedeutet eine gleichzeitige Nutzung der Toiletten resp. der Pinkelrinne eine Reduktion an Privatsphäre zugunsten einer Kollektivierung ursprünglich und
oftmals schamhafter Körperausscheidungsvorgänge. Formelhaft bedeutet dies: Die

Abb. 5.100 Toilettenvorraum und Toilettenraum. (©Viktoria Flasche)

Abb. 5.101 Grundriss der
Schülertoilette und
Raumpraktiken

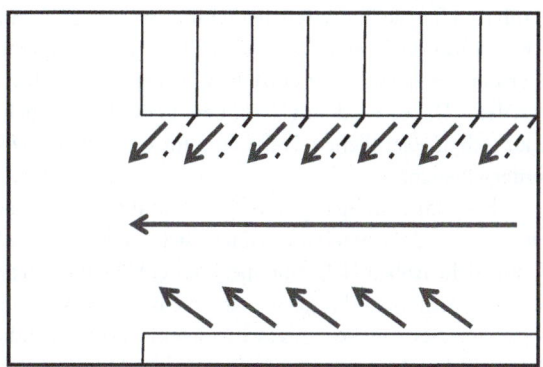

Herstellung von Privatsphäre in institutionell-öffentlichen Räumen geht gleichsam
einher mit einer Minimierung effizienter Raumnutzung. Raumpraktisch lässt die
Anordnung der sowohl der Kabinen als auch der Rinne eine Reihung zu, d. h. dass
die Schüler hintereinander hergehen und sich wahlweise links oder rechts ein- und
zuordnen (siehe Abb. 5.101).

Die geschlechtsspezifische Rekonstruktion der Toilettenräume lässt demnach
folgende These zu: Der Toilettenraum der Schüler folgt effizienzlogischen, ökono-
mischen Kriterien einer „Verwaltung der Massen", wohingegen das Raumgefüge
der Schülerinnentoilette auf Begegnung und soziale Organisation zielt. Vor
dem Hintergrund dieser Aussage werden nachfolgend die manifestierten Raumpraktiken fokussiert und mit den rekonstruierten Raumgefügen in Beziehung
gesetzt.

5.3.5   Raumpraktiken: Gender lines

Wie bereits im vorangegangenen Kapitel erläutert wurde (vgl. insbesondere Abs. 4.2.5), handelt es sich bei den vorliegenden Ergebnissen vandalistischer Praktiken um illegitime Inbesitznahmen schulischer Architekturen, die es im Sinne der dieser Arbeit zugrunde liegenden Forschungsfrage zu rekonstruieren gilt. Die ebenfalls bereits geleisteten Vorannahmen bzw. Analysen bezüglich der Charakteristika der vorliegenden Spuren (vgl. Abs. 5.2.5) können weitestgehend als Äquivalente ausgewiesen werden. Als einziger, jedoch durchaus relevanter Unterschied muss die Tatsache herangezogen werden, dass es sich sowohl um institutionell legitimierte als auch illegitime Gebrauchsspuren handelt, die im Folgenden zunächst getrennt voneinander rekonstruiert werden.

Toiletten für die/Toiletten der Schülerinnen: „SSV – Subkultur-Schlussverkauf"
Die institutionell legitimierte Gestaltung des Toilettenraums muss aufgrund der Verschiedenartigkeit der einzelnen Elemente (vgl. Abs. 5.3.4) sukzessive analysiert werden. Dabei wird aus Gründen der Übersichtlichkeit zwischen dem Vorraum, dem eigentlichen Toilettenraum sowie den einzelnen Zellen oder Kabinen unterschieden.

Über dem Durchgang zum Toilettenraum befindet sich ein Graffito, das durch die Farb- und Formgebung als natürliches oder florales Muster bezeichnet werden kann (siehe Abb. 5.102), eine spezifischere Bestimmung jedoch schwerlich möglich ist. Vielmehr wird das gekachelte Weiß durch die Kontrastierung mit der Farbe Grün einerseits sowie den geschwungenen Formen andererseits stärker in den Fokus gerückt. Das angebrachte Graffiti gleicht einem (Wand-)Tattoo und verweist

Abb. 5.102 Vorraum und Durchgang zum Toilettenraum mit legitimierten Gebrauchsspuren. (© Viktoria Flasche)

inhaltlich auf eine Synthese von Natur und Kultur: Durch die gewählte Platzierung entsteht die Illusion der Berankung eines Torbogens, eines wachendes Tiers
oder der Anhäufung von Überwachungskameras, welche potentielle Besucher in
Augenschein nehmen. Die fühler- und fellartigen Zusätze, welche als Symbole ani-
malischer Charakteristika identifiziert werden können, gehen nahtlos sowohl in
den Bereich der Pflanzen als auch in den der Technik bzw. der Kultur – im Sinne getarnter Kameras – über und lassen ein Neues entstehen, das in seiner Optik
befremdlich wirkt. Fauna und Flora – als natürliche Kategorien – vermischen sich
mit kulturellen Artefakten zu einem Ganzen, das gerade nicht in seinen einzelnen
Bestandteilen erkennbar und erhalten bleibt, um im Moment eines Werdens etwas
Anderes, Neues hervorzubringen, sondern zu einem Mutanten verschmilzt. Der
Versuch, Natur und Kultur sinnlogisch aufeinander zu beziehen wird auch an anderen Stellen der Schule deutlich (vgl. Abs. 5.3.3), erhält hier durch die Idee des
ineinander-Aufgehens jedoch ein weiterführendes Ausmaß, das in dem Ausdruck
der „scheiternden Synthese" mündet. Das institutionell legitimierte „Überwa-
chungswesen" erfasst demnach all diejenigen Schülerinnen, welche die Schwelle
zum Toilettenraum passieren. Das gefängnisartige, funktionale Moment des Vorraums, welches dem Raum und seiner Gestaltung immanent ist, erhält somit eine
weitere Dimension, nämlich die der nachträglich angebrachten, als Oberflächenveränderung erscheinenden Überwachung und Kontrolle der Nutzer. Dieses ist vor
allem vor dem Hintergrund der bereits erfolgten Rekonstruktion des Raums (vgl.
Abs. 5.3.4) hervorzuheben, da hier die Paradoxie von Beobachtung und Tarnung
bzw. von Anonymität und Intimität in den Vordergrund gerückt werden konnte
und das vermeintlich „stille Örtchen" als Metapher für die klausurartige Abgeschie-
denheit nun im doppelten Sinne keines mehr darstellt: Wird schulhofseitig ohne
Weiteres einsehbar, wer sich in den Toilettenraum begibt, finden sich nunmehr
institutionell legitimierte Graffiti, die stilisierte Kameras oder Augen symbolisie-
ren und somit im Sinne einer künstlichen, ikonisch-räumlich hervorgebrachten
Überwachungsmaschinerie agieren. Besucher begeben sich somit zunächst in den
halb-öffentlichen, anonym(isierend)en Raum und werden vor dem Betreten des
eigentlichen Toilettenraums „gescannt", was entweder zu einer Übernahme dieser
disziplinierenden Beobachtung oder zu einer Trennung des Raums in die beiden
Teile „visuell sichtbar" und „visuell unsichtbar" führt. Der Besucher beobachtet
sich demnach im ersten Fall selbst, d. h. er verhält sich, als würde er beobachtet
werden. An dieser Stelle kann bereits die Hypothese stark gemacht werden, dass
schülerinnenseitig keine oder lediglich geringfügige Verhaltensweisen auftreten,
die gegen die institutionell festgelegten Regelungen verstoßen, da mit Bestrafungen
selbiger zu rechnen ist. Zu betonen ist jedoch, dass hier ein internalisiertes Macht-
verhältnis und nicht etwa die unabdingbare Einsicht in die Sinnhaftigkeit jener

Vorschriften ausschlaggebend für die Verhaltensweisen der Schülerinnen sind. Im zweiten Fall wäre das Betreten des Toilettenraums gleichbedeutend mit dem Verlassen einer permanenten Sichtbarkeit: Die scheinbar – im Medium des Graffito – über der Tür angebrachte kamera- oder augenähnliche Vorrichtung beobachtet die Akteure nur bis zur Schwelle, danach wird ein Raum vermeintlicher Unsichtbarkeit betreten. Sichtbarkeit und eine damit einhergehende Re-Anonymität werden hier durch andere Sinne hergestellt, nämlich einerseits durch olfaktorische sowie akustische Signale, andererseits durch die Kennzeichnung geschlossener Türen und der damit einhergehenden Parzellierung des Körpers. Die geschlossene Tür wird in Kombination mit Geräuschen und Gerüchen zur Bloßstellung derjenigen sich dahinter befindenden Person, die mit dem Verlassen der vermeintlich anonymisierenden Kabine vollständig identifizierbar wird. Relativiert wird diese vermeintliche Anonymität bzw. Intimität zudem durch die mit dem Fußboden nicht bündig abschließenden Türen, sodass die sich innerhalb einer Kabine befindliche Person anhand ihrer Füße/ihres Schuhwerks identifizierbar wird. In der durchaus nachvollziehbaren Logik, Schülertoiletten als sog. „Hinterbühnenorte" (Zinnecker 2001, S. 291) anzusehen, welche es im Regelfall institutionell zu kontrollieren gilt, verunmöglicht bereits die materiale Gestaltung des Raums eine Nutzung desselben als Hinterbühne: Neben der Sichtbarkeit – hier sowohl hinsichtlich des schulhofseitigen Zugangs als auch der Identifikation mittels der unteren Türspalten – stellen vor allem die institutionell legitimierten Graffiti eine Möglichkeit dar, schülerseitige „subversive Handlungsstrategien" (ebd., S. 252) zu unterbinden. Kontrolle findet innerhalb der Schülerinnentoilette somit auf drei verschiedenen Ebenen statt, im Einzelnen über

- die Kontrolle des Zugangs mittels Überwachung (personale Kontrolle),
- die Kontrolle des Eintritts in den Toilettenraum mittels Überwachung (ikonische Kontrolle) sowie
- die Kontrolle der Raumpraktiken mittels Verunmöglichung (substitutive Kontrolle).

Bei allen drei Kontrollarten handelt es sich um Ausdifferenzierungen bzw. Spielarten panoptischer Disziplinierungsstrategien, welche noch dezidierter dargestellt werden (vgl. Abs. 5.3.6, 6.1).

Das erste sichtbare Element nach dem Betreten des Toilettenraums ist die Aufschrift „girls" (siehe Abb. 5.103), dem englischsprachigen Ausdruck für „Mädchen". Dieses irritiert auf zweifache Weise: Einerseits insofern als die geschlechtsspezifische Differenzierung nicht erst innerhalb, sondern bereits vor Betreten des Vorraums vorgenommen werden muss. Somit kann von außen entweder nicht

Abb. 5.103 Legitimierte Gebrauchsspuren im Toilettenraum. (© Viktoria Flasche)

deutlich zwischen „Jungen-" und „Mädchentoiletten" unterschieden werden oder es findet eine nochmalige Verdeutlichung der Nutzergruppe statt. Die Aufschrift wird somit zur Information oder bestätigenden Aussage: Alle, die diesen Raum betreten, müssen Mädchen sein, werden als solche adressiert oder sind welche. Andererseits werden Zugehörigkeiten nicht, wie zu erwarten wäre, mit dem deutschsprachigen Ausdruck „Mädchen", sondern mithilfe der englischen Bezeichnung „girls" vorgenommen, wodurch nach zwei Kriterien gleichzeitig differenziert wird: Dem Kulturkreis bzw. der Subkulturzugehörigkeit sowie dem Geschlecht. Nur, wer in der Lage ist, das Englische zu übersetzen und sich gleichermaßen als weiblicher Mensch bzw. als Mädchen bezeichnet, wird Teil der Gemeinschaft. Der Schriftzug wird demnach gleichsam zur Überschrift und zum gemeinschafts- bzw. identitätsstiftenden Moment, jedoch auch zum Ein- bzw. Ausschlusskriterium. Die in geschwungener Schreibschrift gehaltene Typographie übernimmt in Kombination mit dem rosa-, lila- und beerenfarbenen Hintergrund stereotype Darstellungsweisen des Weiblichen schlechthin. Anders verhält es sich mit den weiteren, ebenfalls an den Außenseiten der Kabinentüren angebrachten Graffiti. Hier finden sich keine Typographien mehr, sondern geschwungene oder kugelartige Formen, die zudem jeweils andere Farbkombinationen aufweisen: Vogelfederartige Formen in Schwarz, Gelb und Rot, Kugeln und Kreise in Mintgrün sowie Wellen in Grün und Gelb gehen zwar ineinander über, bilden jedoch insgesamt kein stimmiges Konzept oder Thema ab. Die durch Modifikation des Raums angestrebte Kontrolle desselben und die damit verbundene Verunmöglichung illegitimer Raumpraktiken hat somit höhere Priorität als die Ausgestaltung eines Farb- oder Formkonzeptes. Der Toilettenraum wird institutionell derart besetzt, als subkulturell anmutende Raummodifikationen – also an Street Art erinnernde Wandmalereien – herangezogen werden, wodurch einer der wenigen potentiellen „Hinterbühnenorte" (Zinnecker 2001, S. 291) zur Vorderbühne avanciert. Die strukturell eingelassene Macht tritt an dieser Stelle gerade durch eine vermeintliche Verschleierung in den Vordergrund. Anders ausgedrückt: Durch die Imitation subkultureller Ausdrucksformen wird ein genuin schülerseitig zu besetzender und genutzter Raum institutionell in Besitz genommen und somit den Schülern im Sinne eines „Als ob"-Raums vorenthalten. Dieses ist gerade vor dem Hintergrund zu reflektieren, dass es sich nicht etwa um einen freiwillig eingerichteten, sondern biologisch notwendigen Raum handelt, der aufgesucht werden muss.

Eine weitere Lesart fokussiert eine konsumorientierte Gestaltung des Raums: Die zunächst irritierende Konzeptlosigkeit erinnert an Supermärkte oder Einkaufszentren, in denen sich Regale voller aneinander gereihter Verpackungen finden, die im Sinne marktwirtschaftlicher Logik gestaltet wurden, um Konsumenten allein durch auffällige Präsenz zum Kauf anzuregen. Das grellbunte dient demnach oftmals lediglich der notwendigen Aufmerksamkeitserregung und steht selten in direktem Zusammenhang mit den beworbenen Produkten. Auch hier handelt es sich entsprechend um einen „Raum als ob", einen Raum also, der auf der Oberfläche wirbt und dessen Tiefenstruktur nur erahnt, nicht jedoch optisch wahrgenommen werden kann (vgl. Herrmann 2014). Vor dem Hintergrund dieser beiden Lesarten sind nunmehr die illegitimen Raumpraktiken zu rekonstruieren, welche in der Logik der zuvor rekonstruierten Spuren aufgehen: Wird der Raum institutionell ikonisch modifiziert, so finden sich in diesem illegitime raumpraktische Antworten in Form von Typographien oder typographischen Elementen.

Ausdrucksgestalt S_2I:[15]
„Die Stelle find ich schön." Bebi, Shaettz &nd Honey

Die chirographische Ausdrucksgestalt (siehe Abb. 5.104) wird einerseits durch die Verwendung von zur Kennzeichnung wörtlicher Rede, der Wiedergabe eines Zitats oder zur ironischen Zitation benutzen Anführungszeichen gerahmt. Andererseits wird die Spur durch die abgesetzte Aufzählung von Unterzeichnenden in einen Kontext offizieller Schriftsätze, Herausgeberschriften, Songtexte gestellt. Unabhängig von dem eigentlichen Inhalt wird zunächst deutlich, dass es sich entgegen der im Rahmen des Zitats sichtbar werdenden einzelnen Person *(„find ich")* um drei Signierende handelt, sodass eine Diskrepanz zwischen der gewählten Ich-Erzähler-Perspektive und den unterzeichnenden Autoren deutlich wird. Denkbar wäre hier eine Herausgeberschrift, ein Film oder ein Aufsatz mit dem Titel „Die Stelle find

---

[15] Eine ausführlichere Rekonstruktion ist dem dieser Arbeit anhängenden Protokoll 3 zu entnehmen und findet sich zudem in zusammengefasster Form in Herrmann (2014).

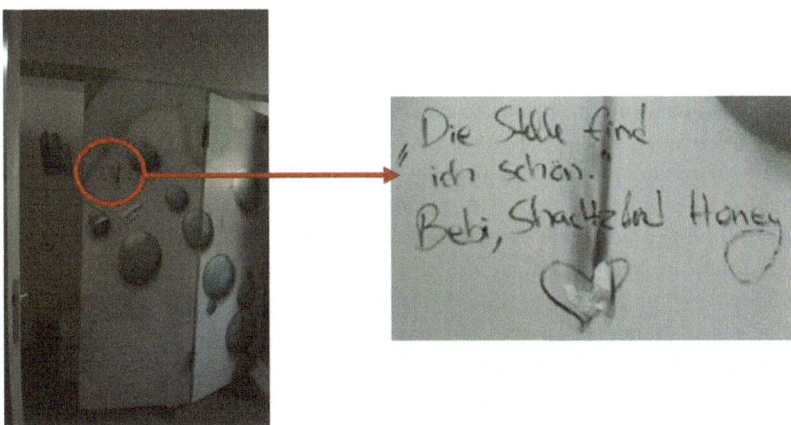

Abb. 5.104 Platzierung der Ausdrucksgestalt S$_2$I im Toilettenraum. (© Viktoria Flasche (Modifizierung/Ausschnitt: Ina Herrmann))

ich schön" und den drei Herausgeber_innen bzw. Autor_innen *„Bebi, Shaettz und Honey"*.[16] Hier handelt es sich entweder um die Verwendung von Vornamen oder Pseudonymen, wodurch spezifische Genres und Erscheinungsdaten zwar nahezu ausgeschlossen werden können, jedoch zunächst keine regelhafte Sinnerschließung festgestellt werden kann. Jedoch kann festgehalten werden, dass entweder ein zeitlich vorgelagerter kollektiver Entscheidungsprozess oder eine nicht abgestimmte Zwangskollektivierung im Sinne einer Verfügung über Dritte zum Ausdruck kommt: Die drei Autoren konnten Einigung über die Ästhetik der Topographie, das manifeste Hinterlassen eines Zitats bzw. einer ironischen Äußerung und/oder über die generelle Absicht, eine Spur zu hinterlassen erlangen und überlassen den Schreibprozess einer Stellvertreterin oder einem Stellvertreter, die oder der jedoch nicht notwendigerweise aus ihrem Kreise stammen muss.

Der Ausdruck *„Die Stelle find ich schön"* impliziert demnach den Ausspruch eines sich als Einzelperson bezeichnenden Kollektivs hinsichtlich eines Ortes oder Raums, einer Textpassage, einer Körperstelle oder eines Arbeitsplatzes und eines diesbezüglich positiv ausfallenden ästhetischen Werturteils. Die explizierte, jedoch

---

[16] Obgleich es sich hier gemäß differenter Zuordnungsmaßnahmen wie bspw. dem Schriftzug „girls" um die Toilette der Schülerinnen handelt, kann eine männliche Autorenschaft an dieser Stelle nicht vollends ausgeschlossen werden, sodass nachfolgend wiederum immer dann auf die maskuline Form zurückgegriffen wird, wenn sich die Geschlechtszugehörigkeit nicht eindeutig bestimmen lässt.

nicht einzigartige Stelle muss zudem bekannt oder sinnlich erleb- und erfahrbar sein, durch eine Geste des Verweisens verdeutlicht werden oder in direkter Konnexion mit dem wörtlichen Ausspruch stehen. Die Anführungszeichen können in Zusammenhang mit einer ästhetischen Urteilsäußerung ebenjene als Zitat oder Ironie kennzeichnen. Wird der Text auf den Raum bezogen, in welchem er sich wieder- bzw. befindet, so handelt es sich hier um eine ironische Aussage oder ein ironisiertes Zitat, welches in rekursiver Weise genau dort und in Anführungszeichen platziert wird, worauf es sich beziehen soll: Innerhalb eines baufälligen, widersprüchlich „designten" Toilettenraums, in welchem die grundlegenden Hygieneartikel auffällig fehlen. Die „Adelung" eines derartigen Raums resp. einer derartigen Stelle mittels ihrer Markierung macht sie erst zu einer als ästhetisch wertvoll bezeichneten Besonderheit. Zudem kommt jener akteursseitigen Markierung die Aufgabe zu, ein genuin synchrones Phänomen partiell zu diachronisieren: Ähnlich einer singulären Musikzeile (z. B. der Refrain) oder des Teils eines Gemäldes (z. B. das Gesicht der Mona Lisa) wird hier ein Architekturfragment mittels des Ausspruchs *„Die Stelle find ich schön"* als besonderes hervorgehoben und gleichsam von allen anderen Stellen differenziert. Eine abschließende Rekonstruktion gelingt jedoch erst unter Berücksichtigung der beiden zuvor herangezogenen Lesarten der legitimen Spuren.

In Bezug auf die erste Lesart – der institutionellen Zitation vermeintlicher Street Art – handelt es sich gleichsam um eine Enttarnung eben jener künstlichen Adaption. Durch die Aussage *„Die Stelle find' ich schön"* und die darunter befindlichen Autorinnenkürzel wird das im Rahmen von Graffiti oder Street Art oftmals benutzte „Tag" – eine Signatur bzw. eine Signaturkürzel – ad absurdum geführt: Handelt es sich bei einem solchen um die oftmals nur für Insider erkennbare Unterschrift des jeweiligen Künstlers, so besetzen die Akteure sowohl mit dem gesamten Ausdruck als auch mit ihrer Unterschrift einen Raum, den sie als Fälschung enttarnen. Der Toilettenraum kann nicht urbanisiert, subkulturell-imitiert gestaltet oder im Sinne einer Werbefläche benutzt werden und eben dieses wird von den Autoren mittels der manifestierten Raumpraktik verdeutlicht. Die mimetische, imitierende Oberfläche eines rein funktionalen Raums wird ebenso mittels einer weiteren Maske als solche kenntlich gemacht und als Fälschung enttarnt, wie es bereits bei den Raumpraktiken der Architektur der Fall war (vgl. Abs. 5.3.3). Vor dem Hintergrund der zweiten Lesart – derjenigen einer werbe- oder kaufhausähnlichen Gestaltung des Raums – erhält die Aussage den Charakter eines Slogans. Beispiele wie „Hier bin ich Mensch, hier kauf' ich ein" (dm Drogeriemarkt), „Ich bin doch nicht blöd" (Media Markt), „Ich liebe es" (McDonald's), „Ich fühl' mich schön mit Jade" (Jade) oder „Ich will so bleiben wie ich bin" (Du darfst) schließen an die Ausdrucksgestalt an bzw. lassen sich mit dieser vor allem vor dem Hintergrund der benutzten Ich-Botschaft, die gleichsam kollektivierenden Charakter aufweist, vergleichen. Das anonyme, eventuell mit dem Gesicht eines beliebigen Models versehene „Ich" spricht stellvertretend für eine anonyme Masse. Sowohl die Schreibart des englischen und abgekürzten „und" („&nd") als auch der vermeintliche Anglizismus des Koseworts „Schatz" („Shaettz") zeugen von einer Ausdrucksform, welche vor allem lesend zur Kenntnis genommen werden muss und sowohl auf einen spezifischen Adressatenkreis als auch die entsprechenden Werbemedien, nämlich die Plakate oder eingeblendeten Slogans in Fernseh-Spots, verweist. Die von den – ursprünglich, d. h. von der schulischen Institution als Konsumenten adressierten – Akteuren hinterlassenen Spuren zeugen demnach von der Enttarnung einer vermeintlich vom Inhalt ablenkenden Werbestrategie: Die schulischen Akteure schreiben sich mittels des Gebrauchs von modifizierten Kosenamen bzw. Verniedlichungen in einen Raum ein, der die Schülerinnen als „girls" bezeichnet und zudem mit weichen, rundlichen Formen und – zumindest zu einem Großteil – dem weiblichen Geschlecht zuordenbaren Farben wie Rosa und Lia verziert wird. Auf die dem Raum immanente Aufforderung, diese – vermeintlich gendergerechte – Gestaltung desselben „schön" zu finden und sich als „girls" adressieren zu lassen, wird folglich im doppelten Sinne ironisierend und rekursiv reagiert: Zum einen durch das Aufgreifen der englischen Sprache und die Abwandlung geläufiger Kosenamen in den Autorennamen, zum anderen durch die Territorialisierung als solcher, da hier eine spezifische Stelle, welche sich augenscheinlich durch nichts besonders hervorhebt, als die eine, herausragende, schöne und nicht etwa der gesamte Raum als ästhetisch wertvoll bezeichnet wird. Abschließend eingeholt wird eine derartige Rekonstruktion durch das sich unterhalb der Typographie befindende gezeichnete Herz. Diese ikonische Ausdrucksgestalt wurde lediglich in seinen Umrissen gezeichnet und verweist somit buchstäblich auf eine leere Mitte bzw. einen hohlen Korpus. Deutlich sichtbar werden jedoch von dem Herzen ausgehende Brandspuren, die einen Hinweis darauf geben, dass etwas, z. B. Papier, in die Herzmitte geklebt und angezündet wurde. Das wahrhaft „in Flammen stehende Herz" symbolisiert gleichsam den metaphorischen Ausdruck „für etwas oder jemanden brennen", womit eine starke Sympathie zum Ausdruck gebracht wird. Folglich handelt es sich bei der ikonischen Ausdrucksgestalt um die dritte Betonung einer ironischen Äußerung: Die Stelle wird nicht nur als vermeintlich „schön" angesehen, sondern in „flammender Liebe" vereinnahmt. Die vandalistische Raumpraktik hinterlässt hier dementsprechend drei Typen von Spuren: Eine typographische, eine ikonische und eine pyromanische, die sich wechselseitig aufeinander beziehen und – darauf wurde nunmehr mehrfach verwiesen – in ihrer Gesamtgestalt als ironisch-kritische Kommentierung des institutionell gestalteten Raum zu lesen sind. In diesem Verständnis werden räumliche Inbesitznahmen jedoch nicht als Selbstzweck, „Eroberung" oder Opposition, sondern im Sinne einer Fußnote zu dem institutionellen „Drehbuch"

Abb. 5.105 Ausdruckgestalt $S_2 II$

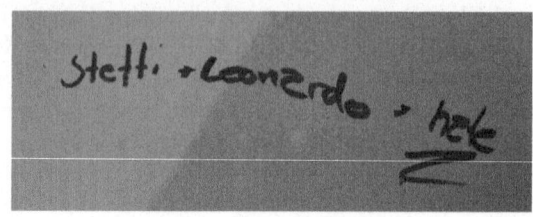

verstanden: Die Akteure interagieren nicht miteinander oder im Rahmen einer
selbst gewählten Thematik, sondern in Form einer Replik auf vorgegebene Sachverhalte. Diese These gilt es nunmehr anhand einer weiteren Ausdrucksgestalt zu
prüfen.

Ausdrucksgestalt $S_2 II$ (siehe Abb. 5.105):
Steffi + Leonardo = hate

Die zweite Ausdrucksgestalt stellt eine Addition und somit eine mathematische
Operation dar. Anstelle einer Verknüpfung von Zahlen oder Variablen (z. B. $1 + 1$,
$x + 1$) handelt es sich hierbei um zwei Namen, die addiert zu dem Ergebnis „hate"
führen. Obschon es sich um eine kurze und vermeintlich nüchterne Formel handelt, kommt ein spezifisches Sozialgefüge und somit ein Beziehungsgeflecht zum
Ausdruck, das auf das Verhältnis zwischen zwei Personen – *Steffi und Leonardo*
– abzielt. Vorstellbar wäre eine therapeutische Situation, in welcher verschiedene
Personen zueinander in Beziehung gestellt werden und dieses nicht etwa, wie es bei
der klassischen Familienaufstellung der Fall ist, mittels Positionierung von Stell-
vertreterfiguren, sondern durch das Aufschreiben von Formeln vorzunehmen ist.
So wären als ein weiteres Gefüge denkbar: Oskar + Greta = love. Immer handelt
es sich um die Addition von zwei Personen mit dem rechnerischen Ergebnis einer
starken Gefühlslage, die sich innerhalb eines Kontinuums mit den beiden Extrema
„love" und „hate" befindet. Der Gebrauch des englischsprachigen Ausdrucks führt
dabei – neben der mathematischen Operation – zu einer weiteren Distanzierung
und Entfremdung. Der Leser des Ausdrucks erhält eine minimalistische, techno-
kratische Information über ein soziales, hochgradig komplexes Gefüge, das zudem
sowohl eine in der Vergangenheit liegende als auch in die Zukunft reichende Bedeutung aufweist. Die verkürzte, buchhalterische Darstellung zwischenmenschlicher
Beziehungen kann eben jenen – aufgrund ihrer Komplexität und Wandelbarkeit
– demnach schwerlich gerecht werden und dient somit lediglich der Information

innerhalb eines spezifischen Diskurses: Wie stehen Steffi und Leonardo an dem heutigen Tag x zueinander? In einem Raumgefüge, das auf Kommerz und Konsum oder eine Form der Gentrifizierung abhebt, stellt eine derartige Verkürzung die konsequente Darstellung komplexer Beziehungsgefüge dar. Subjektiv-relevante Emotionen werden versachlicht entäußert, formelartig verkürzt und entsprechend im Sinne einer „objektiven" Information verarbeitet und unbeteiligten Dritten zur Verfügung gestellt. Das Private wird nicht nur veröffentlicht, sondern zusätzlich reduziert und zudem sprachlich internationalisiert. Mikropolitische Konsequenzen der Globalisierung und daraus resultierende Marketingstrategien finden hier ihre Zuspitzung in der Verschriftlichung eines starken negativen Gefühls, welches keineswegs mit der tatsächlichen Beziehung der bezeichneten Personen übereinstimmen muss. Das Individuum wird als solches lediglich formelhaft anerkannt und erfasst bzw. verkennt und erfasst sich selbst als teil-anonymisierte Variabel einer verkürzten Gleichung und unterwirft sich entsprechend den vermeintlich ökonomisch-rationalen Strukturen der Institution. Wird nunmehr die Positionierung innerhalb des Raums hinzu gezogen, so fällt vor allem die Diskrepanz zwischen dem mittels Unterstreichung betonten Wort „*hate*" und dem rosafarbenen Untergrund auf der Typographie auf. Gender-stereotypisch ließe sich hier folgern, dass der rosafarbene und mit geschwungenen Linien durchzogene Grund „mädchentypisch", die Schriftfarbe Blau als „jungentypisch" bezeichnet werden kann – zumal in Zusammenhang mit den naturwissenschaftlich-mathematischen Symbolen. Das „Mädchenhafte" des Raums wird hier in maximaler Weise „jungenhaft" beschrieben, wodurch die vorliegende Ausdrucksgestalt ebenfalls als Kommentierung der Gestaltung desselben zu verstehen ist.

Neben den Entäußerungen außerhalb des Gebäudes (*„Denk nach"*, vgl. Abs. 5.3.3), die sich durchaus kritisch-reflexiv mit den dargebotenen Sachverhalten auseinander setzen, handelt es sich hier ebenfalls um enttarnende, entsubjektivierende, deutlich ironisierende und folglich kritische Äußerungen. Die institutionell organisierte und entsprechend legitimierte Besetzung des Raums wird als solche nicht nur zur Kenntnis genommen, sondern in ihrer inhaltlichen Ausgestaltung entsprechend kommentiert. Das zunächst möglicherweise als bloße, d. h. rein formale Opposition anmutende Hinterlassen von Spuren erweist sich einerseits als feinsinnige und mündige Haltung gegenüber einer schulseitigen Besetzung von Räumen Konsum, Kommerz, Marketing und Genderstereotypen geraten in die Kritik und werden in ihrer Eindimensionalität aufgedeckt. Andererseits kann an dieser Stelle ob der manifestierten Unterwerfung unter die entsubjektivierenden Strukturen noch nicht gänzlich von den latenten Bedeutungsstrukturen der Abbildungen zugunsten einer kritischen Haltung „per se", d. h. als von jeweils vorgegebenen Themen unabhängig, abstrahiert werden. So sind nachfolgend – im Sinne einer geschlechtsspezifischen

Abb. 5.106 Vorraum der
Schülertoilette. (© Viktoria
Flasche)

Maximalkontrastierung – die manifestierten Raumpraktiken der Schülertoilette zu
fokussieren.

Toiletten für die/der Schüler: Gehet hin und überwachet euch! Die Zitation von Absperrbändern, Warnschildern (siehe Abb. 5.106) sowie ikonischen
Darstellungen verschiedener medialer Geräte (Radio, Radiorekorder) lässt die Atmosphäre eines Arbeitszusammenhangs auf einer Baustelle oder eines von der
Polizei abgesicherten Tatorts aufkommen.

Im Gegensatz zu den geschwungenen Linien und floralen Elementen der Schülerinnentoilette werden hier klischeehaft maskuline Attribuierungen vorgenommen,
die sich zudem – entsprechend des Warnhinweises „Danger! Men area!!!" – maßgeblich auf Männer beziehen, die physisch anspruchsvolle Tätigkeiten ausüben
oder vor denen alle nicht-Männern (möglicherweise aufgrund eben jener Tätigkeiten oder Optionen auf diese) zu warnen. Hier wird eine Geschlechterdifferenz
deutlich, die sich vor allem, aber nicht ausschließlich, typographisch manifestiert:
Werden die Schülerinnen englischsprachig nicht etwa als „women", sondern als
„girls" bezeichnet, erhalten die Schüler keineswegs das entsprechende Pendant
„boys", sondern werden mit dem Begriff „men" tituliert, was zu einem erhebli-
chen sprachlichen Gefälle führt. Zudem werden die Schüler vor dem Betreten des
männlichen Gebiets – und somit vor sich selbst – ausdrücklich gewarnt, wohingegen es sich bei der Typographie der Schülerinnentoilette lediglich um eine schlichte
Information handelt. Diese selbstbezogene Warnung kommt einem Aufruf zur panoptischen Überwachung gleich: Sämtliche, die Toilette betretenden Schüler werden
vor sich, ihren Geschlechtsgenossen und das ihnen zugewiesene Terrain gewarnt.

Im weiteren Gegensatz zu den bereits rekonstruierten Toiletten der Schülerinnen sind bei den „Männertoiletten" keinerlei Spuren illegitimer Raumpraktiken zu finden, was differente Lesarten zulässt, die von einer Haltung der Unterwerfung bis zur Identifikation und „Wohlfühlen" reichen. Enttarnen die Schülerinnen den gestalteten Raum in seiner Bedeutung und kommentieren diesen entsprechend, so zeugen die nicht vorhandenen Spuren an den Wänden der Schülertoilette von einer nicht manifestierten Reaktion – und somit einer Form von Akzeptanz – auf die institutionell vorgegebenen Räume. Zugespitzt lässt sich die These von einer „entäußerten Mündigkeit" bei den Schülerinnen in Kontrast zu einer „inkorporierten Akzeptanz" bei den Schülern formulieren, wodurch vornehmlich die rekonstruierte panoptische Raumstruktur erfasst würde. Hinsichtlich einer allgemeinen Frage der Positionierungen von Schülerinnen und Schülern lassen sich demnach wiederum zwei differente Extrema im Rahmen eines Kontinuums rekonstruieren, die thesenhaft eingeholt werden können: Die Anrede bzw. Bezeichnung der jeweiligen Gruppe („men", „girls") führt in Verknüpfung mit der Art der institutionellen Raumgestaltung (Baustelle/Tatort, Kaufhaus/urbaner Raum) entweder zu einer aufklärerisch-oppositionellen oder adaptierend-resignierenden Haltung und Reaktion innerhalb der jeweiligen Adressatengruppen, wobei hinsichtlich der Spuren am Raum bei den Schülerinnen beide, bei den Schülern nur letztere Positionierung sichtbar wird.

5.3.6 Fallporträt S$_2$: „Die Stelle find ich schön" oder Deterritorialisierungen in antinomischen Räumen

Die Schule weist sich mittels ihres Raumentwurfs als zwischen den beiden Extrema „strukturiert" und „entstrukturiert" nicht eindeutig positionierte, zumindest jedoch widersprüchlich eingespannte Organisation aus und überlässt den internen und externen Akteuren einen interpretativ-gestaltenden Freiraum, der sich jedoch als kontingentes Moment im Sinne eines Irritations- oder Befremdlichkeitsgefühls ausformt. Eine zwar nicht vollends, jedoch zu weiten Teilen nachvollziehbare Basisstruktur wird um von der Schule vorgegebene Elemente maßgeblich beeinflusst, die es zudem für den Einzelnen zu analysieren und zu interpretieren gilt. Ein derartiges Vorhaben muss jedoch scheitern, da die Diskrepanz zwischen den vorausgesetzten und tatsächlich existierenden schulbezogenen Deutungsmustern nicht überwunden werden kann. Die vermeintlichen, fernab der Grundstruktur angebotenen, kreativ-freiheitlichen Momente schulischen Lebens erweisen sich als sinn- und funktionsleere Konstruktionen romantisierender Vergangenheitszitationen, deren individuelle oder kollektive Analyse entsprechend ausfallen muss.

Die Struktur der Schule S_2 kann – entsprechend den voranstehenden zu-
sammenfassenden Ausführungen – ganz allgemein als hochgradig indifferent bis
maximalkontrastiv bezeichnet werden, wobei es sich keineswegs um eine widersprüchliche „Entweder-Oder"-, vielmehr um eine „Sowohl-als-auch"-Struktur
handelt. Dieses wird bei allen rekonstruierten Ausdrucksgestalten und somit auf
sämtlichen hier berücksichtigten Ebenen (vgl. Abs. 3.3) deutlich. So werden in
dem räumlichen Entwurf nicht nur manifeste und latente Grenzen sichtbar, sondern ebenfalls Durchbrüche und Blockaden, sodass eine direkte Zuordnung in
die „Typologie schulischer Raumentwürfe" (Böhme und Herrmann 2011) nicht
konsequent erfolgen kann. Beispielsweise sind an einzelnen Stellen interaktiver
Aushandlung von Zugehörigkeiten (latente Rahmung), statische Elemente in ihrer Unumgänglichkeit zu berücksichtigen. Grenzen, so lässt sich verallgemeinernd
formulieren, sind hinsichtlich des institutionellen Entwurfs nie nur manifest oder
latent geschlossen, Durchbrüchen kann nicht ihre genuin öffnende Funktion zugeschrieben werden und Öffnungen sind nur partiell vorhanden oder werden
wiederum interaktiv geschlossen. Somit liegt insgesamt ein Hybridentwurf vor,
welcher jedoch nicht als diffuses Mischkonzept, sondern im Sinne einer Fraktalordnung besteht, in der jeweils beide Extrema eines Kontinuums verortet sind. Auch
hinsichtlich der inhaltlichen Ausgestaltung des Schullogos finden sich derartige
Maximalkontrastierungen: In beiden herangezogenen Lesarten – derjenigen eines
Tischs und derjenigen eines Gebäudes – zeugen die ikonischen Zusätze von unauflösbaren Widersprüchen. Der massive Schreibtisch mit den romantisierenden,
vergangenheitsbezogenen Spielzeugelementen ebenso wie das kleine, gedrungene
Häuschen, welches durch die Vermittlung von Intimität und Geborgenheit im
auffälligen Gegensatz zu der Funktionalität, Hierarchie und Öffentlichkeit eines
Schulgebäudes steht. Das stillgestellte Spiel dient dabei einer grundständigen Wer-
teorientierung, die mit Kant anhand der Differenzierung von Spiel und Geschäft
beschrieben werden kann: „Eine jede Handlung ist entweder ein Geschäfte (was
einen Zweck hat) oder ein Spiel (was zur Unterhaltung dient, zwar eine Absicht hat,
aber keinen Zweck). In dem letzteren hat die Handlung keinen Zweck, sondern sie
ist selbst der Bewegungsgrund" (Kant 1983; zit. in: Rötzer 2013, S. 23). Die Fixierung
und Platzierung von Spielsachen kann als Verunmöglichung ihrer Funktion und
somit der Umkehrung des ihnen immanenten Unterhaltungscharakters bezeichnet
werden. Gründe für eine derartige „Zweckentfremdung" (in Widerspruch zu dem
soeben angeführten Zitat Kants) können in der bereits beschriebenen Verklärung
des Vergangenen oder einer Vorenthaltung des Absichtslosen und Zweckunge-
bundenen darstellen, womit es sich entsprechend um einen nostalgischen sowie
einen asketischen Aspekt des pädagogischen Entwurfs handelt. Zusammenfassend
erweist sich der schulische Raumentwurf als zwischen differenten, bisweilen kon-

trastiven Formaten eingespannt und räumt zudem den Akteuren ein hohes Maß an Interpretationsspielräumen ein, welche jedoch letztlich in Nostalgie und Askese münden. Somit werden Bestandteile pädagogischer Praxis im Sinne von Lebensführungen resp. -haltungen zitiert, die vornehmlich passivisch-sehnsüchtigen oder entsagend-kasteienden Charakter aufweisen und folglich zwar nicht als diametral gegenüberstehend, dennoch als durchaus different zu bezeichnen sind. Unabhängig von der gewählten Variante des Entwurfs tritt zudem ein vor allem für pädagogische Institutionen maßgeblicher Bestandteil der Fallstruktur in den Vordergrund: Die Zitation von ikonisch-figurativen sowie typographischen Elementen und deren asymmetrische Verhältnissetzung. Zwar überrascht eine Betonung typographischer Elemente in dem Raumentwurf eines Gymnasiums zunächst nicht sonderlich, jedoch muss hier berücksichtigt werden, dass eben jene Typographie die Bedeutung der ikonischen Elemente nahezu obsolet und demnach zu rein dekorierendem Beiwerk werden lässt. Vor dem Hintergrund der soeben dargestellten hybriden Ordnung des Schullogos kann konstatiert werden, dass sowohl den auszuhandelnden als auch den statischen Grenzen kaum oder keine Geltungsansprüche zugesprochen werden können. Folglich stellt sich die Institution vollständig in den Dienst und in die Abhängigkeit grundlegender Kulturtechniken, deren Relevanz hier bis zur eigenen Irrelevanz gesteigert wird, was die Leserichtung des Logos – vom Ikonischen zum Typographischen – deutlich hervorhebt. Die durchaus als rhizomatisches Gefüge oder System (vgl. Deleuze und Guattari 2005, S. 16) zu bezeichnende Indifferenz aus Öffnungen und Schließungen, aus Widerständen, Hindernissen, Aushandlungen und Verunmöglichungen, wird in eine Wohlgeformtheit aus Zeilen überführt und entsprechend geordnet, diszipliniert und stabilisiert. Dieses verdeutlichen gleichsam die bereits beschriebenen Lesarten der ikonischen Ausdrucksgestalt: Sowohl der Tisch als auch das Gebäude stellen im pädagogischen Kontext Symbole des Lernens und Einübens, aber auch des Sitzens, Ein- bzw. Aussperrens und Disziplinierens dar.

Auch hinsichtlich der räumlichen Mikro- und Makroebene – der schulischen Architektur und der diese umgebende Siedlungsstruktur – treten antagonistische Gefüge erkennbar in den Vordergrund und die einzelnen Fragmente von Raum und Entwurfsraum stellen darüber hinaus aufeinander bezogene Negative dar: Dort, wo institutionelle Möglichkeiten interaktiver Aushandlung von Grenzen existieren, finden sich räumlich manifestierte Autobahnen und Landstraßen und dort, wo der pädagogische Entwurf disziplinierende Ordnung und die Parzellierung der Masse abbildet – in seiner Binnenstruktur – weist die Siedlungsstruktur ein puzzleartiges Gefüge aus nicht-geometrischen „urbanen Feldern" auf. Der entworfene Raum kehrt das ihm zeitlich vorgelagerte „Negativ" des Raumgefüges aus Umgebung sowie Architektur um und richtet sich in Form eines Abzugs resp. „Positivs" in eine Zukunft aus. Auf der Mikroebene werden zunächst die typographisch sowie topographisch Einfluss nehmenden Disziplinierungsstrategien des der Straße zugewandten Hauptgebäudes deutlich, mittels derer die Akteure auf eben jenen zwei Ebenen „raumschriftlich" unterworfen werden. Die strukturell eingelagerten Reaktionsmöglichkeiten der Akteure entspannen sich wiederum in den kontrastiven Momenten von Opposition und Adaption, wobei jede oppositionelle Raumpraktik irgendwann – d. h. auf dem Weg in das Gebäudeinnere – zu einer Adaption der durch die Raumstruktur vorgeschriebenen Raumpraktik mündet. Die „volatile Opposition" schulischer Besucher oder Akteure erhält ihr räumliches Pendant in den „definitiven Interims" der sich auf dem Schulhof befindenden Nebengebäude: Das zunächst Vorübergehende, Andere, entwickelt sich im Zeitablauf zum festen Bestandteil der Architektur bzw. im Sinne einer Raumerfahrung zur angepassten Praktik und somit werden sowohl der andere Raum als auch die andere Praktik letztlich von der übergeordneten Struktur vereinnahmt.

Vor diesem Hintergrund einer raumzeitlich ausgeprägten Fraktalordnung sind die Spuren an und in den schulischen Räumen ebenso auf differenten Ebenen zu rekonstruieren. Die zeitlich vorgelagerten, institutionell-manifestierten und entsprechend legitimen Raumpraktiken haben utopischen, stereotypen und entfremdenden Charakter: Da die Tatauierungen schulleiterseitig in Auftrag gegeben wurden, handelt es sich um Raumpraktiken, deren vermeintliche Illegitimität institutionell eingeholt wurde. Die Schule besetzt ihren eigenen Raum in ikonischer Weise und entfremdet schulische Akteure somit gleich in doppelter Hinsicht – räumlich und raumpraktisch – von diesem. Dieses wird akteursseitig jedoch rekursiv-ironisch und raumpraktisch enttarnt („Die Stelle find ich schön"), indem nicht nur eine Kommentierung, sondern eine wiederum zu beantwortende Aufforderung („Denk nach") als zweite Lage oder Maske auf der Oberfläche des Raums angebracht werden. Das Imperativische dieses, sich außerhalb des Raums befindlichen Ausdrucks verweist folglich mehrdimensional-kritisch auf die Raumstruktur. Hauptsächlich handelt es sich um drei Kritikpunkte: 1) Die institutionelle Inbesitznahme des Raums, 2) die gewählte ikonische Ausdrucksform und 3) die abgebildeten Inhalte. Diese Kritik fällt allerdings nicht eindeutig resp. im Sinne einer präsentierten Alternative oder Lösungsmöglichkeit aus, sondern wendet sich im Sinne eines freien Arbeitsauftrags an alle Akteure, wodurch die bereits erörterte Rekursivität entsteht. Im Inneren weisen Raumpraktik und Raumordnung darüber hinaus dieselben Sinnstrukturen auf, da beiden kollektive Aushandlungsprozesse zugrunde liegen oder als solche räumlich eingelagerte Wirkmächtigkeit aufweisen. Entsprechend gilt: Interaktionsraum – hier in Form manifestierter Deutungsmuster – und Raum verhalten sich hochgradig kongruent zueinander.

Die Bedeutungsstruktur vandalistischer Raumpraktiken innerhalb und außerhalb des vorliegenden Raumgefüges kann insofern einerseits als Deterritorialisierung, andererseits als inhaltsbezogene Praktik der Mündigkeit ausgewiesen werden. Die subjektiven Strategien und Ausdrucksformen räumlicher Einschreibung können formal zwar als Oppositionspraktiken ausgewiesen werden, unter Berücksichtigung ihrer jeweils inhaltlichen Ausgestaltung handelt es sich jedoch um Kommentierungen der institutionellen Inbesitznahme des Raums: Obgleich es sich auf der manifesten Ebene um subjektbezogene Äußerungen resp. um Diskurse intersubjektiver Beziehungsgefüge handelt („Steffi + Leonardo"), kann auf der latenten Bedeutungsebene eine spezifische Form von Institutionenkritik – die vorgegebenen bzw. aufoktroyierten Genderstereotypen, die Zitations- und Gentrifizierungspraktik subkulturell-urbaner Ausdrucksformen sowie die Kommerz- und Verwertungslogik kapitalistischer Systeme – rekonstruiert werden.

Zusammenfassend handelt es sich somit bei den hier vorliegenden vandalistischen Praktiken um akteursseitige Repliken auf vorgegebene Strukturen, ohne diese jedoch vollumfänglich zu negieren. Vielmehr bilden jene die Grundlage für kritisch-reflexive Entäußerungen in Form räumlicher Einschreibungen. Das kommentierende Aufgreifen der zugrunde liegenden Fallstruktur zitiert konsequenterweise auch deren antagonistische Charakteristika, sodass die rekonstruierten Spuren zwischen subjektiven und kollektivierenden Prozessen, zwischen Emotionalität und Rationalität sowie zwischen Anonymität und Intimität mäandern. Diese Spannungsfelder spiegeln „die grundlegendste Antinomie pädagogischen Handelns" (Helsper 1998, S. 19) wider: „die Spannung zwischen der ,Unterwerfung unter den gesetzlichen Zwang' und der Fähigkeit, sich ,seiner Freiheit zu bedienen'" (ebd.). Raum, so die abschließende These, kommt als maßgeblicher Bestandteil der schulischen Institution eine pädagogische zu, die jedoch nicht im Sinne eines „dritten Erziehers", vielmehr im Sinne einer material ausgeprägten Reflexionsfolie fungiert. Ohne, dass der Paradoxie pädagogischer Beziehungen (vgl. Helsper 1998, S. 20) zu entrinnen ist, wird die „Aufforderung zur Autonomie" (ebd.) hier nicht von den Pädagogen, sondern von dem pädagogischen Raum vorgenommen. Die schulischen Akteure haben somit die Möglichkeit, sich mit der institutionellen Struktur auseinander zu setzen und sich an dieser abzuarbeiten, kurz: im Rahmen der i. d. R. starren Organisation und Ordnung reflexiv agieren und folglich handlungsfähig bleiben zu können.

Spurenvergleich: Bedeutungsstrukturen maskierender Praktiken

6

*Spuren müssen sich, Bruchstücken ähnlich, zu einer Gestalt
zusammenfügen lassen.*
(Krämer 2007, S. 19)

6.1 Fallkontrastierungen: Differente Bedeutungsstrukturen identischer Spuren

Die in den vorangegangenen Kapiteln dargelegten Ergebnisse der Mehrebenenanalyse zeigen, dass die Rekonstruktionen der Bedeutungsstrukturen vandalistischer Raumpraktiken maßgeblich von dem jeweiligen Raum resp. dessen Fallstruktur beeinflusst werden. Dennoch liegt hier keineswegs eine Form deterministischer Einseitigkeit oder monokausaler Einflussnahme vor. Vielmehr handelt es sich um ein interdependent ausgeprägtes Gefüge, das aufgrund der diesem immanenten Raum und der darauf bezogenen Raumpraktiken (vgl. Abs. 3.2) als „Interferenz" (Deleuze und Guattari 1996, S. 258) fungiert: Raum und Raumpraktik bleiben als solche autark und in einem strikt analytischen Sinne auch als voneinander unabhängig rekonstruierbar, ergeben jedoch in der raumtheoretischen Annahme von Raum und Interaktionsraum ein Drittes bzw. Anderes. Anders ausgedrückt: Raum fungiert als Bedingung der Möglichkeit vandalistischer Raumpraktiken. Dabei handelt es sich bei schulischem Vandalismus – das zeigen die vorliegenden Ergebnisse – entweder um Raumpraktiken der Mündigkeit in disziplinierenden, panoptischen Raumformaten (S_1) oder um dialektisch ausgeprägte, teilmündige Raumpraktiken in antinomischen, fraktalen Raumgefügen (S_2). Obschon sich die rekonstruierten Spuren kaum voneinander unterscheiden und gleichsam den theoretischen Begriffen Posting, Piktogramm, Annonce oder Tautologie zuordenbar sind, können eben jene voranstehenden Differenzierungen vorgenommen werden, da die Fallstruktu-

I. Herrmann, *Vandalismus an Schulen*,
DOI 10.1007/978-3-531-19488-2_6, © Springer Fachmedien Wiesbaden 2014

ren der beiden Schulen bedeutende charakteristische Eigenheiten aufweisen. Raum und Interaktionsraum müssen hinsichtlich der Frage nach den Bedeutungsstrukturen von Vandalismus folglich nicht nur theoretisch, sondern auch empirisch zunächst getrennt voneinander analysiert werden.

Den Divergenzen ungeachtet sind jedoch gerade die Gemeinsamkeiten beider Fallstrukturen vandalistischer Spuren eindrücklich: Zunächst konnten bei beiden Schulen deutliche Strukturhomologien von Siedlungsstruktur, Architektur und Schullogo rekonstruiert werden. Diese Parallele ist gerade vor dem Hintergrund der fokussierten Raumpraktiken von besonderer Relevanz, da diese in Form von paradoxen Brechungen vorliegen. Somit konnte gezeigt werden, dass die jeweilige, spezifisch ausgeformte Fallstruktur für die generalisierte Bedeutungsexplikation vandalistischer Raumpraktiken kaum von umfassender Bedeutung ist. Vielmehr wird auf die Diskrepanz von strukturhomologen Räumen und strukturheterologen Raumpraktiken abgehoben. Die hinterlassenen Spuren weisen – obgleich inhaltlich heterogen – formal ebenfalls Analogien auf: Sowohl im panoptischen als auch im antinomischen Raum finden akteursinitiierte Praktiken der „Reterritorialisierung" bzw. „Deterritorialisierung" (Deleuze und Guattari 2005, S. 400) statt. Die Akteure schreiben sich material in den Raum ein und – zusätzlich zu einer „Parzellierung" (Foucault 1994, S. 183) des Subjekts – wird gleichsam der Raum mittels Materialisierung des Interaktionsraums subjektiviert, d. h. subjektiv angeeignet. Insofern gerät eine interaktionsräumliche bzw. interaktionsverräumlichte Logik inkorporierter Sesshaftmachung in den Fokus, womit gleichsam der pädagogische Raum und die in diesem wirkenden Disziplinierungstechniken aufgegriffen und in den entsprechenden Grundstrukturen zitiert werden. Die zum Ausdruck gebrachte Kollektivierung von Subjekten bei deren gleichzeitiger „Parzellierung" (ebd.) zitiert in beeindruckender Weise zwei grundlegende Parameter schulischer Prozesse resp. schulischer Räume: Die Zwangskollektivierung im Klassen- oder Kursverbund und das „Sich Setzen" als Praktik des Lernens und Einübens mit dem Ziel „gut zu schreiben" (ebd., S. 195). Exemplarisch für derartige (Re-)Territorialisierungsstrategien sind vor allem die beiden Ausdrucksgestalten „Das ist unser Platz" (Umkleideraum der Schule S_1) und „Diese Stelle ist schön" (Toilettenraum der Schule S_2). Als weitere, übergeordnete Parallele beider Schulen resp. Fallstrukturen kann die „grundlegendste Antinomie pädagogischen Handelns" (Helsper 1998, S. 19) anhand räumlicher und interaktionsräumlicher Ausdrucksgestalten rekonstruiert werden: „die Spannung zwischen der ‚Unterwerfung unter den gesetzlichen Zwang und der Fähigkeit' sich ‚seiner Freiheit zu bedienen' " (ebd.), wodurch auf die Frage Kants „Wie kultiviere ich die Freiheit bei dem Zwange?" (Kant 1968, S. 711, zit. in: Helsper 1998, S. 19) räumlich geantwortet werden kann: Indem Akteure die sie umgebenden und die sie beeinflussenden Räume auf spezifische Weise bearbeiten und diese kritisch kommentieren, indem sie in Opposition treten, indem sie –

raumhandelnd – Stellung beziehen. Diese raumpraktischen Möglichkeiten wiederum hängen ab von der jeweiligen Bedeutungsstruktur und können hier sowohl im Sinne einer fraktalen als auch einer panoptischen Raumordnung zugrunde gelegt werden. Somit kann zusammenfassend vorgebracht werden, dass zwar beide fokussierten Institutionen in die „Antinomien der Moderne" (Helsper 2010) eingelagert sind, die schulischen Räume diese allerdings different aufgreifen und zitieren.

Die innerhalb und außerhalb dieser Räume hinterlassenen Spuren verweisen des Weiteren in hohem Maße auf zeitlich vorgelagerte Kollektivierungsprozesse und daraus resultierende Formen resp. Stufen von Mündigkeit, aber auch auf Unsicherheiten bezüglich individueller Subjektivierungstendenzen und zitieren schriftlich Diskurse, die das Selbst und den Anderen in doppelten Negationen miteinander verweben und in ein komplexes Beziehungsgeflecht einlassen.[1] Die paradoxen, antagonistischen Strukturen der rekonstruierten Räume spiegeln sich somit wiederum in den Raumpraktiken wieder. Das Typographische erweist sich zudem in beiden Schulen als vorherrschende Kulturtechnik einer Manifestation von Interaktionsräumen bzw. den jeweiligen Deutungsmustern der Akteure.

Wird nunmehr von den vorliegenden Fällen bzw. Fallstrukturen weitergehend abstrahiert, stellt sich nach wie vor die diese Arbeit leitende Frage danach, welche Bedeutung bzw. – um in der Logik der zugrunde gelegten Methoden zu bleiben – Bedeutungsstrukturen vandalistische Praktiken in schulischen Organisationen aufweisen. Hierzu werden die vorausgehend dargestellten Ergebnisse der Mehrebenenanalyse verallgemeinernd auf die raumtheoretische Rahmung bezogen und mit dieser verschränkt. Darüber hinaus wird einerseits die Frage danach gestellt, inwieweit die Begrifflichkeit „Vandalismus" noch aufrechtzuerhalten ist und inwiefern das einleitende Vorhaben der Etablierung eines erziehungswissenschaftlichen Vandalismusbegriffs realisiert werden kann.

6.2 Vandalistische Spuren als Resultate von Transformations- und Maskierungspraktiken

Nachdem die Begrifflichkeit „Vandalismus" und deren differente Bedeutungen bereits im historischen, juristischen bzw. kriminologischen sowie ästhetischen Sinne erfasst und damit bereits existierende Klassifizierungen herangezogen wurden

---

[1] Im Rahmen des Symbolischen Interaktionismus (Mead) wären an dieser Stelle weiterführende Anmerkungen vorzunehmen. So ließen sich die beschriebenen Raumpraktiken im Sinne der Identitätstheorie als Ergebnisse kollektiver Handlungen sich gegenseitig interpretierender Akteure fassen, wodurch die Bezeichnungen „Selbst" und „Anderer" theoretisch verortet werden können (vgl. Mead 2002).

Abb. 6.1 Ausdifferenzierung vandalistischer Spuren. (Quelle: Herrmann 2013a; Herrmann 2014; Herrmann und Flasche 2014)

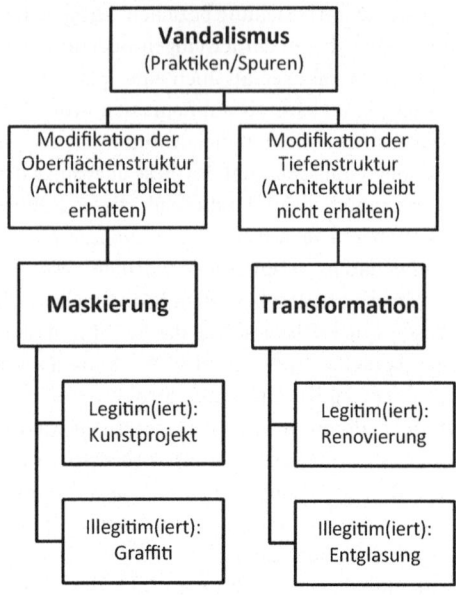

(vgl. Abs. 2), muss – vor dem Hintergrund der dargelegten empirischen Ergebnisse – konstatiert werden, dass eine einheitliche, den Fragestellungen dieser Arbeit gerecht werdende Definition vandalistischen Verhaltens bzw. vandalistischer Praktiken kaum möglich ist. So können weder Vorsätzlichkeit noch ästhetische Prinzipien, politischer Widerstand, persönlicher Geschmack oder allgemeine Normen und Werte als latente Bedeutungsstrukturen induziert werden (vgl. Abs. 2.2.4). Zudem muss die teilweise bestehende Diffusität – sowohl hinsichtlich des sich im Alltagsverständnis durchgesetzten Begriffs „Vandalismus" als auch hinsichtlich der juristischen Bezeichnung „Sachbeschädigung" – als unpassend und für erziehungswissenschaftliche Zwecke unbrauchbar befunden werden. Stattdessen werden im Folgenden zunächst die vandalistischen Praktiken und Spuren sowie die daraus resultierenden Modifikationen, die hier als Gebrauchsspuren ausgewiesen werden, systematisiert: Der mehrdimensionale Ausdruck „Vandalismus" wird zunächst als Oberbegriff für jede wie auch immer geartete Veränderung, Ab- oder Umwandlung von (schulischen) Räumen herangezogen (siehe Abb. 6.1). Dass es an dieser Stelle nach wie vor zu enormen Schwierigkeiten in der Begriffsverwendung kommt, lässt sich daran festmachen, dass mit einer derartigen definitorischen Nicht-Abgrenzung nicht nur diejenigen Praktiken erfasst werden, welche strafrechtlich als Sachbeschädigung und damit als illegitime Destruktion von Gegenständen bzw. als Aneignung von Raum bezeichnet werden, sondern ebenfalls sämtliche legitimen, von einer über Entscheidungs- oder Definitionsmacht verfügenden Institution oder Person genehmigten Maßnahmen. Somit umfassen Modifikationen in schulischen Architekturen neben Klo-Graffiti, Tischkritzeleien und zerstörtem Mobiliar auch von der Schulleitung in Auftrag gegebene Maler- und Renovierungsarbeiten, Umbaumaßnahmen und Kunst-Projekte[2]. Als zur Differenzierung notwendiges Kriterium wird nunmehr das der „Angemessenheit" (Oevermann 1973, S. 7) bzw. des „regelgeleiteten Handelns" (ebd., S. 6) vorgeschlagen, welches von Ulrich Oevermann im Rahmen der Erläuterung von Strukturen sozialer Deutungsmuster herangezogen wird. Dabei versteht Oevermann unter sozialen Deutungsmustern „das ‚ensemble' von sozial kommunizierbaren Interpretationen der physikalischen und sozialen Umwelt" (ebd., S. 5) und somit umfassen diese sämtliche „das instrumentelle und kommunikative Handeln steuernden Regeln" sowie die damit einhergehenden sozialen Normen und Werte (ebd., S. 5 f.). Jedwedes soziale Handeln ist demnach auch Ausdruck derjenigen Regel, welche das Subjekt befolgt, unabhängig davon, ob diese bekannt und entäußerbar ist oder nicht. Dabei ist zu betonen, dass sich eben jenes soziale Handeln nicht ausschließlich auf das Befolgen von Regeln reduzieren lässt, sondern darüber hinaus über trieb- oder motivgesteuerte Elemente verfügt (vgl. Oevermann 1973, S. 6), die hier – wie mehrfach begründet wurde (vgl. Abs. 3, 4) – keine weitere Berücksichtigung finden. Das Handlungssubjekt ist in der Lage, „aufgrund der das Handeln steuernden Regel ein systematisches Urteil über die Angemessenheit eines konkreten Handelns" abzugeben (Oevermann 1973, S. 7). Dieser soziologische Regelbegriff stellt folglich die Voraussetzung für die Abgrenzung abweichenden Verhaltens dar, „denn die Erfahrung der Abweichung ist an die gleichzeitige Präsenz einer Handlungsregel, von der abgewichen wird, gebunden" (ebd., S. 7). Dabei sind intersubjektive Gültigkeit und Nachvollziehbarkeit entscheidend für die Anwendbarkeit der und Verständigung über die jeweiligen Regeln (vgl. ebd.). In Bezug auf die hier notwendige Abgrenzung von legitimen (regelkonformen) zu illegitimen (abweichenden) Modifizierungen, lässt sich nunmehr die mit der Anwendung von Regeln verbundene Angemessenheit als Differenzierungskriterium einführen: Als angemessen werden all jene Modifizierungen bezeichnet, die den institutionellen Regeln entsprechen, was z. B. durch offizielle Genehmigungen zum Ausdruck kommen kann. Die als nicht angemessen zu bezeichnenden Handlungen sind demnach diejenigen, welche gegen die allge-

---

[2] Zu nennen ist hier vor allem das Werk „Graffiti in der Schule" (Mäuerle-Schulze und Schulze 1994), in welchem Graffiti in Form von Projekten didaktisch aufbereitet und entsprechend dem schulischen Unterricht zugänglich gemacht werden.

mein bekannten, intersubjektiv geltenden Regeln der Institution verstoßen und in anderen Kontexten beispielsweise als „Vandalismus" bezeichnet werden. Da sich die jeweiligen, alltagssprachlich einheitlich unter „Vandalismus" subsumierten Praktiken hinsichtlich ihres Typus jedoch grundlegend unterscheiden, wird des Weiteren eine Ausdifferenzierung vorgeschlagen, die sich sowohl auf die jeweils modifizierte Architektur (Raum) als auch auf die Art und Weise dieser Veränderungen (Raumpraktik) bezieht. So sind zunächst die Fragen danach entscheidend, inwieweit es sich um virtuelle – Web-Texte und -Bilder – oder materiale Architekturen – Räume, Raumbestandteile wie Fenster und Türen oder Mobiliar wie Tische und Stühle – handelt und ob diese Architekturen in ihrer ursprünglichen Beschaffenheit erhalten bleiben oder nicht. Das hinsichtlich materialer Architekturen zusätzlich gewählte Unterscheidungskriterium bezieht sich sowohl auf die primäre Gestalt als auch auf die jeweilige Oberfläche von Architekturen: Wird diese derart modifiziert, dass die Grundgestalt (Form) zwar erhalten bleibt und lediglich die Oberfläche einer teilweisen oder umfassenden Veränderung unterzogen wird – wie es beispielsweise bei Malerarbeiten der Fall ist – wird für den Bereich materialer Architekturen der Begriff der Maskierung vorgeschlagen, welcher zwar in durchaus verschiedenen Disziplinen Verwendung findet, grundlegend jedoch dasselbe Prinzip definiert: die Überformung, Verblendung oder Verdeckung einer spezifischen Sache (z. B. eines Bilds, Tons, Texts o. ä.) durch eine andere.[3] Entgegen der Beibehaltung architektonischer Formen im Rahmen derartiger Maskierungen handelt es sich bei Praktiken wie der Zerstörung von Mobiliar oder dem Einwerfen von Fensterscheiben um solche, denen eine Gestalt- bzw. Formveränderung immanent ist. Der hier zugrunde gelegte Terminus ist derjenige der Transformation und wird nachfolgend ausführlicher erörtert.

Transformation Sobald die Oberflächenstruktur materialer Architekturen, wie beispielsweise Wände, Mobiliar oder Türen, nicht nur visuell verändert, sondern ihre Grundstruktur derart umgestaltet wird, dass diese als teilweise oder vollkommen zerstört bezeichnet werden kann, liegt eine Transformation vor. Dabei muss nicht notwendigerweise die jeweilige Funktion des Objektes resp. der Architektur eingeschränkt oder aufgehoben sein, wobei sich an dieser Stelle sicherlich forschungsmethodisch relevante Anschlussdifferenzierungen andeuten: So ist ein Loch in einer Wand sicherlich grundlegend different zu analysieren als das fehlende Stuhlbein, durch welches die Raumpraktik des Sitzens gänzlich unmöglich wird,

---

[3] In Bezug auf Graffiti führt Gamboni ein ähnliches Merkmal an: „Dem Objekt eher etwas hinzufügen, als ihm etwas entziehen" (Gamboni 1984, S. 39).

die Funktion der Wand als ein- bzw. abschließendes Element jedoch kaum Beeinträchtigungen erfährt. Entgegen dieser visuell wahrnehmbaren und damit recht unkompliziert nachvollziehbaren Modifizierungen materialer Architekturen, verhält es sich mit einer klaren Differenzierung in Bezug auf virtuelle Architekturen unverhältnismäßig schwieriger, da in einzelnen Bereichen kaum mehr auszumachen ist, was Ursprung, was bereits modifizierte Architektur war oder ist. So kann hier lediglich eine analytische Trennung vorgenommen werden, die sich an derjenigen materialer Architekturen orientiert. Demnach handelt es sich bei modifizierten, jedoch weiterhin in ihrer Gestalt existierenden Architekturen um Editierungen, wohingegen das Entfernen oder Zerstören derartiger Architekturen gleichsam als Transformation bezeichnet wird. Die Problematik einer derartigen Ausdifferenzierung wird vor allem am Beispiel von Wikis[4] deutlich, da hier kaum nachvollzogen werden kann, ob eine vollständige Löschung und Erneuerung bestehender Artikel oder lediglich eine kleinere Redigierung vorliegt, ob ein Text als fertiges Schriftstück eines Einzelnen oder durch viele einzelne User als Werk kollektiver Gedächtnisse eingestellt bzw. (weiter-)entwickelt wurde.

Maskierung Der Begriff der Maskierung lässt sich beispielsweise im Bereich der Elektroakustik oder Tontechnik finden: Unter der Begrifflichkeit des „Verdeckungseffekts" (Zwicker und Zollner 197, S. 240) werden jene Situationen subsumiert, in denen beispielsweise während eines Gesprächs zwischen zwei Personen ein Störgeräusch eintritt, sodass der zuhörende Gesprächspartner „von dem Sprachschall wegen des Störgeräusches nichts mehr wahrnehmen" kann (ebd., S. 240). Dieser Verdeckungs- oder Maskierungseffekt – welcher sich durchaus störend auf verbale Kommunikationen zwischen Personen auswirkt – wird wiederum im Rahmen anorganischer chemischer Prozesse dazu genutzt, eine bestimmte Substanz durch das Hinzufügen einer weiteren unkenntlich zu machen, damit beispielsweise störende Inhalte (z. B. spezifische Ionen) neutralisiert und nachzuweisende Substanzen sichtbar gemacht werden können (vgl. Riedel und Janiak 2007, S. 689.). Darüber hinaus finden Maskierungen („masking", vgl. Turvey 1973) ebenfalls im Bereich der Lernpsychologie statt: Hier maskiert ein sog. (akustischer oder visueller) Stör-Reiz etwas zu Lernendes und löscht bzw. verdeckt dieses durch die Gleichzeitigkeit des Auftretens. Im Gegensatz zu den nachfolgend darzustellenden Maskierungen im gestaltpsychologischen Sinne, handelt es sich hier jedoch um volatile Reize, die sich in der Regel nicht manifestieren und die Logik des Maskierungs-Vorgangs somit nicht ohne Weiteres auf den hier vorliegenden Sach-

---

[4] Bei Wikis handelt es sich um (quasi-rhizomatische) Einträge auf Webseiten, die direkt von den Nutzern bearbeitet, kommentiert oder auch gelöscht werden können (vgl. Myers 2002). Eines der größten Wikis stellt das Online-Lexikon Wikipedia dar.

Abb. 6.2 Rubinsche Vase.
(Richter 2008, S. 91)

verhalt übertragen werden kann. Findet nunmehr die auf gestaltpsychologischen Grundannahmen basierende Ausdifferenzierung von „Figur und Grund" (Rubin 1921, S. 3) Berücksichtigung, zeigen sich weitergehende Unschärfen der Begriffsspezifizierung. So betont Rubin eine solche bereits in seinem 1921 erschienenen Grundlagenwerk „Visuell wahrgenommene Figuren" wie folgt: „Das Wort Grund allein wird am meisten gebraucht, wo kein objektiver Tiefenunterschied vorhanden ist, obwohl es auch benutzt werden kann, wo ein solcher besteht" (ebd., S. 4). Rubin verwendet den Begriff des Grunds hier entsprechend in Abgrenzung zum Hintergrund: „Das Wort Hintergrund wird am meisten gebraucht, wo sich der Grund tatsächlich hinter dem befindet, dessen Grund er ist; aber es wird auch, was psychologisch verständlich ist, oft gebraucht, wo kein objektiver Tiefenunterschied besteht" (ebd., S. 4). Eine derartige Begriffsführung verunmöglicht zunächst eine zuverlässige Festlegung sowohl des Grunds als auch der Figur und wird lediglich durch das eine spezifische Darstellung betrachtende und sich jeweils zu dieser in Beziehung setzende Subjekt nachvollziehbar (vgl. Rubin 1921, S. 4): „Der Unterschied zwischen Figur und Grund kann hier nur auf einem Unterschied in der Art des Subjekts auf die beiden Felder [. . . IH] zu reagieren beruhen" (ebd.). Besteht eine für die Wahrnehmung einzelner Elemente notwendige Trennung von Figur und Grund nicht, „entstehen Kippfiguren" (Richter 2008, S. 91), die eine „Entweder-Oder"-Entscheidung verlangen: Bei der berühmten, sog. Rubin'schen Vase werden entweder zwei einander zugewandte schemenhafte Gesichter (schwarze Felder) oder eine sich in der Mitte des Bildes befindliche Vase (weiße Fläche) sichtbar und es „ist schwierig, vielleicht gar unmöglich, die beiden Gesichter und die Vase gleichzeitig wahrzunehmen" (Richter 2008, S. 91; siehe Abb. 6.2).

Anhand derartiger Definitionen wird deutlich, dass die Begrifflichkeit der Maskierung bisher stets mit dem vollkommenen Verlust einer Sache zugunsten einer anderen einhergeht und es sich somit um ein „Entweder-Oder"-Prinzip handelt: Entweder Figur oder Grund, entweder Lernstoff oder Stör-Reiz, entweder Gesprächsinhalt oder Störgeräusch, entweder Ion A oder Ion B, entweder „echter" oder „unechter" Stil. Es bedarf einer Störung, einer Verdeckung oder Verzierung und somit einer hier als Maskierung ausgewiesenen Praktik, um etwas Spezifisches zur Geltung bringen zu können, jedoch um den Preis des Verlustes einer zweiten (zeitlich vor dem Maskierungsvorgang liegenden) dargebotenen Sache in Form verbaler, visueller, akustischer Reize oder chemischer Substanzen. Derartige Definitionen werden für die im Rahmen dieser Arbeit zu analysierenden Modifizierungspraktiken als nicht hinreichend angesehen. Somit wird im Folgenden zwar der Maskierungsbegriff verwendet, jedoch um drei relevante Tatsachen erweitert: Form und Oberfläche stellen zwar grundlegend die die jeweiligen Architekturen kennzeichnenden Charakteristika dar 1), bleiben jedoch auch nach entsprechenden und noch näher auszuführenden Praktiken der Maskierung erhalten 2) und können nach wie vor als solche wahrgenommen und rekonstruiert werden 3). Eine derartige Begriffsbestimmung weist also die größtmögliche Nähe zur Definition der Maskierung nach Sedlmayr (1963) insofern auf, als sich Architektur als Grundstruktur und bspw. darauf angebrachte Graffiti als oberflächliche „Stilmaske" (Sedlmayr 1963, S. 51) ausweisen lassen. Wie bereits erörtert wurde, stellt sich der Fokus dieser Arbeit jedoch nicht auf die Wahrnehmung von Grund und Oberfläche, sondern auf deren raumtheoretische Verortung und sich darauf beziehende illegitime Praktiken ein, wodurch der Maskierungsbegriff eine zusätzliche Dimension erhält (vgl. Abs. 3.2, 3.3).

Im Folgenden werden – als Resultat der vorangegangenen Ausführungen – zwei differente Formen bzw. Typen der Maskierung in Bezug auf die beiden zugrunde liegenden Raumformate (Raum und Interaktionsraum) beschrieben.

6.3 Maskierungen des Raums: Stilmasken und Aneignungen

Die im vorangegangenen Abschnitt der Gestaltpsychologie zuordenbaren Ausführungen lassen sich lediglich auf menschliche Sinneswahrnehmungen anwenden und können im besten Falle mittelbar als basales Kriterium (zur Rekonstruktion) von Architekturen bzw. den sich auf oder an materialen Räumen befindlichen Gebrauchsspuren herangezogen werden. Die grundlegenden Annahmen der Architekturpsychologie fußen zwar ebenfalls auf jenen theoretischen Konzeptionen, berücksichtigen jedoch architekturspezifische Charakteristika: Bauwerke weisen in der Regel derartige Merkmale auf, die sie „zur Figur im gestaltpsychologischen Sinn machen" (Richter 2008, S. 92). Allerdings wird zunächst eher auf die Differenz von Bauwerk und die es umgebende Natur abgehoben als auf die an Gebäuden sichtbar gewordenen Modifizierungen. Um eine Maskierung im architekturpsychologischen Sinn handelt es sich immer dann, wenn Figuren mit ihrem Hintergrund eine Einheit bilden, was stets dann der Fall ist „wenn deren [= Figur, IH] Elemente mit Teilen anderer Figuren zusammengefasst werden, oder in ihnen aufgehen" (vgl. Rock 1987; zit. in: Richter 2008, S. 92). Unter Rückbezug auf die basalen Annahmen der Gestaltpsychologie finden sich hier Parallelen zum sog. „Gesetz der Einstellung", welches die differente Wahrnehmung gleicher Gegenstände in Abhängigkeit von ihrer Umgebung beinhaltet (vgl. Richter 2008, S. 93). Maskierte Architekturen bzw. Maskierungen müssen demnach nicht notwendigerweise als solche wahrgenommen werden; vielmehr stellen diese in Abgrenzung zum sie betrachtenden Subjekt sowie der jeweiligen Umgebung die abhängige Variable dar.

Neben diesen, den Gesetzen subjektiver Wahrnehmung unterworfenen Raummaskierungen, wird der Begriff der „Aneignung des Raumes" (ebd. S. 304) als interaktionsräumliche – und somit zunächst entmaterialisierte – Handlung angeführt, deren Resultat jedoch als eine manifeste Veränderung von Räumen zu beschreiben ist: „Als Aneignung des Raumes werden Verhaltensweisen bezeichnet, welche durch Zugriff, Kontrolle und psychische oder physische Herrschaft über einen Ort gekennzeichnet werden" (Prohansky 1976, in: Richter 2008, S. 304). Jene Aneignungspraktik geht im Rahmen der hier zugrunde gelegten Perspektive der Architekturpsychologie einher mit „dem Versuch, eine persönliche Welt in einer physischen Realität zu verankern, die Anonymität aufzuheben und das Vertrauen zu schaffen, d. h. die Umwelt zu personifizieren" (Richter 2008, S. 305). Der Raum wird entsprechend akteursseitiger Vorstellungen und -lieben zur maskierten – und entsprechend manifestierten – Prothese seiner Deutungsmuster und raumbiographischen Erfahrungen.

Entgegen eines derartig subjektorientierten und -abhängigen theoretischen Erklärungsansatzes bezieht sich Sedlmayr ausnahmslos auf die spezifischen architektonischen Gegebenheiten. In seiner Begründung für ein seit dem 19. Jahrhundert existentes „Stilchaos" (Sedlmayr 1963, S. 50) verweist er zwar ebenfalls auf eine in der Logik von Figur und Grund aufgehende Trennung beider Bestandteile eines Objekts, greift jedoch auf die Begriffe „Oberfläche" und „Grundstruktur" zurück (ebd., S. 51). Die Oberfläche kann dabei die Charakteristika einer von Sedlmayr als „Stilmaske" ausgewiesenen (Teil-)Verkleidung eines Bauwerkes darstellen: „Eine ‚Stilmaske' legt sich als ‚Verkleidung' über die Grundstruktur, die einen ganz anderen Charakter zeigt" (ebd., S. 51). Diese Dichotomie von Bauwerk und „Verkleidung" desselben wird insofern noch verstärkt, als zwischen echtem und unechtem Stil unterschieden wird. „Der echte Stil ist, schon am einzelnen Werk, ein Organismus, in dessen Erscheinung sich überall ein bestimmter Charakter äußert. Am unechten Stil ist die Erscheinung nur von außen" (ebd., S. 51). Maskierungen oder – im Sinne Sedlmayrs – „Stilmasken" stellen demnach eine Komponente unechten Stils dar, ein über die Grundstruktur von Gebäuden hinausgehendes Blendwerk, ähnliche eines Dekors oder einer Verzierung.

Zusammenfassend können Maskierungen als räumliches bzw. verräumlichtes Ergebnis einer Raumpraktik bezeichnet werden. Dabei handelt es sich entsprechend um die Modifizierung einer Oberfläche zu bestimmten Zwecken (Verstecken, Anpassen, Tarnen etc.). Dabei sind beide Raumformate – Raum und Interaktionsraum – in ihrer interdependenten Bedeutungsstruktur zu berücksichtigen. Aus diesem Grund werden nachfolgend diejenigen Maskierungen herangezogen, welche dem Interaktionsraum zuordenbar sind.

6.4 Maskierungen des Interaktionsraums: Bühnen und Fassaden

Entgegen der zuvor dargestellten Charakteristika der Maskierungen material-physischer Räume bzw. Architekturen, handelt es sich im Rahmen von Maskierungen des Interaktionsraums zunächst um eine sozial-interaktive Hervorbringung spezifischer Darstellungen. Dabei existieren verschiedene Annahmen über Begrifflichkeiten wie Maske, Rolle, Bühnenbild oder Ritual und werden nachfolgend eingehender zu erörtern sein.

„Mit dem Wort Maske scheinen wir eine bestimmte Denkweise zu verbinden. Wir stellen uns die Maske als einen Gegenstand vor, der auf das Gesicht einer Person aufgesetzt wird. Maske und Gesicht sind in unserer Vorstellung klar geschieden: die Maske ist geradezu der Gegenbegriff zu Gesicht. Wir verbinden das Gesicht mit dem Individuum, die Maske vor allem mit dem Typus" (Weihe 2004, S. 52). Die hier vorgenommene Differenzierung bezieht sich entsprechend auf den Grad der Individuation, welcher zwischen den Extrema „individuell (maskenlos)" und „typisch (maskiert)" (ebd.) changiert. Dabei markiert die Maske verschiedene Grenzen resp. Bereiche: „Wir unterscheiden bei der Maske zwischen drei Komponenten: einer Innenseite, einer Außenseite und einer Grenze, dem Dazwischen. Wir nennen die konkarve Seite die Innenseite (verso). Kennzeichnend für die Maske ist die Semiotisierung der Außenseite (die Beobachterseite), während die Innenseite (die Trägerseite) mit dem Aufsetzen der Maske verdeckt wird" (ebd., S. 44). Die aus dem Aufsetzen einer Maske resultierende Interferenz wird somit entlang der jeweiligen Be- und Entgrenzungen ablesbar: Beziehen sich interaktionsräumliche Analysen von Masken i. d. R. auf deren Außen-, bzw. Beobachterseite, so wird die Innenseite zum modifizierten künstlichen, nicht sichtbaren Außen des Maskierten. „Das Äußere ist nun nicht mehr das Gesicht (Natur), sondern primär die aufgesetzte Maske (Kultur)" (ebd., S. 187). Die Maskierung, so die Folgerung, wird zum Synonym einer Kulturalisierung des Individuums.

Goffman (2008) beschreibt in seinem Werk „Wir alle spielen Theater" die Fassade und subsumiert darunter einerseits „das ‚Bühnenbild', das Möbelstücke, Dekorationselemente, Versatzstücke, die ganze räumliche Anordnung" (ebd., S. 23), bezieht diesen jedoch in Abgrenzung zu der hier zugrunde gelegten raumtheoretischen Rahmung (vgl. Abs. 3) auf „die Requisiten und Kulissen für menschliches Handeln, das sich vor, zwischen und auf ihnen abspielt" (Goffman 2008, S. 23). Raum wird in Goffmans Verständnis kaum oder keine Wirkmächtigkeit zugeschrieben, er verbleibt in seiner Funktion als i. d. R. statisches Bühnenbild. Des Weiteren umfasst die Fassade jedoch ebenfalls eine personifizierte bzw. persönliche Komponente, worunter all jene Merkmale fallen, die als Erscheinung und Verhalten bezeichnet werden können: „Amtsabzeichen oder Rangmerkmale, Kleidung, Geschlecht, Alter, Rasse, Größe, physische Erscheinung, Haltung, Sprechweise, Gesichtsausdruck, Gestik und dergleichen" (ebd., S. 25). Eine Maskierung wäre somit gleichzusetzen mit der jeweiligen Erscheinung und dem Verhalten einer Person, die im Falle des „Idealtypus" (ebd., S. 26) deutliche Kohärenz mit dem jeweiligen Bühnenbild aufweist und demnach sozial-interaktiv ausgestaltet wird. Wie verhält sich nun eine derartige „Interaktionsraum-Maskierung" zu Masken und Ritualen? „Durch Masken wird einerseits der Kontakt zu transzendenten Instanzen gesucht, zuvor Unsichtbares sinnfällig gemacht und enthüllt, ein verborgenes Wesen der Maskierten zum Ausdruck gebracht; in und durch Masken lassen sich zudem auch säkulare Wahrheiten effektvoll vermitteln. [. . . IH] Andererseits ist die Maske Sinnbild und Inbegriff der Verstellung. Wer sich maskiert, lässt sein wahres Gesicht [. . . IH] hinter einem Stück falscher Oberfläche verschwinden" (Schmitz-Emans 2009, S. 7 f.). Zur Erfüllung einer spezifischen Rolle greifen Akteure zu Masken; sie maskieren sich, um hinter einer anderen Oberfläche beispielsweise Schutz zu suchen oder im Rahmen einer bestimmten Situation handlungsfähig zu bleiben: „Der Maskierte kann also einerseits jemand sein, der durch Modifikation seines normalen Erscheinungsbildes Erkenntnisse vermittelt und als Medium zwischen Verborgenem und Öffentlichkeit fungiert, andererseits aber auch jemand, der andere täuscht und etwas unkenntlich macht" (ebd., S. 8).

Die interaktionsräumlich ausgeprägte Maske kann somit – ähnlich derjenigen des Raums – im Sinne einer vorübergehenden Fassade gefasst werden; die Maske wird zum modifizierten (Körper-)Raum, sie lässt sich jederzeit wieder abnehmen (statische Maske), verändern oder entfernen (flexible Maske). In Abgrenzung zu der Maskierung des Raums kann somit konstatiert werden, dass Differenzen hinsichtlich der Fokussierung des jeweiligen Gegenstandes bestehen: Die raumhandelnd hervorgebrachte Maskierung wird hier in Abgrenzung zur individuellen Maske als Begriff gebraucht, um die Praktik, d. h. die Herstellung bzw. Anbringung einer Maske stärker zu betonen. Das Ergebnis dieser (Raum-)Praktiken wird wiederum als Maske einer spezifischen Architektur bezeichnet. Somit konnte verdeutlicht werden, dass der Prozess der Maskierung – unabhängig von seiner theoretischen Herleitung oder Verortung – eng mit dem statischen Charakteristikum der Maske zusammenhängt und beide eng miteinander verwoben sind. Diese Interdependenz von Gegenstand bzw. Ergebnis (Maske) und Praktik bzw. Prozess (Maskierung) wird nachfolgend theoretisch erfasst und somit auf einer abstrakteren Ebene zu etablieren versucht.

6.5 Plädoyer für einen erziehungswissenschaftlichen Vandalismusbegriff

Maskierungen im Sinne des Interaktionsraums können sich materialisieren bzw. akteursseitig materialisiert werden, sodass diese Teil eines modifizierten Raumgefüges werden, welches wiederum auf die Akteure zurück wirkt. Diese Interdependenz des Gefüges kann poststrukturalistisch als permanente Umwandlung glatter in gekerbte Räume und vice versa (vgl. Deleuze und Guattari 2005, S. 658) aufgefasst werden, greift jedoch als Bestandteil eines erziehungswissenschaftlichen und empirisch fundierten Vandalismusbegriffs zu kurz, da nicht die zeitlich vorgelagerten Praktiken der Akteure innerhalb des Interaktionsraums, sondern lediglich die in Form von Spuren sichtbaren Resultate erfasst werden. Um diese Lücke zu schließen, wird nunmehr ein raumtheoretisches Modell vorgeschlagen (siehe Abb. 6.3), welches die differenten Raumpraktiken in ihren jeweiligen Spezifika berücksichtigt und infolgedessen eben jene Etablierung eines erziehungswissenschaftlichen Vandalismusbegriffs ermöglicht.

Ausgehend von einem allgemein als „glatt" oder „gekerbt" (ebd.) zu definierendem Raum I. Ordnung, finden darauf bezogene Maskierungspraktiken des Kerbens oder Glättens statt, mittels derer der Raum in den jeweils konträren Zustand umgewandelt oder – wenn die Raumpraktiken mit den Strukturen des Raums identisch sind – als solcher beibehalten wird. Erfährt demnach beispielsweise ein gekerbter Raum eine Glättung, liegt als raumpraktisches Resultat ein glatter Raum vor. Dieser Raum II. Ordnung wiederum existiert persistent oder transient und bleibt demnach entweder in seiner modifizierten Variante erhalten – wodurch ein Raum III. Ordnung entsteht – oder wird in seinen ursprünglichen Zustand – dem der II. Ordnung – rückgeführt. Die Bezeichnungen Territorialisierung, Reterritorialisierung und Deterritorialisierung spezifizieren zudem die jeweiligen Konstellationen von Raum und Raumpraktik inhaltlich: Die Raumpraktik des Glättens gekerbter Räume stellt insofern eine Deterritorialisierung dar, als es sich hierbei um eine Form

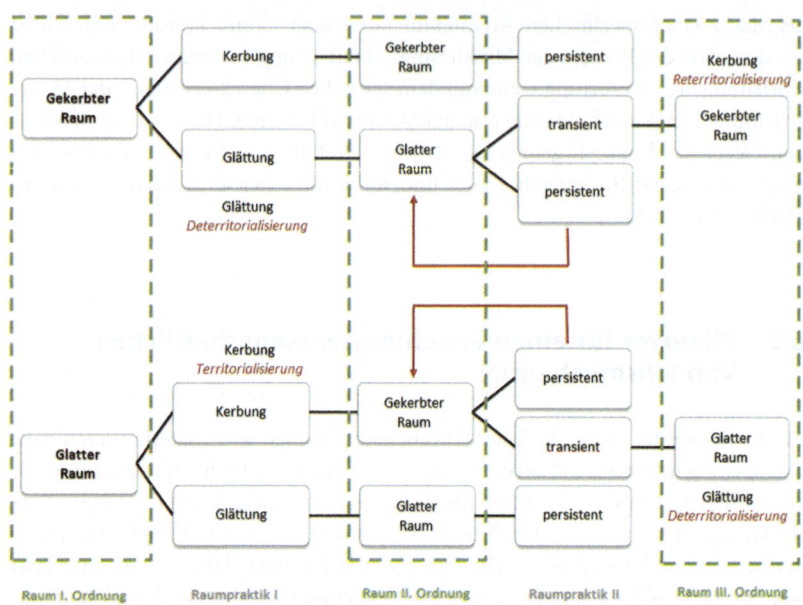

Abb. 6.3 Raumtheoretisches Modell

der Entgrenzung (vgl. Deleuze und Guattari 2005, S. 19) handelt. Exemplarisch ist hier der Nomade zu nennen: „Der Nomade verteilt sich in einem glatten Raum, er besetzt, bewohnt und hält diesen Raum, und darin besteht sein territoriales Prinzip" (ebd., S. 524). Der Nomade kann charakterisiert werden als „derjenige, der nicht fortgeht, der nicht fortgehen will, der sich an diesen glatten Raum klammert" (ebd.), der nomadische Raum wird zudem beschrieben als „lokalisiert und nicht eingegrenzt" (ebd., S. 526). Jedoch muss an dieser Stelle konstatiert werden, dass ein derart glatter Raum in seinen Eigenschaften persistent (Raum II. Ordnung) sein muss, da andernfalls wiederum ein gekerbter Raum (Raum III. Ordnung) entsteht. Diese Reterritorialisierung führt jedoch nicht zu einer „Re-Existenz" des Raums I. Ordnung: „Allerdings darf man die Reterritorialisierung nicht mit einer Rückkehr zu einer ursprünglichen Territorialisierung verwechseln: sie schließt zwangsläufig einen Komplex von Kunstgriffen ein, durch die ein selber schon territorialisiertes Element als neue Territorialität für die andere dient, die ihre Territorialität ebenfalls verloren hat" (ebd.).

Sowohl die Bestimmung resp. definitorische Festlegung glatter und gekerbter Räume als auch die darauf bezogenen Raumpraktiken sind fallspezifisch zu rekonstruieren. Beispielhaft kann hier die Schule S_1 (vgl. Abs. 5.2) dem raum-theoretischen Modell als Glättung des gekerbten Raums zugeordnet werden. Die Problematik einer derartigen Zuordnung liegt in der Entscheidung darüber, inwiefern schulische Organisationen als glatte oder gekerbte Räume bezeichnet werden können. Werden Schulen beispielsweise in Anlehnung an Foucault (2005) als „Heterotopien" der Gesellschaft charakterisiert (vgl. Herrmann 2013a, c), so stellen sie selbst gekerbte Räume des gesellschaftlich Glatten dar. Hier sind beispielsweise die gesonderte Zeittaktung, die bauliche Schließung sowie die differenten Initiationsriten anzuführen, wodurch die Lesart schulischer Heterotopien sich als durchaus sinnlogisch erweisen. Andererseits ist eine konträre Betrachtungsweise von Schule als glatter Raum ebenfalls nachvollziehbar: Das Andere, „Außergesellschaftliche" kann in spezifischen Schulen – thesenhaft sind hier die reformpädagogisch orientierten Schulen wie etwa die Waldorf- oder Jenaplanschule zu nennen – dann als glatter Raum bezeichnet werden, wenn maßgebliche Norm- und Wertorientierungen einer Gesellschaft zwar rahmend, jedoch nicht als vollständig instruktiv angesehen werden. So fokussiert gerade die Anthroposophie Steiners spezifische Entwicklungsstufen, Lern- und Bildungsprozesse sowie daraus resultierende Unterrichtsformen und -prinzipien (vgl. z. B. Fintelmann und Schneider 1986, S. 159 ff.).

Zusammenfassend kann Vandalismus somit allgemein als Glättung oder Kerbung bzw. im Sinne von Re- oder De-Territorialisierungen definiert werden. Dabei ist die Bedeutung von Vandalismus abhängig von der Struktur der Organisation resp. Institution, d. h. von der Verschränkung des institutionellen Entwurfs, der Architektur sowie der Siedlungsstruktur. Vandalistische Raumpraktiken bzw. Spuren können zwar nur in Zusammenhang mit der jeweils zugrunde liegenden und rekonstruierten Bedeutungsstruktur gebracht werden, es lassen sich jedoch entsprechend des voranstehenden raumtheoretischen Modells sowie der vorgenommenen Rekonstruktionen bereits verallgemeinernde Annahmen vornehmen. So stellen die rekonstruierten Raumpraktiken zwar Glättungen des gekerbten, d. h. panoptischen Schulraums – und somit Deterritorialisierungen – dar, in der institutionellen Praktik der „missachtenden Anerkennung" (vgl. Abs. 5.2.6) wird der entstandene glatte Raum jedoch geglättet. Das paradoxe Gefüge aus quasi-oppositionellen bzw. mündigen Handlungen und der schulseitigen Legitimierung derselben wirkt sich entsprechend auf den maskierten Raum aus und führt zu Reterritorialisierungen der akteursseitigen Deterritorialisierungsstrategien. Ähnlich sind die Raumpraktiken innerhalb des antinomischen Raumgefüges (Schule S_2) zuzuordnen: Der formale, die jeweils dargestellten Inhalte kritisch-ironisierende und kommentierende Widerstand kann durchaus als Akt der Mündigkeit im Sinne einer Aufdeckung und Betonung der Antinomien und deren Widersprüchlichkeiten verstanden werden. Diese Glättung oder Deterritorialisierung bleibt jedoch auf sich bezogen und die vermeintlichen Schulnomaden sind somit nicht imstande, den glatten Raum zu halten.

Ein erziehungswissenschaftlicher und empirisch fundierter Vandalismusbegriff hat folglich sowohl die Interdependenz von Raum und Interaktionsraum als auch die darin verwurzelten, durch dieses komplexe Gefüge hervorgebrachten und beeinflussten Raumpraktiken im Sinne manifestierter Handlungs- und Deutungsmuster in den Blick zu nehmen. Vandalismus bezieht sich demnach weder auf die ästhetische Bewertung, die kriminologische Verfolgung oder die politisierende Vereinnahmung räumlicher Maskierungen. Wie das zuvor dargestellte Raummodell aufzeigt, sind die jeweiligen Raumpraktiken nicht nur vor dem Hintergrund des sie beeinflussenden Raums, sondern auch in ihrer Persistenz oder Transienz und somit hinsichtlich ihrer raum-zeitlichen Transformationen zu fokussieren. Hier wäre über das aufgezeigte Modell (Abb. 6.3) hinaus eine Verschränkung der beiden rekonstruierten Strukturmomente von Vandalismus – Maskierung und Transformation (siehe Abb. 6.1) – mit den Räumen und Raumpraktiken der verschiedenen Ordnungen sinnvoll: Die Modifizierungen von Oberflächen- und Tiefenstrukturen stellen entsprechende graduelle Differenzierungen der Glättungen und Kerbungen dar, sodass ein hochkomplexes, nahezu rhizomatisches Gesamtgefüge entsteht, welches sich grundlegend auf die einzelnen Fälle beziehen lässt.

Die abgebildete Grafik (siehe Abb. 6.4) veranschaulicht abermals den bereits erörterten Zusammenhang von Raumordnungen und Raumpraktiken, bezieht diese jedoch weiterführend auf die differenten Strukturmomente vandalistischer Praktiken (Maskierung, Transformation). So können – in Abhängigkeit von der jeweilig existierenden Raumordnung resp. dem Raum I. Ordnung (vgl. Abb. 6.3) – sowohl Glättungen als auch Kerbungen in Form von modifizierten Oberflächen- als auch von Tiefenstrukturen hervorgebracht werden. Dieses abstrakte theoretische Modell wäre im Anschluss an die vorliegende Arbeit jedoch weiterführend zu explizieren sowie empirisch zu begründen.

Über die zuvor dargestellte und theoretisch weitergeführte Komplexität und Interdependenz von Raumordnungen, Raumpraktiken und den daraus entstehenden materialen Modifizierungen konnte aufgezeigt werden, dass vandalistischen Praktiken resp. Spuren der Maskierung ein nicht zu unterschätzendes Bildungspotential im Sinne mündiger Handlungen immanent sein kann. Im Kontext der bildungspolitischen Diskussion um formale, informale und informelle Bildung stellen die im Rahmen dieser Arbeit analysierten Lern- und Bildungsprozesse, resp. deren Ergebnis, ein Novum dar und sind entsprechend auszuleuchten. Besonders vor dem Hintergrund des Deutschen Qualifikationsrahmens für lebenslanges Lernen (DQR) – mit welchem „erstmals ein Rahmen vorgelegt [wird], der bildungsbereichsüber-

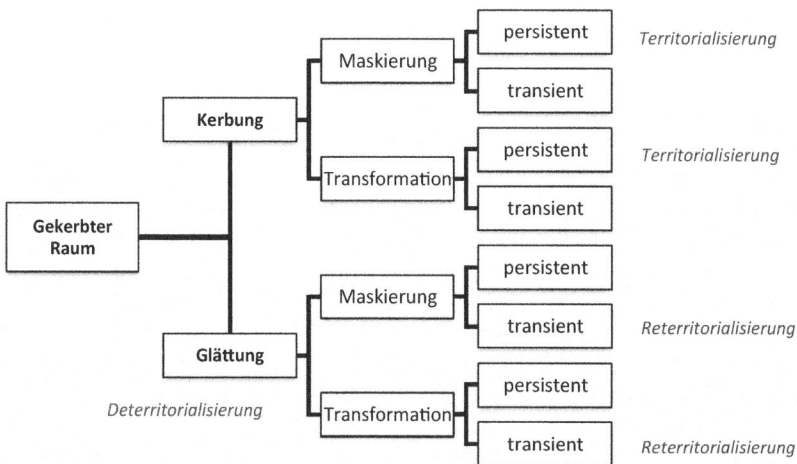

Abb. 6.4 Exemplarische Modifizierung des Raummodells

greifend alle Qualifikationen des deutschen Bildungssystems umfasst" (AK DQR 2011, S. 3) – geraten diejenigen Kompetenzen und Qualifikationen in den Fokus, „die durch nicht-formales oder informelles Lernen erworben wurden" (ebd., S. 5).

Schulischer Raum und vandalistische Raumpraktiken können somit theoretisch verortet und generalisiert werden, wobei sich differente Forschungsfelder und -disziplinen als anschlussfähig erweisen. Auf diese – sowie auf das kumulierte Ergebnis und somit die Beantwortung der Forschungsfrage – wird im An- bzw. zum Abschluss dieser Arbeit noch einmal verwiesen.

6.6   Fazit und Ausblick

Entgegen einer, auf den differenten Ebenen rekonstruierten, Strukturhomologie (Institutioneller Entwurf, Pädagogischer Raum und Siedlungsstruktur), handelt es sich bei den vorliegenden Raumpraktiken um spezifische Formen resp. Varianten von Mündigkeit oder Ausdrücke lebenspraktischer Autonomie, welche die schulischen Akteure gerade *nicht* als bloße Rezipienten schulischer Strukturen, sondern als autonome Subjekte innerhalb dieser ausweisen. Gleichsam impliziert eben jenes strukturelle und manifestierte Handeln paradoxe performative, d. h. raumpraktische Brüche bzw. Antinomien, die in letzter Konsequenz wiederum zu einer Stabilisierung und Reproduktion der Fallstruktur führen. In dieser komplexen Verhältnissetzung von Raum und Interaktionsraum werden Bedeutungen für Bildungs- und Lernprozesse deutlich, da die in (panoptisch-, fraktal-)geschlossenen Raumgefügen (auch) unterrichteten Akteure keineswegs in gleicher Weise auf diese reagieren oder als „disziplinierte Subjekte" aus diesen heraustreten. Vielmehr kann Mündigkeit vor allem in eben jenen Raumformaten erprobt und interaktiv verhandelt werden. Vandalismus in Form räumlicher Maskierungen, Spuren bzw. Inbesitznahmen kann somit aus einer erziehungswissenschaftlichen Perspektive heraus als wichtiger Bestandteil differenter Lern- und Bildungsprozesse ausgewiesen werden, jedoch handelt es sich umgekehrt nicht bei jeder vandalistischen Praktik um einen Ausdruck mündiger Akteure! Hier wären weiterführende empirische Forschungsarbeiten denkbar und nötig.

So finden sich Anschlussmöglichkeiten an die vorliegende Arbeit gerade in der Spannung von Schulkultur- und Schülerbiographieforschung (vgl. Kramer 2002): Der Zusammenhang bzw. die Interdependenz raumbiographischer Erfahrungen und schulkultureller (Raum-)Ordnungen lassen sich hinsichtlich eigener erinnerter Raumhandlungen rekonstruieren. Mittels der Berücksichtigung raumbezogener, akteursseitiger, evtl. kollektiver Deutungsmuster kann somit ein nach wie vor bestehendes Forschungsdesiderat besetzt werden. Ähnliches gilt für Anschlüsse im Bereich der Unterrichtsforschung: Hier liegen aktuell bzw. bisher zwar umfassende und instruktive ethnographische Studien vor (vgl. z. B. Breidenstein 2006), die jedoch die Wirkmächtigkeit des Raums und die damit einhergehende Strukturhomologie von pädagogischem Entwurf und pädagogischem, materialem Raum nicht umfassend berücksichtigen. Des Weiteren sind Forschungen aus den Teildisziplinen der Jugendkultur, Jugendszeneforschung und der Gender Studies anschlussfähig: Die im Rahmen dieser Arbeit lediglich umrissenen Differenzen hinsichtlich der Spuren auf den SchülerInnentoiletten sowie die szenespezifischen Ausdrucksgestalten außerhalb der Gebäude lassen durchaus entsprechende Forschungsschwerpunkte zu. Darüber hinaus stellt die Kontrastierung schulischer und außerschulischer Bildungsräume hinsichtlich vandalistischer Spuren und ihrer Bedeutungsstrukturen ein weiteres Forschungsfeld dar, welches sowohl auf die Rekonstruktion der Deutungsmuster als auch derjenigen des Raums zielt. Hier ließe sich bspw. die Figur des „Flaneurs" (Benjamin 1983; Düllo 2010) als eine Typisierung von Akteuren verorten, die sowohl inter- als auch intraweltlich agieren, womit die Rekonstruktion von Handlungs- und Deutungsmustern bezüglich spezifischer Raumformate (bspw. von Schule und urbanem Areal/Stadt, aber auch von Schule und nicht-urbanem Areal/Land) in den Fokus gerückt werden: „In summa ist der Flaneur, als literarische oder filmische Figur, als Denkfigur der Moderne und als Sozialfigur des zeitgenössischen Alltagslebens – maskiert in verschiedenen Auftrittsfigurationen – ein Spurenleser, der Lesarten für den städtischen Raum entwickelt" (Düllo 2010, S. 125). Eine weitere, instruktive Kontrastierung ist die der staatlichen Schule mit verschiedenen Reformschulen resp. reformpädagogischen Strömungen, da bei letzterer z. T. spezifische architektonische Regelungen existieren. Exemplarisch ist hier vor allem die Waldorfschule zu nennen, in welcher – aufgrund der strikten Vorgaben Rudolf Steiners – pädagogische Implikationen im Rahmen des Schulbaus zu berücksichtigen sind (vgl. Kugler und Baur 2007).

Im Hinblick auf interdisziplinäre Diskurse und Forschungsfelder wäre der Bereich der (schulischen, ästhetischen) Organisationsforschung von besonderem Interesse, welcher aus einer raumtheoretischen Perspektive zu betrachten wäre. Organisationstheoretische Annahmen ließen sich auf der Grundlage der hier gewonnenen Ergebnisse mit dem Ziel der Etablierung einer Theorie organisationaler (Schul-)Räume verknüpfen. In diesem Kontext wären vornehmlich die Zeit-Raum-Konnexionen im Sinne strukturell bzw. organisational immanenter Transformationen sowie organisationale Ästhetiken (Visualität, Olfaktorik, Akustik etc.) in den Blick zu nehmen. An der Schnittstelle von Schulkultur- und Organisationsforschung wären hier auch ästhetische (Re-)Präsentationen des Schülerselbst am Beispiel schulischer Kleidung im (inter-)nationalen Vergleich durchaus anschlussfähig.

Über die themen- resp. disziplinspezifischen Anschlussmöglichkeiten hinaus, sind es insbesondere die methodisch-methodologischen Fragestellungen, welche einer weiterführenden Bearbeitung und Verortung bedürfen. So konnten diverse Problematiken hinsichtlich einer Verknüpfung differenter Methoden nur ansatzweise erfasst werden – so zum Beispiel die bisherige Schwierigkeit, differente Grundlagentheorien sinnlogisch miteinander zu verbinden, ohne diese eklektizistisch zu addieren – und bedürften zudem einer methodologischen Etablierung. Zudem stellt eine umfassende methodische Aufarbeitung der Rekonstruktion spezifischer Bestandteile ikonischer sowie räumlich-architektonischer Ausdrücke (wie z. B. Farben, Materialitäten oder auch olfaktorische Einflussgrößen) eine nach wie vor zu bewältigende Aufgabe für die qualitativ-rekonstruktive Sozialforschung dar.

Die vorangehende Darstellung von Anschlussmöglichkeiten und Problemlagen erhebt selbstverständlich keinerlei Anspruch auf Vollständigkeit, sondern skizziert vielmehr einige Desiderate erziehungswissenschaftlicher sowie interdisziplinärer Forschungsfelder. Unabhängig von der jeweiligen Fokussierung – auf Unterrichts- oder Organisationsforschung, Geschlechter- und medienpädagogische Forschung, auf Biographie- oder Schulkulturforschung – lassen sich all jene Domänen und (Teil-)Disziplinen (empirischer) Bildungsforschung anschließen, welche Bildung auch jenseits vorstrukturierter und vorstrukturierender, formaler und formeller Zeit-Raum-Relationen verorten sowie der interdependenten Beziehung von Akteuren und ihrer (materialen) Umgebung Rechnung tragen. Schließlich konnte das bildungsrelevante Potential akteursseitiger, räumlicher und jenseits der „Vorderbühnen" praktizierten Inbesitznahmen im Rahmen der vorliegenden Arbeit eindrücklich gezeigt werden.

Anhang

Anhang A: Protokoll 1

Rekonstruktion Schule S_1
Umkleide; Wand I („Hallo")
Datum der Rekonstruktion: 31.08.2011

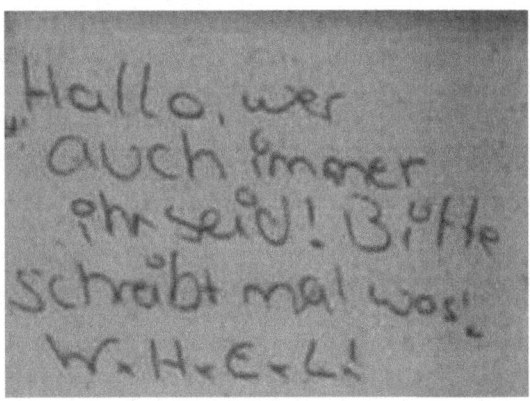

Es handelt sich um eine chirographische Ausdrucksgestalt, welche den Autor kaum anonymisiert. Die Buchstaben weisen einige Besonderheiten – wie bspw. den i-Punkt in Gestalt eines nicht vollständig geschlossenen Kreises – auf. Die einzelnen Buchstaben variieren in hinsichtlich ihrer Größe und Ausrichtung, sodass auf einen ungeübten oder selten Schreibenden, aber auch auf eine Situation schließen lassen, in welcher der ästhetische Aspekt von (Hand-) Schriftlichkeit wenig Relevanz zugeschrieben wird. Beispielhaft sind hier der Einkaufszettel, die Vorlesungs-Mitschrift, die Telefonnotiz oder auch das „Zettelchen" innerhalb der Schule zu nennen. Unter Einbezug des Kontextes wird somit deutlich (ohne hier bereits auf den Inhalt ein-

I. Herrmann, *Vandalismus an Schulen*,
DOI 10.1007/978-3-531-19488-2, © Springer Fachmedien Wiesbaden 2014

zugehen), dass es sich entweder um eine Situation handelt, die den Autor zwingt, schnell und „unschön", d. h. unregelmäßig zu schreiben oder um einen Schreibenden, der grundsätzlich selten schreibt. Zudem handelt es sich nicht um Papier oder einen papierähnlichen Untergrund, sondern um verputztes Mauerwerk, auf dessen Oberfläche das „Schönschreiben" kaum möglich ist. Die Rekonstruktion des Inhalts wird nachfolgend und entsprechend der Methode der Objektiven Hermeneutik sequentiell dargestellt.

Hallo,

1. *Zwei Bekannte begegnen sich auf der Straße, einer der beiden sagt „Hallo!" und der andere entgegnet ebenfalls mit „Hallo!"*

Das Wort „Hallo" stellt eine Eröffnung einer Interaktionssequenz im Sinne einer Begrüßungshandlung in nicht-förmlichen Interaktionszusammenhängen dar (vgl. Oevermann). Eine spezifische, normintendierte Förmlichkeit muss offenbar nicht eingehalten werden und dieses ist beiden Sprechern bekannt. Die Benutzung des Wortes deutet auf ein vertrautes bis reziprokes Interaktionsverhältnis der Sprecher (also der sich Begegnenden) hin. In förmlich(er)en Zusammenhängen wäre die Benutzung des Wortes als Begrüßungsfloskel – auch unter Berücksichtigung einer Pluralisierung von Werten und Normen – unangemessen und es kann entweder bewusstes Ignorieren gesellschaftlicher Regeln/Konventionen oder Handeln (Sprechen) wider besseres Wissen unterstellt werden.

2. *Das Telefon klingelt. Jemand hebt ab/ geht ans Telefon und spricht in den Hörer das (fragend-erwartende) Wort „Hallo".*

Auch hier wird das eröffnende Charakteristikum des Wortes deutlich. Der Angerufene ersetzt die Nennung seines Namens durch die Begrüßungsfloskel „Hallo", wodurch gemutmaßt werden kann, dass der Anrufer bereits bekannt ist (Rufnummernerkennung) oder generell lediglich Anrufe von Personen entgegen genommen werden, die mit dem Angerufenen in einer non-formalen Beziehung stehen. Eine dritte Möglichkeit wäre, dass der Angerufene sich bewusst über gesellschaftliche Konventionen hinwegsetzt und jeden Anrufer, unabhängig von Status oder Belang, gleich behandelt, indem er generell nicht zuerst seinen Namen, sondern lediglich die Begrüßung nennt.

3. *Kontrastierung: In einer Anwaltskanzlei beantwortet die Sekretärin einen eingehenden Anruf mit dem Wort „Hallo"*

Hier läge ein Formfehler aufgrund von Unkenntnis oder Ignoranz existierender gesellschaftlicher Regeln und Normen vor, da üblicherweise der Name der Kanzlei oder des jeweiligen Anwalts genannt wird.

4. *Am Stammtisch fragt jemand seinen Sitznachbarn: „Kannst du mir mal eben 10.000 € leihen?", woraufhin dieser entgegnet: „Hallo?! Woher soll ich denn so viel Geld nehmen? Du weißt doch, dass ich arbeitslos bin!"*

Bei „Hallo" handelt es sich hier nicht um eine Form der Anrede oder der Begrüßung, sondern um Ausdruck negativ konnotierten Erstaunens. Etwas Ungewöhnliches wird kommentiert, wodurch der Verwunderung verstärkte Betonung zukommt. Allerdings hängt diese Ausdrucksform stark von der Betonung ab: erst durch diese wird deutlich, dass es sich nicht um eine erste Interaktionshandlung, sondern stets nur um eine Form der Reaktion auf etwas Gesagtes oder Getanes handeln kann. Bei dieser Kontextualisierung ist „Hallo" jedoch nicht als Anrede, sondern immer nur als Reaktion möglich.

wer auch immer ihr seid!

1. *Jemand wird in einen Raum gesperrt. Als er von draußen Stimmen hört ruft er: „Wer auch immer ihr seid, ihr müsst mir helfen!"*

Für den Eingesperrten spielt die Identität derjenigen, deren Stimmen er hören kann, keine Rolle. Er ist lediglich an einer spezifischen Handlung, nämlich der Türöffnung und der damit verbundenen Freilassung, interessiert. Die psychische und physische Not- bzw. Ausnahmesituation ist Anlass für ein Desinteresse an persönlichen Eigenschaften oder Charakteristika der Adressierten, da diese aufgrund der Dringlichkeit keinerlei erkennbare Relevanz für die gewünschte Handlung darstellt.

2. *Eine Frau erhält pro Tag mehrere Droh-Anrufe. Sie kann unterschiedliche Stimmen erkennen und schreit irgendwann in den Hörer: „Wer auch immer ihr seid: hört auf damit oder ich schalte die Polizei ein!"*

Die Angerufene ist keineswegs in erster Linie daran interessiert, wer sich am anderen Ende der Leitung befindet, sondern lediglich daran, dass eine bestimmte Handlung, nämlich das permanente Anrufen unterlassen wird.

3. *Vor einem Club steht eine Menschenschlange und wartet darauf, hinein zu können. Eine kleinere Gruppe drängelt sich vor, wird von dem Türsteher jedoch abgewiesen. Daraufhin entgegnet einer aus der Gruppe wütend: „Weißt du eigentlich, wen du hier vor dir hast?" woraufhin der Türsteher entgegnet „Wer auch immer ihr seid, haut ab! Ihr kommt hier nicht rein!".*

Für den Türsteher ist es unerheblich, wer die einzelnen Mitglieder der Gruppe sind, was sie tun oder woher sie kommen. Seine Entscheidung ist von eigenen

Kriterien abhängig, die offensichtlich von denen der Gruppe abweichen, jedoch keinesfalls sachlich begründet oder erläutert werden müssen. Die hierdurch zum Ausdruck kommende machthierarchische Struktur erlaubt es dem Türsteher, selbst eine verwehrende Handlung vornehmen zu können, die mit dem Desinteresse an Charakteristika und Identitäten der Gegenüber einhergeht.

4. *Auf einem Flugblatt befindet sich die Überschrift „Wer auch immer ihr seid!". Darunter steht in kleineren Buchstaben, worum es geht, welche Missstände angeprangert werden und was der Leser tun kann, um hier Abhilfe zu schaffen.*
Auch hier sind die Identitäten der Angesprochenen prinzipiell nicht von Belang, da es wiederum eine vorzunehmende Handlung ist, die als relevant angesehen wird und nicht intrapersonelle Eigenschaften. Zudem werden nicht eine spezifische anwesende Gruppe, sondern undifferenziert alle angesprochen, da „es alle angeht". Im Gegensatz zur vorangegangenen Lesart handelt es sich hier jedoch nicht um Desinteresse der Autoren, sondern um eine potentiell egalitäre Haltung, die alle Menschen als gleichwertig ansieht: gleichwertig, um Hilfe zu erhalten und gleichwertig im Hilfe leisten. Darüber hinaus stellt das Flugblatt eine alternative mediale Vermittlung von Sinn dar, da dieser aufgrund des Typographischen – in Abgrenzung zu dem gesprochenen Wort – raumzeitlich konserviert wird.

Das Gemeinsame der verschiedenen Lesarten ist das adressierte Kollektiv, welches eine spezifische Handlung vornehmen oder unterlassen soll. Jedoch wäre die entsprechende Handlung im Rahmen der ersten drei Lesarten durchaus von einem Individuum zu bewerkstelligen bzw. zu unterlassen und bedarf keineswegs einer Gruppierung: Der Ausdruck „Hallo, wer auch immer du bist" ließe sich problemlos auf die entsprechenden Lesarten übertragen, ohne zu irritieren. Im Rahmen der vierten Lesart (z. B. der Aufruf zu einer Spendenaktion, um eine Schule in Afrika zu bauen), ist es zwar durchaus möglich, den Einzelnen anzusprechen, die entsprechende Leistung kann jedoch nur von einem Kollektiv erbracht werden. Selbstverständlich werden hier Einzelne, wiederum unabhängig von ihrer Identität, gebeten, ihren Beitrag zu leisten, Veränderungen bringen jedoch nur kollektive Spenden mit sich. Zudem sind die ersten drei Lesarten an eine spezifische Situation mit direktem Kontakt zwischen den Akteuren gebunden, wohingegen die Handlungen der Akteure im Rahmen der vierten Lesart räumlich und zeitlich unabhängig vom entsprechenden Aufruf vorgenommen werden können und es sich außerdem nicht notwendigerweise um einen direkten Kontakt zwischen Aufrufenden und Adressaten handeln muss.

Bitte

1. *„Kannst du mir bitte beim Umzug helfen?"*
Hier wird Hilfe in Form physischer Unterstützung benötigt, da der Umzug von einer einzelnen Person kaum oder nur schwerlich zu bewerkstelligen ist. Der Ausdruck „bitte" verweist somit einerseits auf eine Höflichkeitsform, andererseits wird hier jedoch eine Verstärkung des Aufforderungscharakters bewirkt.

2. *Die Mutter sagt zu ihrem Kind: „Räum' bitte dein Zimmer auf!"*
3. *Der Arbeitgeber betritt das Büro eines seiner Angestellten, legt eine Akte auf den Tisch und sagt „Bitte erledigen Sie den Auftrag bis morgen!"*.
Bei beiden Lesarten handelt es sich um formale Bitten, derer es aufgrund bestehender Hierarchien keineswegs bedürfte. Die Bitte erscheint somit in dem entsprechenden Wort, wird inhaltlich jedoch zum Befehl oder Auftrag. Eine derartige Diskrepanz von Form und Inhalt geht in der Regel mit asymmetrischen Beziehungsstrukturen oder -gefügen einher.

4. *Schriftlicher Aufruf zur Rückenmarksspende: „Bitte helfen Sie mir mit einer Spende, da ich andernfalls nicht überlebe."*
Hier handelt es sich um eine flehende und dringende Bitte, da nicht nach einer freundlichen oder kollegialen Gefälligkeit gefragt, sondern eine lebensrettende Spende benötigt wird. Der Bittende verfügt nicht über die notwendigen Mittel oder Ressourcen und ist zudem außerstande, diese aus eigener Kraft herzustellen. Somit ist der hier Bittende grundlegend und unumgänglich, d. h. existentiell, auf die Hilfe anderer angewiesen.

Die Bitte als Sprechakt will eine Reaktion in Form einer Antwort oder Handlung provozieren bzw. hervorrufen. Bei derartigen Handlungen kann es sich um Wunschäußerungen handeln, deren Ausführung der Bittende aus verschiedenen Gründen nicht nachkommen kann oder möchte. So wünscht sich ein Kind zu Weihnachten ein Fahrrad, da es dieses aus eigenen finanziellen Mitteln nicht beschaffen könnte. In pädagogischen oder anderen hierarchisch strukturierten Verhältnissen mit asymmetrischen Kommunikations- und entsprechenden Machtverhältnissen wird die Bitte oftmals obsolet, da es sich um einen Auftrag handelt, der mit dem Wort „Bitte" lediglich dekoriert wird, um eine gesellschaftliche Konvention einzuhalten (Höflichkeit). In einigen Fällen ist derjenige, der eine Bitte äußert, existentiell abhängig von der Erfüllung selbiger, wie die vierte Lesart verdeutlicht. Eine derartige Abhängigkeit kann jedoch nicht grundsätzlich jedem Bittenden attestiert werden, da die Qualitäten der Bitten in Bezug auf die sie zu erfüllenden Handlungen stark variieren, eben von lebensrettenden Maßnahmen bis zum überflüssigen Luxusgut.

schreibt

1. *Aufruf in einer Zeitschrift zu einem Artikel mit tendenziell polarisierendem Inhalt: „Schreibt mir eure Meinung!"*
2. *Ein Lehrer sagt „Schreibt!" und weist die Klasse damit nach mehrfachen Störungen während einer Einzelarbeitsphase in drastisch verkürzter Weise nochmals auf den eigentlichen Arbeitsauftrag hin, welcher die schreibende Bearbeitung einer Aufgabe vorsieht.*
3. *Die didaktische Methode des Schreibgesprächs/Placemats sieht vor, dass sich mehrere Beteiligte schreibend zu einem Thema äußern und sich ebenfalls schriftlich kommentieren und kritisieren. Bei Unterbrechungen der Arbeit durch Gespräche kann der Seminarleiter einschreiten und wiederum auf die eigentliche Aufgabe verweisen: „Schreibt!"*

Der Imperativ von „schreiben" wird im Plural dann benutzt, wenn einer Gruppe der Auftrag erteilt wird, eine Aufgabe auf spezifische, nämlich typographische Weise zu erfüllen. Hierdurch wird zudem verdeutlicht, dass es keine zulässige alternative Möglichkeit zur Schriftlichkeit gibt. Der Aufruf oder die Anweisung, zu schreiben kann dabei grundsätzlich zweierlei meinen: den manuellen, technischen Akt des Schreibens (Schreiben als physische, kontrollierte Tätigkeit, vgl. Foucault 1994) sowie das Erstellen von Geschriebenem in Hinsicht auf einen spezifischen Inhalt (Schreiben als kreativer gemeinschaftlicher Prozess). Dabei kann sich die pluralisierte Form lediglich auf den zweiten Fall beziehen, da der reine Akt des Schreibens nur individuell vollzogen werden kann: Das Halten eines Stiftes oder die Nutzung einer Tastatur ist bei mehr als einer Person nicht möglich oder führt zu unsinnigen Ergebnissen. Dem entgegen ist es, bezogen auf das Inhaltliche, durchaus möglich und üblich, Texte zu erstellen, die von mehreren Autoren verfasst wurden. Fordert man nunmehr ein Kollektiv mit der Form „schreibt" auf, diesem Auftrag nachzukommen, kann entsprechend entweder nur die Arbeit an einem gemeinsam zu erstellenden Produkt oder die einzelne Schreibarbeit gemeint sein. Sinnvoll sind zudem nur solche Kontexte, in denen es neben der schriftlichen Äußerung alternative Möglichkeiten der Entäußerung gibt, da andernfalls die Aufforderung

„schreibt" obsolet wäre; Internetforen oder Chats lassen beispielsweise selten andere Möglichkeiten der Entäußerung als diejenige der Schriftlichkeit zu. Denkbar wären Situationen, in denen nicht gesprochen werden soll oder darf (Stillarbeit im Unterricht), eine Information manifestiert werden soll (Einkaufszettel) oderzeitlich verzögert bei differenten Anwesenheiten der Akteure kommuniziert werden soll oder muss (Schichtdienste).

schreibt mal was!

Der Ausdruck hebt die Gleichgültigkeit von Zeitlichkeit und Inhalt hervor: Es soll zu einem unspezifischen Thema zu einer unspezifischen Zeit und an einem nicht definierten Ort geschrieben werden. „Was", „Wo" und „Wann" der Aufforderung sind demnach beliebig oder werden aus nicht definierten resp. bekannten Gründen maximal offen gehalten und lediglich das „Wie" einer Reaktion wird durch das „schreibt" spezifiziert. Das unspezifische „mal was" stellt damit einen in unterrichtlichen Kontexten (z. B. Klassenarbeiten) kaum denkbaren Zusatz von Arbeitsaufträgen dar: Es soll zwar ein Inhalt auf schriftliche Art und Weise entäußert werden, jedoch wird vollkommen offen gelassen, worum es sich dabei handeln soll. Relevant und verlangt ist hier ein „überhaupt etwas" und nicht ein thematisch fixierter Inhalt. Entsprechend kommt der – maßgeblich schulisch vermittelten – Kulturtechnik des Schreibens eine hohe Relevanz zu und zeugt somit von ihrer Inkorporation. Schriftlichkeit wird hier zum Gegenstand und Inhalt ihrer selbst, unabhängig davon, ob ein spezifischer Inhalt übermittelt wird. Dem Erlernen und Einüben von Schrift kommt ein Selbstzweck zu, worin die Reproduktion schulischer Unterrichtsformen deutlich zum Vorschein kommt.

W.H.E.L.!/Wir haben euch lieb

1. Die Sequenz gehört zur vorangegangen Sequenz (gleiche Autoren):
Indizien für diese Lesart finden sich vor allem in der formalen Gestaltung des Ausdrucks sowie der räumlichen Nähe zur vorangegangenen Sequenz: Farbe und Breite des benutzten Schreibutensils gleichen sich. Zudem werden alle Sätze mit einem Ausrufungszeichen beendet, nach der letzten Sequenz hier ersetzt dieses sogar einen zur Kennzeichnung der Abkürzung notwendigen Punkt bzw. den in Form eines Kreuzes dargestellten Punkt. Allerdings lassen sich schwache Differenzen zwischen den Schriftbildern ausmachen, welche jedoch ebenfalls aus dem Wechsel zwischen Groß- und Kleinschreibung resultieren können. Hier kann andererseits

das Kollektiv als eine schreibende Gruppierung verstärkt in den Vordergrund treten: verschiedene Autoren verfassen einzelne Fragmente, die sich inhaltlich zu einem Ganzen fügen.

Die Verwendung des Plurals für sowohl die Adressaten als auch die Autoren verdeutlicht nunmehr, dass sich ein Kollektiv an ein anderes Kollektiv wendet. Im Gegensatz zu der vollkommenen Offenheit bezüglich des Inhalts, der Adressaten und des Zeitpunktes oder -raumes, innerhalb welchen es der Bitte nachzukommen gilt, wird mit dem Ausdruck „Wir haben euch lieb" eine starke positive emotionale Haltung zum Ausdruck gebracht, die jedoch in einer aus Chats und Foren bekannten abgekürzten Variante dargestellt ist und somit nur von bestimmten Adressaten decodiert werden kann. Obschon es sich somit um eine in Jugendkulturen gebräuchliche Floskel handelt, irritiert die Diskrepanz zwischen der Anonymität des adressierten Kollektivs und der potentiellen Vertrautheit des abschließenden Ausdrucks. Hier tritt demnach raumpraktisch, d. h. in Form manifestierter Deutungsmuster, gerade die ebenfalls dem Raum immanente Spannung von Anonymität und Intimität deutlich hervor.

Da der Schreibakt als physische Tätigkeit i. d. R. nur von einer Person vollzogen werden kann, handelt es sich hier entweder um die von der Gruppe autorisierte Person, welche das kollektive Gesamtgefühl „lieb haben" schriftlich zum Ausdruck bringt oder jemanden, der sich ohne Autorisierung äußert und fälschlicherweise für den Stellvertreter eines kollektiven Gefüges gehalten wird. Das Kollektiv hat sich somit entweder interaktiv verständigt und geeinigt oder der Einzelne hat sich auf nicht legitimierte Weise zum Sprecher einer – existierenden oder imaginären – Gruppe ernannt. Unter Berücksichtigung des Kontextes „Umkleideraum" kann konstatiert werden,dass es sich um einen Raum handelt, der Kollektivierungen tendenziell stärker befördert als der durch Einzelplätze charakterisierte Klassenraum, wodurch die interaktive Verständigung eines Kollektivs sinnlogischer anschließt. Zudem handelt es sich um einen Raum in der Spannung von Anonymität und Intimität, in welchem i. d. R. eine hierarchisch höher gestellte Aufsichtsperson fehlt. Die kollektivierten Akteure verhandeln in diesem Sinne Zugehörigkeiten mit und unter sich.

Stellt das „Hallo" die Begrüßung der Lesenden dar, ist dem abgekürzten „W.H.E.L" neben dem Ausdruck einer kollektiven Emotion zugleich die Funktion einer Verabschiedung immanent. Die schriftlich verfasste Bitte erhält eine Rahmung, die in der dargestellten Form alltagssprachlich unüblich ist („Tschüss" oder ähnliche Abschiedsfloskeln ergäben eine stimmige Gesamtkomposition) und somit auf die Adressierung spezifischer, diese Form nutzende Gruppierungen hinweist.

2. *Die Sequenz stellt die Antwort auf die vorangegangene Sequenz dar (andere Autoren):*
Wird auf die maximal offene Bitte der vorangegangenen Sequenz mit dem Ausdruck „Wir haben euch lieb" resp. „W.H.E.L." geantwortet, so handelte es sich um die sinnlogische Replik einer Aufforderung, welche nicht auf spezifische Inhalte zielt. Eine vermeintlich emotionale Äußerung würde hier von einem Kollektiv verfasst, wodurch Inhalt und Form zusammenfielen. Der Bitte nach einem nicht definierten „Was" würde nachgekommen, ebenso derjenigen nach einem kollektivierten Schreibprozess.

Strukturhypothese

Die Adressaten des schreibenden Kollektivs sind diesem nicht bekannt bzw. werden von den Autoren keinerlei Einschränkungen in Hinblick auf die adressierte und zur schriftlichen Äußerung aufgeforderte Gruppe vorgenommen. Die Zielgruppe wird demnach lediglich über den Raum und dessen Zugangsmöglichkeiten bestimmt: Angesprochen sind alle, die diesen betreten dürfen oder müssen. Unspezifisch bleibt ebenfalls das Thema, über das geschrieben werden soll sowie Zeitraum oder -punkt, in welchem oder bis zu welchem der Bitte nachzukommen ist. Die Abschiedssequenz in Form einer emotionalen Botschaft stellt eine von den Autoren ausgehende Verbundenheit her: Die zunächst nicht näher spezifizierten Adressaten sind zumindest soweit bekannt oder vorstellbar, dass ein schwaches emotionales Gefühl in einer spezifischen codierten Art und Weise zum Ausdruck gebracht wird. Zugleich wird die angesprochene Gruppe durch die Codierungsform weiter eingeengt: Diejenigen, welche zur Decodierung fähig sind und sich gleichermaßen mit den Autoren verbunden fühlen, sind aufgefordert, etwas zu schreiben. Eindrücklich wird hier das dem Raum immanente Spannungsverhältnis von Anonymität und Intimität. Unabhängig davon, ob die Autoren des „wer auch immer ihr seid" und des „W.H.E.L." identisch sind oder nicht, werden hier beide Extrema bedient. Der maximalen Offenheit einer Bitte wird somit einerseits die maximal mögliche Verbindlichkeit in Form einer emotional anmutenden Floskel entgegengesetzt. Andererseits wird der Adressatenkreis insofern eingeschränkt, als der anschließende Ausdruck zu decodieren ist.

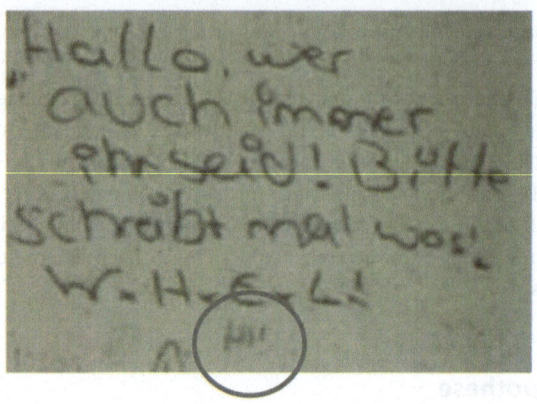

HI!

1. *Als Antwort auf vorhergegangene Sequenz:*
Die Begrüßungsfloskel „Hi" stellt hier zugleich die Reaktion/Antwort auf das zuvor
geschriebene „Hallo" als auch die inhaltliche und mechanische Entsprechung der
mit der ersten Anrede verknüpften Aufgabenstellung dar. Es wird der Bitte, etwas
zu schreiben in minimalistischster Form entsprochen: geschrieben wird die kür-
zeste aller möglichen Grußformeln und damit der Inhalt „Wir (be-)grüßen euch!"
übermittelt, wobei jedoch unklar bleibt, inwiefern es sich ebenfalls um ein Kollektiv handelt. Dem Interaktionszwang, auf eine Begrüßung zu antworten wurde
somit entsprochen, ohne jedoch weitere Interaktionssequenzen zu eröffnen; die
Begrüßung ist zugleich die Endsequenz der Interaktion. Die räumliche Nähe zur
vorangegangenen Sequenz lässt die Lesart zu, dass es sich um eine Erfüllung der
Bitte „schreibt mal was!" handelt.

2. *Voraussetzung für vorhergegangene Sequenz:*
Wird unterstellt, dass die Begrüßung „Hi" zuerst an die Wand geschrieben und die
Sequenz „Hallo, wer auch immer ihr seid! Bitte schreibt mal was! W.H.E.L!" erst
darauf folgte, können zunächst formale Gegenargumente angebracht werden: Die
erste Sequenz überschreibt das „Hi" nicht und die Buchstaben werden zum Ende
hin nicht kleiner oder weichen aus, sondern bleiben konstant. So müsste unterstellt
werden, dass die Berechnung des benötigten Platzes bereits vor Verschriftlichun-
gangestellt wurde, was aus Gründen der Sparsamkeit nicht angenommen wird.
Darüber hinaus stellt „Hi" ja bereits „was" dar und somit wäre ein sinnlogischer
Anschluss lediglich in der Form von „schreibt noch mal was" im Sinne einer Prä-
zisierung oder Erweiterung des bereits Geschriebenen denkbar, da der zeitlich

nachgelagerten Bitte ja bereits entsprochen wurde. Hier wird die erste Lesart präferiert und daraus abgeleitet, dass Antworten auf Anfragen regelmäßig untereinander organisiert oder durch Hilfsmittel wie z. B. Pfeile kenntlich gemacht werden.

Einbezug des Kontextes

Die Frage danach, wer etwas schreiben soll, kann unter Einbeziehung des Kontextes „Umkleideraum Schule" beantwortet werden. Den Autoren ist hinreichend bekannt, dass Schüler_innen ihrer Schule diesen Raum betreten, um sich für den Sportunterricht umzuziehen. Da der Raum nur über eine Tür betreten und verlassen werden kann, ist der mögliche Umstand ausgeschlossen, dass jemand durch den Raum hindurch muss, um einen dahinter liegenden Raum betreten zu können. Von den Adressaten ausgeschlossen sind somit sämtliche Lehrer_innen der Schule sowie eine anonyme Öffentlichkeit, abgesehen von den Reinigungskräften sowie dem Hausmeister. Die örtliche Nähe eines Wortes zu einer vorangegangenen Sequenz kann in der Logik aufeinander folgender Interaktionen gelesen werden: eine Antwort auf eine Frage wird immer dann in deren räumliche Nähe gebracht und/oder durch zusätzliche Kennzeichnungen als zugehörig ausgewiesen, wenn keine spezifischen anders lautenden Anweisungen erkennbar sind. Andernfalls kann noch unterstellt werden, dass die potentiell identifizierbare Handschrift von dem zur schriftlichen Replik aufgeforderten Kollektiv erkannt und damit zugeordnet werden kann, womit ein gleichzeitiges Wissen um den Ort des Hinterlassens einer Antwort einhergeht. Hier wird ein exklusives Wissen bzw. eine über dieses Wissen verfügende Gruppierung unterstellt, welches durch die ansonsten vollkommene Offenheit der Bitte in Bezug auf Adressaten („wer auch immer ich seid"), Zeit („mal"), Inhalt („was") und Ort zu recht bezweifelt werden kann.

Strukturhypothese

Die hier rekonstruierte Interaktionssequenz richtet sich als Gesamtausdruck von einem anonymen Kollektiv an ein ebenfalls anonymes Kollektiv, welches eine spezifische Handlung, nämlich eine wiederum schriftliche Entäußerung unspezifischer Art vornehmen soll. Kollektivierte Literalität wird hier zum Selbstzweck und erhebt sich somit über die sonst notwendigen Bestandteile von Texten wie Autoren, Adressaten, Inhalt, Bestimmung o.ä. „Schriftlichkeit um ihrer selbst Willen" kann hier als

Formel festgehalten werden, und führt kulturelle Regeltechniken ad absurdum, da nicht etwa die Weitergabe von Informationen, sondern lediglich die Einübung und Verbreitung gehaltloser Worte in den Vordergrund gerückt werden. Eingebettet in den Kontext des Schulraums und der Frage nach der Inbesitznahme desselben wird schnell deutlich, dass es sich hier zwar formal um illegitime Praktiken der Raumaneignung handelt, die zunächst als Widerstandspraktiken auszuweisen sind, inhaltlich jedoch durchaus in der Logik schulischer Bildungsprozesse verhaften bleiben. Die im institutionellen Entwurf zum Ausdruck kommende Sinnkrise des Schriftlichen bzw. Verschriftlichten erfährt hinsichtlich der manifestierten Spuren eine raumpraktische Reproduktion: Nicht der inhaltliche Gehalt, sondern die bloße Präsentation typographischer Entäußerungen sind von erheblicher Relevanz und werden wiederum auf eben jene Weise nicht nur erbeten, sondern eingefordert. Somit liegt auch in Bezug auf die Verknüpfung von Entwurfs- und manifestierter Deutungsebene eine strukturelle Parallele vor, die an dieser Stelle als „formalistische Typographiehörigkeit" bezeichnet werden kann.

Anhang B: Protokoll 2

Rekonstruktion Schule S_1
Umkleide; Wand III („Pia^2")
Datum der Rekonstruktion: 29.08.2011

Bei der vorliegenden Ausdrucksgestalt handelt es sich um eine chirographisch-ikonische Hybridform, was eine gleichsam geartete Rekonstruktion notwendig macht. Da hier nicht nur auf den Inhalt, sondern ebenso auf die Gestalt bzw. Form abzuheben ist, wird nachfolgend neben der Objektiven Hermeneutik vor allem die Ikonik resp. Figurative Hermeneutik bemüht, um die latente Bedeutungsstruktur zu rekonstruieren. Somit wird die Rekonstruktion der vorliegenden Ausdrucksgestalt auf zwei Ebenen vorgenommen, um selbige sodann miteinander zu verschränken. Bei den einzelnen Ebenen handelt es sich um:

1. Die Rekonstruktion des Inhalts (Inhaltsanalyse),
2. die Rekonstruktion der Form (Gestalt-/Formenanalyse).

1. Inhaltsanalyse: Kontextvariationen zur Ausdrucksgestalt „I":

1. *Die Darstellung des Großbuchstabens „I", ergibt jedoch als singulär stehender Buchstabe nur dann Sinn, wenn es sich um eine Abkürzung, eine Varietät im Standarddeutschen (Bayrisch) oder eine Initiale handelt und müsste andernfalls durch daran anschließende Buchstaben zu einem Wort ergänzt werden.*
2. *Die Darstellung des englischen Buchstabens „I" (dt.: Ich). Im Gegensatz zum deutschen Buchstaben „I" kann das englische „I" als einzelner Buchstabe stehen und hat eine Bedeutung. Sinnlogisch anschlussfähig wäre eine handgeschriebene Aussage wie z. B. „I am happy" oder „I love New York" auf einer Schülerbank, einem Sticker (Autoaufkleber) oder einem T-Shirt.*
3. *Die mathematische Darstellung der Zahl Eins: ein einzelner vertikaler Strich steht zum einen für die geschriebene Zahl „Eins" und wird zum anderen als Aufzählungselement der Menge „Eins" benutzt.*
4. *Die schematische Darstellung der römischen Zahl Eins.*

Das gemeinsame Kennzeichen ist die inhaltliche Darstellung von Singularität: Sowohl die mathematische als auch die römische Darstellung meint die Menge bzw. Zahl „Eins", das englische „I" meint die Eigenbezeichnung eines sich selbst bezeichnenden Individuums. Lediglich die Lesart des deutschen Buchstabens „I" lässt sich nur dann sinnlogisch anschließen, wenn es sich um sprachliche Variationen handelt: z. B. der bayrische Dialekt sieht als „Ich" das „I" vor, womit wiederum auf die Selbstreflexivität eines Individuum verwiesen wird.

2. Formenanalyse: Kontextvariationen zur Form/Gestalt

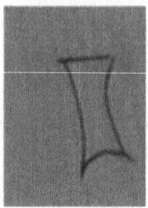

1. *Es könnte sich um eine unregelmäßige geometrische Form (z. B. ein transformier-tes Rechteck) handeln, bei der drei von vier Seiten eine Krümmung nach innen (bikonkav, negative Krümmung) aufweisen. Das Rechteck wird an drei Seiten in der Mitte zusammen gezogen und nur die obere horizontale Linie bleibt in ihrer geraden Form bestehen.*
2. *Des Weiteren denkbar wäre die Darstellung der römischen Zahl „Eins". Allerdings handelt es sich hier um eine eher schematische Darstellung, da die ursprüng-lich vorhandenen oberen und unteren Balken in eine fließende Auswuchtung der Ecken übergehen.*
3. *Es handelt sich um ein Bild oder den Beginn einer (Kinder-)Zeichnung, wie z. B. einen Baumstamm, dem zur Vervollständigung die Krone fehlt.*
4. *Es handelt sich nicht um Gedrucktes, sondern vermeintlich Chirographisches: die unregelmäßige Form und die bloße Umrandung bzw. Rahmung (keine Aus-füllung der inneren Fläche; etwas wird „anders" in Szene gesetzt, bleibt jedoch inhaltsleer) können als Kennzeichen für nicht-technisierbare Erstellungsprozesse ausgewiesen werden. Es müsste sich andernfalls um die Simulation einer Hand-schrift handeln, wobei selbst eine derartige Schriftart durch Regelmäßigkeit und damit einhergehende Reproduzierbarkeit aufweist (identische Unregelmäßigkeit).*
5. *Besonderheit: handschriftliche Druckbuchstaben, die als innerlich leere Form dargestellt werden.*

Verschränkung von Inhalt und Form

Die Wahl des gedruckten Buchstabens weist auf eine Anonymisierung desselben hin. Der singuläre Autor möchte nicht erkannt werden und kann durch die Wahl der Schreibart zunächst nicht ohne Weiteres identifiziert werden. Jedoch kommt er durch die Abwandlung der ursprünglichen Form des Buchstabens sowie die Besonderheit des nicht-Ausgefüllten gleichermaßen zum Vorschein. Es handelt sich somit um die handschriftliche Interpretation von Druckbuchstaben: Der Buchstabe wird trotz der Anonymisierung und Entpersonalisierung individuell in Szene gesetzt, wodurch der Autor wiederum identifizierbar wird. Die Maskierung der grundsätzlich reproduzierbaren Druckbuchstaben wird durch deren Inszenierung (also die Art der Handschriftlichkeit) enttarnt. Die Wahl der Darstellung eines deutlich vorgegebenen kulturellen, typographischen Symbolsystems deutet demnach auf einen Akt bzw. den Versuch der Individualisierung unter Rückgriff auf bestehende Standards und deren formale Modifizierung hin. Daraus folgt eine Aufhebung der Negation des Individuellen.

Kontrastierung

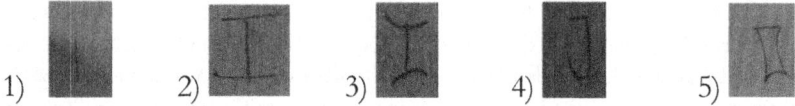

1) 2) 3) 4) 5)

Der unter 1) dargestellte Strich macht aufgrund seiner minimalistischen Ausprägung sowohl die Form als auch den Inhalt weniger bestimmbar und grenzt die denkbaren Möglichkeiten somit um ein Vielfaches weniger ein. Es könnte sich um den Teil einer Zeichnung, die hinterlassene Spur des Testens eines Stiftes, die Zahl „Eins", ein deutsches „I", das englische „I" oder schlichtweg eine vertikale Gerade zwischen zwei Punkten handeln. Dem entgegen lassen die Darstellungen unter 2) und 3) deutlich weniger denkbare Kontexte zu: es kann sich hier um die römische Zahl „Eins", das deutsche „I" oder das englische „I" handeln, mögliche Ansätze einer Zeichnung lassen sich sinnlogisch nicht mehr anschließen. Die Differenz zwischen beiden zeigt sich jedoch in dem Maß der Standardisierung: das Symbol Nr. 2) wurde deutlich anonymisiert und lässt damit eher eine Reproduktion zu als Symbol Nr. 3), das durch die oben und unten nach innen geschwungenen Bögen ein höheres Ausmaß individueller Gestaltung erkennen lässt und nicht vollkommen der normierten/standardisierten und reproduzierbaren Form folgt. Stellt die Gerade bzw. die gerade Linie ein mögliches Kriterium für reproduzierbare und damit imitierbare Symbolik in Form von Typografien dar, so kann man hier eine Brechung eben dieser Geraden zugunsten einer Krümmung bzw. einer gekrümmten Linie im Sinne einer sprichwörtlichen „eigenen Linienführung" attestieren. Die metrische Bestimmbarkeit einer Geraden schafft eine im Alltag ohne vertiefte Mathematik-Kenntnisse mögliche Darstellung selbiger, wohingegen eine Krümmung erst durch verschiedene Messinstrumente und/oder spezifische Kenntnisse ihrer Berechnung zeichnerisch umsetzbar ist. Die Variationsmöglichkeiten einer Krümmung sind mannigfaltiger als diejenigen einer Geraden; letztere kann vertikal, horizontal oder verschiedentlich diagonal ausgerichtet sein, lässt jedoch hinsichtlich ihrer eigenen Gestaltung keinerlei Modifikationen zu. Mit Benjamin lässt sich an dieser Stelle von der gekrümmten Linie als auratisches Kunstwerk sprechen, das sich im Gegensatz zur leicht reproduzierbaren Geraden durch Einzigartigkeit und Originalität auszeichnet. Das folgende Symbol (4)) könnte ebenfalls ein deutsches „I" oder „J" sowie ein englisches „I" darstellen, weicht jedoch in seiner formalen Gestalt insofern von den vorangegangenen Beispielen, als es sich stärker um eine wiedererkennbare Handschrift oder die standardisierte Schreibschrift-Variante eines „I"s im Rahmen anfangsunterrichtlicher Schreibübungen handelt. Alle vier Darstellungen variieren somit zwar bezüglich ihres Grades an individueller Gestaltung und einer damit zusammenhängenden Möglichkeit, den jeweiligen Autor „demaskieren" zu können, weisen jedoch als gemeinsames Merkmal die Eindimensionalität und das Fehlen eines Innen auf, welche als Hauptmerkmale des fünften Symbols herangezogen werden können. Innen und Außen fallen bei den Symbolen 1) bis 4) zusammen, werden jedoch beim fünften Symbol voneinander trennbar: eine gezeichnete Grenze umschließt einen viereckigen, unregelmäßigen undzugleich leeren Raum. Das gleichermaßen raumschaffende wie raumdehnende Moment der stark individualisierten Form dient der Darstellung eines geschlossenen Hohlraums.

Die Thematisierung des Selbst kann demnach auf Grundlage einer Rekonstruktion der Form als durchaus facettenreich beschrieben werden und lässt sich durch ein Kontinuum mit den beiden Extrema „Standardisierung" und „Individualität" darstellen. Die problemlos reproduzierbaren Geraden lassen einen individuellen Ausdruck kaum oder nicht zu, wohingegen Modifizierungen jener Linien im Sinne von Krümmungen von eben dieser typografischen Norm abweichen.

Selbstbezügliche Aussagen, die Emotionalitäten oder Zustände bezeichnen, müssten am ehesten eine Krümmung verlangen bzw. durch Krümmungen ausgedrückt werden. Der Rückgriff auf hoch standardisierte Formen ließe sich als Ausdruck einer allgemeinen, kollektiven Emotion interpretieren und würde demnach das „I" (Ich) ad absurdum führen. Zudem wird an Textstellen, die inhaltlich Emotionalitäten zum Ausdruck bringen, tendenziell seltener und weniger stark auf individualisierte Schreibformen bzw. Schriftarten, sondern auf hoch standardisierte Stile zurückgegriffen. Typografisch zum Ausdruck gebrachte Individualität tritt stets erst in der Bezeichnung des jeweils Anderen hervor. Somit liegen deutliche Ausdifferenzierungen hinsichtlich des jeweiligen Grades an Individualität sowie des Grades an Spontaneität bzw. der Planbarkeit vor, die entlang entsprechender Kontinua ablesbar sind.

1. Inhaltsanalyse: Kontextvariationen zur Ausdrucksgestalt „HATE":

Es handelt sich um das englische Wort „Hate", das im Deutschen entweder substantivisch als „Hass" oder verbal als „hassen" vorkommt. Somit kann die zweite inhaltliche Kontextvariation des „I" bestätigt werden: es handelt sich um das englische Wort „I". Das Wort „Hate" ist – häufig in Verbindung mit dem ebenfalls englischsprachigen Antonym „Love" – als Tätowierung auf Hand- bzw. Fingerknöcheln durchaus bekannt.

In welchen Kontexten wird im deutschsprachigen Kommunikations- und Interaktionskontext auf die englische Sprache zurückgegriffen?

1. *Das Englische wird dann benutzt, wenn in einer spezifischen Situation (z. B. internationale Konferenz) Menschen aus differenten sprachlichen Milieus aufeinander treffen und sich auf eine gemeinsame Sprache einigen müssen, um kommunikationsfähig zu bleiben.*

2. *Im alltagssprachlich plakativen Ausdruck wird verstärkt auf englische Slogans o.ä. verwiesen. So sind Ausdrücke wie „I love New York", „Come in and find out" oder „We love to entertain you" entweder als modische Accessoires (Aufdrucke) oder Werbeslogans vielfach sichtbar. Etwaige Aussagen treten hinter dem englischsprachigen Ausdruck zurück; der Inhalt bzw. die individuelle Identifikation weicht einer versprachlichten Form.*

3. *Verschiedene Anglizismen und in Chats gebräuchliche Abkürzungen („lol") haben für spezifische Gruppen durchaus als solche eine feste Bedeutung innerhalb des deutschsprachigen Raums und werden demnach nicht mehr übersetzt. Das Wort „hate" gehört jedoch keinesfalls zu dieser Wortgruppe.*

4. *„Hate" wird sowohl in Songtexten („Hate that I love you" von Rihanna oder „Hate it or love it" von 50 Cent), Magazinen (Hate-Magazin) oder Bandnamen (Hate, Hate Squad) zitiert*

Im Gegensatz zum Ausdruck „love" (dt.: lieben oder Liebe) werden bei dem hier vorliegenden „hate" spezifischere Kenntnisse der englischen Sprache benötigt, so dass lediglich bestimmte, über eben diese Kenntnisse verfügende Adressatenkreise infrage kommen. Die notwendigen Englischkenntnisse können nicht für jede Generation unterstellt werden, wohingegen die Bezeichnung „love" als solche einerseits eher Einzug in die deutsche Sprache gehalten hat und zudem zusätzlich über die symbolische Darstellung des Herzens erleichterten Zugang findet. Die extreme Emotionalität des Wortes „hate" findet darüber hinaus im deutschsprachigen Raum kaum oder keinerlei Verwendung und tritt lediglich in Textsorten zutage, die der Musikbranche entstammen (Songtexte).

2. Formenanalyse: Kontextvariationen zur Form/Gestalt

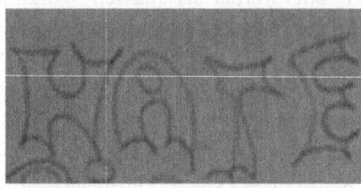

Die Gestaltung des Typografischen kann hier ebenfalls als stark individualisiert bezeichnet werden: gezackte Ecken, unregelmäßige Größen und Einzelformen verweisen auf eine kaum standardisierte oder nicht ohne Weiteres technisch reproduzierbare Form. Kontrastierend zu auch chirographisch einfach zu imitierenden Buchstaben, liegt hier eine spezifische Form der Aura (Benjamin) vor.

Der Rückgriff auf den englischen Ausdruck einer starken negativen Emotion wie „hassen" verweist zunächst auf die Unmöglichkeit, sich einer Positionierung innerhalb eines spezifischen Diskurses zu enthalten. Jedoch erfolgt eine derartige Positionierung auf eine sprachlich-distanzierte Weise: es wird sich keineswegs der Muttersprache, sondern der (möglicherweise) ersten erlernten Fremdsprache bedient. Eine derartig explizite Äußerung verdeutlicht auf der sprachlichen Ebene eine Form aggressiver Ablehnung, die jedoch wiederum als spezifische Form der Anerkennung gelesen werden kann. Die Nennung dessen, was vermeintlich gehasst wird, bedeutet im Umkehrschluss die tatsächliche Anerkennung der Existenz durch Verhältnissetzung. Der oder das Andere ist nach wie vor kritikwürdig und nennenswert und sei es in einer hochemotionalen und negativen Variante. Kontrastierend dazu handelte es sich bei einer egalitären Haltung, welche mit einer Enthaltung innerhalb des Diskurses einherginge, um eine Form der Ablehnung im Sinne einer Negation des Anderen.

Diskussion Inhalt und Form

Ein direkter, impulsiver (d. h.: authentischer) Ausdruck müsste seine Entsprechung in der formalen Gestaltung typografischer Elemente finden. Eine Übersetzung im Sinne einer geplanten, individualisierten und kreativ gestalteten Formatierung von Schrift, zudem in einer Fremd- und nicht etwa der Muttersprache, zeugt gerade nicht von einem impulsiven Akt spontaner Positionierung. Die Emotionalität und die damit verbundene Positionierung soll auf bestimmte, gestaltete Weise zum Ausdruck gebracht werden.

Es liegt eine Brechung des Standards bzw. mit dem Standard und der damit einhergehenden Individualisierung sowie das ästhetische Moment des „schönen Aussehens" vor. Letzteres erfordert stets eine Form der Selbstdisziplinierung, die sich auf das beziehen muss, worum es sich thematisch handelt, hier also auf den „Hass" oder das „Hassen". An dieser Stelle können demnach zwei alternative Lesarten fokussiert werden: entweder ist das Maß an Selbstdisziplinierung außerordentlich hoch oder die zu disziplinierende und zum Ausdruck zu bringende Emotionalität existiert nicht in der dem Wort gerecht werdenden Intensität. Das Moment individuellen Ausdrucks, welches im Moment der Brechung des Standards freigesetzt wird, wird in der Brechung der ästhetischen Inszenierung gleich wieder gezähmt und diszipliniert. Das, was freigesetzt wird, wird gleichermaßen wieder begrenzt. Das Individuum bricht mit standardisierten Kriterien, entwickelt jedoch gleichzeitig eigene Standards und unterwirft sich ihnen unverzüglich. Inhaltlich und formal richtet sich die verschriftlichte Äußerung entsprechend an ein Kollektiv, das eben jenen Kriterien im Sinne geschaffener Standards unterliegt. Hier können Jugend(Sub-)Kulturen herangezogen werden, die sich auf die formale Verschriftlichung von Aussagen – auch zu Lasten der Inhalte - fokussieren, welche jedoch spezifischen ästhetischen Standards genügen müssen und diesen unterworfen werden.

1. Inhaltsanalyse: Kontextvariationen zur Ausdrucksgestalt „PIA":
Die Beziehung bzw. emotionale Situation des Autors in Bezug auf Pia wird für andere verschriftlicht dargestellt, ohne dass Pia in direkter Weise beteiligt ist oder wird. Das Hassgefühl wird demnach nicht in direkter Weise an Pia gerichtet, sondern es wird anderen über dieses Gefühl in Form eines „Statements" oder einer Information erzählt. Der Autor positioniert sich damit deutlich in einem Diskurs, der unter der Leitfrage „Wie stehe ich emotional zu Pia?" subsumiert werden kann und nicht etwa innerhalb der direkten Beziehung zu Pia. Somit handelt es sich um die mikropolitische Ebene zwischenmenschlicher Beziehungen, auf der jedoch nicht mit, sondern über jemanden kommuniziert wird. Das Hinzufügen eines Nachnamens oder einer ähnlich einschränkenden Zuordnung finden zudem nicht statt, wodurch eine Selektion der Adressaten verdeutlicht wird: diejenigen, welche sich innerhalb des Diskurses positionieren oder sich bereits positioniert haben, brauchen keine über den Vornamen hinausgehende Information, sondern verfügen als „Insider" über das notwendige Wissen.

2. Formenanalyse: Kontextvariationen zur Form/Gestalt

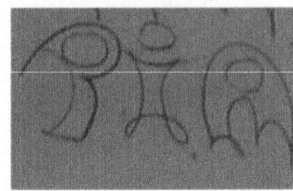

Das „i" im Wort „Pia" ist als einziger Buchstabe kleingeschrieben. Zudem sind die bei den anderen Schriftzeichen sehr eckig dargestellten Enden hier oval abgerundet bzw. geschwungen, was auf eine gesteigerte Geschwindigkeit des Schreibens sowie eine damit einhergehende fortlaufende Abweichung vom Standard hindeutet.Diese Entfernung vom allgemeinen Schreibstandard meint jedoch zugleich eine Herstellung von und Unterwerfung unter eigene Standards, die jedoch in einem weiteren Schritt wiederum gebrochen werden: die anfänglich „ordentlich" geschriebenen Buchstaben werden zunehmend „unordentlicher" und weichen somit vom Autorenstandard ab, was vor allem durch den Vergleich von Form und Gestalt der beiden „I"s verdeutlicht werden kann. Die Gesamtkomposition wird vor allem durch die drei Kreise verdeutlicht, welche sich in bzw. auf den jeweiligen Buchstaben wiederfinden lässt, wodurch die ohnehin stark standardisierte Gesamtgestalt des Namensschriftzeuges um ein zusätzliches Kriterium erweitert wird. Zusammenfassend lässt sich anmerken, dass die Grundgestalt zwar erhalten bleibt, jedoch durch verschiedene Variationen bzw. Abweichungen verändert wird, was beispielsweise auf eine Erhöhung der Schreibgeschwindigkeit oder eine Abnahme der zuvor rekonstruierten Selbstdisziplinierung bzw. eine Kausalverbindung beider eventueller Gründe verweisen könnte. Es handelt sich um eine doppelte Distanzierung vom typografischen Standard: einerseits wird die Form variiert, andererseits wird von der üblichen Art der Rechtschreibung abgewichen.

Das „i" steht innerhalb des Schriftzuges für das maximale Ausmaß an sowohl Individualität, Spontaneität und Emotionalität als auch an Devianz. Die Mitte des Namenszuges wird „klein gemacht", stellt jedoch im Gegensatz zum „I" zu Beginn des Ausdrucks kein inhaltsleeres Symbolgebilde dar, sondern wird stark personifiziert: formanalytisch lässt sich hier ein stark stilisierter/skizzierter Mensch erkennen, der die Arme und Beine von sich streckt und damit seinen Körper (freiwillig oder erzwungen) ungeschützt einem Gegenüber präsentiert. Neben der Nennung eines Vornamens wird hier zusätzlich ein Individuum in skizzierter Form dargestellt, womit eine doppelte Subjektivierung (inhaltlich und formal) zum Ausdruck gebracht wird. Darüber hinaus kommt hier auch der Autor selbst inhaltlich und formal am stärksten zum Ausdruck: das schreibende Selbst thematisiert sich stärker im Anderen („Pia"), als in der Eigenbezeichnung („I"). Dort, wo sich am weitesten vom typografischen Standard entfernt wird und gleichzeitig das ästhetische Moment an Bedeutung gewinnt, inszeniert sich der Autor am deutlichsten und wird potenziell einfacher identifizierbar.Inhaltlich findet dieses sich-zur-Schau-stellen eben gerade im Anderen dar, in der Person, über die ein bekannter Diskurs geführt wird und in welchem sich der Autor maximal negativ zur bezeichneten Person in Distanz setzt. Die inhaltliche Negation des Anderen sowie die doppelte Brechung bestehender Standards ist gleichzeitig die maximale Inszenierung des Selbst. Die eigene doppelte Unterwerfung (geltende Standards und eigene Standards) lässt eine Aufbrechung (Emanzipation) nur zu, indem der Andere negiert wird.

Inhaltsanalyse: Kontextvariationen zur „^{2}"

1. *Die hoch gestellte „2" ist aus mathematischen Formeln bekannt und drückt als Potenz das Wiederholen einer Rechenoperation aus. Etwas wird mit sich selbst multipliziert und durch die dargestellte Schreibweise abgekürzt.*
2. *Als Maßeinheit m^2 wird eine Fläche zum Ausdruck gebracht, die sich durch Länge und Breite berechnet.*

Die doppelte Bedeutung einer zweifachen Unterwerfung wird in der hoch gestellten Zwei manifest zum Ausdruck gebracht. Der Hass des Autors ist auf ein Zweifaches bezogen: Pia, über die ein Diskurs besteht, innerhalb dessen man sich zu positionieren hat und sich selbst wegen der Unmöglichkeit, sich anders als in Pia zu thematisieren und profilieren. Der auf Pia projizierte Hass

und die damit einhergehende bzw. erst durch den Ausdruck dieses Hasses entstehende Selbstinszenierungstellen die beiden latenten Bedeutungsstrukturen des
Ausdrucks dar. Das Selbst thematisiert sich lediglich in der Negation des anderen
(Hass), was mit Selbsthass einhergeht und nicht anerkannt wird. Die Übernahme eigener Subkulturstandards als oppositionelle Haltung gegenüber bestehender,
gesellschaftlich konventioneller Standards wird lediglich als eine weitere Form
der Anpassung angesehen und erst durch die emotionale Stärke des auf einen
Anderen projizierten Hasses zur Plattform für expressive Selbstthematisierungen
und -inszenierungen bei gleichzeitigem Hass auf die eigene Schwäche, das Selbst
nur durch die Negation/Destruktion anderer in den Vordergrund treten lassen zu
können.

Strukturhypothese

Die Ausdrucksgestalt verweist auf Brechungen von vorgegebenen Standards und
somit auf ein opponierendes Moment in Form raumpraktischer Manifestationen.
Jedoch werden die präsenten Standards zugunsten eigener, latenter Standardisie-
rungen unterwandert, wodurch eine doppelte Unterwerfung des Subjekts entsteht:
Eine institutionell-äußere und eine subjektiv-innere. In dieser Spannung wird entsprechend der Grad an Individualität verhandelt und variiert. Hier verdeutlicht sich
gleichsam die Struktur des Raums, welche als Antinomie von Anonymität und Individualität ausgewiesen werden kann: Die individuelle Verortung in einem Raum,
der gerade auf die Kollektivierung der Subjekte zielt, kann als paradoxe Struktur intimer Entäußerungen innerhalb eines anonymisierenden Gefüges bezeichnet
werden und zeugt entsprechend von den doppelten Unterwerfungsmechanismen.
Hier kann die Unterwerfung zudem als „angemessenes Verhalten" derart verstanden werden, als eine raumpraktische Einschreibung der Akteure erwartet wird. Im
Entsprechen dieser Erwartung diszipliniert sich das Subjekt somit im panoptischen
Sinne.

Anhang C: Protokoll 3

Rekonstruktion Schule S_2
Toilette; Kabine 5 („Schöne Stelle")
Datum der Rekonstruktion: 26.10.2011

Es handelt sich um eine chirographische Ausdrucksgestalt, die in zwei Sequenzen aufgeteilt werden kann: Die erste Sequenz wurde in Anführungszeichen gesetzt. Unter dieser befindet sich die zweite, ebenfalls chirographische Ausdrucksgestalt, die jedoch nicht in die Anführungszeichen einbezogen wird. Anführungs- oder Redezeichen beziehen sich auf differente Sachverhalte: direkte Reden, ironische Kommentierungen oder Zitationen bzw. Dokumentationen von Realsituationen werden auf diese Weise gekennzeichnet, um sie von weiteren Ausdrücken resp. Verschriftlichungen unterscheiden zu können und die jeweilige Bedeutung hervorzuheben. Hinsichtlich der inhaltlichen Ausgestaltung werden zunächst alle drei Kontexte implizit mitgeführt.

Die

1. *Auf die Frage ihres Mannes, welches der beiden von diesem hoch gehaltenen Hemd er denn nun anziehen solle, antwortet die Frau „Die" und zeigt mit dem Finger auf die Hose, welche der Mann mit seiner linken Hand hält.*
Das Wort „Die" wird hier deiktisch verwendet und kann somit nur dann alleine stehen, wenn es ikonisch-gestisch entsprechend unterstützt wird. Vorstellbar wären hier entsprechende Szenen im Rahmen von Büchern, Comics oder auch Filmen, wobei es sich bei Büchern um eine typografische Erweiterung handeln muss: „„Die', antwortete Claudia auf die Frage ihres Mannes, welche Hose er denn heute Abend tragen solle und zeigte auf die blaue Cordhose."

2. *Grammatikübungsstunde in der Grundschule. Frau Mahler erklärt den Kindern die verschiedenen bestimmten Artikel. Nachdem „der Hund" und „das Schaf" bereits ausführlich besprochen wurde, fragt Frau Mahler in die Runde: „Es heißt ‚der*

Hund' und das Schaf'. Aber wie heißt es bei ,Kuh'?" Mehrere Kinder antworten im Chor: „Die!"

Hier kommt dem Wort „Die" ebenfalls eine antwortende, jedoch nicht deiktische Funktion zu. Grundsätzlich handelt es sich hierbei um eine didaktische Aufbereitung für Kinder im Vor- oder Grundschulalter, aber auch der Deutschkurs für Menschen mit Migrationshintergrund wäre an dieser Stelle denkbar. Das „Die" steht hier als „Einwortantwort" und muss entsprechend vorhergehende, d. h. durch die Frage vorgegebene, Spezifizierung erfahren haben.

Der Ausdruck „Die" deutet in seiner Schreibweise auf einen typographischen resp. transkribierten Sachverhalt hin, da der Anfangsbuchstabe groß geschrieben wurde. Das der Ausdrucksgestalt immanente, deiktische Moment verweist zudem auf einen Kontext, in welchem entweder ikonische oder performative Zusätze vorzunehmen sind, um dem Begriff Sinn zu verleihen. Vorstellbar wären hier Comics, didaktisch aufbereitete Lehrbücher oder Filmsequenzen, in denen ein Akteur auf einen Gegenstand oder eine weibliche Person zeigt. In Abgrenzung zu dem unbestimmten Artikel „Eine" wird hier auf etwas Spezielles, Einzigartiges verwiesen, das aus mehreren, infrage kommenden Dingen, Menschen oder Sachverhalten ausgewählt wird. Jedoch handelt es sich nicht um den deutlich stärkeren Verweis auf eine spezifische Sache, welche mit „diese" eingeleitet würde. Bezieht sich „die" auf etwas „gleiches", so impliziert „diese" das „selbe", womit deutliche Differenzen in Bezug auf die Einzigartigkeit und Unverwechselbarkeit einer Sache o. ä. sichtbar werden. Sinnlogisch schließen hier entsprechende Bezeichnungen wie beispielsweise „Frau", „Hose", „Zeitschrift", „Uhrzeit", „Musik", „Schuhe", „Unterrichtsstunde", „Straßenbahn" etc. an, wobei diesbezüglich jedoch Ausdifferenzierungen vorzunehmen sind: Handelt es sich bei „eine Zeitschrift" um irgendeine beliebige Zeitschrift, so bezeichnet „die Zeitschrift" zwar eine spezifische Ausgabe oder einen bestimmten Titel; „diese Zeitschrift" hingegen bezieht sich auf eine optisch wahrnehmbare, zitierte oder auf dem Tisch liegende Einzelausgabe, die mit keiner anderen verwechselt werden kann. Somit bezieht sich der Artikel „die" auf Gegenstände, Personen oder Sachverhalte, welche in einem Kontinuum „auratisch – reproduzierbar" (vgl. Benjamin 1996, S. 13) mittig verortet werden können: Es handelt sich zwar durchaus um spezifische Dinge oder Sachverhalte, die jedoch bis zu einem gewissen Grad austauschbar bleiben.

Da es sich um eine typografische Äußerung handelt, die nicht – wie es beispielsweise in Comics der Fall ist – neben einer Zeichnung o. ä. platziert wurde, handelt es sich um den bestimmten Artikel des nachfolgenden Wortes „Stelle".Somit wird deutlich, dass eine spezifische, nämlich „die Stelle" gemeint ist. Interessant ist hier gerade die zwar verschriftlichte Äußerung, die jedoch nicht ikonisch verstärkt oder verifiziert wird. Somit kann die These aufgestellt werden, dass die bezeichnete Stelle eben jene ist, welche gleichsam beschrieben wurde. Positionierung im Raum und bezeichnet eben jener fallen entsprechend zusammen, wodurch raumpraktisch sowohl ein Ort bestimmt als auch kreiert wird. Darüber hinaus weist die Bezeichnung einer spezifischen Stelle als „die Stelle" jedoch ein hohes Maß an Redundanz auf und wird geradezu obsolet. Vergleichbar wäre die Beschriftung eines PKWs mit der Aufschrift „Auto". Minimalkontrastierend wäre die Bezeichnung „diese [Stelle]" im Sinne einer Potenzierung der Spezifität denkbar. Hier wird demnach deutlich, dass es sich zwar um eine bestimmte Stelle, jedoch nicht um eine einzigartige, allein mögliche Stelle handelt, sondern es sich um eine von möglicherweise unzähligen anderen Stellen handelt. Als maximaler Kontrast ließe sich der Ausdruck „Eine [Stelle]" oder „Keine [Stelle]", wodurch entweder vollständige Beliebigkeit oder ein Nichtvorhandensein ausgedrückt wird. Festzuhalten ist somit, dass es sich zwar um etwas Bestimmtes, jedoch nicht unabdingbar Einzigartiges handelt, womit eine gewisse Beliebigkeit eröffnet wird. Innerhalb eines Kontinuums mit der Bezeichnung „Spezifität" und den Extrema „Vollkommen beliebig" und „Einzigartig" lassen sich entsprechende Platzierungen vornehmen und im Sinne einer (Rang-)Ordnung ablesen. Die hier vorgenommene Bezeichnung befindet sich näher an „einzigartig" als an „beliebig", lässt jedoch noch weitere Spezifizierungen zu.

Stelle

1. *Ausschreibungstext in einer Zeitungsannonce: „Es handelt sich um eine 75 %-Stelle, die auf drei Jahre befristet ist (vorbehaltlich der zugewiesenen Drittmittel"*
Der Begriff der „Stelle" bezieht sich hier in verkürzter Form auf einen Arbeitsplatz bzw. eine Arbeitsstelle, die entsprechend des Kontextes mit spezifischen formalen Gegebenheiten – z. B. einer Befristung – einhergeht. „Stelle" meint hier auch, aber nicht nur, einen physischen Ort oder Platz, an dem sich eine Person aufhält. Vielmehr werden unter „Stelle" Arbeitsaufgaben und -pflichten subsumiert.

2. *Zeitungsnachricht: „Der Täter konnte an Ort und Stelle verhaftet werden."*
3. *„Das hier ist aber eine schöne Stelle zum Picknicken!"*
4. *„Beweg' dich nicht von der Stelle!"*
In Abgrenzung zum ersten Kontext beziehen sich die drei weiteren Kontexte auf einen bestimmten physischen Ort oder Platz. Im topographischen Sinne muss demnach eine entsprechende Markierung – manifest, deiktisch – vorgenommen werden, um eine Stelle von einer anderen unterscheiden zu können. Im Falle des verhafteten Täters bezieht sich die Stelle auf den Tatort, d. h. den Ort, an welchem

bspw. ein Verbrechen begangen wurde. Hier werden entsprechende Vorabinformationen (Nennung des Tatorts) notwendig, um „Ort und Stelle" zuordnen zu können. In Abgrenzung dazu ist die ausgewählte „schöne Stelle" zum Picknicken lediglich an subjektiv-ästhetische Empfindungen geknüpft, wodurch zwar eine individuelle Bestimmung des Ortes vorliegt, diese jedoch nicht zwingend intersubjektiv nachprüfbar sein muss. Somit kann eine Stelle zwar einen vermessbaren topographischen Ort oder Platz darstellen, dieser kann aber mit differenten subjektiven Zuschreibungen und Relevanzen einhergehen.

Der Ausdruck „Die Stelle" bezieht sich auf einen spezifischen, jedoch nicht vollständig einzigartigen Platz oder einen Ort bzw. auf die Spezifizierung eines Arbeitsplatzes hinsichtlich formaler Kriterien. Auch eine bestimmte Passage eines Musikstücks oder Gemäldes können als „Stelle" extrahiert werden. Der jeweilige (topographische, akustische) Ort muss entsprechend – deiktisch, verbal, mittels Markierungen oder Abgrenzungen – territorialisiert werden. Es handelt sich um das Spezifische nach einer Indifferenten Suche (z. B. bei der Suche nach einem geeigneten Ort zum Picknicken oder Rasten), welches jedoch individuellen ästhetischen, funktionalen oder pragmatischen Kriterien unterliegt. Die eine Stelle macht demnach eine Differenz hinsichtlich eben jener Sinnkategorien aus: „Die Stelle" ist ein ganz bestimmter, herausragender und auffälliger Ort oder eine verortete Tätigkeitsbezeichnung.

Die Stelle find ich schön

Der Kontext einer bezeichneten Arbeitsstelle erweist sich in diesem Zusammenhang als wenig sinnlogisch: Arbeitsstellen bzw. -plätze werden i. d. R. als „interessant", „ansprechend" oder „herausfordernd" bezeichnet, nicht jedoch im Sinne eines ästhetischen Werturteils. Orte oder Plätze, wie bspw. die Picknickwiese, hingegen lassen sich durchaus als „schön" bezeichnen. Des Weiteren können auch Einzelpassagen von Musikstücken oder Kunstwerken derartig bezeichnet werden: Ein Refrain, eine Textzeile, eine Seite oder Ecke eines Bildes können von dem Hörer/Betrachter mit den Worten „Die Stelle find ich schön" nach dessen individuellen Gustus aus dem Gesamtwerk herausgelöst werden. Hierbei handelt es sich um eine partielle Diachronisierung synchroner Ausdrucksgestalten, da das jeweilige Werk in vermeintliche „Stellen", also Teile oder Stücke fragmentiert wird und seiner komplexen Gesamtheit enthoben. Für das kommentierende Subjekt gilt somit: „Das Einzelne ist mehr als die Summe aller Teile".

Hinsichtlich der die Ausdrucksgestalt rahmenden Anführungszeichen lässt sich – entsprechend der bereits eingangs dargestellten Möglichkeiten – konstatieren, dass es sich um eine ironische Äußerung/Kommentierung oder ein Zitat bzw. die Wiedergabe direkter Rede handelt. Das ästhetische Werturteil „schön" würde somit als zweiter Hinweis auf eine ironische Brechung zu verstehen sein. Exemplarisch sind Kommunikationssituationen anzuführen, in welchen eine bestimmte, gerade nicht „schöne" Situation geschildert wird („Wir hatten ein Haar in der Suppe!"), auf welche entsprechend ironisch geantwortet wird („Auch schön!"). Die Gesamtgestalt „Die Stelle find ich schön" wäre somit als ironischer Verweis auf einen Platz oder Ort zu verstehen, der eben gerade nicht den subjektiven ästhetischen Empfindungen entspricht.

In Abgrenzung zu der Aussage „Die Stelle gefällt mir" wird deutlich, dass diese stärker an die jeweilige Person gebunden werden kann als die hier zu rekonstruierende Ausdrucksgestalt „Die Stelle find ich schön". Zwar kann „schön" als das wirksamere, stärkere Adjektiv bezeichnet werden, eröffnet gleichsam jedoch eine deutlichere Distanzierung des Verfassers zu seiner Äußerung. „Schön" kann einer formelleren ästhetischen Kategorie zugeordnet als „gefallen", da eine Diskussion über etwas vermeintlich schönes zulässig und alltäglich ist, wohingegen das, was einer Person gefällt, nicht diskutiert werden kann. Das Problem intersubjektiver Nachprüfbarkeit stellt sich somit in beiden Lesarten gleichermaßen, kann jedoch hinsichtlich dessen, was im ästhetischen Sinne als „schön" erfasst wird, existierenden theoretischen Diskursen (bspw. aus der Kunstwissenschaft) zugeordnet werden. Der Betrachter eines Bildes kann durchaus bestätigen, dass ein Kunstwerk klassischen Kriterien des Schönen entspricht, ohne dass dieses im persönlich gefallen muss.

Unter Berücksichtigung einer minimalkontrastierenden Aussage wie bspw. „Die Stelle find ich auch schön" wird zudem die Besonderheit – wenn auch nicht Einzigartigkeit – eben jener Stelle betont. Das ästhetische Werturteil bezieht sich somit auf den bereits beschriebenen „einen Ort" und schließt zunächst andere Stellen von jener positiven Beurteilung aus. Alle anderen wahrnehmbaren (sicht-, hörbar usw.) Stellen werden ex negativo zwar nicht als „nicht schön" bezeichnet, jedoch gleichsam nicht kommentiert. In Bezug auf die Kontrastierung „Diese Stelle find ich schön" wird zudem deutlich, dass es sich hier zwar um einen bestimmten Stellen „typ", jedoch keineswegs um „die eine, einzigartige, nicht reproduzierbare" Stelle handelt.

Bebi, Shaettz &nd Honey

Die Ausdrucksgestalt resp. Sequenz der Ausdrucksgestalt verweist auf drei Autoren oder Autorinnen, was unter Berücksichtigung der zuvor dargestellten Rekonstruktion sinnlogisch anschließt: Hier wurde von einem Zitat oder der Dokumentation einer erlebten Realsituation ausgegangen und die drei Namen verweisen auf ein Autoren- oder Herausgeberkollektiv. Da in der ersten Sequenz der Singular „Ich" benutzt wurde, fallen Autoren und zitierter Sprecher auseinander oder es liegt das Resultat eines mehrstufigen, kollektiven bzw. sozialen Aushandlungsprozesses vor. So können sich die drei Autoren auf eine Positionierung oder ein Zitat geeinigt haben oder einer Person aus ihrer ermächtigt haben, ihre Positionierung in aller Namen zu verschriftlichen. Die Autorenschaft fungiert in allen Fällen im Sinne einer Unterschrift und entsprechender Verantwortungsübernahme, die sich einerseits inhaltlich (die Stelle schön finden, das Zitat angemessen finden), andererseits formal (etwas an die Tür der Toilettenkabine schreiben) ausformt. Diese Verständigungen liegen in Arbeitsgemeinschaften, Interessensverbänden, Subkulturen, Peer Groups u.ä. Vereinigungen vor und sind – aufgrund der mannigfaltigen Motivationen – jeweils different ausgeformt.

Die Kosenamen resp. Verniedlichungen „Bebi" (Baby), „Shaettz" (Schatz) und „Honey" deuten auf eine Ironisierung von Anglizismen hin: Der ursprünglich deutschsprachige Kosename „Schatz" wird vermeintlich ins Englische übertragen, indem das „a" zu einem englischen „a[ä]" modifiziert wird. Des Weiteren wird das englischsprachige „Baby" eingedeutscht, indem aus dem englischen „a[ä]" ein deutsches „e" wird. Die Autoren modifizieren demnach beide Ausdrücke derart, dass eine zweisprachige Hybridform entsteht, die in jeder Sprache als „falsch geschrieben" zu deklarieren ist. Eine derartige Transformation der Ausdrücke kann vor allem vor dem Hintergrund der schulseitig vorgenommenen Anstriche der Toilettenkabinentüren eingeholt werden: Hier findet sich das englische Wort „girls", worauf autorenseitig kritisch reagiert wird. Zudem werden auch die farbliche und formale Gestaltung der Kabinen aufgegriffen: Die geschwungenen, runden, fließenden Formen, größtenteils in Lila und Rosa gehalten, erhalten ihr typographisches Pendant in Kosenamen und Verniedlichungen, die stereotyp allem Weiblichen zuordenbar sind. Das sich unter der Ausdrucksgestalt befindliche Herz greift diese Kritik gleichsam auf: Junge Mädchen verschönern ihre Briefe oder Zeichnungen mit Herzen, setzen diese anstelle von i-Punkten auf die Buchstaben oder verzieren mit gemalten Herzen ihre Schulunterlagen o.ä. In Zusammenhang mit dem ironisierenden Werturteil sowie den modifizierten Kosenamen entsteht eine deutliche Kommentierung des diese umgebenden und entsprechend beeinflussenden Raums. Somit liegt nicht nur eine sowohl inhaltlich als auch formal ausgeprägte, sondern auch ikonische sowie typographisch dargestellte Ironisierung des Kontextes vor.

Strukturhypothese

Auf die dem Raum immanente Aufforderung, diese – vermeintlich gendergerechte – Gestaltung desselben „schön" zu finden und sich als „girls" adressieren zu lassen, wird im doppelten Sinne ironisierend und rekursiv reagiert: Zum einen durch das Aufgreifen der englischen Sprache und die Abwandlung geläufiger Kosenamen in den Autor_innennamen, zum anderen durch die Territorialisierung als solcher, da hier eine spezifische Stelle – welche sich augenscheinlich durch nichts besonders hervorhebt – als die eine, herausragende, schöne und nicht etwa der gesamte Raum als ästhetisch wertvoll bezeichnet wird. Abschließend eingeholt wird eine derartige Rekonstruktion durch das sich unterhalb der Typographie befindende Herz. Diese ikonische Ausdrucksgestalt wurde lediglich in seinen Umrissen gezeichnet und verweist somit buchstäblich auf eine leere Mitte bzw. einen hohlen Korpus. Deutlich sichtbar werden jedoch von dem Herzen ausgehende Brandspuren, die einen Hinweis darauf geben, dass etwas, z. B. Papier, in die Herzmitte geklebt und angezündet wurde. Das wahrhaft „in Flammen stehende Herz" symbolisiert gleichsam den Ausdruck „für etwas oder jemanden brennen", womit eine starke Sympathie zum Ausdruck gebracht wird. Folglich handelt es sich bei der ikonischen Ausdrucksgestalt um die dritte Betonung einer ironischen Äußerung: Die Stelle wird nicht nur als vermeintlich „schön" angesehen, sondern in „flammender Liebe" vereinnahmt. Die vandalistische Raumpraktik entfaltet sich hier dreidimensional: typographisch, ikonisch und einepyromanisch, wobei sich alle drei Dimensionen resp. Typen wechselseitig aufeinander beziehen und in ihrer Gesamtgestalt als ironisch-kritische Kommentierung des institutionell gestalteten Raum zu lesen sind. In diesem Verständnis werden räumliche Inbesitznahmen jedoch nicht als Selbstzweck, „Eroberung" oder Opposition, sondern im Sinne einer Fußnote zu dem institutionellen „Drehbuch" verstanden: Die Akteure interagieren nicht miteinander oder im Rahmen einer selbst gewählte Thematik, sondern in Form einer Replik auf vorgegebene Sachverhalte.

Literatur

Ackermann, Friedrich. 1994. Die Modellierung des Grauens. *Exemplarische Interpretation eines Werbeplakates zum Film „Schlafwandler" unter Anwendung der „Objektiven Hermeneutik" und Begründung einer kultursoziologischen Bildhermeneutik. In *Die Welt als Text. Theorie und Praxis der objektiven Hermeneutik*, Hrsg. Detlef Garz und Klaus Kraimer, 195–225. Frankfurt a. M.: Suhrkamp.

Adorno, Theodor W. 1971. *Erziehung zur Mündigkeit*. Frankfurt a. M.:Suhrkamp.

Adorno, Theodor W. 2003. *Ästhetische Theorie*. Frankfurt a. M.: Suhrkamp.

Arbeitskreis Deutscher Qualifikationsrahmen (AK DQR). 2011. Deutscher Qualifikationsrahmen für lebenslanges Lernen. http://www.deutscherqualifikationsrahmen.de/. Zugegriffen: 24. Juli 2013.

Asztalos, Arpad. 1981. *Schule kaputt? Warum in Schulen vieles zerstört wird und was wir dagegen tun können*. Hannover: Der Niedersächsische Kultusminister.

Bade, Ralph. 1994. Vandalismus. Was ein Kollegium tun kann. *Pädagogik* 46 (3).

Baker, Keith., und Robert J. Rubel, Hrsg. 1980. *Violence and crime in the schools*. Massachusetts: Lexington.

Banksy. 2005. *Wall and piece*. London: Century.

Barthes, Roland. 1967. Semiotik und Urbanismus. In *Architekturwissen. Grundlagentexte aus den Kulturwissenschaften, Band. 1: Zur Ästhetik des sozialen Raumes*, Hrsg. Susanne Hauser, Christa Kamleithner, und Roland Meyer, 287–294. Bielefeld: Transcript. (2011).

Bauman, Zygmunt. 2003. *Flüchtige Moderne*. Frankfurt a. M.: Suhrkamp.

Bauman, Zygmunt, und David Lyon. 2013. *Daten, Drohnen, Disziplin. Ein Gespräch über flüchtige Überwachung*. Frankfurt a. M.: Suhrkamp.

Behm, Ulrich. 1984. *Sachbeschädigung und Verunstaltung: Zur Notwendigkeit einer Abgrenzung bei der Auslegung des § 303 I StGB*. Berlin: Dunker & Humblot Gmbh.

Beisel, Daniel. 1997. *Die Kunstfreiheitsgarantie des Grundgesetzes und ihre strafrechtlichen Grenzen*. Heidelberg: R.v. Decker.

Benad, Ursula E., und Martin Benad. 2012. *Graumalerei, Scheinarchitekturen, Draperie*. 3. Aufl. München: Deutsche Verlags-Anstalt.

Benjamin, Walter. 1983. *Das Passagenwerk*. Frankfurt a. M.: Suhrkamp.

Benjamin, Walter. 1996. *Das Kunstwerk im Zeitalter seiner technischen Reproduzierbarkeit*. Frankfurt a. M.: Suhrkamp.

Berlyne, Daniel E. 1960. *Conflict, arousal and curiosity*. New York: McGraw-Hill.

I. Herrmann, *Vandalismus an Schulen*,
DOI 10.1007/978-3-531-19488-2, © Springer Fachmedien Wiesbaden 2014

Bianchi, Paolo. 1984. Auf Mauern für die Revolution malen – Mexiko. In *Graffiti: Wandkunst und wilde Bilder,* Hsrg. Paolo Bianchi, 140–143. Basel: Birkhäuser Basel.

Bieber, Alain. 6. Aug. 2007a. Krieg der Farben. art. Das Kunstmagazin. http://www.artmagazin.de/szene/866/the_splasher_street_art. Zugegriffen: 6. Feb. 2012.

Bieber, Alain. 12. Juli 2007b. The Splasher: Die Revolution frisst ihre Kinder. REBEL:ART. http://www.rebelart.net/diary/the-splasher-die-revolution-frisst-ihrekinder/00279/. Zugegriffen: 3. Feb. 2012.

Biegholdt, Charlotte, Günther Böhme, und Rudolf Franke, et al. 1973. *Plakat und Wandzeitung.* 2. Aufl. Berlin: Verlag Volk und Wissen.

Blume, Regina. 1980. Graffiti in Schulen. Linguistische Aspekte informeller schriftlicher Schüleräußerungen. *Zeitschrift für Germanistische Linguistik* 8 (2): 170–196.

Böhme, Jeanette. 2000. *Schulmythen und ihre imaginäre Verbürgung durch oppositionelle Schüler: Ein Beitrag zur Etablierung erziehungswissenschaftlicher Mythosforschung.* Bad Heilbrunn: Julius Klinkhardt.

Böhme, Jeanette. 2004. Qualitative Schulforschung auf Konsolidierungskurs. In *Handbuch der Schulforschung. durchgesehene und erweiterte.* 2. Aufl. Hrsg. Werner Helsper und Jeanette Böhme, 125–155. Wiesbaden: VS Verlag für Sozialwissenschaften.

Böhme, Jeanette. 2006. *Schule am Ende der Buchkultur.* Bad Heilbrunn: Julius Klinkhardt.

Böhme, Jeanette, und Ina Herrmann. 2011. *Schule als pädagogischer Machtraum: Typologie schulischer Raumentwürfe.* Wiesbaden: Springer.

Böhnisch, Lothar. 2010. *Abweichendes Verhalten: Eine pädagogisch-soziologische Einführung.* 4. Aufl. Weinheim: Springer.

Bohnsack, Ralf. 2010. *Einführung in qualitative Methoden.* 8. Aufl. Opladen: UTB Gmbh.

Bollnow, Otto Friedrich. 2010. *Mensch und Raum.* 11. Aufl. Stuttgart: Kohlhammer.

Bourdieu, Pierre. 1989. Sozialer Raum, symbolischer Raum. In *Raumtheorie. Grundlagentexte aus Philosophie und Kulturwissenschaften,* Hsrg. Jörg Dünne und Stephan Günzel, 354–368. Frankfurt a. M.: Suhrkamp. (2006).

Bracht, Udo. 1978. *Bilder von der Schulbank. Kritzeleien aus deutschen Schulen.* München: Springer.

Bracht, Udo. 1982. *Gestörte psychosoziale Verhältnisse im Spiegel von Schulbank-Graffiti.* Kassel: Dissertation.

Breidenstein, Georg. 2006. *Teilnahme am Unterricht. Ethnographische Studien zum Schülerjob.* Wiesbaden: VS Verlag für Sozialwissenschaften.

Bührer, Emil. Hrsg. 1986. *Die Sixtinische Kapelle.* Zürich: Benziger.

Bundesministerium der Justiz. 2013. Strafgesetzbuch (StGB). http://www.gesetze-iminternet.de/bundesrecht/stgb/gesamt.pdf. Zugegriffen: 1. Sept. 2013.

Bundesministerium des Innern. 2010.Polizeiliche Kriminalstatistik 2010. Stand: 13. 2. 2012. http://www.bmi.bund.de/SharedDocs/Downloads/DE/Broschueren/2011/PKS2010.pdf; jsessionid = BE83A53B564441F8CEB32E5DE1C140FB.1_cid165?__blob = publication jFile. Zugegriffen: 3. Aug. 2011.

Bundesministerium des Innern. 2011. Polizeiliche Kriminalstatistik 2011. Stand: 13. 2. 2012. http://www.bmi.bund.de/SharedDocs/Downloads/DE/Broschueren/2012/PKS2011.pdf? __blob = publicationFile. Zugegriffen: 10. Feb. 2012.

Busch, Wilhelm. 1865. Max und Moritz, eine Bubengeschichte in 7 Streichen. http://www.deutschestextarchiv.de/book/view/busch_max_1865?p = 7. Zugegriffen: 03. Sept. 2013.

Casserly, Michael D., Scott A. Bass, und John R. Garrett. 1980. *School vandalism*. USA: Lexington Books.

Cassirer, Ernst. 1931. Mythischer, ästhetischer und theoretischer Raum In *Raumtheorie. Grundlagentexte aus Philosophie und Kulturwissenschaften*, Hrsg. Jörg Dünne und Stephan Günzel, 485–500. Frankfurt a. M.: Suhrkamp. (2006).

Cenicola, Tony, und The New York Times. 2007. The 16-Page Splasher Manifesto. http://www.nytimes.com/2007/06/27/arts/design/28splasher.sidebar.html?_r=0. Zugegriffen: 23. Jan. 2012.

Michel de Certeau. 2006. Praktiken im Raum. In *Raumtheorie. Grundlagentexte aus Philosophie und Kulturwissenschaften*, Hrsg. Jörg Dünne und Stephan Günzel, 343–353. Frankfurt a. M.: Suhrkamp.

Chlada, Marvin. 2005. *Heterotopie und Erfahrung. Abriss der Heterotopologie nach Michel Foucault*. Aschaffenburg: Alibri.

Ciminillo, Lewis M. 1980. Discipline: The school's dilemma. In *Adolescence*, 15/57, 1–12. New York: Springer.

Cohen, Stanley. 1984. Sociological approaches to vandalism. In *Vandalism: Behaviour and motivations*, Hrsg. Claude Lévy-Leboyer, 51–61. Amsterdam: Emerald Group Publishing.

Corrias, Angela. 2011. Photo Essay: Orgosolo Murals, Sardinia's controversial side. Chasing the unexpected. Tales from Wanderland. Stand: 16. Juni 2011. http://www.chasingtheunexpected.com/2011/06/photo-essay-orgosolo-murales-sardinias-controversial-side/. Zugegriffen: 23. Feb. 2012.

Dechau, Wilfried. 1995. *Architektur abbilden*. Stuttgart: Dva.

Deleuze, Gilles. 1992. *Woran erkennt man den Strukturalismus?* Berlin: Merve GmbH.

Deleuze, Gilles, und Félix Guattari. 1996. *Was ist Philosophie?* Frankfurt a. M.: Suhrkamp.

Deleuze, Gilles, und Félix Guattari. 2005. *Tausend Plateaus*. Berlin: Merve.

Demandt, Alexander. 1997. *Vandalismus. Gewalt gegen Kultur*. Berlin: Siedler.

Der Spiegel. 2010. Der gefesselte Mogli. Der Spiegel 51/2010. http://www.wissen.spiegel.de/wissen/image/show.html?did = 75803511&aref = image046/2010/12/18/CO-SP-2010-051-0136-0137.PDF&thumb = false. Zugegriffen: 13. Aug. 2013.

Deutscher Bundestag. 2012. Grundgesetz für die Bundesrepublik Deutschland. Stand: 11. Juli 2012. http://www.bundestag.de/bundestag/aufgaben/rechtsgrundlagen/grundgesetz/index.html. Zugegriffen: 17. Sept. 2013.

Deutscher Lehrerverband. 2003. Denkschrift. Gewalt unter Heranwachsenden. Der präventive Beitrag von Erziehung und Bildung. http://www.lehrerverband.de/heranw.html. Zugegriffen: 25. Aug. 2012.

Diener, Pablo. 1984. Portugal: Zehn Jahre nach der „Revolution der Nelken". In *Graffiti. Wandkunst und wilde Bilder*, Hrsg. Paolo Bianchi, 156–157. Basel: Birkhäuser.

Dollard, John. 1970. *Frustration und Aggression*. Weinheim: Beltz.

Döring, Jörg. 2010. Spatial Turn. In *Raum. Ein interdisziplinäres Handbuch*, Hrsg. Stephan Günzel, 90–99. Stuttgart: JB Metzler.

Döring, Jörg, und Tristan Thielmann. 2008. Einleitung: Was lesen wir im Raume? Der Spatial Turn und das geheime Wissen der Geographen. In *Spatial Turn. Das Raumparadigma in den Kultur- und Sozialwissenschaften*, Hrsg. Jörg Döring und Tristan Thielmann, 7–45. Bielefeld: Transcript.

Droysen, Johann Gustav. 1937/1967. *Historik. Vorlesungen über Enzyklopädie und Methodologie der Geschichte*. München: Oldenbourg Verlag.

Düllo, Thomas. 2010. Der Flaneur. In *Diven, Hacker, Spekulanten,* Hrsg. Stephan Moebius und Markus Schroer, 119–131. Frankfurt a. M.: Suhrkamp.

Eisenberg, Ronald L. 2006. *The streets of jerusalem: Who, what, why.* Israel: Devora.

Ellison, Willie S. 1973. School vandalism: 100 million dollar challenge. *Community education journal* 3 (1): 27–33.

Fazzioli, Edoardo. 1987. Gemalte Wörter. 241 chinesische Schriftzeichen. Vom Bild zum Begriff. Bergisch Gladbach: marix Verlag.

Fend, Helmut. 1980. *Theorie der Schule.* München: Springer.

Fintelmann, Klaus J., und Peter Schneider. 1986. Die Rudolf Steiner-Schulen - Menschenbildung auf der Grundlage der Anthroposophie. In *Die Schulen der Reformpädagogik heute. Handbuch reformpädagogischer Schulideen und Schulwirklichkeit,* Hrsg. Röhrs Hermann, 159–183. Düsseldorf: Schwann.

Fischer, Katrin. 2009. *Laute Wände an stillen Orten. Klo-Graffiti als Kommunikationsphänomen.* Baden-Baden: Deutscher Wissenschafts-Verlag.

Flusser, Vilém. 1993. *Gesten. Versuch einer Phänomenologie.* 2., durchgesehene und um einen Anhang erweiterte Aufl. Bensheim: Fischer.

Foucault, Michel. 1967. Andere Räume. In *Stadt-Räume,* Hrsg. Martin Wentz, 65–72. Frankfurt a. M. (1991): Campus.

Foucault, Michel. 1992. Andere Räume. In *Aisthesis. Wahrnehmung heute oder Perspektiven einer anderen Ästhetik,* Hrsg. Barck Karlheinz et al. 34–46. Leipzig: Reclam.

Foucault, Michel. 1994. *Überwachen und Strafen.* Frankfurt a. M.: Suhrkamp.

Foucault, Michel. 2005. *Die Heterotopien. Der utopische Körper. Zwei Radiovorträge.* Frankfurt a. M.: Suhrkamp.

Gamboni, Dario. 1984. Skizze eines Hin und Zurück: Graffiti, Vandalismus, Zensur und Zerstörung. In *Graffiti Wand kunst und wilde Bilder,* Hrsg. Paolo Bianchi, 38–42. Basel: Springer.

Gamboni, Dario. 1998. *Zerstörte Kunst: Bildersturm und Vandalismus im 20. Jahrhundert.* Köln: DuMont.

Gans, Herbert J. 1982. *The Urban Villagers. Group and Class in the Life of Italian-Americans.* New York. (Updated and expanded edition): The Free Press.

Ganz, Nicholas. 2008. *Graffiti Woman.* Köln.

Gehring, Petra. 1994. *Innen des Außen - Außen des Innen. Foucault - Derrida – Lyotard.* München: Rajchman.

Goffman, Erving. 1981. *Geschlecht und Werbung.* Frankfurt a. M.: Suhrkamp.

Goffman, Erving. 2008. *Wir alle spielen Theater. Die Selbstdarstellung im Alltag.* 6. Aufl. München: Piper.

Granzer, Ben, und Bernd Schütze. 1982. *Corazzu. Bilder des Widerstands an den Mauern Orgosolos.* 2. Aufl. Köln: Prometh.

Greenberg, Bernard, et al. 1975. *Program for the prevention and control of school vandalism and related burglaries.* Los Angeles: National Criminal Justice Reference Service.

Gruen, Arno. 2009. *Der Wahnsinn der Normalität. Realismus als Krankheit: eine Theorie der menschlichen Destruktivität.* 16. Aufl. München: Deutscher Taschenbuch Verlag.

Haasis, Hellmut G. 1984. Öffentlich gemalte Autonomie: Wandmalerei auf Sardinien. In *Graffiti: Wandkunst und wilde Bilder,* Hsrg. Paolo Bianchi, 161–163. Basel: Springer.

Hartle, Johan Frederik. 2006. *Der geöffnete Raum. Zur Politik der ästhetischen Form.* München: Fink, Wilhelm.

Helas, Philine. 2011. Ikonoklasmus. In *Metzler Lexikon Kunstwissenschaft: Ideen, Methoden, Begriffe*, Hrsg. Ulrich Pfisterer, 2. Aufl. 198–201. Stuttgart: JB Metzler.

Helsper, Werner. 1998. Pädagogisches Handeln in den Antinomien der Moderne. In *Einführung in Grundbegriffe und Grundfragen der Erziehungswissenschaft*, Hrsg. Heinz-Hermann Krüger und Werner Helsper, 3. Aufl. 15–34. Opladen: UTB.

Helsper, Werner. 2010. Pädagogisches Handeln in den Antinomien der Moderne. In *Einführung in Grundbegriffe und Grundfragen der Erziehungswissenschaft*, Hrsg. Krüger Heinz-Hermann und Werner Helsper, 9. Aufl. 15–33. Opladen: UTB.

Helsper, Werner, Jeanette Böhme, Rolf-Torsten Kramer, und Angelika Lingkost. 1998. Entwürfe zu einer Theorie der Schulkultur und des Schulmythos - strukturtheoretische, mikropolitische und rekonstruktive Perspektiven. In *Schulkultur als Gestaltungsaufgabe. Partizipation - Management – Lebensweltgestaltung*, Hrsg. Josef Keuffer et al., 29–75. Weinheim: Herder.

Helsper, Werner, Jeanette Böhme, Rolf-Torsten Kramer, und Angelika Lingkost. 2001. *Schulkultur und Schulmythos. Rekonstruktionen zur Schulkultur I.* Opladen: Leske + Budrich.

Helsper, Werner, und Josef Keuffer. 1998. Unterricht. In *Einführung in Grundbegriffe und Grundfragen der Erziehungswissenschaft*, Hrsg. Heinz-Hermann Krüger und Werner Helsper, 3. Aufl. 81–91. Opladen: UTB.

Herrera, Hayden. 2002. *Frida Kahlo: Ein leidenschaftliches Leben.* Frankfurt a. M.: Droemersche Verlagsanstalt Th. Knaur Nachf., GmbH & Co.

Herrmann, Ina. 2013a. Schulische Heterotopien – Schulräumliche Heterotopien. Pädagogische Organisationen im Spannungsfeld von Einsperrung und Ausschließung. In *Organisationsforschung nach Foucault. Macht – Diskurs – Widerstand.* Hrsg. Ronald Hartz und Matthias Rätzer, 233–256. Bielefeld: Transcript.

Herrmann, Ina. 2013b. Die Entgrenzung des Pädagogischen: Schulraum zwischen geforderter Öffnung und materialer Schließung. In *Gestalten des Schulraums*, Hrsg. Schönig Wolfgang und Christina Schmidtlein-Mauderer, 183–196. Bern: hep.

Herrmann, Ina. 2013c. Macht Raum Schule. Disziplinierende Raumformate schulischer Organisationen. In *Macht und Employment Relations: Festschrift für Werner Nienhüser*, Hrsg. Heiko Hoßfeld und Renate Ortlieb, 143–148. München: Hampp, Rainer.

Herrmann, Ina. 2014. „Die Stelle find ich schön": Schulischer Vandalismus als Ausdruck raumpraktischer Identität. In *Jugend, Identität und Schule. Selbstwerdung und Identitätskonstruktion im Kontext Schule*, Hrsg. Jörg Hagedorn. Wiesbaden: Springer VS.

Herrmann, Ina, und Viktoria Flasche. 2014. Schulkultur und Raum: Raumentwürfe, Topografien und Raumpraktiken als materiale Manifestationen von Schulkulturen. In *Schulkultur – Theoriebildung im Diskurs*, Hrsg. Jeanette Böhme, Hummrich Merle und Rolf-Torsten Kramer. Wiesbaden: Springer VS.

Hilger, Christina. 2011. *Vernetzte Räume: Plädoyer für den spatial turn in der Architektur.* Bielefeld: transcript.

Hoffmann-Axthelm, Dieter. 1991. Kunst im öffentlichen Zwischenraum. In *Kunst im öffentlichen Raum. Kunst im städtischen Alltag*, Hrsg. Ingeborg Flagge, 42–51. Stuttgart: K. Krämer.

Honneth, Axel. 1994. *Kampf um Anerkennung.* Frankfurt a. M.: Waxmann.

Hoppe-Sailer, Richard. 1991. Kunst auf Straßen und Plätzen: Richard Serra. In *Kunst im öffentlichen Raum. Kunst im städtischen Alltag*, Hrsg. Ingeborg Flagge, 115–125. Stuttgart: K. Krämer.

Horowitz, Tamar, und David Tobaly. 2003. School vandalism: individual and social context. *Adolescence* 38 (149): 131–141.

Hummrich, Merle. 2011. *Jugend und Raum: Exklusive Zugehörigkeits ordnungen in Familie und Schule.* Wiesbaden: Springer.

Hundertmark, Christian. 2003. *The art of rebellion.* Corte Madera: Gingko Press.

Imdahl, Max. 1996. *Giotto. Arena fresken. Ikonographie – Ikonologie – Ikonik.* 3. Aufl. München: Berghahn.

Imdahl, Max. 2001. Ikonik. Bilder und ihre Anschauung. In *Was ist ein Bild?*, Hrsg. Gottfried Boehm, 3. Aufl. 300–324. München: Wilhelm Fink Verlag.

Institut für Kunstzerstörung Berlin. 2013. http://ikz-berlin.com/2.html . Zugegriffen: 2. Sept. 2013.

Iosifidis, Kiriakos. 2009. *Mural Art Vol. 2: Murals on huge public surfaces around the world.* Mainaschaff: Gingko Pr Inc.

Jappe, Elisabeth. 1993. *Performance – Ritual –Prozeß: Handbuch der Aktionskunst.* München: Prestel.

Kant, Immanuel. 1784. Beantwortung der Frage: Was ist Aufklärung. *Berlinische Morgenpost, Dezember-Heft 1784,* 481–494. http://www.uni-potsdam.de/u/philosophie/texte/kant/aufklaer.htm. Zugegriffen: 23. Feb. 2012.

Kilb, Rainer. 2009. *Jugendgewalt im städtischen Raum. Strategien und Ansätze im Umgang mit Gewalt.* Wiesbaden: VS Verlag für Sozialwissenschaften.

Kinsy, Alfred Charles, et al. 1953. *Sexual behavior in the human female.* Philadelphia: Indiana University Press.

Klee, Andreas. 2010. Graffiti als Medium des Politischen?! In *Politische Kommunikation im städtischen Raum am Beispiel Graffiti*, Hrsg. Andreas Klee, 109–119. Wiesbaden: VS Verlag für Sozialwissenschaften.

Klockhaus, Ruth, und Anneliese Trapp-Michel. 1988. *Vandalistisches Verhalten Jugendlicher.* Göttingen: Verlag für Psychologie Hogrefe.

Kramer, Rolf-Torsten. 2002. *Schulkultur und Schülerbiographien. Rekonstruktionen zur Schulkultur II.* Opladen: VS Verlag für Sozialwissenschaften.

Krämer, Sybille. 2007. Was also ist eine Spur? Und worin besteht ihre epistemologische Rolle? Eine Bestandsaufnahme. In *Spur: Spurenlesen als Orientierungstechnik und Wissenskunst*, Hrsg. Sybille Krämer, Werner Kogge, und Gernot Grube, 11–33. Frankfurt a. M.: Suhrkamp.

Krause, Daniela., und Christian Heinicke. 2006. *Street Art. Die Stadt als Spielplatz.* Berlin: Archiv der Jugendkulturen.

Kube, Edwin, und Leo Schuster. 1983. *Vandalismus. Erkenntnisstand und Bekämpfungsansätze.* 2. erweiterte Aufl. Wiesbaden: Bundeskriminalamt.

Kugler, Walter, und Simon Baur. Hrsg. 2007. *Rudolf Steiner in Kunst und Architektur.* Köln: DuMont Buchverlag GmbH.

Landeskriminalamt Nordrhein-Westfalen. 2010. Polizeiliche Kriminalstatistik. Kriminalitätsentwicklung in Nordrhein-Westfalen 2010. Stand 13. 2. 2013. http://www.m.mik.nrw.de/fileadmin/user_upload/Redakteure/Dokumente/Themen_und_Aufgaben/Schutz_und_Sicherheit/pks2011.pdf. Zugegriffen: 10. Feb. 2013.

Lévy-Leboyer, Claude. 1984. Vandalism and the social sciences. In *Vandalism. Behaviour and motivations*, Hrsg. Claude Lévy-Leboyer, 1–11. Amsterdam: Emerald Group Publishing.

Lionni, Leo. 1969/2013. *Alexander und die Aufziehmaus*. 3. Aufl. Weinheim: Beltz GmbH.

Lorenz, Maren. 2009. *Vandalismus als Alltagsphänomen*. Hamburg: Hamburger Edition.

Löw, Martina. 2001. *Raumsoziologie*. Frankfurt a. M.: Suhrkamp.

Luboschik, Martin, und Jörg Schünemann. 2012. Das Graffiti Lexikon. http://www.dosensport.com/graffiti-online-lexikon. Zugegriffen: 23. Feb. 2012.

Lynch, Kevin. 1960. Das Bild der Stadt. In *Architekturwissen. Grundlagentexte aus den Kulturwissenschaften. Band. 1: Zur Ästhetik des sozialen Raumes*, Hrsg. Susanne Hauser, Christa Kamleithner, und Roland Meyer, 258–268. Bielefeld : Transcript. (2011).

Mackenzie, Stuart, Patrick Nguyen. Hrsg. 2010. *Beyond the street: The 100 leading figures in Urban Art*. Berlin: Gestalten.

Margwelaschwili, Giwi. 2010. *Der verwunderte Mauerzeitungsleser*. Berlin: Verbrecher.

Mäuerle-Schulze, Hiltrud, und Hermann Schulze. 1994. *Graffiti in der Schule. Projektideen für einen fächerübergreifenden Unterricht über ein nichtalltägliches Thema*. Lichtenau-Scherzheim: AOL-Verlag.

McLuhan, Marshall. 1961. Das Sensorium der fünf Sinne. In *Architekturwissen. Grundlagentexte aus den Kulturwissenschaften. Band. 1: Zur Ästhetik des sozialen Raumes*, Hrsg. Susanne Hauser, Christa Kamleithner, und Roland Meyer, 125–134. Bielefeld: Transcript. (2011).

McLuhan, Marshall. 1995. *Die magischen Kanäle. Understanding Media*. 2., erweiterte Aufl. Basel: Verlag der Kunst Dresden.

Mead, George Herbert. 2002. *Geist, Identität und Gesellschaft*. Frankfurt a. M.: Suhrkamp.

Menden, Alexander. 2007. Guerilla im Sprühnebel. Süddeutsche Zeitung. Stand: 15. 2. 2007. http://www.sueddeutsche.de/kultur/graffiti-kunst-bei-sothebys-guerilla-im-spruehnebel-1.896395. Zugegriffen: 3. Feb. 2012.

Merleau-Ponty, Maurice. 1945. Die Theorie des Leibes als Grundlegung einer Theorie der Wahrnehmung. In *Architekturwissen. Grundlagentexte aus den Kulturwissenschaften. Band. 1: Zur Ästhetik des sozialen Raumes*, Hrsg. Susanne Hauser, Christa Kamleithner, und Roland Meyer, 218–222. Bielefeld: Transcript. (2011).

Merleau-Ponty, Maurice. 1961. Das Auge und der Geist. In *Raumtheorie: Grundlagentexte aus Philosophie und Kulturwissenschaften*, Hrsg. Jörg Dünne und Stephan Günzel, 180–192. Frankfurt a. M.: Suhrkamp. (2006).

Mersch, Dieter. 2005. Life-Acts. Die Kunst des Performativen und die Performativität der Künste. In *Performance: Positionen zur zeitgenössischen szenischen Kunst*, Hrsg. Gabriele Klein und Sting Wolfgang, 33–50. Bielefeld: Transcript.

Mersch, Margit. 2008. Conversi und conversae in den Nonnenklöstern der Zisterzienser. In *Gebaute Klausur: Funktion und Architektur mittelalterlicher Klosterräume*, Hrsg. Renate Oldermann, 63–79. Bielefeld: Regionalgeschichte.

Ministerium für Schule und Weiterbildung des Landes NRW. 2011. Das Schulwesen in Nordrhein-Westfalen aus quantitativer Sicht. 2010/11. Statistische Übersicht 373–2. Aufl. http://www.schulministerium.nrw.de/BP/Schulsystem/Statistik/2010_11/StatUebers373.pdf. Zugegriffen: 17. Okt. 2011.

Ministerium für Schule, Wissenschaft und Forschung des Landes NRW. 2001. Richtlinien und Lehrpläne für die Realschule in Nordrhein-Westfalen. Sport. http://www.schulsport-nrw.de/info/08_service/pdf/lehrplan_rs_sport.pdf. Zugegriffen: 3. April 2012.

Möllring, Bettina. 2003. Toiletten und Urinale für Frauen und Männer. Die Gestaltung von Sanitärobjekten und ihre Verwendung in öffentlichen und privaten Bereichen. opus4.kobv.de/opus4-udk/files/8/moellring_bettina.pdf. Zugegriffen: 17. Juli 2012.

Mönch, Regina. 2010. Dem Bildersturm auf der Spur. FAZ. Stand: 21.4.2010. http://m.faz.net/aktuell/feuilleton/kunst/datenbank-entartete-kunst-dem-bildersturm-auf-der-spur-1966194.html. Zugegriffen: 17. Feb. 2012.

Müller, Michael R. 2012. Figurative Hermeneutik. Zur methodologischen Konzeption einer Wissenssoziologie des Bildes. *Sozialer Sinn. Zeitschrift für hermeneutische Sozialforschung* 1:129–161. (Stuttgart).

Münker, Stefan, und Alexander Roesler. 2000. *Poststrukturalismus.* Stuttgart: JB Metzler.

Myers, Greg. 2002. *The discourse of blogs and wikis.* London: Continuum.

Naar, Jon. 2007. *The birth of graffiti.* München: Prestel.

Oevermann, Ulrich. 1973. Zur Analyse der Struktur von sozialen Deutungsmustern. *Sozialer Sinn* 1:3–33. (Stuttgart).

Oevermann, Ulrich. 1981. Fallrekonstruktionen und Strukturgeneralisierung als Beitrag der objektiven Hermeneutik zur soziologisch-strukturtheoretischen Analyse. Frankfurt a. M. http://www.agoh.de/cms/de/downloads/uebersicht.html?func=fileinfo&id=39. Zugegriffen: 21. Mai 2012.

Oevermann, Ulrich. 1983. Zur Sache. Die Bedeutung von Adornos methodologischem Selbstverständnis für die Begründung einer materialen soziologischen Strukturanalyse. In *Adorno-Konferenz 1983,* Hrsg. Ludwig von Friedeburg und Jürgen Habermas, 234–289. Frankfurt a. M.: Suhrkamp.

Oevermann, Ulrich. 2000. Die Methode der Fallrekonstruktion in der Grundlagenforschung sowie der klinischen und pädagogischen Praxis. In *Die Fallrekonstruktion: Sinnverstehen in der sozialwissenschaftlichen Forschung,* Hrsg. Klaus Kraimer, 58–156. Frankfurt a. M.: Suhrkamp.

Oevermann, Ulrich. 2001a. Zur Analyse der Struktur von sozialen Deutungsmustern. *Sozialer Sinn, Zeitschrift für hermeneutische Sozialforschung,* 1:3–33.

Oevermann, Ulrich. 2001b. *Strukturprobleme supervisorischer Praxis. Eine objektiv-hermeneutische Sequenzanalyse zur Überprüfung der Professionalisierungtheorie.* Frankfurt a. M.: Humanities Online.

Oevermann, Ulrich, Tilman Allert, Elisabeth Konau, und Jürgen Krambeck. 1979. Die Methodologie einer „objektiven Hermeneutik" und ihre allgemeine forschungslogische Bedeutung in den Sozialwissenschaften. In *Interpretative Verfahren in den Sozial- und Textwissenschaften,* Hrsg. Hans-Georg Soeffner, 352–434. Stuttgart: JB Metzler.

Oldenburg, Claes. 1961. I am for an art. In *Theories and documents of contemporary art: A sourcebook of artists' writing,* Hrsg. Kristine Stiles und Peter Selz, 335–337. Kalifornien: University of California Press. (1996).

Olschanski, Reinhard. 2001. *Maske und Person: Zur Wirklichkeit des Darstellens und Verhüllens.* Göttingen: Vandenhoeck & Ruprecht.

Paas, Sigrun. 1984. Populäre Wandmalerei im Chile der Volkseinheit. In *Graffiti: Wandkunst und wilde Bilder,* Hrsg. Paolo Bianchi, 151–155. Basel: Birkhäuser.

Plagemann, Volker. 1989. Kunst außerhalb der Museen. In *Kunst im öffentlichen Raum. Anstöße der 80er Jahre,* Hrsg. Volker Plagemann, 10–19. Hamburg: DuMont Reiseverlag.

Read, Allen Walker. 1977. *Classic American graffiti: Lexical evidence from folk epigraphy in Western North America. A glossarial study of the low element in the English vocabulary.* Waukesha: Maledicta Press Publications.

Reichertz, Jo. 1986. *Probleme qualitativer Sozialforschung: Zur Entwicklungsgeschichte der Objektiven Hermeneutik.* Frankfurt a. M.: Campus.

Reinecke, Julia. 2007. *Street-Art: Eine Subkultur zwischen Kunst und Kommerz.* Bielefeld: Transcript.

Reinking, Rik, Hrsg. 2008. *Fresh air smells funny.* Heidelberg: Kehrer.

Richards, Pamela. 1976. *Patterns of middle class vandalism: A case study of suburban adolescence.* USA: Northwestern University.

Richter, Peter G. 2008. *Architekturpsychologie: Eine Einführung.* 3. überarbeitete und erweiterte Aufl. Lengerich: Pabst Science Publishers.

Riedel, Erwin, und Christoph Janiak. 2007. *Anorganische Chemie.* 7. Aufl. Berlin: Walter de Gruyter.

Rock, Irvin. 1998. *Wahrnehmung: Vom visuellen Reiz zum Sehen und Erkennen.* Heidelberg: Spektrum Akademischer.

Rötzer, Florian. 2013. *Ist das Leben ein Spiel? – Aspekte einer Philosophie des Spiels und eines Denkens ohne Fundamente.* Köln: Walther König.

Rubin, Edgar. 1921. *Visuell wahrgenommene Figuren. Studien in psychologischer Analyse. Gyldendalski Boghandel.* Kopenhagen: Springer.

Schäfer, Gerd E., und Lena Schäfer. 2009. Der Raum als dritter Erzieher. In *Schularchitektur im interdisziplinären Diskurs: Territorialisierungskrise und Gestaltungsperspektiven des schulischen Bildungsraums.* Hrsg. Jeanette Böhme, 235–248. Wiesbaden: VS Verlag für Sozialwissenschaften.

Schmidt-Brümmer, Horst. 1982. *Wandmalerei: zwischen Reklamekunst, Phantasie und Protest.* Köln: DuMont Reiseverlag.

Schmidt-Brümmer, Horst, und Andreas Schulz. 1976. *Stadt und Zeichen. Lesarten der täglichen Umwelt.* Köln: DuMont Reiseverlag.

Schmidtke, Oliver. 2006. *Architektur als professionalisierte Praxis: Soziologische Fallrekonstruktionen zur Professionalisierungsbedürftigkeit der Architektur.* Frankfurt a. M.: Humanities Online.

Schmidtke, Oliver. Dezember 2008. Soziologische Architekturinterpretation mit Hilfe der Methode der Objektiven Hermeneutik – Exemplarische Gebäudeanalyse des Wohnhauses für F.C. Robie des Architekten Frank Lloyd Wright 1908 in Chicago, USA. *Internationale Zeitschrift zur Theorie der Architektur,* 12(2). http://www.tucottbus.de/wolkenkuckucksheim/inhalt/de/heft/ausgaben/207/Schmidtke/ schmidtke.php. Zugegriffen: 25. Mai 2012.

Schmitz-Emans, Monika. 2009. Maske – Verhüllung oder Offenbarung? Einige Stichworte zur Semantik von Masken und Maskierungen. In *Masken,* Hrsg. Kurt Röttgers und Monika Schmitz-Emans, 7–35. Essen: Die Blaue Eule.

Schneider, Mark. 2002. *Vandalismus: Erscheinungsformen, Ursachen und Prävention zerstörerischen Verhaltens sowie Auswirkungen des Vandalismus auf die Entstehung krimineller Milieus.* Aachen: Shaker Verlag GmbH.

Schrage, Dieter, und Norbert Siegl. 2008. *Rechtsextreme Parolen und Zeichen – Graffiti und Sticker als Medium interkultureller Kommunikation.* Wien: graffiti edition.

Schroer, Markus. 2008. „Bringing space back in" – Zur Relevanz des Raums als soziologischer Kategorie. In *Spatial Turn. Das Raumparadigma in den Kultur- und Sozialwissenschaften,* Hrsg. Jörg Döring und Tristan Thielmann, 125–148. Bielefeld: Transcript.

Schultz-Gambard, Jürgen. 1985. Crowding: Sozialpsychologische Erklärungen der Wirkung von Dichte und Enge. In *Theorien der Sozialpsychologie. Band III: Motivations-, Selbstund Informationsverarbeitungstheorien,* Hrsg. Dieter Frey und Martin Irle. Bern: Huber.

Sedlmayr, Hans. 1963. *Verlust der Mitte.* Berlin: Müller.

Siegl, Norbert. 1993. *Kommunikation am Klo.* Wien: Döcker.

Siegl, Norbert. 2001. *Graffiti-Enzyklopädie: von Kyselak bis HipHop-Jam.* Wien: Österreichischer Kunst- und Kulturverlag.

Silverthorn, Dee U. 2009. *Physiologie.* 4., aktualisierte Aufl. München: Addison Wesley.

Simmel, Georg. 1903. Dic Großstädte und das Geistesleben. In *Architekturwissen. Grundlagentexte aus den Kulturwissenschaften. Band. 1: Zur Ästhetik des sozialen Raumes,* Hrsg. Susanne Hauser, Christa Kamleithner, und Roland Meyer, 147–157. Bielefeld: Transcript. (2011).

Simmel, Georg. 1995. Soziologie des Raumes. In *Aufsätze und Abhandlungen 1901–1908.* Bd. I. 132–183. Frankfurt a. M.: Suhrkamp.

Soja, Edward W. 1996. *Thirdspace.* Malden: Wiley.

Stock, Wolfgang Jean, und Ullrich Horndash. 1981. *Abortkunst. Erotische Graffiti aus öffentlichen Toiletten.* München: Kunstverein.

Tattum, Delwyn P., Hrsg. 1986. *Management of disruptive pupil behaviour.* New York: Wiley.

Treiber, Hubert, und Heinz Steinert. 2005. *Die Fabrikation des zuverlässigen Menschen.* Münster: Westfälisches Dampfboot.

Turvey, Michael T. 1973. On peripheral and central processes in vision: Inferences from an information-processing analysis of masking with patterned stimuli. *Psychological Review* 80:1–52.

Twain, Mark. 1885. Adventures of Huckleberry Finn. http://www.gutenberg.org/files/7101/7101-h/7101-h.htm. htm. Zugegriffen: 15. Aug. 2013.

Waclawek, Anna. 2012. *Graffiti und Street Art.* London: Thames & Hudso.

Web er, Max. 1921. Begriff und Kategorien der Stadt. In *Architekturwissen. Grundlagentexte aus den Kulturwissenschaften. Band. 1: Zur Ästhetik des sozialen Raumes,* Hrsg. Susanne Hauser, Christa Kamleithner, und Roland Meyer, 310–318. Bielefeld: Transcript. (2011).

Weihe, Richard. 2004. *Die Paradoxie der Maske: Geschichte einer Form.* München: Wilhelm Fink.

Wendt, Berndt. 1984. Wandmalerei in Spanien: ein alltägliches Phänomen. In *Graffiti: Wand kunst und wilde Bilder,* Hrsg. Paolo Bianchi, 158–159. Basel: Springer. (1984).

Wernet, Andreas. 2006. *Hermeneutik - Kasuistik - Fallverstehen.* Stuttgart: W. Kohlhammer.

Wernet, Andreas. 2009. *Einführung in die Interpretationstechnik der Objektiven Hermeneutik.* 3. Aufl. Wiesbaden: VS Verlag für Sozialwissenschaften.

Williams, Robert B., und Joseph L. Venturini. 1981. *School vandalism: Cause and cure.* Saratoga: Century Twenty One Pub.

Wilson, James Q., und George L. Kelling. März 1982. Broken windows. The police and neighborhood safety. *The Atlantic Monthly* http://www.theatlantic.com/magazine/archive/1982/03/broken-windows/304465/?single_page=true. Zugegriffen: 25. Mai 2012.

Wulf, Christoph, und Erika Fischer-Lichte, Hrsg. 2010. *Gesten. Inszenierung, Aufführung und Praxis.* München: Wilhelm Fink.

Zimbardo, Philip. 1969. *The cognitive control of motivation: The consequences of choice and dissonance.* Glenview: Scott Foresman.

Zinnecker, Jürgen. 2001. *Stadtkids. Kinderleben zwischen Straße und Schule.* Weinheim: Juventa.

Zwicker, Eberhard, und Manfred Zollner. 1987. *Elektroakustik.* Zweite Aufl. Berlin: Springer.

The manufacturer's authorised representative in the EU is Springer
Nature Customer Service Centre GmbH, Europaplatz 3, 69115 Heidelberg,
Germany. If you have any concerns regarding our products, please
contact ProductSafety@springernature.com

Printed and bound by CPI Group (UK) Ltd, Croydon, CR0 4YY
23/04/2026
02095594-0003